BILINGUAL

(हिन्दी और अंग्रेजी के साथ)

CTET HINDI

PAPER 1 & PAPER 2

(NCERT/IGNOU पर आधारित)

GET IT ON Google Play

YOUTUBE

SACHIN CHOUDHARY

SACHIN ACADEMY

INVINCIBLE
Publication Private Limited

Published by

Invincible Publication Pvt. Ltd.

1103-A, 11th Floor SAS Tower, Sector 38, Gurugram - 12200

www.invinciblepublishers.com

Second Edition 2025

Book Name: CTET HINDI PAPER 1 & PAPER 2

Author: SACHIN CHOUDHARY

ISBN : 978-93-5886-077-1

Invincible Publication Pvt. Ltd.

Sales Office : 4760-61/23, Basement, Pratap Street, Ansari Road,

Daryaganj, New Delhi - 110002

Email: invinciblepublishers@gmail.com

CONTENTS

हिंदी भाषा एवं शिक्षाशास्त्र

(PAPER- 1 & 2)

1. भाषा बच्चे के समग्र बौद्धिक विकास का सिर्फ़ एक पहलू है। यह कथन सीधे-सीधे किससे संबंधित है?

(1) चॉमस्की
(2) स्किनर
(3) पियाज़े
(4) वाइगोत्सकी

Ans : (3)

'जीन पियाजे' एक रचनावादी वैज्ञानिक हैं। जीने पियाजे के अनुसार संज्ञानात्मक विकास को प्रभावित करने वाले कारक (तत्व)

M- Maturation/Heredity (परिपक्वता)

E- Experience/Activity (अनुभव/गतिविधि)

S- Social Experience (सामाजिक अनुभव)

E- Equlibration (साम्यीकरण)

जीन पियाजे भाषा को कम महत्त्व देते हैं। अर्थात बच्चे के समग्र बौध्दिक विकास में भाषा को मात्र एक पहलू मानते हैं

2. क्यूमिन की अन्तरनिर्भरता परिकल्पना के अनुसार निम्नलिखित में से कौन-सी एक-दूसरे पर पारस्परिक रूप से निर्भर है?

(1) प्रथम और द्वितीय भाषा में बुनियादी अन्तः वैयक्तिक कौशल
(2) द्वितीय भाषा में बोधगम्यता और उत्पाद
(3) प्रथम और द्वितीय भाषा में संज्ञानात्मक अकादमिक निपुणता
(4) द्वितीय भाषा में पठन और लेखन

Ans: (3)

क्यूमिन की अन्तरनिर्भरता निर्भरता परिकल्पना बताती है कि पहली भाषा (L1) में सीखे गए संज्ञानात्मक और शैक्षणिक कौशल दूसरी भाषा (L2) में स्थानांतरित हो सकते हैं। L1 में शैक्षणिक कौशल में प्रवीणता L2 में समान क्षमताओं का समर्थन कर सकती है, जिससे पता चलता है कि दोनों भाषाएँ जुड़ी हुई हैं।

3. निम्नलिखित में से कौन-सा अक्षरों और वर्णमाला के स्थान पर शब्दों और लघुकथा सामग्री के आधार पर पठन कौशल आरंभ करने को तर्कसंगत नहीं ठहराता ?

(1) शब्दों को अपेक्षा पृथक अक्षरों को कंठस्थे करना अधिक कठिन है
(2) शुरुआती पाठक छोटी-छोटी इकाइयों की तुलना में बड़ी इकाइयों पर बेहतर तरीके से ध्यान केन्द्रित कर पाते हैं
(3) शब्द और पाठ्य सामग्री सार्थक सम्बद्धता सृजित कर पाती हैं जो कि अक्षर नहीं कर पाते हैं
(4) शब्द और पाठ्य सामग्री अधिक रुचिकर होती हैं जबकि अक्षर नहीं

Ans: (2)

कथन "शुरुआती पाठक छोटी इकाइयों की तुलना में बड़ी इकाइयों पर बेहतर ध्यान केंद्रित कर सकते हैं" गलत है क्योंकि शुरुआती आमतौर पर शब्दों जैसी बड़ी इकाइयों की ओर बढ़ने से पहले एक बुनियादी कौशल के रूप में छोटी इकाइयों, जैसे अक्षरों और ध्वनियों पर बेहतर ध्यान केंद्रित करते हैं। अन्य विकल्प शिक्षार्थियों को संलग्न करने और साक्षरता विकास में सहायता करने के लिए सार्थक पाठों का उपयोग करने के लाभों पर प्रकाश डालते हैं।

4. एक समुदाय विशेष के बोलने-चालने के तरीके में यह देखा गया कि दो भिन्न-भिन्न सामाजिक आर्थिक समूहों के लोग '21' को भिन्न-भिन्न तरीके से उच्चारित करते हैं। यह किस प्रकार का उदाहरण है?

(1) सामाजिक मनोवैज्ञानिक चर
(2) सामाजिक भाषिक चर
(3) परिणामवादी (प्रेग्मेटिक) चर
(4) सामाजिक सांस्कृतिक चर

Ans: (2)

एक सामाजिक-भाषाई चर एक भाषाई विशेषता को संदर्भित करता है, जैसे उच्चारण, जो विभिन्न सामाजिक समूहों, जैसे सामाजिक-आर्थिक वर्गों में भिन्न होता है। सामाजिक-भाषाविज्ञान अध्ययन करता है कि कैसे सामाजिक कारक भाषा के उपयोग को प्रभावित करते हैं और भाषण में इस तरह की विविधता का कारण बनते हैं। इस मामले में, 'स' के उच्चारण में अंतर भाषा पर सामाजिक प्रभाव को दर्शाता है।

5. पाठ्य सामग्री बोधगम्यता के संदर्भ में निम्नलिखित में से गलत कथन का चयन करें:

(1) स्किमिंग और स्कैनिंग दोनों में ही पाठ्य सामग्री पढ़ने के दौरान तीव्र नेत्र गति शामिल है।

(2) स्किमिंग (सरसरी तौर पर पठन) के अन्तर्गत पाठ्य सामग्री को शीघ्रता से पढ़ा जाता है जबकि स्कैनिंग (बारीकी से पठन) के अन्तर्गत विशिष्ट तथ्य जानने के लिए पढ़ा जाता है।

(3) स्किमिंग में गहराई से पठन किया जाता है जबकि स्कैनिंग में सरसरी तौर पर पढ़ा जाता है।

(4) स्किमिंग समीक्षा करने के लिए अधिक उपयुक्त है जबकि स्कैनिंग द्वारा किसी विशेष प्रश्न का उत्तर देने में मदद मिलती है।

Ans:(3)

कथन गलत है क्योंकि स्किमिंग सामान्य अवलोकन प्राप्त करने के लिए एक त्वरित पढ़ने की तकनीक है, न कि गहराई से पढ़ने के लिए, जबकि स्कैनिंग का उपयोग विशिष्ट जानकारी खोजने के लिए किया जाता है और इसके लिए केंद्रित पढ़ने की आवश्यकता होती है। इस प्रकार, स्किमिंग विस्तृत पढ़ने के बारे में नहीं है, और स्कैनिंग केवल सरसरी नहीं है।

6. अनुकरण विधि का प्रयोग करने से संबंधित कौन-सा क्रम सही है?

(1) प्रत्यक्षबोध ⟶ अनुकरण ⟶ प्रतिपुष्टि ⟶ड्रिल
(2) प्रत्यक्षबोध ⟶ अनुकरण ⟶ ड्रिल⟶ प्रतिपुष्टि
(3) प्रत्यक्षबोध ⟶ ड्रिल⟶ अनुकरण ⟶ प्रतिपुष्टि
(4) प्रत्यक्षबोध ⟶ प्रतिपुष्टि ⟶ ड्रिल ⟶ अनुकरण

Ans : (1)

अनुकरण से सम्बंधित सही क्रम:-

[Direct Perception] प्रत्यक्षबोध:- सर्वप्रथम बालक वस्तुओं को देखकर प्रत्यक्ष अनुभव प्राप्त करते हैं।

[Imitation] अनुकरण:- उसके बाद अनुकरण करते हैं। और उसका प्रयोग करते हैं।

[Feedback] प्रतिपुष्टि:- उसके बाद बालक को प्रतिपुष्टि प्रदान की जाती है, इस प्रकार जहां कमी रह जाय बालक उस का ड्रिल [Drill] के माध्यम से पुनः अभ्यास करते हैं।

7. निम्नलिखित में से कौन-सी पहल विद्यार्थियों को अधिकांश मुख्य भारतीय भाषाओं की उल्लेखनीय एकता से परिचित करवाएगी?

(1) स्वच्छ भारत अभियान
(2) एक भारत श्रेष्ठ भारत
(3) सर्व शिक्षा अभियान
(4) डिजीटल इंडिया कैम्पेन

Ans: (2)

'एक भारत श्रेष्ठ भारत' का मुख्य उद्देश्य 'विविधता में एकता' की भारतीय विचारधारा को बढ़ावा देना है। (अर्थात् भारत के विभिन्न राज्यों और केंद्र शासित प्रदेशों में रहने वाले विविध संस्कृतियों के लोगों के बीच सक्रिय संपर्क को बढ़ाना है।)

8. निम्नलिखित में से कौन-सा संकेत (कूट) को बनाने वाला (एनकोडर) है?

(1) प्रेषक (Sender)
(2) संकेत (Signal)
(3) चैनल (धारा) (Channel)
(4) ग्रहणकर्ता (Receiver)

Ans: (1)

संप्रेषण की प्रक्रिया एक चक्रीय प्रक्रिया होती है जिसमें संकेत भेजने वाला [Encoder] प्रेषक होता है। तथा संकेत प्राप्त करने वाला Decoder/Reciever या प्राप्तकर्ता कहलाता है।

9. निम्नलिखित में से कौन-सा भाषा परीक्षण विद्यार्थी की किसी विशिष्ट कार्य से संबंधित उस उपलब्धि का मापन करता है जिसकी उसे बाद में इस्तेमाल की आवश्यकता है?

(1) वस्तुनिष्ठ परीक्षण [Objective Test]
(2) सक्षमता परीक्षण [Competency Test]
(3) निपुणता परीक्षण [Efficiency Test]
(4) उत्पादक परीक्षण [Productive Test]

Ans: (3)

निपुणता परीक्षण/दक्षता आधारित परीक्षण [Efficiency Test]:- दक्षता आधारित परीक्षण/ निपुणता आधारित परीक्षण से तात्पर्य ऐसे परीक्षण से है; जिसमें विद्यार्थी शिक्षण विषय को कहां तक समझ पाया है; और भाषा कौशलो में उसकी दक्षता या प्रवीणता कितनी है, का पता लगाया जाता है।

निपुणता परीक्षण के माध्यम से भाषा का वह स्तर जहां शिक्षार्थी की पहुंच बन गयी है, का पता लगाया जाता है।

'अर्थात् शिक्षार्थी पढाए गए पाठ्यक्रम से किस स्तर तक सीख पाया है।'

10. कक्षा चार के शिक्षार्थियों के लेखन कौशल का मूल्यांकन करने के लिए परीक्षण तकनीक इस प्रकार की होनी चाहिए कि वह शिक्षार्थी की इस बात का आकलन कर सके कि वह

(1) श्रुतलेख कर सकता है।
(2) अच्छी लिखावट में उत्तर लिख सकता है
(3) युक्तिसंगत और व्यवस्थित [rational and organized] रूप से विचार अभिव्यक्त कर सके
(4) प्रश्नों को समझकर अपने उत्तर लिख सके

Ans: (3)

लेखन कौशल का मूल्यांकन:- लेखन कौशल का मूल्यांकन करने के लिए यह देखा जाता है कि बालक भाषा, व्यक्ति, रचना आदि का विश्लेषण तथा उसका प्रयोग स्पष्टता के साथ कर सके।

बालक के लिखित अभिव्यक्ति का विकास करने के लिए ऐसे प्रश्न देना चाहिए जिसमें वे अपने पूर्व अनुभव का प्रयोग करते हुए चिंतन के लिए प्रेरित हो, और उसका लेखन कार्य कर सके। बालक के पढ़ने लिखने की कुशलता में सर्वाधिक सहायक किसी कहानी को पढ़कर, समझकर उस पर सवाल बनाना।

अर्थात् लेखन का तात्पर्य लेखन की सुंदरता [अच्छी Writing] से नहीं होती है, बल्कि बालक अपने विचारों को कितने युक्तिसंगत और व्यवस्थित रुप से दूसरों के समक्ष प्रस्तुत कर पा रहा है। यह अच्छे लेखन की विशेषता है।

11. "भाषा का विचार पर प्राधान्य (आधिपत्य) [Dominance of language over thought] है।" यह किसके द्वारा समर्थित है?

(1) बेंजामिन वोर्फ़ (2) गियाजे
(3) वायगोत्स्की (4) स्किनर

Ans: (1)

सपीर व्होर्फ परिकल्पना

भाषागत सापेक्षतावाद [Linguistic Relativity]

→ **भाषागत सापेक्षतावाद के अनुसार:-** किसी भाषा की संरचना उस भाषा को बोलने वाले की विश्वदृष्टि को प्रभावित करता है।

→ 'इस परिकल्पना के अनुसार प्रत्येक व्यक्ति अपने भाषा के माध्यम से ही विश्व को देखता और समझता हैं।'

→ इसके अनुसार भाषा यह निर्धारित करती है कि हम दुनिया के बारे में किस प्रकार सोचते हैं।

भाषायी नियतिवाद [Linguistic Determinism]

'भाषायी नियतिवाद के अनुसार भाषा विचारों की अभिव्यक्ति का माध्यम ही नहीं वरन् विचार के स्वरुप को नियंत्रण करने वाली है।'

अतः भाषा का विचार पर आधिपत्य है:- यह व्होर्फ की परिकल्पना है।

12. भाषा की कक्षा में अध्यापिका बच्चों को एक गतिविधि करवाती है जिसमें विद्यार्थी पाठ्य सामग्री की ओर दौड़कर जाते हैं फिर अपने सहपाठी को वापिस आकर पाठ्यवस्तु की सामग्री बताते हैं। इस गतिविधि को क्या कहा जाएगा?

(1) रनिंग टैक्स्ट
(2) रनिंग श्रुतलेख [Running Dictation]
(3) डम्ब शिराज़
(4) जिगसॉ डिक्टेशन

Ans : (2)

श्रुतलेख [Dictation]:- श्रुतलेख शब्द दो शब्दों से मिलकर बना है। श्रुत+लेख। श्रुत का अर्थ है- सुनकर, तथा लेख का अर्थ है- लिखना। अर्थात् सुनकर लिखना। श्रुतलेख जोड़ों या समूहों में होता है।

रनिंग श्रुतलेख [Running Dictation]:- रनिंग श्रुतलेख के अंतर्गत जोड़ों में श्रुतलेख किया जाता है। इसमें एक जोड़ीदार किसी शब्द को दौड़कर देखकर आता है तथा दूसरा जोड़ीदार उसे सुनकर लिखता है। 'श्रुतलेख के माध्यम से बालक के लेखन कौशल' का विकास होता है।

13. भाषा-शिक्षण के लिए एक वास्तविक एवं व्यावहारिक स्थिति का उपयोग करते हुए सरलतापूर्वक भाषा से परिचित होने में शिक्षार्थियों की मदद करने वाली पद्धति_____ कहलाती है।

(1) संरचनात्मक उपागम [Structural Approach]
(2) स्थितिपरक भाषा-शिक्षण पद्धति [Situational Language Teaching Approach]
(3) श्रव्य-भाषिक पद्धति [Audiolingual Approach]
(4) द्विभाषी पद्धति [Bilingual Approach]

Ans : (2)

स्थितिपरक भाषा शिक्षण पद्धति (Situation Based Learning)

→ शिक्षार्थियों को परिस्थिति विशेष के अनुसार वास्तविक एवं व्यवहारिक स्थिति का प्रयोग करते हुए सरलतापूर्वक भाषा से परिचित करने वाली पद्धति स्थितिपरक भाषा शिक्षण पद्धति (Situation Based Learning) कहलाती है।

→ इस पद्धति के अनुसार बालक को परिस्थिति के अनुसार वास्तविक जीवन से जोड़कर भाषा प्रयोग के अवसर प्रदान किया जाता है। जिससे बच्चे सहज रुप से भाषा सीख सकते हैं।

14. "द जंगल बुक" के मुख्य पात्र मोगली की भाषा में कमी थी, क्योंकि मानव संपर्क से विलग उसका पालन-पोषण हुआ था। यह साक्ष्य भाषा-विकास के किस पक्ष का समर्थन करता है?

(1) एक सही आयु में बच्चे के पास भाषा-परिवेश का अभाव।
(2) बच्चे को कुछ जीव-वैज्ञानिक समस्या थी।
(3) सहज क्षमता के साथ उसका जन्म नहीं हुआ था।
(4) उसे मानव भाषा की बजाय जानवरों की भाषा से प्रेम था।

Ans : (1)

→ **नोम चोम्स्की के अनुसार:-** बालक में LAD यंत्र पाया जाता है, जिसके माध्याम से बालक किसी भी भाषा को अपने पर्यावरण से अर्जित कर लेता है।

→ यह यंत्र प्रारंभिक पांच वर्षों में अधिक क्रियाशील होता हैं।

→ जब बालक अन्य अवधि की तुलना में अधिक तेजी से भाषा सीखता है उसे 'संवेदनशील अवधि [Sensitive Period]/चुनौतीपूर्ण अवधि [Challenging Period]' कहते हैं।

→ अतः मोगली को सही आयु में भाषा का परिवेश न मिलने के कारण वह भाषा नहीं सीख पाया।

15. अर्थक्रियात्मकता (Pragmatics) _____ की ओर संकेत करता है।

(1) भाषा के सामाजिक नियम [Social rules of Language]
(2) विद्यालयी भाषा की नीति [School Language Policy]
(3) विद्यालय की अनुदेशन की भाषा [Language of School Instruction]
(4) शैक्षणिक भाषा [Academic language]

Ans : (1)

अर्थक्रियात्मकता (Pragmatics) को उपयोगितावाद भी कहा जाता है।

अर्थात् भाषा के सामाजिक नियम से तात्पर्य:- सामाजिक स्तर पर भाषा का प्रयोग किस प्रकार किया जाता है।

[जैसे- Parents या Teacher's से अलग शैली में बात करना, Friends के साथ अलग शैली में बात करना, छोटे बच्चों से अलग शैली में बात करना।]

16. निम्नलिखित में से किसका कविता में एक आकलन-तत्त्व के रूप में समर्थन नहीं किया जाता है?

(1) व्याकरण
(2) शब्द-भडार
(3) काव्यात्मक उपकरण
(4) कविता की अंतर्वस्तु

Ans : (1)

व्याकरण अनुवाद पद्धति (Grammar Translation Method):-

→ इस विधि में बालक को लक्ष्य भाषा (Target Language) सिखाने के लिए बालक की मातृभाषा (Mother Tounge) का प्रयोग किया जाता है।

→ जैसे द्वितीय भाषा (Second Language) अंग्रेजी भाषा को पढ़ाते समय अंग्रेजी के शब्दों को बच्चे की मातृभाषा में Translate किया जाता है।।

→ इस विधी को 'भंडारकर विधि' के नाम से भी जाना जाता है। यह विधि बोलने पर जोर नहीं देती है इसलिए इस विधि को Old Method/Classical Method के नाम से जाना जाता है।

→ यह विधि लिखने और पढ़ने पर जोर देती है।

→ [आज के समय में Second language सीखने के लिए यह विधि कम प्रभावी मानी जाती है।]

17. शिक्षार्थी अपनी बुनियादी पठन कुशलताओं का निर्माण कर सकें, इसके लिए एक शिक्षक द्वारा ______ शिक्षार्थियों को मदद करने की ज़रूरत है।

(1) वैयक्तिक और विभेदित अनुदेशन [Individualized and Differentiated Instruction] के साथ
(2) कक्षा विशेष के सीखने के प्रतिफल को प्राप्त करने के लिए उन्हें मानक परीक्षण [Standard Test] देने क माध्यम से
(3) वैविध्यपूर्ण तकनीकी [Diverse Technology] का प्रयोग करते हुए
(4) पठन से पूर्व नवीन एवं चुनौती पूर्ण शब्दावली के साथ

Ans : (1)

→ प्रत्येक विद्यार्थी में रंग, रुप, स्वभाव, मानसिक क्षमता आदि के आधार पर व्यक्तिगत भिन्नता (Indivisual diffrence) होती है।

→ प्रत्येक विद्यार्थी की 'सीखने की शैली' (Learning style) भी अलग अलग होती है।

→ यही कारण है कि, प्रत्येक शिक्षार्थी अपनी बुनियादी पठन कुशलताओं का निर्माण कर सकें, इसके लिए आवश्यक है कि शिक्षक प्रत्येक शिक्षार्थी की रुचि, आवश्याकता तथा मानसिक स्तर के अनुसार शिक्षण कार्य (वैगक्तिक और विभेदित अनुदेशन के साथ) कराए।

→ अर्थात् शिक्षक को पढ़ाने की 'मानक विधि' का प्रयोग नहीं करना चाहिए।

18. कक्षा 2 की शिक्षिका मुद्रित विषय-सामग्री में परिचित शब्दों की सटीक और निपुणता भरी पहचान की क्षमता को बढ़ाने पर ध्यान दे रही है। ये शब्द हैं

(1) सर्वाधिक प्रयुक्त (साइट वर्ड्स) होने वाले शब्द
(2) विषय-वस्तु के शब्द [Content Words]
(3) कठिन शब्द [Difficult Words]
(4) निष्क्रिय शब्द [Passive Words]

Ans : (1)

साइट वर्डस (sight word)/परिचित शब्द/ सर्वाधिक प्रयुक्त होने वाले शब्द:- वे शब्द जिन्हें देखते ही (अर्थात् बिना बोले, बिना पढ़े) तुरंत पहचाना जा सके Sight words/दृश्य शब्द कहलाते है। (अर्थात् ये वे परिचित शब्द होते हैं, जिनका प्रयोग समान्यतया किया जाता है, और इन्हें देखते ही पहचाना जा सकता है। [जैसे- है, ही, भी, और, था आदि]

19. एक शिक्षिका कक्षा 4 के शिक्षार्थियों से एक छोटे अनुच्छेद [Article] को समझ के साथ पढ़ने और गहराई [Deeply] से उसका परीक्षण करने के लिए कहती है। साथ ही वे आवश्यकतानुसार शिक्षार्थियों की आधारभूत मदद भी करती है। वह_____का अभ्यास कर रही है।

(1) विस्तृत पठन [Detailed Reading]
(2) गहन पठन [Intensive Reading]
(3) पहेली पठन [Puzzle Reading]
(4) सहयोगी पठन [Collaborative Reading]

Ans : (2)

गहन पठन (Intensive reading):- गहन पठन के अंतर्गत विषयवस्तु/पाठ्यसामग्री को गहराई से पढ़ा जाता है। एक-एक शब्द पर ध्यान दिया जाता है।

गहन पठन 'पंक्ति दर पंक्ति [line by line]' पढ़ने पर संकेत करता है।

जानकारी के प्रत्येक भाग की गहनता से जांच करना।

उपर्युक्त प्रश्न में शिक्षिका अनुच्छेद के प्रत्येक भाग की गहाराइ से पठन करने के लिए कहती है। [अर्थात् यह 'गहन पठन' के अंतर्गत आएगा।]

20. मातृभाषा आधारित बहुभाषावाद किसकी अनुशंसा करता है?

(1) सभी बच्चे अपनी प्रथम भाषा के रूप में हिन्दी का अध्ययन करते हैं
(2) सभी बच्चों की विद्यालयी शिक्षा उनकी मातृभाषा या घर की भाषा में शुरू होनी चाहिए
(3) सभी बच्चों की विद्यालयी शिक्षा उनके राज्य की भाषा में शुरू होनी चाहिए
(4) सभी बच्चों की विद्यालयी शिक्षा की शुरुआत अंग्रेज़ी माध्यम और घर की भाषा में होनी चाहिए

Ans: (2)

मातृभाषा-आधारित बहुभाषावाद इस बात की वकालत करता है कि बच्चे अपनी शिक्षा अपनी पहली भाषा (मातृभाषा) में शुरू करें। ऐसा माना जाता है कि यह दृष्टिकोण सीखने और समझने की क्षमता को बढ़ाता है, क्योंकि जब बच्चों को उस भाषा में पढ़ाया जाता है, जिससे वे पहले से ही परिचित होते हैं, तो सामग्री के साथ जुड़ने की अधिक संभावना होती है।

21. निम्नलिखित में से किसके द्वारा भाषा अर्जन उपकरण की अवधारणा की व्याख्या नहीं की गयी है?

(1) बच्चों का भाषिक उत्पाद उन्हें मिले भाषिक निवेश से अधिक क्यों होता है।
(2) बच्चे अपनी प्रथम भाषा कैसे सीखते हैं।
(3) बच्चे 4-5 वर्षों की कम अवधि के भीतर कैसे सीखने योग्य भाषा सीखने योग्य बन जाते हैं।
(4) बच्चे आकृति मूलक भाषा कैसे सीख लेते हैं।

Ans: (4)

भाषा अधिग्रहण उपकरण (एलएडी) बताता है कि बच्चे कैसे जल्दी से अपनी पहली भाषा सीख लेते हैं, उनका आउटपुट इनपुट से अधिक क्यों होता है, और वे जटिल भाषा संरचनाएं कैसे सीखते हैं। हालाँकि, यह स्पष्ट नहीं करता है कि बच्चे रूपक या मुहावरे जैसी आलंकारिक भाषा कैसे सीखते हैं, क्योंकि इसमें अधिक जटिल संज्ञानात्मक प्रक्रियाएँ और प्रासंगिक समझ शामिल होती है।

22. निम्नलिखित में से कौन-सा द्वितीय भाषा शिक्षण के व्याकरण अनुवाद विधि का गुणधर्म नहीं है?

(1) भाषा के प्रकार्यों के स्थान पर नियमों पर अधिक ध्यान देना
(2) प्रथम और द्वितीय भाषा के व्याकरणिक नियमों की तुलना करना
(3) द्वितीय भाषा के व्याकरण के नियमों का अधिगम और अभ्यास
(4) द्वितीय भाषा में सीधे ही सम्प्रेषण करना और उसके बाद दो भाषाओं के व्याकरण के नियमों की तुलना करना

Ans: (4)

व्याकरण-अनुवाद विधि दूसरी भाषा में सीधे संचार पर जोर दिए बिना, व्याकरण के नियमों, शब्दावली और भाषाओं के बीच अनुवाद सीखने पर केंद्रित है। यह बातचीत के अभ्यास को प्राथमिकता देने के बजाय पहली और दूसरी भाषाओं की व्याकरणिक संरचनाओं की तुलना करता है।

23. जब बच्चे अपने आस-पास के परिवेश की वस्तुओं, घटनाओं और अवधारणाओं के बारे में पूछना आरंभ कर देते हैं तो भाषा क कौन-सा प्रकार्य अधिक प्रयोग में लाया जाता है?

(1) खोजबीन परक (2) कल्पनाशीलता
(3) नियन्त्रक (रेग्युलेटरी) (4) सूचनात्मक

Ans: (1)

भाषा के अनुमानी कार्य का उपयोग तब किया जाता है जब बच्चे अपने आसपास की दुनिया का पता लगाने और समझने के लिए चीजों, घटनाओं और घटनाओं के बारे में प्रश्न पूछते हैं। यह फ़ंक्शन उन्हें जानकारी प्राप्त करने और अपने पर्यावरण के बारे में जानने में मदद करता है।

24. निम्नलिखित में से कौन-सा कौशल समझ के साथ पठन का लक्षण नहीं है?

(1) अब तक पढ़ी गई सामग्री का मानसिक रूप से सारांशीकरण करना
(2) अक्षरों और वर्णमाला पर ध्यान केन्द्रित करना
(3) विषयवस्तु से आगे का अनुमान लगाना
(4) घटनाओं और विचारों के क्रम का संयोजन और आकलन करना

Ans: (2)

समझ के साथ पढ़ना पाठ के समग्र अर्थ को समझने, सारांशित करने, सामग्री की भविष्यवाणी करने और विचारों को व्यवस्थित करने जैसे कौशल का उपयोग करने के बारे में है। जबकि अक्षर पहचान शुरुआती लोगों के लिए महत्वपूर्ण है, सच्ची समझ के लिए पाठ की अवधारणाओं और विचारों को संसाधित करने की आवश्यकता होती है।

25. 'निर्देशित पठन' [Guidence Reading] विद्यार्थियों को उन पठन युक्तियों के विकास के माध्यम से पठन प्रक्रिया पर बेहतर अधिकार प्राप्त करने में मदद करता है, जो

(1) डिकोड करने और अर्थ निर्माण [Meaning Construction] में मदद करती हैं
(2) डिकोड करने और कूटबद्ध करने में मदद करती हैं
(3) डिकोड करने और साकार कल्पना करने में मदद करती हैं
(4) डिकोड करने और पठन करने में मदद करती हैं

Ans : (1)

निर्देशित पठन (Guidence Reading):- निर्देशित पठन में छात्र शिक्षक के निर्देशन में पठन कार्य करते हैं।

अर्थात् शिक्षक छात्र को निर्देश देता है कि उन्हें क्या पढ़ना है। (इससे छात्रों को भाषा को डिकोड करने और उसके अर्थ निर्माण में मदद मिलती है।)

इस पठन में शिक्षक छात्र को Guidence प्रदान करता है अर्थात् जहा छात्र गलती करता है वह उसे सुधार करता है।

26. भाषा अधिगम में मौन अवधि चुनौतीपूर्ण [Challenging] (महत्त्वपूर्ण) है। यह कथन

(1) सही है (2) आंशिक रूप से सही है
(3) ग़लत है (4) तथ्यात्मक रूप से सही नहीं है

Ans : (1)

पठन दो प्रकार का होता है।

(i) सस्वर पठन [Aloud reading]

(ii) मौन पठन [Silent reading]

सस्वर पठन [Aloud reading]:- सस्वर पठन प्राथमिक कक्षाओं के लिए उपयुक्त होता है। इससे छात्रों का उच्चारण शुध्द होता है। छात्रों की हिचकिचाहट दूर करता है।
सस्वर पठन में छात्र बोल-बोल कर पढ़ता है।

मौन पठन [Silent reading]
→ मौन पठन उच्चप्राथमिक कक्षाओं के लिए उपयोगी होता है।
→ मौन पठन के अंतर्गत छात्र एक-एक शब्द के अर्थ को गहराई से समझकर पठन कार्य करते हैं।

मौन विधि [Silent Method]:- "मौन विधि [Silent Method] में शिक्षक जहां तक संभव हो चुप रहता है और शिक्षार्थी को भाषा प्रयोग के अधिक से अधिक अवसर प्रदान करता है।

अर्थात् 'मौन अवधि' एक चुनौतीपूर्ण अवधि है।

27. निम्नलिखित में से बुनियादी अन्तवैंयक्तिक सम्प्रेषण कौशल (BICS) और संज्ञानात्मक अकादमिक भाषा निपुणता (CALP) के बारे में क्या सही है?

(1) CALP, BICS के लिए दूसरा शब्द है
(2) CALP, BICS से भिन्न है
(3) CALP, BICS से सम्बन्धित नहीं है
(4) CALP, BICS का विस्तार है

Ans : (2)

जिम क्यूमिन्स के अनुसार:- BICS [Basic Interpersonal Communication Skills] **बुनियादी अंत: वैयक्तिक संप्रेषण कौशल- [रोजमर्रा की भाषा अनौपचारिक भाषा (Informal Language)]**

CALP [Cognitive Academic Language Proficiency] **संज्ञानात्मक अकादमिक भाषा निपुणता- [पढ़ाई-लिखाई और औपचारिक भाषा (Formal Language)]**

28. अपने विद्यार्थियों को कहानी सुनाने के बाद रोज़ी उन्हें फ्लैशकार्ड देती है। वह विद्यार्थियों से कहती है कि इन्हें कहानी के क्रम में व्यवस्थित करो। रोजी उनके किस कौशल का आकलन कर रही है?"

(1) पठन (2) श्रवण
(3) वाचन (4) साकार कल्पना करना [To Imagine]

Ans : (2)

रचनात्मक श्रवण कौशल [Creative Listening Skills]:- रचनात्मक श्रवण कौशल के अंतर्गत छात्र किसी विषय को सक्रिय रूप से सुनकर, उसके अर्थ ग्रहण करता है। ध्वनियों की पहचान करता है, और उचित प्रतिक्रिया देता है।

"श्रवण कौशल [Listening Skills] का तात्पर्य यह नहीं है कि सुनी हुई कहानी का उसी प्रकार पुनरुत्पादन [Recall] करना।"

यदि कोई शिक्षिका कहानी सुनाने के पश्चात् छात्र से कहानी से संबधित 'फ्लैशकार्ड' को क्रम से लगाने को कहती है:- **इसका तात्पर्य यह है कि शिक्षिका छात्र के श्रवण कौशल का आकलन करना चाहती है।**

29. सुधा अपनी कक्षा में पाठ्य सामग्री में आई व्याकरण और शब्द संपदा [Vocabulary] की व्याख्या करने के लिए विद्यार्थियों के घर की भाषा या मुख्य भाषा का प्रयोग करती है, बाद में वह उन्हें उनका अनुवाद करने में मदद करती है। सुधा अपने विद्यार्थियों को अंग्रेज़ी सीखने में किस विधि का अनुसरण कर रही है?

(1) संरचनात्मक विधि [Structural Method]
(2) सम्प्रेषणात्मक भाषा शिक्षण [Communicative Language Teaching]
(3) व्याकरण अनुवाद विधि [Grammar Translation Method]
(4) प्रत्यक्ष विधि [Direct Method]

Ans : (3)

व्याकरण अनुवाद विधि (Grammar Translation Method)

→ इस विधि में लक्ष्य भाषा Target language सिखाने के लिए मातृभाषा का सहारा लिया जाता है।

→ इस विधि में बोलने पर बल नहीं दिया जाता है।

→ यह विधि व्याकरण के नियमों पर आधारित होती है।

→ पढ़ने लिखने पर विशेष बल दिया जाता है।

→ इसे (Old method/Classical Method) के नाम से जाना जाता है।

→ यह विधि संप्रेषण कौशल को हतोत्साहित [discourage] करती है।

→ इस विधि को '**भण्डारकर**' विधि के नाम से जाना जाता है।

30. क्यूमिन्स के अनुसार सामाजिक भाषा को और किस भाषा के नाम से जाना जाता है?

(1) खेल के मैदान की भाषा
(2) कक्षा-कक्ष की भाषा [Classroom Language]
(3) भाषा प्रयोगशाला [Language Laboratory]
(4) समाचार वाचन कक्ष की भाषा

Ans : (1)

'जिम क्यूमिन्स' सामाजिक भाषा को [BICS] के अंतर्गत रखते हैं।

अर्थात् वह भाषा जो हम अपने दैनिक जीवन में अनौपचारिक [Informal] तरीके से करते हैं उसे BICS कहते हैं।

→ जैसे समाज की भाषा I

→ बातचीत की भाषा।

→ खेल के मैदान की भाषा। (Hello, नमस्ते)

→ दोस्त के साथ फोन पर भाषा।

→ अर्थात् ऐसी जगहों पर हम अनौपचारिक तरीके से बातचीत करते हैं इसे BICS के अंतर्गत रखा जाता है

31. निम्नलिखित में से कौन-सा बुनियादी पठन कौशल नहीं है?

(1) डिकोडिंग (2) शब्द-पहचान
(3) रूप-विज्ञान (4) पठन शब्द-भंडार

Ans : (3)

→ डिकोडिंग (लिखे हुए को पढ़ना), शब्द भण्डार और शब्दों की पहचान करना बुनियादी पठन कौशल के अंतर्गत आता है।

→ पठन का अर्थ लिखी हुई सामग्री को पढ़ते हुए उसके अर्थ ग्रहण करने, उसके पश्चात् उसपर अपना विचार प्रकट करने से हैं।

→ अर्थ एवं भाव को ध्यान में रखकर किसी लिखित भाषा को पढ़ना ही 'पठन कौशल' कहलाता है।

(**रुप विज्ञान:-** रुपविज्ञान का तात्पर्य भाषा के नियमों के प्रति समझ बनाने से है **अर्थात् रुपविज्ञान बुनियादी पठन कौशल नहीं है।)**

32. पढ़ते समय विवरण, स्थान, नाम, तारीख/समय आदि को खोजना है

(1) वैश्विक अवबोधन [Global Understanding]
(2) स्थानीय अवबोधन [Local Perception]
(3) निष्कर्ष निकालना
(4) पाठ्य वस्तु का निर्वचन [Interpretation]

Ans : (2)

स्थानीय अवबोधन:- पढ़ते समय विवरण स्थान, नाम, तारीख/समय आदि को खोजना 'स्थानीय अवबोधन/गहन पठन' कहलाता है।

स्थानीय अवबोधन/गहन पठन का संबंध सीखने से है,

यह विषय को गहराई से समझने के लिए या कई बार किसी पाठ्य सामग्री से कोई विशिष्ट सूचना निकालने के लिए किए गए पठन से संबंधित है।

विशेषतथ्यों को खोजने के लिए स्थानीय अवबोधन/ गहन पठन की आवश्यकता होती है।

33. एक प्रभावी भाषा शिक्षक-

(1) बच्चों को पाठ्य पुस्तक में दिए गए सभी प्रश्नों के उत्तर याद करवाएगा
(2) पाठ्य-वस्तु के साथ-साथ अन्य संसाधनों का प्रयोग करेगा
(3) केवल पाठ्य पुस्तक में दिए गए प्रश्नों का प्रयोग करते हुए प्रश्न-पत्र का निर्माण करेगा
(4) पूरी तरह से प्रस्तावित पुस्तक पर निर्भर करेगा

Ans : (2)

एक प्रभावी भाषा शिक्षक को भाषा सिखाने के लिए:-

→ छात्र के ज्ञान को स्कूल के बाहरी जीवन से जोडना चाहिए।

→ पढ़ाई को रटन्त प्रणाली से मुक्त करना चाहिए।

→ पाठ्यचर्या पाठ्यपुस्तक केंद्रित न करके बाहरी गतिविधियों से जोडनी चाहिए।

→ कक्षा-कक्ष को बाहरी गतिविधियों से जोडना तथा इसे Flaxible बनाना चाहिए।

34. जब एक शिक्षार्थी को नई भाषा सिखाते हैं लेकिन वह उसे बोलता नहीं है, इस अवधि को कहते हैं।

(1) वाक् उदीयमान [Speech Emergent]
(2) मूक
(3) प्रारंभिक उत्पादन [Initial Production]
(4) उदीयमान

Ans : (2)

मौन अवधि (silent period) परिकल्पना के अंतर्गत बालक भाषा सीखने में सक्रीय रूप से भाग नहीं ले पाता है। अर्थात् यह शिशुओं में सुनने की अवधि के अवलोकन पर आधारित है।

`जब शिशुओं से बात की जाती है तो शिशु भाषा को बोलता नहीं है सिर्फ सुनता है। इसी अवधि को **'मूक अवधि [Silent Period]'** कहा जाता है।

35. पठन के तरीकों का, पाठक को क्या करना चाहिए, से मिलान कीजिए:

पठन के तरीके	पाठक को क्या करना चाहिए
A. अनुमान	i. लेखक कैसे लिखते हैं, इसके आधार पर यह सुनिश्चित करना चाहिए कि लेखक क्या महसूस करते हैं
B. निष्कर्ष निकालना	ii. अपरिचित शब्दों को समझने के लिए पाठ्य-सामग्री के हिस्सों से मदद लेनी चाहिए।
C. संदर्भ से जोड़कर	iii. शीर्ष कथन या प्रस्तावना पर ध्यान देते हुए यह अर्थ निकालना देखना चाहिए कि सूचनाएँ किस तरह से संरचित की गई हैं।
D. गहन पठन	iv. पाठ्य-वस्तु में भाषा का किस तरह से प्रयोग किया गया है, इस पर ध्यान केन्द्रित करना चाहिए।
E. पाठ्य-वस्तु की	v. पाठ्य सामग्री किस बारे में है, यह जानने के लिए के संयोजन पहचान

शीर्षकों और चित्रों का प्रयोग करना चाहिए।

(1) A-iv, B-iii, C-ii, D-i, E-v
(2) A-v, B-i, C-ii, D-iv, E-iii
(3) A-i, B-iv, C-v, D-ii, E-ii
(4) A-ii, B-i, C-iii, D-iv, E-v

Ans : (2)

पढ़ने के तरीके

संदर्भ से जोड़कर अर्थ निकालना:- अपरिचित शब्दों के अर्थ को समझने के लिए संपूर्ण पाठ्यसामग्री के कुछ हिस्सों से मदद लेना अर्थात् पाठ्य सामग्री से जोड़कर उसके परिस्थिति विशेष के अनुसार अर्थ समझना। जिस शब्द का अर्थ समझ में नहीं आता है तो उस अर्थ को समझने के लिए संदर्भ सामग्री की मदद ली जाती है।

अनुमान लगाना:- अनुमान लगाना 'पठन पूर्व गतिविधि है अर्थात् शिक्षार्थी को पढ़ाने से पूर्व उस पाठ विशेष के बारे में अनुमान लगाने के लिए कहा जाता है। पाठ्यसामग्री किस बारे में है।

(पाठ्यसामग्री में किस विषय पर लिखा गया है। यह जानने के लिए पाठ्यसामग्री से शीर्षकों और चित्रों का प्रयोग करके पता लगाना।

पाठ्यवस्तु के संयोजन की पहचान:- सूचनाएं किस संरचना में प्रस्तुत की गयी है. यह जानने के लिए शीर्षकथन/प्रस्तावना पर ध्यान देना।

गहन पठन:- पाठ्यवस्तु के एक-एक पर ध्यान देना। अर्थात् पाठ्यवस्तु में भाषा का किस तरह प्रयोग किया गया, इस पर ध्यान केंद्रित करना।

36. प्राथमिक स्तर पर एक अध्यापक अपने शिक्षार्थियों को रंग करने और चित्रकारी करने के लिए प्रोत्साहित करती है। यह किस तरह से मददगार है?

(1) शिक्षार्थियों का मनोरंजन करने में
(2) अध्यापक को अध्यापन से विश्राम देने में
(3) कक्षा में चुप्पी बनाए रखने में
(4) सूक्ष्म गत्यात्मक कौशल का विकास करने में

Ans : (4)

शिक्षिका बालक को लिखना सिखाने के प्रारंभिक वर्षों में रंग करने और चित्रकारी करने के लिए कहती है। जिससे बालक की उंगलिया सघ जाती है, और जिससे बालक आसानी से लिखना सीख सकता है।

अतः इससे बालक के सुक्ष्म गत्यात्मक कौशल का विकास होता है।

37. किसी पाठ्य सामग्री से विशिष्ट सूचना निकालने के उद्देश्य से गहनपूर्वक या गहराई से उस पाठ्य सामग्री को पढ़ने का कौशल ___________ बोध है।

(1) निष्कर्षात्मक (2) मूल्याँकन परक
(3) वैश्विक (4) स्थानीय

Ans : (4)

स्थानीय अवबोधन या गहन पठन का संबंध सीखने से है। यह विषय को गहराई से समझने के लिए या कई बार किसी पाठ्य सामग्री से कोई विशिष्ट सूचना निकालने के लिए किए गए पठन से संबंधित है।

पाठ्य सामग्री से विशिष्ट सूचना निकालने के लिए गहनपूर्वक या गहराई से उस पाठ्यसामग्री को पढ़ने का कौशल गहन बोध/स्थानीय बोध, कहलाता है।

38. आज राजू विद्यालय जा रहा है, इसलिए वह बहुत खुश है। अपने परिवार का वह पहला व्यक्ति है जो विद्यालय जा रहा है। उसके परिवार में इससे पहले कोई भी नहीं, यहाँ तक कि उसके अभिभावक कभी विद्यालय नहीं गए। राजू को किस शिक्षार्थी के रूप में जानेंगे?

(1) हाशियाकृत (2) अल्पसंख्यक
(3) प्रथम पीढ़ी (4) द्वितीय पीढ़ी

Ans : (3)

प्रथम पीढ़ी के छात्र [First Generation Student]

वह छात्र जो अपने परिवार में पहली बार विद्यालय जाता है; उसके पहले उसके परिवार में कोई भी नहीं, यहां तक कि उसके माता-पिता कभी विद्यालय नहीं गए होते हैं, 'प्रथम पीढ़ी के छात्र कहलाते हैं।

39. आपने महसूस किया कि पाठ में प्रयुक्त भाषा आपके शिक्षार्थियों के लिए बहुत ही कठिन है। आप भाषा को कुछ सरल करते हैं और अपने शिक्षार्थियों की आवश्यकतानुसार विषयवस्तु में भी कुछ परिवर्तन करते हैं। आप का यह कृत्य क्या कहलाएगा?

(1) मूल्यांकन करना (2) समीक्षा करना
(3) अंगीकार करना (4) अनुकूलन करना

Ans : (4)

(Adaptation) अनुकूलन:- जब शिक्षक बालकों की भाषा सीखाने में आई कठिनाइयों को सरल करते हैं, और अपने शिक्षार्थियों की आवश्यकतानुसार विषयवस्तु मे भी कुछ परिवर्तन करते हैं

[शिक्षक द्वारा इस प्रकार किया गया कार्य Adaptation कहलाता है।]

अर्थात् किसी प्रकार के शिक्षण कार्य को छात्र के अनुकूल बनाना।

इस प्रकार छात्रों को सीखने में आसानी होती है।

40. मानव भाषा के किस गुणधर्म के कारण मनुष्य उन चीज़ों के बारे में बोल पाते हैं जो उनके तात्कालिक समय और स्थान में मौजूद नहीं है?

(1) वियोजन सामर्थ्य (डिस्क्रीटनैस)
(2) विस्थापन (डिस्प्लेसमेंट)
(3) यादृच्छिकता
(4) संरचना निर्भरता

Ans: (2)

विस्थापन मानव भाषा की एक अनूठी विशेषता है जो

हमें उन चीजों के बारे में बात करने की अनुमति देती है जो तत्काल समय या स्थान में मौजूद नहीं हैं, जैसे कि पिछली घटनाएं, भविष्य की योजनाएं या अमूर्त विचार। यह मानव संचार को अन्य प्रजातियों से अलग करता है।

41. निम्नलिखित में से कौन-सा बाल साहित्य का अपेक्षित गुणधर्म नहीं है?

(1) आकर्षक चित्र
(2) पशु पात्र
(3) नैतिक मूल्यों का स्पष्टतः प्रदर्शन
(4) बड़ा फोंट आकार और परिचित शब्द

Ans: (3)

स्पष्ट नैतिक मूल्यों को बच्चों के साहित्य में अत्यधिक उपदेशात्मक के रूप में देखा जा सकता है, जबकि आकर्षक चित्र, पशु चरित्र और सरल भाषा जैसी विशेषताएं युवा पाठकों के लिए अधिक आकर्षक और सुलभ हैं।

42. निम्नलिखित में से कौन-सा स्टीफन क्रेशन द्वारा दी गयी मॉनीटर परिकल्पना के संदर्भ में सही नहीं है?

(1) शिक्षार्थी तभी मॉनीटर कर सकते हैं जब उन्हें नियमों की पर्याप्त जानकारी हो और पर्याप्त समय हो
(2) यह द्वितीय भाषा अर्जन के संदर्भ में प्रयुक्त की जाती है
(3) यह अर्जन और अधिगम के मध्य संबंध पर आधारित है
(4) 'क्या अर्जित किया गया है', 'सीखे' गए की मॉनीटरींग करने में मदद करता है

Ans: (4)

स्टीफन क्रेशन की मॉनिटर परिकल्पना "अर्जित" ज्ञान (अवचेतन, स्वचालित भाषा सीखना) और "सीखा" ज्ञान (व्याकरण नियमों की सचेत समझ) के बीच अंतर करती है। उनका तर्क है कि "सीखा हुआ" ज्ञान "अर्जित" भाषा कौशल की निगरानी और सही करने में मदद करता है, न कि इसके विपरीत।

43. एक अध्यापक हिंदी भाषी विद्यार्थियों को द्वितीय भाषा के रूप मे अंग्रेजी का अध्यापन करते समय उन्हें स्पष्ट रूप से नियम बताए बगैर अंग्रेजी में संक्षिप्त संवाद करने के संदर्भ और अवसर देता है वह उनके वार्तालाप में प्रयुक्त उदाहरण उनके समक्ष प्रस्तुत करता है। धीरे-धीरे शिक्षार्थी अध्यापक की मदद से स्वतः ही नियम सीख लेते हैं। अध्यापक किस मॉडल/उपागम का अनुपालन कर रहा है?

(1) प्रत्यक्ष (डायरेक्ट) विधि
(2) व्याकरण अनुवाद विधि
(3) श्रव्य-भाषिक विधि
(4) सम्प्रेषणात्मक उपागम

Ans: (4)

शिक्षक सम्प्रेषणात्मक उपागम का पालन कर रहा है, जो व्यावहारिक बातचीत और वास्तविक जीवन के उपयोग के माध्यम से सीखने पर जोर देता है, जिससे छात्रों को स्पष्ट निर्देश के बिना धीरे-धीरे व्याकरण के नियमों को आंतरिक करने की अनुमति मिलती है।

44. निम्नलिखित में से कौन-सा पाठ्य सामग्री की बोधगम्यता और शब्दावली के विकास में मदद नहीं करेगा ?

(1) चित्र शब्दकोश
(2) शब्द मानचित्र
(3) वर्णमाला चार्ट
(4) थीम मानचित्र

Ans: (3)

वर्णमाला चार्ट अक्षर पहचानने में सहायता करते हैं लेकिन सीधे समझ या शब्दावली विकास में मदद नहीं करते हैं। चित्र शब्दकोश, शब्द-मानचित्र और थीम-मानचित्र, हालांकि, दृश्य कनेक्शन के माध्यम से शब्दावली और समझ का समर्थन करते हैं।

45. वे कथन जो किसी कक्षा विशेष या पाठ्यक्रम (कोर्स) के अन्त में विद्यार्थियों द्वारा अर्जित ज्ञान, कौशल और प्रवृत्ति का वर्णन करते हैं, वे क्या कहलाते हैं?

(1) संख्यात्मक प्रतिफल
(2) बुनियादी साक्षरता प्रतिफल
(3) शिक्षण प्रतिफल
(4) अधिगम प्रतिफल

Ans : (4)

अधिगम प्रतिफल [Learning Outcomes]

शिक्षार्थी द्वारा किसी कक्षा विशेष या पाठ्यक्रम [कोर्स] के अंत में अर्जित ज्ञान, कौशल, प्रवृत्ति आदि का वर्णन करने वाले कथन अधिगम प्रतिफल [Learning

Outcomes] कहलाते हैं।

"अधिगम प्रतिफल के अंतर्गत यह निश्चित किया जाता है कि छात्र ने पढ़े हुए पाठ्यक्रम से किस स्तर तक सिख लिया है।"

46. एक अध्यापक ने अपने शिक्षार्थियों को 'जल' पर एक अनुच्छेद लिखने के लिए कहा। शिक्षार्थियों ने विज्ञान और सामाजिक विज्ञान की कक्षाओं में जो पढ़ा था उसके आधार पर आपस में चर्चा आरम्भ की और उसके बाद अनुच्छेद लिखना शुरू किया। यह किस तरह का उदाहरण है?

(1) भाषा समूचे पाठ्यक्रम में
(2) सम्प्रेषणात्मक उपागम
(3) प्रयोग में भाषा
(4) विज्ञान की भाषा

Ans : (1)

भाषा समूचे पाठ्यक्रम में [Language Across Curriculam]:- समूची पाठ्यचर्या में भाषा [Language Across Curriculam] से तात्पर्य यह है कि भाषा-सभी विषयों के केंद्र में होती है।

अर्थात् "हम किसी भी विषय की 'पाठ्यपुस्तक' के माध्यम से भाषा सीख सकते हैं।"

'शिक्षार्थी विभिन्न विषयों की विषयवस्तु के अनुरुप भाषा को समझते और प्रयोग करते हैं।'

समग्र भाषा उपागम में समूची पाठ्यवर्या के अर्थ पर बल दिया जाता है बजाय कि एक-एक अर्थ के।

भाषा शिक्षण में शिक्षक का समग्रतावादी दृष्टिकोण महत्वपूर्ण होता है।

47. अध्यापन की दुनिया में प्रवेश करने के बाद आपने अनुभव किया कि पाठ्यपुस्तक की शुरुआत में शिशुगीत और चित्र कथाएँ होती हैं और अन्त में वर्णमाला होती है। भाषा शिक्षणशास्त्र में इस प्रकार की व्यवस्था किस उपागम के अन्तर्गत आएगी?

(1) इक्लैक्टिक उपागम (उदार वादी)
(2) सौन्दर्यात्मक उपागम
(3) बोटमअप उपागम (अधो शीर्षगामी)
(4) टॉप डाउन उपागम (उध्वं अधोगामी)

Ans : (4)

उपर्युक्त कथन में शिक्षिका बालक की प्रारंभिक शिक्षा चित्रकथा, कहानी, कविता आदि से प्रारंभ करती है तत्पश्चात उसे वर्णो का ज्ञान कराती है। अर्थात् यहां शिक्षिका Top down विधि का प्रयोग कर रही है।

Top down Approch का प्रयोग संपूर्ण अर्थ जानने के लिए किया जाताहै।

पूर्ण विचार जानने के लिए [एक- एक अर्थ पर ध्यान न देना।]

मुख्य विचारों को सुनना, अनुमान, लगाना, सार निकालना।

एक्स्ट्रापोलेटिव प्रश्न Top down के अंतर्गत आता है।

Top down Apparach में शिक्षार्थियों के पूर्व अनुभव शामिल होते हैं।

रचनात्मक श्रुतलेख:- अर्थात् वह श्रुतलेख जो बिल्कुल अनुकरण करके न लिखा गया हो बल्कि छात्र अपने विचारों को भी उसमें शामिल करता हो [निकटस्थ अर्थ को लिखना] 'रचनात्मक श्रुतलेख कहलाता है। इस प्रकार के श्रुतलेख को Top down Approch के अंतर्गत रखा जाता है।'

48. आप हिंदी भाषी अध्यापक है और आपकी नियुक्ति पंजाब के किसी प्राथमिक विद्यालय में होती है। अब चूँकि आप स्थानीय भाषा नहीं जानते हैं तो आपको क्या करना चाहिए?

(1) अंग्रेजी में सम्प्रेषण करना चाहिए।
(2) समुदाय को हिन्दी सीखने के लिए प्रेरित करना चाहिए।
(3) किसी हिंदी भाषी क्षेत्र में स्थानांतरण के लिए आवेदन कर देना चाहिए।
(4) बच्चों की भाषा को एक संसाधन के रूप में इस्तेमाल करना चाहिए और शिक्षण आरंभ करना चाहिए।

Ans : (4)

शिक्षक को प्रत्येक बालक की मातृ भाषा का संसाधन के रूप में प्रयोग करना चाहिए। बालक की मातृभाषा को कक्षा में स्थान देना चाहिए। अतः शिक्षण अधिगम प्रक्रिया में बालक की भातृभाषा का प्रयोग करना चाहिए।

49. निम्नलिखित में से कौन-सा कथन पाठ्यपुस्तक के

बारे में सही है?

(1) ये सत्र के लिए शैक्षिक गतिविधियों की योजना है।

(2) पाठ्यपुस्तक का स्थान कोई दूसरा नहीं ले सकता।

(3) पाठ्यपुस्तक अध्यापक और विद्यार्थी के लिए एकमात्र महत्वपूर्ण सामग्री है।

(4) यह पाठ्यचर्या में उल्लिखित उद्देश्यों को प्राप्त करने में मदद करती है।

Ans : (4)

पाठ्यपुस्तक अध्यापक और शिक्षार्थी के लिए एकमात्र नहीं बल्कि एक महत्वपूर्ण सामग्री है।

पाठ्यपुस्तक पाठ्यचर्चा में उल्लिखित उद्देश्यों को प्राप्त करने में प्रदद करती है।

बालक को शिक्षा देने के लिए पाठ्यपुस्तक के साथ-साथ बाहरी गतिविधियों से भी जोड़ना चाहिए।

50. भाषा अर्जन केवल तभी घटित होता है जब ________।

(1) बच्चों को पठन के अवसर दिए जाएँ

(2) बच्चों को भाषा का परिवेश (एक्सपोजर) दिया जाए

(3) बच्चों को व्याकरण के नियम सिखाए जाएँ

(4) बच्चों को अनुवाद करने का अभ्यास करवाया जाए

Ans : (2)

भाषा अर्जन एक अवचेतन प्रक्रिया है। 'भाषा अर्जन प्रक्रिया' में बालक भाषा को अपने आस-पास के वातावरण से अर्जित करता है।

बालक बिना - बिना प्रयास [Efforts] के भाषा ग्रहण करता है। भाषा अर्जन एक स्वाभाविक प्रक्रिया है। नालक भाषा को 'अनौपचारिक तरीके' से अर्जित करता है।

'अतः जब बालक को भाषायी परिवेश दिया जाय तब अर्जन अतिशीघ्र होता है।'

51. निम्नलिखित में से कौन-सा कक्षायी अभ्यास विद्यार्थियों में मौखिक भाषा के विकास में मदद करेगा?

(1) रोल प्ले में भाग लेना।

(2) नए या अपरिचित शब्दों के सही उच्चारण का अभ्यास करना।

(3) अध्यापक के साथ पाठ्यसामग्री का समवेत पठन।

(4) कविता को कंठस्थ कर लेने के बाद कविता का समवेत गायन।

Ans : (1)

रोल प्ले [Roleplay] पात्र अभिनय के माध्यम से बालक के मौखिक भाषा का विकास किया जाता है। क्योंकि पात्र अभिनय द्वारा छात्र, संवाद/वाद-विवाद करते हैं। रोल प्ले के माध्यम से बालक अपने निजी जीवन के अनुभवों को अभिव्यक्त [express] करता है।

'समूह में चर्चा/ वाद-विवाद आदि के माध्यम से भी बालक अपने विचारों को अभिव्यक्त करते हैं।' [अतः इस प्रकार से भी बालक के मौखिक भाषा का विकास किया जा सकता है।]

52. जब हम यह कहते हैं कि 'भाषा यादृच्छिक है' तो इसका तात्पर्य है-

(1) भाषा के शब्दों और उनके अर्थों के बीच किसी प्रकार का अन्तर्निहित संबंध नहीं है।

(2) भाषा पहले से निर्धारित सिद्धांतों का पालन करती है।

(3) भाषा के शब्दों और उनके अर्थों के बीच अन्तर्निहित संबंध है।

(4) शब्दों और उनके अर्थों के बीच संबंध किसी ठोस कारण पर आधारित है न कि बस यूँ ही।

Ans : (1)

भाषा स्वतंत्र, स्वच्छंद एवं यादृच्छिंक होती है। यादृच्छिक का तात्पर्य स्वतंत्र से है।

अतः हम कह सकते हैं कि भाषा के शब्दों और उनके अर्थो के बीच कोई किसी प्रकार का अंतर्निहित संबंध नहीं है।

53. एक भाषा अध्यापक को चाहिए कि वह शिक्षार्थियों को स्वच्छन्द लेखन के लिए प्रोत्साहित करें क्योंकि स्वच्छन्द लेखन का शिक्षार्थियों के लिए लाभ है;

(1) शिक्षार्थी ये महसूस नहीं करते हैं कि उन्हें कुछ अधिक या एकदम सटीक लिखना है।

(2) शिक्षार्थी अपनी प्रथम भाषा के लिखित स्वरूप के गुणधर्म समावेशित कर सकते है।

(3) यह शिक्षार्थियों को प्रवाह के साथ और रचनात्मक तरीके से लिखने के लिए प्रोत्साहित करता है।

(4) शिक्षार्थी लिखने या ना लिखने के लिए स्वतंत्र हैं।

Ans : (3)

मुक्त लेखन/स्वच्छंद लेखन/ स्वतंत्र लेखन [Free writing]:- मुक्त लेखन, लेखन कौशल में विषयवस्तु की प्रवाहिता [Fluency] पर बल देता है।

सटीकता पर कम बल देता है।

"मुक्त लेखन शिक्षार्थियों को प्रवाह के साथ और रचनात्मक तरीके से लिखने के लिए प्रोत्साहित करता है।"

अर्थात् बालक अपने विचारों को Fluently व्यक्त करता है।

54. __________ तथ्यों से कहीं आगे जाकर अनुमान लगाने का तरीका है।

(1) निष्कर्ष निकालना
(2) पाठ्यसामुग्री का विस्तार (एक्सट्रापोलेशन)
(3) व्याख्या करना
(4) विश्लेषणे करना

Ans : (2)

एक्स्ट्रापोलेटिव प्रश्न [Extrapolative] बहिर्वेशनात्मक प्रश्न

पाठ विस्तार करने वाले प्रश्न। दूसरे के स्थान पर स्वयं को रखकर कल्पना करना। प्रश्न से आगे जाकर सोचना।

'तथ्यों से आगे जाकर सोचना' से तात्पर्य है कि बालक यहां अपने पूर्व अनुभव के माध्यम से किसी कहानी/ नाटक के अंत के बारे में व्यक्तिगत रुप से कल्पना करता है।

अर्थात् इसे [Extrapolation] के अंतर्गत रखा जाएगा।

55. एक अध्यापिका अपनी कक्षा में समूह चर्चा और सहपाठियों में अन्तः क्रियाओं को महत्व देती है। वह विद्यार्थियों की सही वर्तनी या उच्चारण में गलतियों पर बहुत अधिक ध्यान नहीं देती है। वह कक्षा में किस उपागम का प्रयोग कर रही है?

(1) संरचनात्मक (2) रचनावादी
(3) पारम्परिक (4) उदारवादी (एक्लैक्टिक)

Ans : (2)

सामाजिक रचनावादः- बालक के भाषा विकास का स्रोत 'सामाजिक परिवेश' को मानते हैं।

अंर्थात् बालक समाज में समूह चर्चा, अंतः क्रिया, वाद-विवाद, सामाजिक संप्रेषण आदि के माध्यम से भाषा सीखते हैं।

सामाजिक रचनावाद के अनुसार बालक भाषा को तब अधिक प्रभावशाली ढंग से सीखते हैं; जब वे भाषा को अपने दैनिक वार्तालाप से जोड़ते हैं।

इसमें बालक के सही वर्तनी या उच्चारण गलतियों पर ध्यान नहीं दिया जाता है।

बल्कि इस बात पर जोर दिया जाता है कि बालक अपने विचारों को आत्मविश्वास के साथ अभिव्यक्त कर सके।

56. किसी टॉपिक पर मानस मंथन करने के बाद भी एक बालिका अपने आप से अनुच्छेद नहीं लिख पा रही है। हालाँकि वह वयस्क या सहपाठी के मार्गदर्शन में लिख लेती है। इस प्रकार के मार्गदर्शन को क्या कहेंगे?

(1) सहपाठी परामर्श (2) टीम शिक्षण
(3) मदद (स्काफोल्डिंग) (4) सहपाठी शिक्षण

Ans : (3)

[Scaffolding] पाड़, ढांचा, मचान, आलंघन

Mko द्वारा दी जाने बाली Temporary help को Scaffolding [सहारा प्रदान] करना कहते है।

अर्थात् Scaffolding [पाड़] का अर्थ है तत्कालिक मदद। जितने support की जरूरत है उतनी मदद देना, बाकी काम उसे स्वयं करने देना।

[अत: शिक्षार्थी द्वारा अपने लक्ष्य के उस स्तर को प्राप्त करना जिसमें वे दूसरों की मदद लेते हैं, वे इसे अकेले अपने आप नहीं कर सकते हैं। Scaffolding कहलाता है।

57. यह अधिगम का एक प्रकार है जिसमें बच्चे को उच्च स्तरीय मानसिक प्रक्रियाओं जैसे बुद्धि या तर्क करना आदि का प्रयोग करना होता है:

(1) गत्यात्मक कौशल अधिगम
(2) संरचना अधिगम
(3) मौखिक अधिगम
(4) अवधारणा अधिगम

Ans : (4)

अवधारणा अधिगम [Concept learning] में छात्र Concept को समझने लिए अपनी बुद्धि, तर्क तथा उच्चस्तरीय मानसिक प्रक्रियाओं का प्रयोग करते है।

58. एक अध्यापक होने के नाते आप एक बच्चे की उसके 'कुल भाषा प्रयोग' के लिए प्रशंसा करते हैं। यद्यपि उसने कुछ शब्दों की वर्तनी गलत लिखी है। आप कक्षा में किस उपागम का प्रयोग कर रहे हैं?

(1) रचनावादी (2) संरचनात्मक
(3) समग्र भाषा (4) सम्प्रेषणात्मक

Ans : (3)

समग्र भाषा उपागम [whole Language Approch]:- समग्र भाषा उपागम बच्चों की भाषायी विकास की स्पष्ट समझ पर बल देती है।

भाषा को समग्रता की दृष्टि से देखने पर ही भाषा प्रयोग में अर्थ निर्माण की प्रक्रिया बन पाती है। भाषा को टुकड़ों में पढ़ने पर वाक्य का अर्थ गुम हो जाता है।

59. निम्नलिखित में से कौन - सा सिद्धांत बुनियादी चरण पर पाठ्यपुस्तक अभिकल्पना का नहीं है?

(1) पाठ्यचर्या सिद्धांत (2) प्रस्तुतीकरण सिद्धांत
(3) मूर्त सिद्धांत (4) तकनीकी सिद्धांत

Ans : (3)

पाठ्य पुस्तक का सिध्दांत:- पाठ्यपुस्तक के सिध्दांत के अतर्गत पाठ्यचर्या का सिद्धांत, प्रस्तुतीकरण का सिद्धांत, तकनीकी का सिध्दांत आता है।

[मूर्त सिद्धांत से तात्पर्य प्रत्यक्ष अनुभव प्राप्त करने से हैं]

अर्थात् प्रत्यक्ष अनुभव छात्र क्रिया करके प्राप्त करते हैं। "अत: मूर्त सिध्दांत पाठ्यपुस्तक सिद्धांत के अंतर्गत नहीं आता है।]"

60. कौन-सा उपागम/विधि बच्चों को भाषा की कक्षा में उनकी अपनी सहजात भाषा (मातृभाषा) का प्रयोग करने के लिए प्रोत्साहित नहीं करता है?

(1) प्राकृतिक उपागम
(2) सम्प्रेषणात्मक उपागम
(3) प्रत्यक्ष विधि (डायरेक्ट)
(4) श्रव्य भाषिक विधि

Ans : (3)

प्रत्यक्ष विधि [Direct Method]

→ Direct विधि में लक्ष्य भाषा/द्वितीय भाषा अर्थात् [Target language] को उसी भाषा में सिखाया जाता है।

→ बालक की मातृभाषा का प्रयोग नहीं किया जाता है।

→ इस विधि में नियमों को कराए बिना भाषा सिखायी जाती है। [अर्थात् वास्तविक संप्रेषण] वार्तालाप के माध्यम से भाषा सिखने के अवसर प्रदान किये जाते है।

→ इस विधी में बोलने पर अधिक बल दिया जाता है।

→ प्रत्यक्ष विधि में व्याकरण 'आगमन विधि' द्वारा सिखाया जाता है।

(द्वितीय भाषा/लक्ष्य भाषा सिखाने की यह विधि श्रेयस्कर है।)

61. एक अध्यापिका कक्षा दो के विद्यार्थियों के लिए विविध प्रकार की शिक्षण अधिगम सामग्री जुटाना चाह रही है। निम्नलिखित में से कौन-सा मानदंड टीएलएम के चयन के लिए सही नहीं है?

(1) चयनित सामग्री इस आयु समूह के बच्चों के प्रयोग के लिए आकर्षक और सुरक्षित होनी चाहिए।
(2) चयनित सामग्री ऐसी हो जो बच्चों को जिज्ञासा के साथ खोजबीन और प्रयोग करने में पर्याप्त अवसर दे।
(3) चयनित सामग्री अधिमानतः स्थानीय रूप से निर्मित या स्थानीय रूप से उपलब्ध हो जिससे आसानी से बदला जा सके।
(4) चयनित सामग्री सिर्फ़ बच्चों द्वारा बनाई गई होनी चाहिए और फिसलन को बचाने के लिए कुछ खुरदरी होनी चाहिए।

Ans : (4)

शिक्षण सहायक सामग्री की विशेषताएं [Teaching Learning Material]

शिक्षण सहायक सामग्री [T.L.M छात्रों के आयु के अनुरुप होनी चाहिए।

शिक्षण सहायक सामग्री छात्रों में जिज्ञासा उत्पन्न करने वाली होनी चाहिए।

खोजबीन के अवसर प्रदान करने वाली होनी चाहिए।

सामग्री प्रमाणिक होनी चाहिए।

भाषा प्राकृतिक [सहज, सुबोध, बोधगम्य] होनी चाहिए।

शिक्षण अधिगम सामग्री के निर्माण में 'शिक्षक शिक्षार्थी' एवं दोनों की सहभागिता होनी चाहिए।

अतः चयनित सामग्री सिर्फ बच्चों द्वारा बनाई होनी चाहिए, और फिसलन को बचाने के लिए कुछ खुरदुरी होनी चाहिए। **यह कथन शिक्षण अधिगम सामग्री की विशेषता नहीं है।**

62. राष्ट्रीय पाठ्यचर्या रूपरेखा द्वारा रेखांकित दक्षताओं को प्राप्त करने में प्रत्येक बच्चे की प्रतिभागिता को समर्थन देने वाला समावेशी, स्वागतीय और आनंददायी परिवेश सर्वाधिक उपयुक्त तरीके से कैसे सृजित किया जा सकता है?

(1) तपती हुई धूप में बाह्य गतिविधियों को न करके और आन्तरिक गतिविधियों का आयोजन करके
(2) मुख्यतः शिक्षार्थी के अच्छे स्वास्थ्य और खुशहाली पर ध्यान केन्द्रित करके
(3) विकास के विभिन्न आयामों से बच्चों के कार्य का प्रदर्शन करके
(4) रंगीन आकर्षक परिवेश के लिए कक्षा-कक्ष की सजावट करके

Ans : (3)

→ **राष्ट्रीय पाठ्यचर्या रुपरेखा से 2005 [NCF National Curriculum Framework] के अनुसार:-** विकास के विभिन्न आयामों से बच्चे के कार्य का प्रदर्शन करके प्रत्येक बच्चे की प्रतिभागिता को समर्थन देकर समावेशी, स्वागतीय और आनंदमयी परिवेश का सर्वाधिक उपयुक्त तरीके से सृजन किया जा सकता है।

→ **NCF 2005** छात्र के ज्ञान को स्कूल के बाहरी जीवन से जोड़ता है।

→ पाठ्यचर्या को पाठ्यपुस्तक केंद्रित न करके बाहर की गतिविधियों से जोड़नी चाहिए।

→ **NCF-2005 के अनुसार:-** कक्षा-कक्ष को गतिविधी से जोड़ना चाहिए। एवं इसे Flaxible [लचीला] बनाना चाहिए।

राष्ट्रीय पाठ्यचर्या रुपरेखा भाषा, को बच्चे के व्यक्तित्व का सबसे समृद्ध संसाधन मानती है।

63. एक अध्यापक ने शिक्षार्थियों को अपने सहपाठियों से अपनी अभ्यास पुस्तिकाओं की अदला-बदली कर जाँचने के लिए कहा। इस कार्य का उद्देश्य क्या है?

(1) विस्तृत पठन का अभ्यास करवाना।
(2) नई शब्दावली के प्रयोग का अभ्यास करवाना।
(3) संरचनाओं का नियन्त्रित अभ्यास करवाना।
(4) सहपाठी के काम की जाँच के कौशल विकसित करना।

Ans : (4)

सहपाठी/सहपाठी परीक्षण/सहपाठी आकलन [Peer Assesment]

सहपाठी आकलन मे छात्र अपने सवालों को दूसरे समूहों के साथ अदला-बदली करते हैं। और एक दूसरे का आकलन करते हैं।

छात्र सहपाठियों को रचनात्मक प्रतिपुष्टि प्रदान करते हैं।

"इस प्रकार छात्रों में सहपाठी के काम की जांच कौशल का विकास होता है।"

64. बुनियादी चरण की अवस्था वाले बच्चे अधिगम में तब कहीं अधिक संलग्न होते हैं जब________.

(1) वे अध्यापक के पीछे-पीछे शिशुगीत गाते हैं।
(2) वे सभी इन्द्रियों का प्रयोग करते हैं और अपने हाथों का सक्रिय प्रयोग करते हैं।
(3) वे अपनी कॉपी में अक्षरों की बार-बार ट्रेसिंग करते हैं या बार-बार लिखते हैं।
(4) मुख्य केन्द्र सिर्फ़ सूक्ष्म गत्यात्मक कौशलों के विकास पर होता है।

Ans : (2)

बुनियादी चरण वाले बच्चे या किसी भी अवस्था वाले बच्चे भाषा सीखने में अधिक रुचि तथा अधिक संलग्नता तब महसूस करते हैं। जब वे अपनी समस्त इंद्रियों का प्रयोग करके सीखते हैं। [अर्थात् 'समग्र भौतिक प्रतिक्रिया' के माध्यम से सीखते हैं।] क्योंकि जब स्वयं करके सीखते हैं तो उनका ज्ञान अधिक स्थायी हो जाता है।

65. कथाओं की कौन-सी विधा बहुभाषावाद और बहु संस्कृतिवाद को प्रतिपादित करने के लिए सर्वाधिक

रूप से प्रासंगिक है?

(1) अविश्वसनीय बात (लेन्दी टेल)
(2) लोककथाएँ
(3) आत्मकथाएँ
(4) विज्ञान कथा

Ans: (2)

लोककथाएँ विविध संस्कृतियों, परंपराओं और भाषाओं को प्रतिबिंबित करके बहुभाषावाद और बहुसंस्कृतिवाद को बढ़ावा देती हैं। वे व्यक्तियों को विभिन्न संस्कृतियों को समझने और उनकी सराहना करने में मदद करते हैं, भाषाई विविधता के प्रति सम्मान और जागरूकता को बढ़ावा देते हैं।

66. निम्नलिखित में से कौन-सा सम्प्रेषणात्मक उपागम का गुणधर्म नहीं है?

(1) सम्प्रेषणात्मक दक्षता का विकास करना
(2) प्रकार्य की अपेक्षा नियमों पर अधिक ध्यान देना
(3) भाषा का संदर्भगत प्रयोग
(4) स्पष्टता के साथ शिक्षण के स्थान पर व्याकरण के नियमों की खोज करना

Ans: (2)

संचारी दृष्टिकोण में, व्याकरण के नियमों (रूप) पर नहीं, बल्कि वास्तविक जीवन के संदर्भों में भाषा को कार्यात्मक रूप से उपयोग करने पर ध्यान केंद्रित किया जाता है। यह फ़ंक्शन पर रूप को प्राथमिकता देने के बजाय, प्रासंगिक भाषा के उपयोग और अभ्यास के माध्यम से व्याकरण की खोज को प्रोत्साहित करता है।

67. निम्नलिखित में से कौन-सा कथन आकलन के दो मुख्य प्रकारों के संदर्भ में सही है?

(1) योगात्मक आकलन अधिगम प्रक्रिया से पहले और उसके दौरान किया जाता है।
(2) रचनात्मक आकलन अधिगम के प्रकार्यों के स्थान पर नियमों पर अधिक ध्यान देता है।
(3) योगात्मक आकलन वर्ष भर चलने वाले आकलन के प्रत्येक स्वरूप की समग्रता के बारे में है।
(4) रचनात्मक आकलन अधिगम प्रक्रिया में सतत रूप से चलता है।

Ans: (4)

रचनात्मक मूल्यांकन एक सतत प्रक्रिया है जिसका उपयोग प्रगति की निगरानी करने, प्रतिक्रिया प्रदान करने और सीखने के पूरे चरण में सीखने में सुधार करने के लिए किया जाता है। योगात्मक मूल्यांकन के विपरीत, यह प्रशिक्षकों को शिक्षण रणनीतियों को समायोजित करने में मदद करता है और इसमें क्विज़ और कक्षा चर्चा जैसी गतिविधियाँ शामिल होती हैं।

68. अधिगम में रह गई कमियों को देखने के संदर्भ में त्रुटि विश्लेषण महत्वपूर्ण है क्योंकि :

(1) गलतियाँ अवधारणा विकास और प्रेरणा को प्रदर्शित करती हैं।
(2) अधिकतर त्रुटियाँ विद्यार्थियों के अनियत दृष्टिकोण के कारण होती हैं।
(3) गलतियाँ शिक्षार्थी के मस्तिष्क और अधिगम की अवस्था को समझने में सहायक हैं।
(4) गलतियाँ शिक्षार्थियों की समझ में रह गई कमियों की ओर संकेत करती हैं।

Ans: (3)

त्रुटि विश्लेषण शिक्षकों को यह पहचानने में मदद करता है कि छात्र अपनी समझ और सीखने के चरण में अंतर्दृष्टि प्रकट करके कहां संघर्ष कर रहे हैं। त्रुटियों का विश्लेषण करने से शिक्षकों को अपने तरीकों को समायोजित करने और कठिनाई के विशिष्ट क्षेत्रों को संबोधित करने के लिए लक्षित सहायता प्रदान करने की अनुमति मिलती है।

69. निम्नलिखित में से कौन-सा रचनात्मक आकलन का उदाहरण नहीं है?

(1) पूरे सत्र भर में लघु अवधि परीक्षा से लेकर सहपाठी समीक्षा जैसी होने वाली आकलन की युक्तियाँ
(2) पूरे सत्र के दौरान मौखिक और लिखित कार्यों की श्रृंखला और रोल प्ले आदि
(3) सत्र के अन्त में होने वाली सत्र परीक्षा
(4) समग्र लिखित परीक्षा और सत्र की विभिन्न अवधियों में दिए गए कुछ और कार्यों का मिश्रण

Ans: (3)

सत्र के अंत में एक टर्म-पेपर एक योगात्मक मूल्यांकन है, रचनात्मक नहीं, क्योंकि यह सत्र के बाद समग्र सीखने का मूल्यांकन करता है, जबकि प्रगति की निगरानी करने और प्रतिक्रिया प्रदान करने के लिए सीखने की प्रक्रिया के दौरान रचनात्मक मूल्यांकन होता है।

70. कक्षा पाँच की एक विद्यार्थी कहती है, "मैं अपना काम अध्यापक को देने से पहले सटीकता के लिए अन्तिम (फाइनल) रूप से भी जाँचती हूँ।" यह विद्यार्थी लेखन के किस चरण पर है?

(1) प्रारूपण (2) पुन: प्रारूपण
(3) प्रूफ़ रीडिंग (4) सहपाठी मूल्याँकन

Ans : (3)

स्वनिरीक्षण [Proof reading]

शिक्षक को देने से पहले शिक्षार्थी द्वारा अपने कार्य की सटीकता के लिए अंतिम रुप से जांचने को **Proof reading** कहते हैं। Proof reading में छात्र अपनी गलतियों को दूर करता है और यह निश्चित करता है कि जो भी लिखा है वह सही हो।

71. कक्षा तीन की अध्यापिका ने अपने शिक्षार्थियों से कहा कि वे अपने सहपाठियों से 'सकना' शब्द के प्रयोग की योग्यता से संबंधित पाँच प्रश्न पूछें, जैसे कि क्या तुम तैर सकते हो? गतिविधि का यह प्रकार किसलिए है?

(1) मौखिक प्रवाह अभ्यास [Verbal Fluency Practice]

(2) नियन्त्रित मौखिक अभ्यास [Controlled Oral Practice]

(3) स्वच्छन्द [Independent] बोलना

(4) निष्क्रिय श्रवण [Passive Listening]

Ans : (1)

यहाँ शिक्षिका 'सकना' शब्द से सबंधित 5 प्रश्न पूछती है इसका तात्पर्य है, कि शिक्षिका बच्चों की भाषा में [Fluency] धाराप्रवाहिता लाना चाहती है। भाषा प्रयोग के उपयुक्त अवसर प्रदान करके बच्चों की मैखिक भाषा में 'प्रवाहिता' लाना चाहती है। बच्चों के शब्दकोश को 'सक्रिय' करती है।

72. कक्षा तीन की अध्यापिका अपनी कक्षा में पठन कोना सृजित करना चाहती है। बच्चों के लिए पुस्तकों का चयन करते समय निम्नलिखित में से किस प्रश्न को सबसे अधिक महत्वपूर्ण मानना चाहिए?

(1) क्या इन पुस्तकों के लेखक जाने-माने हैं? बाल साहित्य के माननीय लेखक हैं?

(2) क्या पुस्तकें कक्षा के अधिकांश विद्यार्थियों के स्वतंत्र पठन स्तर के अनुसार लिखी गई है?

(3) क्या पुस्तकें तीसरी कक्षा की पठन पाठ्यचर्या के लक्ष्य को संबोधित करने में मदद करेंगी?

(4) क्या ये पुस्तकें एक से अधिक निर्देशात्मक प्रसंग में प्रयोग के लिए उपयुक्त हैं?

Ans : (1)

पाठ्यपुस्तक कि विशेषता

→ पाठ्यपुस्तकें बालकों के मानसिक स्तर के अनुरूप होनी चाहिए। भाषा शैली में सरलता, सहजता, स्पष्टता, मौलिकता तथा प्रवाहशीलता होनी चाहिए।

→ पुस्तकें सचित्र और आकर्षक होनी चाहिए क्योंकि छोटे बच्चे चित्रों के माध्यम से अधिक सीखने में रुचि लेते हैं।

→ भाषा के विविध रुप प्रस्तुत करने वाली होनी चाहिए।

→ बच्चों के वास्तविक जीवन से जुड़ी हुयी होनी चाहिए।

→ जिस 'कक्षा की पुस्तकें' हैं उसके पठन पाठ्यचर्या लक्ष्य से संबंधित होनी चाहिए।

73. कौनसा उपागम/विधि शिक्षार्थी की जीवन की वास्तविक परिस्थितियों में भाषा प्रयोग के मुख्य लक्ष्य से संबंधित हैं?

(1) प्राकृतिक उपागम

(2) सम्प्रेषणात्मक उपागम

(3) प्रत्यक्ष विधि (डायरेक्ट)

(4) श्रव्य भाषिक विधि

Ans : (2)

[Communicative Approach] संप्रेषणात्मक उपागम

→ संप्रेषणीय उपागम शिक्षार्थियों को वास्तविक संप्रेषण में प्रभावशाली ढंग से शामिल करता है।

→ यह शिक्षार्थी केंद्रित उपागम है, जो शिक्षार्थी की प्राकृतिक वातावरण में सहज रुप से भाषा सीखने में मदद करता है।

→ शिक्षार्थी दैनिक जीवन (रोजमर्रा की भाषा) की भाषा का प्रयोग करके प्रत्यक्ष अनुभव प्राप्त करते हैं।

74. साक्षरता अर्जित करने के लिए किसमें निपुणता (मास्टरी) होनी चाहिए?

(1) ध्वन्यात्मक जागरूकता और प्रवाह
(2) दृश्य (साइट) शब्दावली और प्रतिमानों की पहचान
(3) डिकोडिंग और भाषा अवबोधन
(4) सटीकता और ध्वन्यात्मक बोध

Ans : (3)

साक्षरता अर्जित करने से तात्पर्य पढ़ाया गया समझकर उसका परिस्थिति विशेष के अनुसार उचित प्रयोग करने से है।

आर्थात **'डिकोडिंग'** एवं **'भाषा अवबोधन'** से है।

डिकोडिंग- [अक्षर पहचान] लिखित अक्षरों को पढ़ना।

भाषा अवबोधन- [पढ़कर समझना] अर्थात् पढने के साथ-साथ अर्थ ग्रहण करना।

75. निम्नलिखित में से कौन-सा व्याकरण शिक्षण को प्रभावशाली तरीके से पढ़ाने के बारे में सही नहीं है?

(1) वास्तविक सम्प्रेषण प्रस्तुत करना।
(2) व्याकरण के प्रासंगिक नियम प्रस्तुत करना।
(3) सम्प्रेषण के अभ्यास के अवसर देना।
(4) व्याकरण को उसके नियम कंठस्थ [memorized] करके सीखना।

Ans : (4)

व्याकरण सिखाने के प्रभावशाली तरीके:- "व्याकरण सदैव संदर्भ में सिखाया जाना चाहिए।"

व्याकरण सिखाने की अन्य विधि:-

वास्तविक संप्रेषण [वार्तालाप] के माध्यम से।

निगमन विधि द्वारा [प्राथमिक कक्षाओं के लिए यह विधि उपयोगी नहीं है।]

व्याकरण के प्रसंगिक नियम प्रस्तुत करके [अतः पाठ पढ़ाते समय प्रसंगवश आने वाले व्याकरणिक बिंदुओं को स्पष्ट करना।]

"अर्थात् किसी गद्यांश, काव्यांश या किसी अन्य प्रसंग के संगत व्याकरण का ज्ञान कराना"

"व्याकरण को उसके नियम कंठस्थ करके व्याकरण सिखाना' व्याकरण सिखाने की अनुचित विधि है।"

76. निम्नलिखित में से कौन - सा साक्षरता शिक्षण उपागम [Literacy Teaching Approach] अक्षरों और ध्वनि के बीच संबंध पर बल देता है?

(1) समग्र भाषा पद्धति
(2) व्याकरण अनुवाद
(3) स्थितिपरक उपागम [Situational Approach]
(4) ध्वनि विज्ञान निर्देश

Ans : (4)

ध्वनि विज्ञान निर्देश:- जहां ध्वनि [Sound Phoneme] का प्रयोग किया जाय। वहां 'ध्वनि विज्ञान निर्देश' होता है।

"यह अक्षरों और ध्वनियों के बीच संबंध स्थापित करता है।"

77. निम्नलिखित में से कौन-सा प्राथमिक स्तर पर पुस्तकालय के प्रयोग के बारे में सही नहीं है?

पुस्तकालय एक भंडार गृह के रूप में नहीं देखा जाना चाहिए बल्कि:

(1) शिक्षार्थियों को बाल साहित्य की विविध प्रकार की विधाओं को देखने के मौके मिलने चाहिए।
(2) पुस्तकों के साथ संलग्नता के सक्रिय परिवेश के रूप में देखा जाना चाहिए।
(3) अध्यापक और दूसरे वयस्क भी पुस्तकालयों में आदर्श पठन व्यवहार प्रदर्शित कर सकते हैं।
(4) पुस्तकालय में पाठ्यपुस्तकों का सस्वर पठन सर्वाधिक उपयुक्त रूप से हो सकता है।

Ans : (4)

पुस्तकालय की विशेषता:-

शिक्षार्थियों को बालसाहित्य की विविध प्रकार की विधाओं को देखने के अवसर प्राप्त होता है।

पुस्तकों के साथ सक्रिय परिवेश मिलता है।

पुस्तकालय में छात्र, शिक्षक, वयस्क अर्थात् कोई भी 'पठन व्यवहार' कर सकता है। पुस्तकालय में 'मौन पठन'/ आंतरिक पठन (अर्थात् बिना बोले पठन व्यवहार किया जाता है, जिससे अन्य व्यक्तियों के पठन में समस्या न उत्पन्न हो।

"पुस्तकालय में 'सस्वरपठन' (मुखरपठन) सम्भव नहीं है।"

78. अभिकथन (A): भाषायी निपुणता व्याकरणिक दृष्टि से सही वाक्य बनाने की योग्यता है।

कारण (R): भाषायी निपुणता सुविधा और प्रवाह के साथ भाषा के इस्तेमाल करने की योग्यता है।

निम्नलिखित में से सही उत्तर का चयन कीजिए:

(1) (A) और (R) दोनों सत्य हैं और (R) (A) की सही व्याख्या है।

(2) (A) और (R) दोनों सत्य हैं, लेकिन (R) (A) की सही व्याख्या नहीं है।

(3) (A) सत्य है, लेकिन (R) असत्य है।

(4) (A) असत्य है, लेकिन (R) सत्य है।

Ans : (4)

भाषायी निपुणता का तात्पर्य व्याकरणिक दृष्टि से सही वाक्य बनाने की योग्यता नहीं है।

बल्कि भाषायी निपुणता से तात्पर्य सुविधा और प्रवाह के साथ भाषा के इस्तेमाल करने की योग्यता है।

[अर्थात् जब बालक प्रत्येक परिस्थिति में अपने विचारों को दूसरे के सामने [Fluently] प्रवाह, मौलिकता तथा रचनात्मकता के साथ व्यक्त कर सकता है तो उस बालक को **'भाषायी निपुण'** कहा जाएगा।

अर्थात् 'भाषायी निपुणता' में यह देखा जाता है कि बालक भाषा में निपुण कितना है।

अर्थात् अपने अनुभवों को दूसरों के सामने किस शैली में प्रस्तुत कर रहा है, तथा विचारों को प्रस्तुत करने में किस तरह के शब्दों का प्रयोग कर रहा है।

79. निम्नलिखित में से कौन-सा पाठ्यपुस्तक के बारे में सही नहीं है?

(1) यह पाठ्यक्रम लागू करने का मुख्य क्रियान्वयन उपकरण [Implementation Tool] है।

(2) यह साहित्य की विभिन्न विधाएँ प्रस्तुत करता है।

(3) यह पाठ्यक्रम के उद्देश्य प्राप्त करने में मदद करती है।

(4) यह शैक्षिक गतिविधियों की योजना है।

Ans : (4)

पाठ्यपुस्तक का उद्देश्य:- पाठ्यपुस्तक पाठ्यक्रम लागू करने का मुख्य क्रियान्वयन उपकरण है। पाठ्यपुस्तक साहित्य की विभिन्न विधाएं प्रस्तुत करती है। भाषा की विभिन्न रंगते प्रस्तुत करती है। यह पाठ्यक्रम के उद्देश्य प्राप्त करने में मदद करती है। पाठ्यपुस्तक, शिक्षण अधिगम प्रक्रिया का एक उपकरण है। शिक्षण अधिगम प्रक्रिया में शिक्षण में तीन केंद्र बिंदु होते हैं शिक्षक, छात्र, पाठ्पुस्तक।

शैक्षिक गतिविधियों की योजना पाठ्यपुस्तक के विषय में सही नहीं है क्योंकि गतिविधियों के माध्यम से क्रिया करके प्रत्यक्ष अनुभव प्राप्त करना। [अर्थात् गतिविधि का तात्पर्य कक्षा-कक्ष के बाहरी गतिविधियों से है।]

80. अभिकथन (A): प्राथमिक स्तर की शिक्षा में 'समूची पाठ्यचर्या में भाषा दृष्टिकोण महत्त्वपूर्ण है।

कारण (R): भाषा विभिन्न अर्थ-निर्माण संबंधी संदर्भों से बेहतर तरीके से अर्जित की जाती है, इसलिए हर प्रकार का शिक्षण एक प्रकार से भाषा शिक्षण है।

निम्नलिखित कोड में से सही उत्तर का चयन कीजिए:

(1) (A) और (R) दोनों सत्य हैं और (R), (A) की सही व्याख्या है।

(2) (A) और (R) दोनों सत्य हैं, लेकिन (R), (A) की सही व्याख्या नहीं है।

(3) (A) सत्य है, लेकिन (R) असत्य है।

(4) (A) असत्य है, लेकिन (R) सत्य है।

Ans : (1)

'समूची पाठ्यचर्या में भाषा' (Language Across Curriculum)

समूची पाठ्यचर्या में भाषा का तात्पर्य है कि भाषा सभी विषयो के केंद्र में होती है। (अर्थात् हम कोई भी Subject भाषा के माध्यम से ही सीखते हैं।)

भाषा विभिन्न अर्थ-निर्माण संबंधी संदर्भों से बेहतर तरीके से अर्जित की जाती है। **[अतः हम कह सकते हैं कि हर प्रकार का शिक्षण एक प्रकार का भाषा शिक्षण है।]**

81. एक विद्यालय निरीक्षक ने विद्यालय का दौरा किया और कक्षा एक के उन विभिन्न अनुभागों का अवलोकन किया जहाँ भाषा का अध्यापन किया जा रहा था। आप किस अध्यापक को भाषा अध्यापन के लिए सर्वाधिक रूप से उपयुक्त और आदर्श मानते हैं?

(1) एक अध्यापक श्यामपट्ट पर वर्णमाला के अक्षर लिख रही थी।

(2) दूसरी अध्यापक शिशुगीत गा रही थी फिर कहानी सुना रही थी।

(3) तीसरी अध्यापक उदाहरण देकर व्याकरण पढ़ा रही थी।
(4) चौथी अध्यापक शब्दों की वर्तनी पढ़ाकर फिर श्रुतलेख करवा रही थी।

Ans : (2)

प्राथमिक कक्षाओं के लिए प्रभावशाली भाषा शिक्षण:- प्राथमिक कक्षाओं में शिक्षण कार्य कहानी, कविताओं से शुरु किया जाता है।

छात्रों के सम्मुख भाषा को 'समग्र रूप' से प्रस्तुत किया जाता है। छात्रों का भाषा ज्ञान (एक-एक वर्ण या एक-एक शब्द) पर ध्यान देकर नहीं कराया जाता है।

बच्चों की रुची कहानियाँ, शिशुगीत तथा कविताएं सुनने में रुची अधिक होती है। (अर्थात् इसके माध्यम से छात्र/शिशु भाषा को प्रभावशाली तरीके से सीख जाते हैं।) बालक का Intrest कक्षा में बना रहता है।

बालक के 'शब्द भण्डार' में वृद्धि होती है।

(अर्थात् जहां शिक्षिका बच्चों को भाषा का ज्ञान शिशुगीत, कविता, कहानी आदि के माध्यम से करवाती है अतः भाषा को समग्रता से प्रस्तुत करती है वही कक्षा सबसे प्रभावशाली कक्षा मानी जाएगी।)

82. एक अध्यापक का यह मत है कि अभिभावक महत्त्वपूर्ण भागीदार है और उन्हें नियमित रूप से संलग्न करना व सम्प्रेषित करते रहना चाहिए। यह किस प्रकार से हो सकता है?

(1) अभिभावकों को यह सूचित करके कि उनके बच्चे अच्छा प्रदर्शन नहीं कर रहे हैं।
(2) नियमित आधार पर अभिभावकों के साथ बच्चों के पोर्टफोलियो पर चर्चा करके।
(3) अभिभावकों को अकादमिक के स्थान पर सह अकादमिक क्षेत्रों में आमंत्रित करके।
(4) अभिभावकों को अधिगम संबंधी सिद्धांत पढ़ाकर।

Ans : (2)

पोर्टफोलियों में बालक के शैक्षिक-सहशैक्षिक दोनों तरह के Achievement को रखा जाता है।

सहशैक्षिक से तात्पर्य कक्षा- कक्ष की बाहरी गतिविधियों से हैं। [अर्थात् बालक के सामाजिक, नैतिक आदि पहलुओं से जुड़े अनुभव।]

बालक के सह-शैक्षिक अनुभवों को प्राप्त करने के लिए शिक्षक [छात्र के Parents] के साथ बातचीत करते हैं।

83. भाषा की अध्यापक अपनी डायरी में कुछ टिप्पणियाँ लिख रही है, ये टिप्पणियाँ सटीक रूप से यह वर्णित करती हैं कि विद्यार्थी कक्षा के बाद क्या कर पाएँगे। यह टिप्पणियाँ क्या हैं?

(1) सीखने के प्रतिफल
(2) भाषायी दक्षता [Linguistic Proficiency]
(3) भाषा शिक्षा के उद्देश्य
(4) सीखने के स्तर

Ans : (1)

सीखने के प्रतिफल (Learning Outcomes):- शिक्षार्थी द्वारा पढ़ाये गये पाठ के अंत में अर्जित ज्ञान, कौशल प्रवृत्ति आदि का वर्णन करने वाले कथन 'सीखने के प्रतिफल' कहलाते हैं।

जिसमें शिक्षक यह निर्धारित करता है कि छात्र पढ़े हुए पाठ्यक्रम से किस स्तर तक सीख पाया है। (अर्थात् शिक्षक यह निश्चित करता है कि छात्र पढ़ाए गए पाठ के उद्देश्यों को समझ जाए।)

84. निम्नलिखित में से कौन-सा 'निपुन भारत' के अनुसार बुनियादी साक्षरता व गणित बोध
का विकासात्मक उद्देश्य है?

(1) बच्चे प्रभावशाली पाठक बनें।
(2) बच्चे प्रभावशाली सम्प्रेषक [Communicator] बनें।
(3) बच्चे प्रभावशाली लेखक बनें।
(4) बच्चे ध्यान से सुनने वाले श्रोता बनें।

Ans : (2)

NIPUN (National Initiative for Proficiency in Reading with Understanding & Numeracy)

यह विद्यालय के छोटे बच्चों को साक्षरता, पठन और सख्या ज्ञान समुन्नत करने क। एक कार्यक्रम है।

'निपुन भारत' के अनुसार बुनियादी साक्षरता व गणित बोध का विकासात्मक उद्देश्य है **कि बच्चे प्रभावशाली संप्रेषक बन सकें** अर्थात् अपने विचारों को अत्यधिक प्रभावशाली एवं धैर्य के साथ दूसरों के सामने व्यक्त कर सकें।

85. 'प' को 'फ' की तरह लिखना या '6' को '9' की तरह लिखना किस तरह के बच्चों द्वारा यह सामान्य गलती की जाती है?

(1) पठन वैकल्य (डिस्लैक्सिया)
(2) हकलाने वाले बच्चों द्वारा
(3) वाचाघात (अफ़ेजिया)
(4) नामन विकार (एनोमिया)

Ans: (1)

डिस्लेक्सिया एक न्यूरोलॉजिकल स्थिति है जो पढ़ने, लिखने और वर्तनी को प्रभावित करती है, जिससे ध्वनियों और प्रतीकों को जोड़ने में कठिनाई होती है। डिस्लेक्सिया से पीड़ित बच्चे 'पी' और 'बी' जैसे समान दिखने वाले अक्षरों को लेकर भ्रमित हो सकते हैं। सामान्य बुद्धि और दूरदर्शिता के बावजूद, वे प्रवाह और वर्तनी के साथ चुनौतियों का सामना करते हैं, लेकिन सही समर्थन के साथ, वे अपने कौशल में सुधार कर सकते हैं।

86. यहाँ एक पाठ्य सामग्री या कुछ कथन हैं। पता लगाइए कि यह पाठ्य सामग्री किस भाषा प्रयुक्ति (रजिस्टर) का प्रतिनिधित्व कर रही है?

'भारत का संविधान प्रत्येक व्यक्ति को समान रूप से देखता है। इसका तात्पर्य यह हुआ कि देश में प्रत्येक व्यक्ति, महिला और पुरुष, सभी धर्मों, जातियों, आदिवासी, शैक्षिक और आर्थिक प्रष्ठभूमि के, सभी को समान रूप से देखना। इसका तात्पर्य यह नहीं है कि असमानता समाप्त हो चुकी है। असमानता नहीं होनी चाहिए। कम से कम लोकतांत्रिक भारत में सभी व्यक्तियों को समानता का सिद्धान्त मायने रखता है।'

(1) कानूनी प्रयुक्ति
(2) वैज्ञानिक प्रयुक्ति
(3) राजनीतिक प्रयुक्ति
(4) सामाजिक विज्ञान प्रयुक्ति

Ans: (4)

यह पाठ लिंग, जाति, धर्म और आर्थिक पृष्ठभूमि जैसी सामाजिक श्रेणियों पर ध्यान केंद्रित करते हुए भारतीय संविधान में समानता पर चर्चा करता है, जो सामाजिक विज्ञान विषयों के साथ सरेखित है।

87. शिक्षार्थियों द्वारा हुए अधिगम के उदाहरणों का सतत रूप रखो गया रिकार्ड क्या कहलाएगा ?

(1) निपुणता आकलन
(2) निदीतात्मक परीक्षण
(3) पोर्टफोलियो
(4) सतत सारगर्भित आकलन

Ans: (3)

एक पोर्टफोलियो एक शिक्षार्थी के काम और समय के साथ उपलब्धियों का एक संग्रह है, जो उनके सीखने का एक व्यापक रिकॉर्ड प्रदान करता है। इसमें निबंध, परियोजनाएं, कलाकृति, प्रतिबिंब और मूल्यांकन शामिल हैं, जो प्रगति और सुधार के क्षेत्रों का समग्र दृष्टिकोण पेश करते हैं।

88. निम्नलिखित में से कौन-सा कार्य समेकित अधिगम कौशलों को समुन्नत करता है?

(1) परियोजना कार्य
(2) कोई एक आलेख (आर्टिकल) लिखना
(3) रोल प्ले
(4) प्रदत्त कार्य

Ans: (1)

प्रोजेक्ट कार्य अनुसंधान, लेखन, समस्या-समाधान और सहयोग जैसे कार्यों को जोड़कर एकीकृत शिक्षण कौशल को बढ़ावा देता है। यह छात्रों को विभिन्न विषयों में ज्ञान लागू करने, आलोचनात्मक सोच, रचनात्मकता और टीम वर्क को बढ़ावा देने के लिए प्रोत्साहित करता है। यह परियोजना कार्य को एकीकृत शिक्षण कौशल विकसित करने के लिए एक प्रभावी उपकरण बनाता है।

89. कक्षा छह की अध्यापिका बोलने से संबंधित किसी गतिविधि के लिए निम्नलिखित कार्य तैयार करती है। "रेगिस्तान और उसकी जलवायु स्थिति के बारे में कोई पाँच वाक्य बोलिए।"

क्या यह एक अच्छा या अच्छा कार्य नहीं है? अपने उत्तर और उत्तर के कारण का चयन करें।

(1) यह अच्छा कार्य नहीं है क्योंकि कुछ शिक्षार्थी रेगिस्तान के बारे में नहीं जानते होंगे।
(2) यह एक अच्छा कार्य नहीं है क्योंकि इसमें संदर्भ की कमी है क्योंकि उन्हें रेगिस्तान और उसकी स्थितियों के बारे में कुछ नहीं बताया गया है।

(3) यह एक अच्छा कार्य है क्योंकि शिक्षार्थियों ने भूगोल की किताब में रेगिस्तान के बारे में पढ़ा होगा, इसलिए उनके पास बोलने के लिए सामग्री है।

(4) यह एक अच्छा कार्य है, क्योंकि यह शिक्षार्थी को कुछ बोलने के लिए तैयार करता है, यह रेगिस्तान है।

Ans: (2)

यह कार्य अच्छा नहीं है क्योंकि इसमें संदर्भ या इनपुट का अभाव है, जिससे छात्रों के लिए रेगिस्तान के बारे में प्रभावी ढंग से बोलना मुश्किल हो जाता है। एक अच्छे बोलने के कार्य में शिक्षार्थियों को अपनी प्रतिक्रियाएँ तैयार करने में मदद करने के लिए पर्याप्त जानकारी या मार्गदर्शन प्रदान किया जाना चाहिए।

90. भाषा अधिगम में 'सर्वांगी (सिस्टमिक) दक्षता' क्या है?

(1) इस बात को समझना कि सभी भाषाओं की एक सामान्य संरचनात्मक व्यवस्था है।

(2) इस बात की समझ कि सभी मनुष्यों के पास बहुत सी भाषाओं की व्यवस्थाएँ हैं।

(3) इस बात को समझना और प्रयोग में लाना कि भाषा एक व्यवस्था के रूप में कार्य करती है।

(4) इस बात को समझना और प्रयोग में लाना कि भाषाओं की एक व्याकरणिक व्यवस्था है।

Ans: (3)

भाषा सीखने में प्रणालीगत क्षमता से तात्पर्य यह समझना है कि किसी भाषा के विभिन्न तत्व, जैसे व्याकरण, शब्दावली और वाक्यविन्यास, अर्थ बनाने के लिए एक प्रणाली के रूप में एक साथ कैसे काम करते हैं। इसमें न केवल व्यक्तिगत नियमों को जानना शामिल है बल्कि यह समझना भी शामिल है कि संवाद करने के लिए उन्हें प्रभावी ढंग से कैसे संयोजित किया जाए। यह समग्र समझ अधिक सार्थक और संदर्भ-उपयुक्त भाषा के उपयोग की अनुमति देती है।

91. कक्षा छह की अध्यापक आज पढ़ी जाने वाली भाषा सामग्री को शिक्षार्थियों के पूर्व ज्ञान और अनुभव से जोड़ने के लिए 'वार्म अप' गतिविधि करवाती है। पाठ्य सामग्री पढ़ाना शुरू करने से पहले शिक्षार्थियों को पाठ्य सामग्री (कहानी) के चित्र देखने के लिए कहती है। वह अपने शिक्षार्थियों से क्या करवाना चाहती है?

(1) पाठ्य सामग्री के बारे में अनुमान लगाना

(2) चित्रों को समझने की क्षमता विकसित करना

(3) चित्रों के माध्यम से कहानी की मन में कल्पना कर पाना

(4) चित्रों की सराहना करना

Ans: (1)

शिक्षक छात्रों को कहानी की सामग्री का अनुमान लगाने में मदद करने के लिए पढ़ने से पहले चित्र देखने के लिए कहते हैं। चित्रों में दृश्य सुराग छात्रों को पात्रों, घटनाओं या विषयों का अनुमान लगाने में मार्गदर्शन करते हैं। यह भविष्यवाणी गतिविधि पाठ के साथ सक्रिय जुड़ाव को प्रोत्साहित करती है और छात्रों को पूर्व ज्ञान को कहानी से जोड़ने में मदद करती है, जिससे उनके पढ़ने का अनुभव अधिक विचारशील और आकर्षक हो जाता है।

92. आमतौर पर पूर्व विद्यालयी अध्यापक अपनी कक्षा में शुरुआती दौर में अपने शिक्षार्थियों को चित्रात्मक पुस्तकें देते हैं, बजाय कि वर्णमाला पढ़ाने के।

चित्रात्मक पुस्तकें देने का उद्देश्य है

(1) अपनी व्यस्तता के समय शिक्षार्थियों को व्यस्त रखना और विभिन्न रंगों का परिचय देना।

(2) बच्चे भविष्य में इस तरह के चित्र बना सकें।

(3) बच्चों को पठन से परिचित करवाना और उनके भाषा विकास की शुरुआत करना।

(4) उनके उन बुनियादी कौशलों का आकलन करना जो विद्यालय में प्रवेश के समय उनके पास थे।

Ans : (3)

→ पूर्व विद्यालयी शिक्षा में शिक्षक छात्रों को चित्रात्मक पुस्तकें पढ़ाते हैं जिसके माध्यम से छात्र को पाठ्यवस्तु समझने में आसानी होती है।

→ चित्रात्मक पुस्तकों के माध्यम से छात्रों को पठन से परिचित करवाया जाता है।

→ छात्रों के भाषा विकास की शुरुआत की जाती है।

→ पूर्व विद्यालयी बच्चों को खिलौनों पर आधारित शिक्षा प्रदान की जाती है।

→ बच्चों में चित्रात्मक पुस्तकों में अधिक रुचि होती है जिससे वे पढ़ने में अधिक रूचि लेते हैं।

→ चित्र बच्चों को आकर्षित करते हैं जिससे बालक सीखने के लिए तैयार होता है।

→ बच्चों का शिक्षण सरल पाठ्यसामग्री से शुरु करना चाहिए।
→ और धीरे - धीरे नयी अवधारणाओं का परिचय देना चाहिए।

93. अनुच्छेद लेखन के दौरान व्याकरण [Grammar], विरामचिह्न -विधान [Punctuation] और वर्तनी [Spelling] की जाँच करना लेखन प्रक्रिया का कौन-सा चरण है?

(1) संपादन (2) प्रारूपण
(3) विचारमंथन (4) प्रतिपुष्टि

Ans : (1)

संपादन [Editing] लेखन का अंतिम चरण है। इसमें लेखक अपने अनुच्छेद की अंतिम रूप से जांच करता है। (जैसे व्याकरण, विराम चिहन, विधान और वर्तनी)

94. नॉम चॉमस्की के सिद्धांत के अनुसार हम सभी इस सहजात समझ के साथ जन्म लेते हैं कि भाषा कैसे कार्य करती है।

1. संकेत भाषा 2. सार्वभौमिक व्याकरण
3. बुनियादी शिक्षा 4. व्यावहारिक विज्ञान

Ans : (2)

चॉम्स्की ने सार्वभौमिक व्याकरण [Universal grammar] का सिध्दांत दिया। अर्थात् व्यक्ति में व्याकरण सीखने की जन्मजात क्षमता होती हैं।

चॉम्स्की मानते हैं कि दुनिया की जितनी भी भाषाएँ हैं उनके तत्वों में एक-दूसरे के साथ संबंध होता है।

चॉम्स्की के अनुसार:- किसी भी प्रकार की भाषा को संज्ञा, क्रिया और विशेषण के आधार पर विभक्त किया जा सकता है।

[बालक के मस्तिष्क में LAD [Language Acquisition Device] पाया जाता है जिसके माध्यम से बालक सार्वभौमिक व्याकरण के नियमों के प्रति समझ बनाता है।

95. निम्नलिखित में से कौन-सा कथन पठन कौशल विकसित करने की तकनीक है?

a. कक्षा में पठन कोना पठन कौशल के विकास में सहायक है।
b. बच्चों को जोड़े में बैठाकर उन्हें अपनी पसंद तथा नापसंद के बारे में चर्चा करने के लिए कहना।

1. a तथा b दोनों सही हैं।
2. a सही है तथा b गलत है।
3. b सही है तथा a गलत है।
4. a तथा b दोनों गलत हैं।

Ans : (2)

कक्षा में पठन कोना [पठन कोना से तात्पर्य कमरे की ऐसी जगह जहां पुस्तकें चार्टस तथा पढ़ाई से संबंधित सामग्री हैं।] पठन कौशल के विकास में सहायक सिद्ध होता है। बच्चों को जोड़े में बैठाकर उन्हें अपनी पसंद तथा ना पसंद के बारे में चर्चा करने के लिए कहना। [पठन कौशल के अंतर्गत नहीं बल्कि संप्रेषण कौशल के अंतर्गत आता है।]

96. प्रक्रिया आधारित लेखन उपागम में______ सोपान के दौरान पाठक तथा लिखने के उद्देश्य को चिह्नित किया जाता है।

1. पुनरावृत्ति (दोहराने) [Proof Reading]
2. पूर्वलेखन [Prewriting]
3. संपादन [Editing]
4. प्रारूपण [Drafting]

Ans : (2)

लिखने से पहले (पूर्वलेखन) में लिखने वाला (लेखक [Writer]) यह निश्चित करता है कि मैं जो लिख रहा हूं उसको पढ़ने (वाला) (पाठक [Reader]) कौन है; और मैं जो लिख रहा हूं उसका उद्देश्य क्या है?

97. भाषा ड्रिल और अभ्यास द्वारा सीखी जाती है। भाषा अधिगम के इस विचार को किसने समर्थित किया है?

(1) बी. एफ. स्किनर (2) लेव वाइगोत्स्की
(3) नॉम चॉम्स्की (4) जीन पियाजे

Ans : (1)

बी० एफ० स्किनर एक व्यवहारवादी 'मनोवैज्ञानिक' [Behavioural Psychologist] हैं। व्यवहारवाद यह मानता है कि बालक अपने आस-पास से देखकर, सुनकर भाषा को ग्रहण करता है।

अर्थात् 'अनुकरण करके [Imitation]' भाषा सीखना।

बालक अपनी प्रक्रियाओं को दोहराव से सुधार करते हैं।

इस प्रकार भाषा 'अभ्यास आधारित' होती है।

अतः स्किनर के अनुसार बालक भाषा 'Drill & Practices' के माध्यम से सीखते हैं।

98. निम्नलिखित में से कौन-सी युक्ति प्रभावशाली श्रवण के लिए नहीं है?

(1) पूर्व-श्रवण विश्लेषण [Analysis]
(2) संरचित (बनाए गए) कथनों का श्रवण
(3) अनुमान लगाना
(4) समूह में श्रवण

Ans : (3)

श्रवण कौशल से तात्पर्य है कि बालक सुनी हुई पाठ्यसामग्री का विश्लेषण कर सके।

उसे अपने पूर्व ज्ञान से जोड़ सके।

समूह में श्रवण कर सके जिससे उसमें सामूहिक भावना का विकास हो। छात्र सुनी हुई पाठ्यसामग्री को परिस्थति विशेष के अनुसार उपयोग कर सके।

अनुमान लगाना प्रभावशाली युक्ति नहीं है। क्योंकि 'अनुमान लगाना' पठन के अंतर्गत आता है।

99. कक्षा दो के विद्यार्थी रविकान्त को लेखन के समय शब्द और वर्ण लिखने में कठिनाई आती है। उसकी लिखावट स्पष्ट और सुसंगत नहीं है। इसे किस रूप में जाना जाएगा?

(1) डिस्ग्राफ़िया [Dysgraphia]
(2) डिस्लेक्सिया [Dyslexia]
(3) डिस्केलकुलिया [Dyscalculia]
(4) डिस्फेज़िया [Dysphasia]

Ans : (1)

[Dysgraphia] एक 'लेखन विकार' है। जिसमें बालक को वर्तनियों/अक्षरों को लिखने में कठिनाई होती है। बालक b तथा d जैसी वर्तनियों/अक्षरों में अंतर नहीं कर पाता है।

यह कागज पर अक्षर, अंक या शब्द लिखने में बाधा उत्पन्न करता है।

100. किसी बच्चे को उसकी लक्ष्य भाषा में निपुण तब कहा जाएगा जब:

(1) उसके पास उपयुक्त शब्द भंडार है परन्तु वह उसका प्रयोग बार-बार न करता हो।
(2) वह अपने घर की भाषा में पठन और लेखन कर पाता हो।
(3) लक्ष्य भाषा का प्रयोग प्रवाह और सटीकता के साथ कर पाता हो।
(4) जो बोला जा रहा है, उसे समझ पाने योग्य हो।

Ans : (3)

लक्ष्य भाषा का तात्पर्य दूसरी भाषा (Target language) से होता है।

→ लक्ष्य भाषा का अधिगम किया जाता है।

→ बच्चे लक्ष्य भाषा में निपुण हो सकें इसके लिए छात्रों को द्वितीय भाषा/विदेशी भाषा सिखाने के लिए निवेशों पर आधारित अंतः क्रिया (अर्थात् उसी भाषा में अंतः क्रिया) करानी चाहिए।

→ क्योंकि छात्र भाषा Interaction के माध्यम से जल्दी सीखता है।

(अतः बच्चे को Target language (लक्ष्य भाषा) में निपुण तब कहा जाएगा जब वह Target language का प्रयोग Fluently और निपुणता के साथ कर पाये।)

101. एक बहुभाषिक व्यक्ति को और क्या कहा जा सकता है?

(1) द्विभाषी [Bilingual]
(2) एकलभाषी [Monolingual]
(3) बहुभाषाविद [Multilingualism]
(4) भाषावैज्ञानिक [Linguist]

Ans : (3)

जब किसी व्यक्ति को एक से अधिक भाषाओं का ज्ञान होता है और उन भाषा का प्रयोग व्यक्ति अपने विचारो एवं अनुभवों को प्रकट करने के लिए करता है। (अर्थात् व्यक्ति उन भाषाओं का प्रयोग भी कर सकता है। 'बहुभाषाविद' कहलाता है।

102. निम्नलिखित में से कौन-सा कथन पठन और लेखन कौशल के बारे में सही है?

(1) अच्छे लेखन कौशल का पठन पर कोई प्रभाव नहीं पड़ता है।
(2) जो विद्यार्थी बहुत पढ़ते हैं वे अच्छे लेखक होते हैं।
(3) जो विद्यार्थी अच्छे लेखक होते हैं, वे वर्तनी की अशुद्धियाँ नहीं करते।

(4) पठन और लेखन कौशल हमेशा पृथक रूप से पढ़ाने चाहिए।

Ans : (2)

भाषा के चारों कौशल अंतः संबंधित [Interrelated] होते हैं।

(चार कौशल- सुनना, पढ़ना, लिखना, बोलना) इस प्रकार यदि कोई व्यक्ति अच्छा श्रवण कर्ता है तो उसका संप्रेषण कौशल भी उच्चकोटि का होगा।

(ठीक उसी प्रकार यदि कोई विद्यार्थी अच्छा पाठक है तो वह उच्चकोटि का लेखक हो सकता है।)

यही कारण है कि भाषा के चारों कौशल को एकीकृत [Integrated] रूप से पढ़ाने की अनुशंसा [Recommendation] की जाती है।

103.एक अध्यापक विद्यार्थियों को एक अनुच्छेद लिखने के लिए कहती है लेखन प्रक्रिया आरंभ करने से पहले विद्यार्थी को सबसे पहले क्या करना चाहिए?

(1) प्रारूप को दोहराना चाहिए
(2) अनुच्छेद लिखना शुरू करना चाहिए
(3) विषय बिंदु पर मानस मंथन करना चाहिए
(4) प्रारूप का संपादन करना चाहिए

Ans : (3)

लेखन का प्रक्रिया उपागम [process approach to writing]:- लेखन के प्रक्रिया उपागम का प्रथम चरण 'मानस मंथन' कहलाता है।

मानस मंथन/Brainstorming/मस्तिष्क उद्वेल:-

मानस मंथन रचनात्मक विचारों के सृजन में सहायता करता है। मानस मंथन से तात्पर्य (बालक के दिमाग में विचारों का तूफान आना) लेखन प्रक्रिया का प्रथम चरण है।

104."कल मुझे जालंधर जाना था, पर मेरी ट्रेन मिस हो गई।"

यह वाक्य किसका उदाहरण है?

(1) कोड मिश्रण
(2) एक कोड से दूसरे कोड में जाना
(3) कोड परिवर्तन
(4) कोड में भिन्नता

Ans : (1)

कोड मिश्रण (Code mixing]:- कोड मिश्रण (Code mixing] का तात्पर्य दो भाषाओं के शब्दों को Mix करना।

"कोड मिश्रण" वह है, जब कोई व्यक्ति एक ही वार्तालाप में दो या दो से अधिक भाषाओं के शब्दों का प्रयोग करता हैं।

अर्थात् एक शब्द/वाक्यांश एक भाषा से तथा दूसरा शब्द या वाक्यांश दूसरी भाषा से बोलता है।

जैसे-

→ कल मुझे जालंधर जाना था, पर मेरी ट्रेन मिस हो गई।

→ मैं आपको मिस (Miss) कर रही हूँ।

यहां पर दो भाषाओं के शब्दों का प्रयोग हुआ है अतः इसे कोड मिश्रण (Code Mixing) का उदाहरण कहा जाएगा।

105.एक बालिका पटना से मुंबई स्थानांतरित होती है। वह विद्यालय में एक भाषा के रूप में अंग्रेजी पढ़ती है और सहपाठियों तथा आस-पड़ोस के लोगों के साथ अन्त:क्रिया [Interaction] करके वह मराठी सीखने की स्थिति में है। इस तथ्य से आपकी क्या समझ बन रही है?

(1) दोनों भाषाओं का सीखना भाषा अर्जन है।
(2) अंग्रेजी भाषा का सीखना भाषा अर्जन है और मराठी भाषा का सीखना भाषा अधिगम है।
(3) अंग्रेजी भाषा का सीखना भाषा अधिगम है और मराठी भाषा का सीखना भाषा अर्जन है।
(4) दोनों भाषाओं का सीखना भाषा अधिगम है।

Ans : (3)

जब भाषा अपने आस-पास के वातावरण [Environment] से अर्जित कर ली जाती है, और इसके लिए किसी Teacher/संस्था या संसाधन की आवश्यकता नहीं होती है तो इसे **भाषा अर्जन [Language Acquisition]** कहा जाता है।

और इसके विपरीत जब भाषा सीखने के लिए Teacher संस्था या संसाधन की आवश्यकता होती है तो इसे **भाषा आधिगम [Language Learning]** कहा जाता है।

उपर्युक्त प्रश्न में बालिका मराठी भाषा अपने आस-पास से सीख रही है अतः इसे 'भाषा अर्जन' तथा अंग्रेजी भाषा विद्यालय से सीखती है इसलिए इसे 'भाषा आधिगम' कहा जाता है।

106. भाषा के बारे में ज्ञान क्या कहलाता हैं?

(1) कार्यविधि आधारित ज्ञान
(2) घोषणात्मक ज्ञान [Declarative Knowledge]
(3) प्रक्रिया आधारित ज्ञान [Process Based Knowledge]
(4) भाषा का व्याकरण

Ans : (2)

घोषणात्मक ज्ञान (Declarative knowledge):- घोषणात्मक ज्ञान का तात्पर्य 'क्या' के जवाब से है। अर्थात् इसमे ज्ञान को संपूर्णता से प्रकट किया जाता है।

जैसे- भाषा क्या है?:- **घोषणात्मक ज्ञान**

भाषा का प्रयोग कैसे किया जाता है:- **प्रक्रियात्मक ज्ञान**

107. निम्नलिखित में से कौन-सा विदेशी भाषाओं के अध्ययन के संबंध में राष्ट्रीय शिक्षा नीति 2020 के परिप्रेक्ष्य में सही नहीं है?

(1) विदेशी भाषा को त्रिभाषा सूत्र के अन्तर्गत अध्ययन की जा रही तीन भाषाओं में शामिल नहीं किया गया है।
(2) फ्रेंच को एक अतिरिक्त विकल्प के रूप में अनुशंसित किया गया है।
(3) माध्यगिक चरण के दौरान एक अतिरिक्त विकल्प के रूप में विदेशी भाषाओं का अध्ययन।
(4) त्रिभाषा सूत्र के अन्तर्गत भाषाओं में से एक के रूप में विदेशी भाषाओं का अध्ययन।

Ans: (4)

राष्ट्रीय शिक्षा नीति (एनईपी) 2020 में त्रिभाषा सूत्र में विदेशी भाषाओं को शामिल नहीं किया गया है, जो भारतीय भाषाओं पर केंद्रित है। फ्रेंच जैसी विदेशी भाषाओं को मुख्य तीन भाषाओं का हिस्सा होने के बजाय, विशेष रूप से माध्यमिक शिक्षा में एक अतिरिक्त विकल्प के रूप में पेश किया जाता है।

108. निम्नलिखित में से कौन-सी युक्ति 'संदर्भ में व्याकरण शिक्षण' से संबंधित है? संदर्भ में भाषा की सामग्री प्रस्तुत करना शिक्षार्थियों का ध्यान भाषा की सामग्री की ओर दिलाना, जीवन की वास्तविक परिस्थितियों में भाषा प्रयोग के योग्य बनाना और शिक्षार्थियों का ध्यान खोज-बीन के द्वारा उसके नियमों की ओर दिलाना।

(1) खोज-बीन विधि
(2) सचेतनता जागृत करना
(3) स्कीमा का सृजन
(4) निगमनात्मक विधि

Ans: (2)

चेतना बढ़ाना एक शिक्षण रणनीति है जो शिक्षार्थियों को प्रासंगिक परिस्थितियाँ प्रदान करके भाषा नियमों के बारे में जागरूकता बढ़ाती है जहाँ उन्हें विशिष्ट भाषा वस्तुओं का सामना करना पड़ता है। नियमों को सीधे सिखाने के बजाय, यह शिक्षार्थियों को अनुभव के माध्यम से भाषा के पैटर्न को नोटिस करने और खोजने के लिए प्रोत्साहित करता है, जिससे उन्हें भाषा के रूपों और वास्तविक जीवन के उपयोग के बीच संबंध बनाने में मदद मिलती है। इससे उनकी भाषा की समझ और धारणा बढ़ती है।

109. निम्नलिखित में से कौन-सा 'भाषा के बारे में में जानना' से संबंधित हैं?

(1) व्याकरणपरक ज्ञान (2) युक्तिपरक दक्षता
(3) घोषणात्मक ज्ञान (4) प्रक्रियात्मक ज्ञान

Ans: (3)

घोषणात्मक ज्ञान से तात्पर्य किसी विषय के तथ्यों, नियमों और जानकारी की समझ से है। भाषा में, इसमें संरचना, व्याकरण और शब्दावली को जानना, भाषा कैसे काम करती है, जैसे वाक्य संरचना या क्रिया काल की सैद्धांतिक समझ प्रदान करना शामिल है। यह भाषा के बारे में "जानने" के बारे में है।

110. बहुत से भारतीय जो नौकरी के लिए विदेश जाते हैं, वे उस स्थान की भाषा सीखते हैं। इस प्रेरणा को क्या कहा जाएगा?

(1) यांत्रिक प्रेरणा
(2) यह न तो यांत्रिक है और न ही समाकलनात्मक है
(3) समाकलनात्मक और यान्त्रिक दोनों प्रकार की प्रेरणा
(4) समाकलनात्मक प्रेरणा

Ans: (1)

यांत्रिक प्रेरणा का तात्पर्य व्यावहारिक उद्देश्यों के लिए एक भाषा सीखना है, जैसे कि नौकरी हासिल करना, करियर में आगे बढ़ना, या पेशेवर या शैक्षणिक लक्ष्यों को पूरा करना। उदाहरण के लिए, बेहतर नौकरी की संभावनाओं के लिए विदेश में भारतीय भाषा सीखना महत्वपूर्ण प्रेरणा को प्रदर्शित करता है। यह एकीकृत प्रेरणा के विपरीत है, जो किसी संस्कृति से जुड़ने और उसमें एकीकृत होने की इच्छा से प्रेरित होती है। यांत्रिक प्रेरणा मूर्त, बाहरी लक्ष्यों को प्राप्त करने पर अधिक केंद्रित है।

111. 'सामग्री की प्रामाणिकता' किससे संबंधित है?

(1) जीवन के वास्तविक संदर्भों में विकसित या लिखित सामग्री
(2) वह सामग्री जो बच्चे घर से लेकर आते हैं
(3) अध्यापक द्वारा अपनी कक्षा के लिए लिखी गई सामग्री
(4) सत्तासीन लोगों द्वारा विकसित या लिखित सामग्री

Ans: (1)

सामग्रियों की प्रामाणिकता वास्तविक दुनिया के उद्देश्यों के लिए बनाए गए संसाधनों को संदर्भित करती है, विशेष रूप से भाषा सीखने के लिए नहीं। ये सामग्री, जैसे समाचार पत्र, किताबें, वीडियो और रेडियो कार्यक्रम, देशी वक्ताओं के लिए हैं और प्राकृतिक, रोजमर्रा की भाषा को दर्शाते हैं। वे शिक्षार्थियों को यह समझने में मदद करते हैं कि वास्तविक जीवन के संदर्भों में भाषा का उपयोग कैसे किया जाता है, जिससे व्यावहारिक भाषा कौशल में सुधार होता है।

112. भारतीय बहुभाषावाद [Multilingualism] की एक उल्लेखनीय विशिष्टता भाषा [Language] का लिपि [Script/Font] से संबंध न होना है। उदाहरण के लिए:

(1) कोई दो भाषाओं में लिख सकता है।
(2) कोई एक भाषा में लिख तो सकता है परन्तु उस भाषा में बोल नहीं सकता है।
(3) कोई देवनागरी लिपि का प्रयोग करते हुए उर्दू भाषा लिख सकता है।
(4) कोई ध्वनि विज्ञान संबंधी संकेतों का प्रयोग करते हुए अंग्रेजी लिख सकता है।

Ans : (3)

भाषा और लिपि में संबंध:- थोड़े से फेरबदल के साथ कोई भी भाषा किसी भी लिपि मे लिखी जा सकती है।

(जैसे :- कैसे [kaise])

इस प्रकार प्रत्येक भाषा की अपनी एक लिपि होती है यह जरुरी नहीं हैं।

किंतु प्रत्येक भाषा का अपना व्याकरण होता है।

113. भाषा की कक्षा में अध्यापक द्वारा पूछे जा रहे प्रश्न महत्त्वपूर्ण निर्देशात्मक उपकरण [Instructional Tools] होते हैं, क्योंकि:

(1) लगातार बोल रहे अध्यापक को थोड़ी देर के लिए आराम मिल जाता है
(2) कक्षा में विद्यार्थियों की सहभागिता [Involvement] बढ़ जाती है
(3) अध्यापकों को लंबी-लंबी व्याख्या नहीं करनी पड़ती हैं
(4) इस समय अध्यापक पाठ योजना के बारे में तुरन्त निर्णय ले सकते हैं

Ans : (2)

कक्षा में अध्यापक को Lecture/भाषण देते समय छात्रों से बीच- बीच में प्रश्न पूंछते रहना चाहिए। इससे छात्र कक्षा में Active रहते हैं।

छात्रों की कक्षा में सहभागिता बनी रहती है व्याख्यान देते समय शिक्षक को बीच- बीच में कहानियाँ, चुटकुले, किस्से आदि बताते रहना चाहिए जिससे छात्र का कक्षा में Intrest बना रहे।

शिक्षक को कक्षायी माहौल 'प्रजातांत्रिक [Democratic]' बनाना चाहिए।

अर्थात् बच्चे के रुचि, आवश्यकता और मानसिक स्तर [Mental Ability] का ध्यान रखना चाहिए।

114. प्रत्येक व्यक्ति के पास भावनाएँ, अनुभूतियाँ [Feelings], विचार हैं और सभी अपने जीवन के अनुभवों को अभिव्यक्त करना चाहते हैं। भाषा के प्रयोग द्वारा व्यक्ति स्वयं को अभिव्यक्त करते हैं। इस स्थिति में भाषा का कौन-सा प्रकार्य संलग्न है?

(1) अभिव्यक्ति [Expression]
(2) सूचनात्मक [Informational]
(3) अंतःक्रियात्मक [Interactive]
(4) संरक्षण [Conservation]

Ans : (1)

अभिव्यक्ति:- अभिव्यक्ति के माध्यम से व्यक्ति अपनी अनुभूतियां विचार, अपने जीवन के अनुभवों को व्यक्त करते हैं। व्यक्ति अपने अनुभवों को दो प्रकार से व्यक्त करता है।

अर्थात् अभिव्यक्ति के दो प्रकार है:-

→ लिखकर **→ बोलकर**

115. निम्नलिखित में से कौन-सी तकनीक भाषा उच्चारण सिखाने के लिए प्रयुक्त नहीं की जा सकती?

(1) गीत गाना (2) कविता पाठ
(3) सस्वर पठन (4) कहानी लिखना

Ans : (4)

छात्रों के उच्चारण और मौखिक प्रवाह को सुदृढ़ करने के प्रभावशाली तरीके:-

→ छात्रों को अभिव्यक्ति के अवसर प्रदान करके।

→ उच्चारण अभ्यास के प्रचुर अवसर प्रदान करके।

→ समूह में चर्चा करने के द्वारा सहज रुप से विभिन्न संदर्भ मे बोलने के अवसर प्रदान करके।

→ छात्रों को अनौपचारिक गतिविधियां खेल, शब्दखेल, पहेलियां तुकबंदियां आदि के द्वारा उच्चारण और 'मौखिक प्रवाह अभ्यास' को सुदृढ़ किया जा सकता है।

→ छात्रों को कक्षा में ऐसे गतिविधियों में शामिल करके
→ जिसमें अंतः क्रियाएं अधिक हों।

→ कक्षा में 'सस्वर वाचन' करा के।

→ गीत गाना आदि के माध्यम से।

→ कविता पाठ कराकर।

→ 'कहानी लिखना' मौखिक प्रवाह और उच्चारण का प्रभावशाली तरीका नहीं है क्योंकि कहानी लिखना 'लेखन कौशल' के अंतर्गत आता है।

116. कक्षा II के विद्यार्थी एक कविता गा रहे हैं- "यह मेरी नाक है, ये मेरे कान।" यह कविता गाते समय वे शरीर के जिस अंग का नाम लेते हैं, उस अंग को स्पर्श भी करते हैं अध्यापिका किस विधि का प्रयोग कर उन्हें सिखा रही है?

(1) विभिन्न दर्शन ग्राही
(2) श्रव्य-भाषिक
(3) सम्प्रेषणात्मक भाषा शिक्षण
(4) समग्र भौतिक प्रतिक्रिया

Ans : (4)

समग्र भौतिक प्रतिक्रिया [Total physical Response]:- जब लक्ष्य भाषा/target language का अर्थ, शारीरिक क्रियाओं के माध्यम से संप्रेषित किया जाता है। यह मौखिक प्रतिक्रिया करने के लिए शारीरिक गतिविधि का उपयोग करके भाषा या शब्दावली को पढ़ाने की एक विधि है। यह विधि छात्र की हिचकिचाहट और तनाव को कम करती है। यह विधि बोलने तथा कार्य करने में तालमेल बनाती है। इस विधि में भाषा को शारीरिक गतिविधि के माध्यम से सिखाया जाता है। अर्थात् शिक्षार्थी जब किसी कार्य को स्वयं करके सीखते हैं तो उनका ज्ञान स्थायी हो जाता है।। 'श्रवण कौशल समग्र भौतिक प्रतिक्रिया का प्रमुख आधार है। अर्थात् श्रवण कौशल अन्य कौशल से पहले होना चाहिए।

'पठन बोध' समग्र भौतिक प्रतिक्रिया का सिद्धांत नहीं है।

117. मुझे यह काम बहुत ही पसंद है - जब अध्यापिका मुझे एक कार्ड देती है, जिस पर कोई शब्द या वाक्य लिखा होता है। मैं उससे संबंधित अभिनय करती हूँ और समूची कक्षा उस शब्द/वाक्य के बारे में अनुमान लगाती है। शिक्षार्थी की प्राथमिकताओं के साथ शिक्षार्थी की टिप्पणी की पहचान कीजिए।

(1) जब मैं गति-बोधक [Action Based Learning] तरीके से संलग्न [Engage] रहती हूँ तो मुझे भाषा अच्छी तरह से याद रहती है।
(2) जब मैं देखती हूँ तो मुझे भाषा अच्छी तरह से याद रहती है।
(3) जब मैं सुनती हूँ तो मुझे भाषा अच्छी तरह से याद रहती है।
(4) जब मैं कार्ड से वाक्य को याद करती हूँ तो मुझे भाषा अच्छी तरह से याद रहती है।

Ans : (1)

गतिविधि आधारित भाषा शिक्षण:- इसका तात्पर्य यह है, कि शिक्षार्थी को गतिविधि माध्यम से भाषा

अच्छी तरह समझ आती है। अर्थात् जब बालिका/शिक्षार्थी स्वयं Activity करके सीखते हैं। यहां बालिका गतिविधि के माध्यम से भाषा सीख रही है।

118.कक्षा V का मंजीत अपने अध्यापक से अलग शैली में बात करता है, अपने मित्रों से कुछ अलग तरह से और एक दो-वर्षीय बच्चे से कुछ अलग तरह से बात करता है। इसका तात्पर्य यह हुआ कि मंजीत जानता है कि सामाजिक स्थितियों में भाषा का प्रयोग किस तरह से करना है। भाषा के इस गुण को किस रूप में जाना जाता है?

(1) वाक्गत (2) प्रकृतिवादी
(3) अर्थगत (4) उपयोगितावादी

Ans : (4)

उपयोगितावाद [pragmatics] से तात्पर्य यह है कि- सामाजिक स्थितियों में भाषा प्रयोग किस प्रकार किया जाता है।

जैसे- parents के सामने अलग शैली में बात करना मित्रों के साथ अलग शैली में बात करना, friends के साथ अलग शैली में बात करना, छोटे बच्चों से अलग शैली में बात करना।

119.एक माँ ने इस बात की ओर ध्यान दिया कि उसकी बच्ची कभी-कभी ऐसे शब्द बोल जाती है जो न तो उसने कभी किसी वयस्क से सुने हैं और न ही अपने भाई-बहनों से सुने हैं। इस बात को लेकर वह भ्रमित है, क्योंकि उसका मानना है कि बच्चे अपने परिवार और आस-पास के परिवेश में लोगों का अनुकरण करके भाषा सीखते हैं। उसका यह मत किससे प्रतिध्वनित (मेल खाना) होता है?

(1) बहुभाषावाद [Multilingualism]
(2) सहजवाद (प्राकृतवाद) [Naturalism]
(3) व्यवहारवाद [Behaviourism]
(4) रचनावाद [Constructivism]

Ans : (3)

व्यवहारवाद [Behaviourism]:- व्यवहारवाद के अनुसार बच्चे भाषा का अनुकरण [Imitation] करके सीखते हैं।

बच्चा अपनी प्रतिक्रियाओं को दोहराव, सुधार, और वयस्कों द्वारा दी जाने वाली अन्य प्रतिक्रियाओं से मजबूत करते हैं।
इस प्रकार भाषा अभ्यास आधारित होती है।
यहां बच्चे की मां का मत व्यवहारवादी हैं क्योंकि उसे ऐसा लगता है कि बालक भाषा सिर्फ बड़ों से अनुकरण करके ही सीखते हैं।

120.नई भाषा सीखते समय, बहुत से विद्यार्थी भाषा के अद्वितीय उच्चारण संबंधी नियमों के कारण भाषा बोलते समय प्रायः आत्मविश्वास की कमी का सामना करते हैं। इस समस्या को दूर करने का तरीका क्या है?

(1) जब-जब उन्हें समस्या आए, उनकी ग़लती में सुधार किया जाए।
(2) बच्चे कक्षा में सस्वर वाचन करें।
(3) कक्षा में ऐसे खेलों जैसी गतिविधियों का प्रयोग किया जाए जिसमें मौखिक अन्तःक्रियाएँ [Verbal Interactions] अधिक हों।
(4) काउन्सलर के साथ विशेष वाक् थेरेपी सत्र आयोजित किए जाएँ और ड्रिल के माध्यम से अभ्यास किया जाए।

Ans : (3)

प्रारंभिक वर्षों में छात्रों के उच्चारण एवं मौखिक प्रवाह को सुदृढ़ करने के प्रभावशाली तरीके:-

प्रारंभिक वर्षों में शिशुगीत, गीत, अलापना आदि के माध्यम से छात्रों के मौखिक प्रबाह अभ्यास को सुदृढ़ किया जा सकता है।

उच्चारण अभ्यास के प्रचुर अवसर प्रदान करके।

समूह में चर्चा आदि के द्वारा सहज रूप से विभिन्न संदर्भ में भाषा-प्रयोग के अवसर प्रदान करके।

अनौपचारिक गतिविधियां खेल, गब्दखेले, तुकबन्दी पहेलियाँ आदि के माध्यम से अपने विचारों को अभिव्यक्त करने के अवसर प्रदान करके।

कक्षा में ऐसे खेलो जैसी गतिविधियों का प्रयोग करके जिसमें अंतः क्रियाएं अधिक हों।

121.कक्षा III की अध्यापिका अपने शिक्षार्थियों को नई शब्दावली से परिचित करवा रही है। निम्नलिखित में से कौन-सा नई शब्दावली सिखाने का प्रभावशाली तरीका है?

(1) अध्यापिका श्यामपट्ट पर शब्द का अर्थ लिखे और शिक्षार्थियों को उसे याद करने के लिए कहे।
(2) अध्यापिका शब्दों के विलोम शब्द बताए और बच्चों की भाषा में उन शब्दों के अर्थ बताए।
(3) अध्यापिका बच्चों को शब्दों की ठोस परिभाषा बताए।
(4) अध्यापिका स्थिति विशेष के अनुसार उस शब्द का अर्थ समझाने की कोशिश करे।

Ans : (4)

नई शब्दावली से परिचित करवाने का प्रभावशाली तरीका:-

नई शब्दावली के प्रयोग के संदर्भ से तात्पर्य यह है कि शिक्षार्थी शब्दकोशीय बिंदु [Dictionary Point] अर्थात् अपने शब्दों को अर्थपूर्ण और संप्रेषणात्मक अभिव्यक्ति से जोड़ पाये।

अपने शब्दावली के माध्यम से अपने विचारो को सुसंगत एवं सम्प्रेषणीय तरीके से व्यक्त कर सके।

इसके लिए अध्यापिका को नए शब्दों को स्थिति विशेष के अनुसार शब्द का अर्थ समझाने की कोशिश करना चाहिए।

122.एक अध्यापक कक्षा V के शिक्षार्थियों को मुक्त लेखन कार्य देने की योजना बना रहा है। अधिकांश अध्यापकों द्वारा निम्नलिखित में से किस बात पर ध्यान केन्द्रित करना चाहिए?

(1) शिक्षार्थियों की लिखावट
(2) विषय-वस्तु की सटीकता
(3) विषय-वस्तु में प्रवाहिता [Fluency]
(4) प्रवाह और सटीकता दोनों पर ही ध्यान देना चाहिए

Ans : (3)

मुक्त लेखन/स्वतंत्र लेखन [free writing]

मुक्त लेखन कौशल में विषयवस्तु की प्रवाहिता [Fluency] पर बल दिया जाता है।

मुक्त लेखन में भाषा की सटीकता पर बल दिया जाता है।

मुक्त लेखन के अंतर्गत यह देखा जाता है कि छात्र अपने विचारों को कितने [fluently] और रचनात्मक तरीकों से व्यक्त कर पा रहा है।

मुक्त लेखन शिक्षार्थियों की प्रवाह के साथ और रचनात्मक तरीके से लिखने के लिए प्रोत्साहित करता है।

123.भाषा अध्यापक का प्राथमिक दायित्व क्या होना चाहिए?

(1) शिक्षार्थियों को निर्देश देना
(2) शिक्षार्थी की सम्प्रेषणात्मक आवश्यकताओं [Communicative Needs] की पहचान करना
(3) शिक्षण के लिए उपयुक्त विषय-वस्तु का चयन करना
(4) शिक्षार्थियों के विभिन्न वर्ग समूह बनाना

Ans : (2)

भाषा अध्यापक का प्राथमिक दायित्व यही है कि वह शिक्षार्थियों की संप्रेषणात्मक आवश्यकता की पहचान कर सके। अर्थात्-छात्र अपने विचारों को परिस्थिति विशेष के अनुसार आत्मविश्वास के साथव्यक्त कर सके।

बालक अपने विचारों को Fluently सबके सामने रख सके।

सम्प्रेषणात्मक क्षमता का विकास करने के लिए शिक्षकों को चाहिए कि वह छात्रों को अनौपचारिक तरीको से बातचीत के अवसर प्रदान करें।

124.एक छोटी बच्ची कोई एक पुस्तक उठाती हैं, उसे सीधी तरफ से पकड़ती है, और उसके पृष्ठ पलटती है। इन सब में क्या सम्मिलित है?

(1) उद्गामी समाधान कौशल [Emerging Solution Skills]
(2) उद्गामी (इमरजेन्ट) साक्षरता कौशल
(3) उद्गामी पाठ्यचर्या
(4) उद्गामी गुणधर्म

Ans : (2)

उदगामी साक्षरता [Emergent literacy]

शिक्षार्थी द्वारा औपचारिक पठन शुरू करने से पहले दीवारों पर आड़ी तिरछी रेखाएं बनाना, कीरम कांटे आदि यह आरंभिक साक्षरता के अंतर्गत आते हैं। [यह प्रक्रिया Scribbling स्क्रिब्लिंग कहलाती हैं]

यह साक्षरता बाद के अकादमिक कौशलों के लिए बुनियाद प्रदान करती है।

अर्थात् एक छोटी बच्ची किताबें उलटती-पलटती है चाहे कुछ भी समझ न आये। 'उद्गामी साक्षरता' कहलाता है।

125.पठन सिखाने के उस तरीके को क्या कहा जाता है जिसमें शब्दों के अर्थ को प्रयुक्त संदर्भों के अनुसार समझने पर बल दिया जाता है?

(1) संरचनात्मक उपागम
(2) सम्प्रेषणात्मक उपागम
(3) अधोमुखी (बॉटम-अप) उपागम
(4) समग्र भाषा उपागम

Ans : (4)

समग्र भाषा उपागम [Whole Language Approach]:- बच्चों की भाषायी विकास की स्पष्ट समझ पर बल देती है। भाषा को समग्रता की दृष्टि देखने पर ही भाषा उपयोग में अर्थ निर्माण की प्रक्रिया बन पाती है; भाषा को टुकड़ों में पढ़ने पर वाक्य का अर्थ गुम हो जाता है।

भाषा शिक्षण में शिक्षक का समग्रतावादी दृष्टिकोण महत्त्वपूर्ण है समूची पाठ्यचर्या के अर्थ पर बल दिया जाता है बजाय एक- एक अर्थ के शब्दों के अर्थ को प्रयुक्त संदर्भों के अनुसार समझने पर बल देता है।

126.भाषा के बारे में चिन्तन करने और बात करने की योग्यता को क्या कहेंगे?

(1) अधिभाषिक (विचार-विमर्श) योग्यता
(2) ध्वन्यात्मक जागरूकता
(3) निपुण वक्ता
(4) उद्दामी साक्षरता

Ans : (1)

अधिभाषिक योग्यता [Metalinguistic Ability] को किसी व्यक्ति की भाषा पर एक वस्तु के रुप में ध्यान केंद्रित करने उसे प्रतिबिम्बित करने और उसका मूल्यांकन करने की क्षमता के रूप में परिभाषित किया जाता है।

127. निम्नलिखित में से कौन-सा कथन राष्ट्रीय शिक्षा नीति 2020 के द्वारा शास्त्रीय भाषाओं के अध्ययन के बारे में सही है?

(1) प्रिप्रेटरी चरण के दौरान शास्त्रीय भाषा का अध्ययन
(2) माध्यमिक चरण में एक केन्द्रक (कोर) भाषा के रूप में शास्त्रीय भाषा का अध्ययन
(3) माध्यमिक चरण के दौरान एक अतिरिक्त विकल्प के रूप में शास्त्रीय भाषा का अध्ययन
(4) त्रिभाषा सूत्र के अन्तर्गत एक विकल्प के रूप में शास्त्रीय भाषा का अध्ययन

Ans: (3)

एनईपी 2020 छात्रों को माध्यमिक चरण के दौरान एक वैकल्पिक विषय के रूप में संस्कृत और तमिल जैसी शास्त्रीय भाषाओं का अध्ययन करने की अनुमति देता है, जिससे छात्रों को प्राचीन भाषाओं का पता लगाने का मौका मिलते हुए सांस्कृतिक और भाषाई विविधता को बढ़ावा मिलता है।

128.भाषा की कक्षा में परियोजना कार्य की अभिकल्पना करने और उसे क्रियान्वित करने में क्या-क्या चरण संलग्न हैं?

(1) समूह बनाना, टॉपिक की पहचान, योजना बनाना, आँकड़ों का संग्रहीकरण, प्रारूप लेखन, आँकड़ों की व्याख्या और रिपोर्ट फाइनल करना।
(2) अध्यापक और शिक्षार्थी मिलकर अपनी इच्छानुसार अपने तरीके से परियोजना कार्य की अभिकल्पना और क्रियान्वयन कर सकते है।
(3) समूह बनाना, योजना बनाना, आँकड़ों का संग्रहीकरण, आंकड़ों की व्याख्या, प्रारूप लेखन, टॉपिक की पहचान और रिपोर्ट लेखन।
(4) समूह बनाना, टॉपिक की पहचान, योजना बनाना, आँकड़ों का संग्रहीकरण, आँकड़ों की व्याख्या, प्रारूप लेखन और रिपोर्ट फाइनल करना।

Ans: (4)

भाषा कक्षा में परियोजना कार्य के चरणों में समूह बनाना, विषय का चयन करना, योजना बनाना, डेटा एकत्र करना और व्याख्या करना, मसौदा लिखना और रिपोर्ट को अंतिम रूप देना शामिल है। ये चरण परियोजना को पूरा करने के लिए एक संरचित दृष्टिकोण प्रदान करते हैं।

129.कक्षा सात की एक अध्यापक अपने शिक्षार्थियों को एक लघु पठन सामग्री पढ़ने के लिए देती है, जिसके माध्यम से वे पाठ्य सामग्री में प्रस्तुत लोग और समुदाय की सत्ता व पहचान के बारे में समझ बना सके। अध्यापक शिक्षार्थियों में किस बात को समुन्नत करना चाहती है?

(1) विश्लेषणात्मक पठन
(2) साहित्यिक कौशल

(3) भाषा साक्षरता
(4) समालोचनात्मक साक्षरता

Ans: (4)

समालोचनात्मक साक्षरता पाठकों को शक्ति की गतिशीलता, पहचान और सामाजिक मुद्दों पर ध्यान केंद्रित करते हुए, पाठ का गहराई से विश्लेषण करने के लिए प्रोत्साहित करती है। यह छात्रों को यह समझने और सवाल करने में मदद करता है कि साहित्य में शक्ति और पहचान को कैसे चित्रित किया जाता है, जिससे दुनिया की गहरी समझ को बढ़ावा मिलता है। यह दृष्टिकोण उन्हें पाठ और वास्तविक दुनिया के मुद्दों दोनों का समालोचनात्मक मूल्यांकन करने का अधिकार देता है।

130. भाषा के बारे में कौन-सा सही नहीं है?

(1) भाषा मानव ज्ञान के कुल योग में योगदान देती
(2) कुछ भाषाएँ केवल विज्ञान और अभियान्त्रिकी, ही बेहतर रूप से सम्प्रेषित कर सकती है
(3) भाषा पहचान अभिव्यक्त करती है
(4) भाषा इतिहास का खज़ाना है

Ans: (2)

दिया गया कथन गलत है क्योंकि सभी भाषाएँ विज्ञान और इंजीनियरिंग सहित विषयों की एक विस्तृत श्रृंखला को व्यक्त कर सकती हैं। हालाँकि कुछ भाषाओं में विशिष्ट शब्द हो सकते हैं, लेकिन कोई भी भाषा विशिष्ट क्षेत्रों तक सीमित नहीं है। भाषा मानव अनुभव के विभिन्न पहलुओं, जैसे इतिहास, पहचान और विभिन्न विषयों को व्यक्त करने के लिए एक बहुमुखी उपकरण है।

131. कक्षा सात की अध्यापिका किसी एक व्यक्ति के वर्णन से संबंधित लेखन कार्य देना चाहती है। वह कक्षा से बाहर गई और अपनी कक्षा में एक फेरी वाले को उसके सामान सहित लेकर आई। उसने उस फेरी वाले से कहा कि वह कक्षा में कोई सातेक मिनट के लिए रुके फिर शिक्षार्थियों को दो-दो के जोड़ों में उस व्यक्ति का वर्णन लिखने के लिए कहा। वह फेरी वाला इस गतिविधि में किस रूप में जाना जाएगा ?

(1) गतिविधि का एक प्रतिभागी
(2) सामग्री
(3) शिक्षण सहायक
(4) फेरी वाला

Ans: (2)

इस गतिविधि में फेरीवाले को "सामग्री" माना जाता है क्योंकि वह छात्रों के लेखन कार्य में अवलोकन और वर्णन करने के लिए वास्तविक जीवन के विषय के रूप में कार्य करता है। उसे एक सक्रिय भागीदार के बजाय सीखने के लिए एक संसाधन के रूप में उपयोग किया जाता है।

132. एक माँ ने कक्षा II की अध्यापिका से पूछा कि मैंने इस बात पर ध्यान दिया है कि मेरी बच्ची कभी-कभी ऐसे शब्द बोल जाती है जो उसने कभी अपने वयस्कों या भाई-बहनों से नहीं सुने हैं। यह कैसे संभव है?

इस प्रश्न का निम्नलिखित में से सबसे उपयुक्त उत्तर क्या है?

(1) रचनावादी उपागम के अनुसार, बच्चे नई भाषाएँ आविष्कृत करते हैं।
(2) बच्चे भाषा केवल अपने वयस्कों के अनुकरण से ही सीखते हैं।
(3) मनुष्य का मस्तिष्क भाषा सीखने के लिए सहज रूप से अनुकूलित है।
(4) बच्चे भाषा तभी सीखते हैं जब हम बच्चे के भाषायी विकास पर पुनर्बलन देते हैं।

Ans : (3)

अमेरिकी मनोवैज्ञानिक 'नोम चॉम्स्की' के अनुसार बालक के मस्तिष्क में [LAD] पाया जाता है।

जिसके द्वारा वह किसी भी भाषा को आसानी से अर्जित कर सकता है। अत: यही कारण है कि बालक के लिए वह बातें कहना संभव हो पाता है जो किसी वयस्क को बोलते हुए नहीं सुनी थीं।

133. प्रारंभिक साक्षरता को सुसाध्य बनाने की एक युक्ति है, जिसमें एक वयस्क और एक बालिका दोनों साथ-साथ एक पुस्तक देख रहे हैं, वयस्क प्रश्न पूछता है और आपसी संवाद को प्रोत्साहित करता है। फिर दोनों की भूमिका बवलती है, बालिका वयस्क से प्रश्न पूछती है। यह युक्ति क्या कहलाती है?

(1) कथा वाचन
(2) मॉडल पठन
(3) साझा पठन
(4) संभाषिक पठन

Ans : (4)

जब कोई बच्चा तथा कोई वयस्क आपस में पठन कार्य

करते हैं, तो संभाषिक पठन [Dialogic Reading] कहते हैं।

इस प्रकार के पठन में वयस्क Adulthood + Child दादी, नानी, पापा या कोई वयस्क घर में छोटे बच्चों को कहानियाँ सुनाते हैं बच्चे भी इस प्रक्रिया में सक्रिय रुप से संलग्न रहते हैं। 'संभाषिक पठन' कहलाता है।

134.भाषा, भाषा अधिगम की प्रकृति और शिक्षण-शास्त्रीय व्यवस्थाओं में दोनों की अनुप्रयोगिता के बारे में सैद्धान्तिक स्थितियों एवं मतों को क्या कह सकते हैं?

(1) युक्ति (टेकनीक) (2) पाठ्यक्रम
(3) विषय-वस्तु (4) उपागम

Ans : (4)

Approach दृष्टिकोण भाषा सीखने और इसके अनुप्रयोग के बारे में सैद्धान्तिक स्थितियों एवं मान्यताओं से संबंधित है।

अर्थात् भाषा को सिखाने के लिए शिक्षक द्वारा अपनायी गयी शिक्षण शास्त्रीय व्यवस्थाओं, पढ़ाने के तरीके को उपागम [Approach] कहते है।

135.प्राथमिक स्तर पर शिक्षार्थियों के आकलन के दौरान एक भाषा शिक्षक को मुख्य रूप से निम्नलिखित में से एक पर ध्यान देना चाहिए।

1. औपचारिक साप्ताहिक परीक्षा और उसे प्रगति-पत्र में दर्ज करना।
2. एक अवधि के अंत में परीक्षा लेना, जो उत्तीर्ण या अनुत्तीर्ण घोषित करने में सहायता करे।
3. शिक्षार्थियों के निष्पादन के बारे में विविध तरीकों से जानकारी एकत्रित करना तथा उसे शिक्षार्थियों एवं उनके माता-पिता के साथ साझा करना।
4. भाषा के अभ्यास में वृद्धि तथा विविधता लाने हेतु प्रतिदिन कक्षा कार्य एवं गृह कार्य के रूप में दत्त कार्य देना।

Ans : (3)

किसी के बारे में जानकारी इकट्ठा करने की प्रक्रिया 'आकलन' [Assessment] कहलाती है।

यह Teaching learning process के दौरान चलने वाली प्रक्रिया है।

आंकलन के प्रकार

रचनात्मक आंकलन | योगात्मक आंकलन

Teaching learning process के दौरान किया जाने वाला आकलन ही 'रचनात्मक आंकलन' कहलाता है। यह आकलन अधिगम में हो रहे विकास और सुधार से संबंधित होता है। बच्चों के बारे में जानकारी प्राप्त करने का यह सर्वोत्कृष्ट तरीका है।

'आकलन' करने का प्रमुख उद्देश्य बालक की अधिगम संबंधी कमियों का पता लगाकर उसमें सुधार करना। न कि बालक को Categorise करना या किसी अन्य बालक के साथ तुलना करना।

136.बच्चे एक या एक से अधिक भाषाओं के ज्ञान के साथ विद्यालय में आते हैं। एक से अधिक भाषाओं का ज्ञान बच्चों को सहायता करता हैं -

1. अन्य भाषाओं एवं नए विषयों को आसानी से सीखने में।
2. राष्ट्र के रीति-रिवाज़ों एवं अन्य संस्कृतियों को समझने में
3. अन्य विद्यार्थियों के साथ न जुड़ने तथा संवेदनशील होने में।
4. अधिक अंक प्राप्त करने के लिए उन भाषाओं की लिपि सीखने में।

Ans : (1)

बालक की मातृभाषा अन्य भाषाओं सीखने में मदद करती है। अर्थात् बालक अपनी मातृभाषा की सहायता से अन्य भाषाओं एवं नए विषयों को आसानी से सीख लेते हैं।

137.कक्षा 3 के विद्यार्थी की कॉपी को देखते समय, भाषा की शिक्षिका ने कुछ त्रुटियाँ देखीं और महसूस किया कि –

1. बच्चे लापरवाह हैं, इसलिए वे त्रुटियाँ करते हैं।
2. बच्चे त्रुटियाँ करते हैं, एवं दोहरा रहे हैं क्योंकि इसके लिए वे उन्हें दण्ड नहीं दे रही हैं।
3. बच्चों की त्रुटियाँ स्वाभाविक हैं और उनके अधिगम की संकेतक हैं।

4. एक शिक्षिका के रूप में उसे इस प्रकार की त्रुटियों पर ध्यान नहीं देना चाहिए, क्योंकि ये त्रुटियाँ अधिगम के लिए महत्व नहीं रखती हैं।

Ans : (3)

बालक की त्रुटियां शिक्षण अधिगम प्रक्रिया का हिस्सा है। अतः जब कोई बालक गलती करता है तो उसका तात्पर्य हैं कि बालक सीख रहा है। शिक्षार्थी की त्रुटियां से शिक्षक को यह समझने में मदद मिलती है कि बालक किस प्रकार सीखता है, और इसके सीखने में कहाँ कमी रह गयी है। जिससे शिक्षक छात्र को आसानी से सिखा सकता है।

[अत: हम कह सकते हैं कि शिक्षण अधिगम प्रक्रिया में त्रुटियों स्वाभाविक [Natural] हैं एवं अधिगम की संकेतक (Indicators of Learning) हो।]

138.निम्नलिखित में से कौन सा कथन, प्राथमिक स्तर पर आकलन करने के संदर्भ में सही है?

1. आकलन, प्रत्येक सत्र के अंत में करना चाहिए।
2. आकलन राज्य आधारित प्रक्रिया होनी चाहिए तथा राज्य द्वारा पूरे राज्य में एक साथ ही आयोजित करनी चाहिए।
3. आकलन, विद्यालय आधारित तथा शिक्षण-अधिगम प्रक्रिया के साथ समावेशित होनी चाहिए।
4. आकलन, वर्ष में एक बार आयोजित करना चाहिए।

Ans : (3)

स्कूल आधारित आकलन [School Based Assessment] के अंतर्गत स्कूल के अध्यापक बच्चे का आकलन करते हैं।

इसमें बाहरी पेपरों को वरीयता नहीं दी जाती है।

प्राथमिक कक्षाओं में स्कूल आधारित आकलन को वरीयता दी जाती है, क्योंकि teacher को बच्चों की कमजोरियों एवं खुबियों का पता होता है; जिसके अनुसार वह बच्चे को उचित Guidance देते हैं।

जिससे बच्चे के संपूर्ण विकास को निश्चित किया जा सकता है।

139.भाषा अधिगम के लिए सामग्री तैयार करने के सिद्धांतों में से एक है?

1. प्रत्येक आयुवर्ग के लिए जटिल सामग्री चुनी जानी चाहिए।
2. सामग्री औचित्यपूर्ण तरीके से स्तरानुसार होनी चाहिए।
3. किसी भी प्रकार की सामग्री चुनी जा सकती है।
4. सामग्री छोटी तथा सीमित होनी चाहिए।

Ans : (2)

भाषा अधिगम के लिए सामग्री [पाठ्य सामग्री] के सिद्धांत:-

पाठ्य सामग्री बच्चों के रुचि और स्वर के अनुरूप होनी चाहिए।

भाषा सरल, सहज, सुबोध एवं बोधगम्य होनी चाहिए।

पाठ्यसामग्री जिस कक्षा शिक्षण के लिए है उसके उद्देश्यों को पूर्ण करने वाली होनी चाहिए।

[पाठ्य सामग्री के निर्माण में शिक्षक एवं छात दोनों की सहभागिता होनी चाहिए।]

140.दिवभाषी बच्चे या दो भाषा जानने वाले बच्चे किसी से बात करते समय प्राय: एक भाषा के शब्दों का प्रयोग करते हैं, कहलाता है-

(1) संकेत- बदलना (2) संकेत- मिश्रित करना
(3) बहुभाषिकता (4) दक्षता स्तर

Ans : (1)

Code Switching कोड बदलना/संकेत बदलना

Code Switching का अर्थ है एक भाषा से दूसरी भाषा में switch करना।

Code Switching तब होता है जब बोलने या लिखने वाला एक भाषा से दूसरी भाषा में जानबूझकर बदलाव करता है।

जब द्विभाषी बच्चे भाषा प्रयोग करते समय प्राय: एक भाषा के शब्दों का प्रयोग करते हैं तो यह [Code Switching] संकेत बदलना कहलाता है।

एकलभाषी वक्त जब किसी एक विचार को औपचारिक तरीके से संप्रेषितव करके, उसी विचार को अनौपचारिक तरीके से संप्रेषित करता है तो उसे Code Switching कहा जाता है।

'दिल मांगे मोर' Code Switching का उदाहरण है।

141.'समग्र भौतिक प्रतिक्रिया [Overall Physical Response]' के बारे में कथनों को ध्यान में रखें:

(A) गत्यात्मक गतिविधि [Dynamic Activity] के साथ मौखिक अभ्यास से सफल प्रत्यास्मरण [Recollection] की संभावनाएँ बढ़ जाती हैं।

(B) द्वितीय भाषा अर्जन बच्चे को प्रथम भाषा अर्जन के समान्तर प्रक्रिया है।

(1) (A) सही है

(2) (B) सही है

(3) (A) और (B) दोनों सही हैं

(4) (A) और (B) दोनों गलत हैं

Ans : (3)

समग्र भौतिक प्रतिक्रिया (Total Physical Responce T.P.R)

जनक:- जेम्स आगेर

→ समग्र भौतिक प्रतिक्रिया के अंतर्गत शिक्षक निर्देश देता है और छात्र उस निर्देश को सुनकर, समझकर उचित प्रतिक्रिया देते हैं।

→ इस प्रकार जब बालक गत्यात्मक अभिव्यक्ति के साथ भाषा सीखते हैं तो भाषा अधिक स्थायी हो जाती है, और लंबे समय तक याद रहती है।

→ यह विधि छात्र की हिचकिचाहट और तनाव को कम करती है।

142. भाषा अध्यापक होने के नाते, भाषा शिक्षण अधिगम के बारे में आपका क्या मत है?

(i) भाषा अधिगम में बोधगम्य योग्यताएँ [Cognitive Abilities] उत्पादक कौशल से पहले आती है।

(ii) श्रवण के द्वारा अर्जित कौशल दूसरे कौशलों में स्थानान्तरित [Transfer] होते हैं।

(iii) भाषा शिक्षण में अर्थ पर बल देना चाहिए न कि नियमों पर

(iv) भाषा शिक्षण पर्यावरणीय प्रभावों से मुक्त होना चाहिए।

(1) (i), (ii), (iii)

(2) (ii), (iii) और (iv)

(3) (i), (iii) और (iv)

(4) (i), (ii) और (iv)

Ans : (1)

→ भाषा अधिगम एक चेतन [Conscious] प्रक्रिया है।

→ यह प्रक्रिया नियमबद्ध [Regulated] होती है।

→ भाषा अधिगम [Language Learning] में बालकों की भाषा के प्रति समझ (बोधगम्य योग्यता) उत्पादक कौशल [Productive Skills] से पहले आती है।

→ भाषा के चारो कौशल आपस में अंतः सम्बंधित [Interrelated] होते हैं।

→ अतः श्रवण द्वारा अर्जित कौशल दूसरे कौशलों में स्थानांतरित होते हैं।

→ भाषा शिक्षण में भाषा के नियमों पर बल देने के बजाय उसके अर्थ पर बल देना चाहिए।

(भाषा शिक्षण में पर्यावरण/भाषायी माहौल का महत्वपूर्ण स्थान होता है। **अतः भाषा शिक्षण पर्यावरणीय माहौल से मुक्त नहीं होना चाहिए।)**

143. सकारात्मक अन्तरनिर्भरता, समूह रचना, व्यक्तिगत जबावदेही और सामाजिक कौशल किसके आधारभूत तत्व हैं?

(1) समुदाय आधारित भाषा शिक्षण [Community Based Language Learning]

(2) कार्य आधारित भाषा शिक्षण [Task Based Language Learning]

(3) पाठ्य आधारित भाषा शिक्षण [Text Based Language Learning]

(4) सहयोगात्मक शिक्षण [Collaborative Learning]

Ans : (4)

शिक्षण की वह विधि जिसमें शिक्षार्थी समूह में एक-दूसरे के सहयोग से अधिगम करते हैं।

शिक्षार्थी पाठ्यसामग्री के विषयवस्तु पर संवाद करते है।

शिक्षार्थी समूह में शिक्षण कार्य करके पाठ्यसामग्री का विश्लेषण करके अपने व्यक्तिगत विचारों को प्रकट करते हैं। इससे छात्रों में 'सामाजिक कौशल' का विकास होता है। छात्रों में 'सामूहिक भावना' का विकास होता है।

144. एक भाषा अध्यापक होने के नाते निम्नलिखित में से कौन सा द्वितीय भाषा अर्जन [Second Language Acquisition] के लिए अधिक सही रूप से लागू होगा?

(1) सरल निवेश का प्रावधान [Simple Investment Provision]

(2) वाक्यगत संरचनाओं [Syntactic Structure] के अनुभव देना
(3) मानक शब्द भंडार [Standard Vocabulary] से परिचित कराना
(4) तनाव मुक्त परिवेश [Stress free Environment] का सृजन

Ans : (4)

द्वितीय भाषा/Target language (लक्ष्य भाषा) को सिखाने की सर्वोत्तम पद्धति वह है जिसमें छात्र परस्पर अंतः क्रिया करते हैं। (भाषा को दैनिक वार्तालाप की भाषा से जोड़कर सीखते है।)

भाषा अधिग्रहण एक अवचेतन प्रक्रिया है जिसमें बालक भाषा अपने आस-पास के वातावरण से पारस्परिक अंतः क्रिया करके सीखते हैं।

"अतः बालक को द्वितीय भाषा अधिग्रहण के लिए 'तनाव मुक्त' परिवेश उपलब्ध कराना चाहिए।"

145.भाषा अध्यापक के नाते, आपको वस्तुनिष्ठता [Objectivity] के साथ विद्यार्थियों का आकलन करना है। आपके लिए कौन-सा सहायक है?

(1) लिखित परीक्षाएँ [Written Tests]
(2) प्रदत्त कार्य [Assigned Work]
(3) निबंध लेखन [Essay Writing]
(4) रुब्रिक

Ans : (4)

Rubrics:- रुब्रिक्स का प्रयोग आकलन [Assessment] के लिए किया जाता है। इसमें वस्तुनिष्ठता होती है।

अर्थात् इसमें बालक के लिखित या मौखिक सभी पहलुओं में प्राप्त Achievement को रखा जाता है।

अर्थात् वस्तुनिष्ठता के साथ आंकलन करने के लिए रुब्रिक्स का प्रयोग किया जाता है।

146.क्रेशन के अनुसार कौन अधिक निवेश देखते एवं ग्रहण करते हैं, विश्वास के साथ अन्तःक्रिया करते हैं और जिन बच्चों को निवेश मिलता है, उनके संबंध में अधिक ग्रहणशील होते हैं:

(1) न्यून प्रभावात्मक फिल्टर [Low Impact Filter]
(2) मध्यम प्रभावात्मक फिल्टर [Medium Effective Filters]
(3) उच्च प्रभावात्मक फिल्टर [High Effective Filters]
(4) बहुत उच्च प्रभावात्मक फिल्टर [Very High Effective Filters]

Ans : (1)

स्टीफेन क्रेशन के अनुसार:- यदि बच्चे को भाषायी निवेश दिया जाय तो बालक द्वितीय भाषा भी अर्जित कर सकता है।

अतः शिक्षार्थियों को द्वितीय भाषा अथवा विदेशी भाषा सीखने के लिए निवेशो पर आधारित 'अंतः क्रिया' ['Interaction' based on Investments] करानी चाहिए।

न्यून प्रभावात्मक फिल्टर से तात्पर्य भाषा के सटीकता पर कम ध्यान देना अतः विश्वास के साथ अपनी बात को (fluently) रुप से व्यक्त करना।

147.कृपा और कर्ण जुड़वाँ है और मणिपुरी की विशेष बोली बोलते हैं। हालाँकि उनके बोलने में विभिन्नता है। बोली बोलने के उनके व्यक्तिगत विशेष तरीके को किस रूप में जाना जाएगा?

(1) वाक् क्रिया
(2) मणिपुरी
(3) व्यक्ति भाषा (आइडियोलैक्ट)
(4) बोली

Ans: (3)

मुहावरा किसी व्यक्ति के बोलने का अनोखा तरीका है, जो भाषा में उनकी व्यक्तिगत पसंद से आकार लेता है। यहां तक कि एक ही बोली में भी, जैसे कि कृपा और करण मणिपुरी बोलते हैं, उनके बोलने के तरीके में छोटे-छोटे अंतर उनकी विचारधारा को दर्शाते हैं। यह बोली से भिन्न है, जो एक समूह द्वारा उपयोग की जाने वाली साझा भाषा का रूप है।

148.यांत्रिक (इंस्ट्रूमेंटल) प्रेरणा कब होती है?

(1) जब कोई व्यक्ति अपने समुदाय के धार्मिक और सामाजिक उत्सवों (कार्यों) के लिए भाषा सीखता है।
(2) एक व्यक्ति पुस्तक लिखने के लिए भाषा सीखता है।
(3) जब कोई व्यक्ति उपयोगिता के कारण से भाषा सीखता है, जैसे कि रोजगार के लिए।

(4) जब कोई व्यक्ति किसी भाषा को इसलिए सीखता है, जिस से कि वह उस भाषा के सहजात वक्ता के नज़दीक आ सके।

Ans: (3)

यांत्रिक (इंस्ट्रूमेंटल) प्रेरणा तब होती है जब कोई व्यक्ति व्यावहारिक कारणों से भाषा सीखता है, जैसे करियर की संभावनाओं में सुधार, नौकरी पाना, या संसाधनों तक पहुंच प्राप्त करना। मुख्य लक्ष्य रोजगार या शिक्षा जैसे ठोस परिणाम प्राप्त करने के लिए भाषा को एक उपकरण के रूप में उपयोग करना है।

149.रोना, कूजन और बबलाना भाषा विकास के किस चरण (अवस्था) के उदाहरण हैं?

(1) भाषिक
(2) पूर्व-भाषिक
(3) अभिव्यक्तिपरक (एक्सप्रेसिव)
(4) संदर्भात्मक (रेफरेंशियल)

Ans: (2)

पूर्व-भाषाई चरण भाषा विकास का प्रारंभिक चरण है जहां बच्चे ध्वनियों और इशारों के माध्यम से संवाद करते हैं, लेकिन अभी तक वास्तविक शब्दों का उपयोग नहीं करते हैं। रोना, सहना और बड़बड़ाना इस चरण के दौरान सामान्य व्यवहार हैं। ये स्वर उच्चारण बच्चों को ध्वनियों के साथ प्रयोग करने, अपनी आवाज को नियंत्रित करना सीखने और उन कौशलों को विकसित करने में मदद करते हैं जिनकी उन्हें बाद में बोलने के लिए आवश्यकता होगी।

150.गर्वित अपनी कक्षा में अपने सहपाठियों से हिन्दी में बातचीत करता है। जब अध्यापक उसे बुलाते हैं, तब वह तुरन्त अंग्रेजी में उतर के है। यह किसका उदाहरण है?

(1) कोड-मिश्रण
(2) बोलियाँ
(3) सामाजिक-भाषिक
(4) कोड-अन्तरण (कोड-स्विचिंग)

Ans: (4)

कोड-स्विचिंग तब होती है जब एक वक्ता संदर्भ, श्रोता या स्थिति के आधार पर बातचीत में दो या दो से अधिक भाषाओं या बोलियों के बीच वैकल्पिक करता है। गारविट के मामले में, वह अपने साथियों से हिंदी में बात कर रहा था, लेकिन जब उसके शिक्षक ने उसे बुलाया तो उसने अंग्रेजी बोलना शुरू कर दिया, जिससे यह प्रदर्शित हुआ कि कैसे लोग अक्सर सामाजिक या स्थितिजन्य कारकों के आधार पर भाषा बदल लेते हैं। यह प्रथा द्विभाषी या बहुभाषी समुदायों में आम है।

151.प्रत्येक पाठ्यक्रम अधिगम प्रतिफलों के बारे में उल्लेख करता है, जिसका तात्पर्य है

(1) पाठ्यपुस्तक की विषयवस्तु को ध्यान में रखना
(2) शिक्षार्थियों के व्यवहार में परिवर्तन
(3) सभी पाठों को पूरा करना
(4) अध्यापक की शिक्षण विधियों में परिवर्तन

Ans: (2)

सीखने के परिणाम विशिष्ट लक्ष्य होते हैं जो छात्रों द्वारा किसी पाठ या पाठ्यक्रम के अंत तक प्राप्त किए जाने वाले कौशल, ज्ञान या व्यवहार में परिवर्तन को दर्शाते हैं, जो उनकी प्रगति के मापने योग्य संकेतक के रूप में कार्य करते हैं।

152.'भाषा के अन्तः क्रियात्मक सिद्धांत [Interaction theory of Language]' के बारे में विषम/असमान की पहचान करें:

(i) अर्थ अभिव्यक्ति के लिए भाषा संसाधन है
(ii) भाषा विभिन्न सम्प्रेषणात्मक कार्यों को अभिव्यक्ति का साधन है।
(iii) भाषा अन्तः वैयक्तिक [Interpersonal] और सामाजिक अन्तःक्रिया [Social Interaction] का साधन है।
(iv) भाषा समाज में स्तर बनाने का साधन है

(1) (i), (ii) और (iii)
(2) (i), (ii) और (iv)
(3) (ii), (iii) और (iv)
(4) (i), (iii) और (iv)

Ans : (1)

वह क्रिया जिसके द्वारा (बातचीत करने वाला व्यक्ति) वक्ता अपने भाषा प्रयोग को उचित दिशा देने, उनमें सुधार करने और उनका मूल्यांकन करने के लिए करता है। **'अंतः क्रियात्मक सिद्धांत'** कहते हैं।

भाषा अभिव्यक्ति का (विचारों का आदान-प्रदान) करने का एक साधन है।

भाषा विभिन्न सम्प्रेषणात्मक कार्यों की अभिव्यक्ति का साधन है। भाषा अंत: वैयक्तिक और सामाजिक अंतः क्रिया का साधन है।

(अत: भाषा समाज में स्तर बनाने का साधन है।)

यह भाषा का अंतः क्रियात्मक सिद्धांत नहीं है।

153.नीचे भाषा अधिगम से संबंधित चार व्यवस्थाएँ दी गई हैं। उस विकल्प का चयन करें जो प्रकृतवाद (नेटीविज्म) के तर्कों से संबंधित है?

(1) भाषा अधिगम में प्रकृति की कोई भूमिका नहीं है।
(2) बच्चे भाषा अधिगम उपकरण के साथ जन्म लेते हैं।
(3) भाषा प्रतिमानों (पैटर्न) के अभ्यास से अधिगम को पुनर्बलन मिलता है।
(4) बच्चे अपने अभिभावकों से भाषा सीखते हैं।

Ans : (2)

प्रकृतवाद/सहजवाद के अनुसार बच्चे भाषा अधिगम उपकरण (LAD) के साथ जन्म लेते हैं। जिसकें माध्यम से बालक अपने आस-पास के वातावरण से भाषा अर्जित कर लेते हैं। अर्थात् भाषा सीखने के लिए प्रकृति या भाषायी वातारण की विशेष भूमिका होती है।

यह मत नॉम चॉम्स्की का है क्योंकि 'चॉम्स्की' सहजवाद/प्रकृतिवाद मनोवैज्ञानिक हैं।

154.भाषा अध्यापक होने के नाते भाषा शिक्षण का आपका क्या उद्देश्य होना चाहिए?

(1) व्याकरणिक ज्ञान [Grammatical Knowledge] का विकास
(2) स्वनिम ज्ञान [Phonemic Knowledge] का विकास
(3) अकादमिक भाषा [Academic Language] का विकास
(4) सम्प्रेषणात्मक दक्षता [Communication Skills] का विकास

Ans : (4)

→ भाषा सिखाने का मुख्य उद्देश्य यह है कि बालक परिस्थति विशेष के अनुसार अपने आपको अभिव्यक्त कर पाये।

→ अपने शब्दावली के माध्यम से अपने विचारों को सुसंगत एवं संपेषणीय तरीके से व्यक्त कर सकें।

→ अर्थात् अपने शब्दों को अर्थपूर्ण और संप्रेषणात्मक अभिव्यक्ति से जोड़ पाये।

155.“मानवीय मस्तिष्क में भाषा अर्जन उपकरण पहले से ही मौजूद है जिसके माध्यम से परिवेश में मौजूद भाषाओं का अर्जन होता है।” यह कथन किसके सिद्धांत से सम्बंधित है?

(1) लेव व्यागोत्सकी (2) जीन पियाजे
(3) ब्रूनर (4) नॉम चामस्की

Ans : (4)

नौम चॉम्स्की, के अनुसार बालक में भाषा सीखने की जन्मजात क्षमता होती है।

नौम चॉम्स्की ने बताया कि बालक के मस्तिष्क में भाषा अधिग्रहण यंत्र **(LAD- Language Requsiation Device)** पाया जाता है। जिसके माध्यम से वह भाषा को तीव्र गति से सीखते हैं। LAD 'भाषा अधिग्रहण यंत्र' हमारे दिमाग का एक भाग होता है, जिसे निकाला या देखा नहीं जा सकता है।

(यह प्राकृतिक क्षमता की देन होती है।)

156.कक्षा आठ की अध्यापक भाषा शिक्षण के दौरान शिक्षार्थियों को व्याकरण और शब्द भंडार की आपसी सम्बद्धता के बारे में बताती है। वह किस विधि का अनुसरण कर रही है?

(1) कोश विषयक मॉडल
(2) सामाजिक-सांस्कृतिक मॉडल
(3) विधा मॉडल
(4) कार्यात्मक मॉडल

Ans : (1)

कोश विषयक मॉडल:- कोश विषयक माडल में छात्र शब्दों के समूहों के प्रति समझ बनाकर 'शब्द संपदा' अर्जित करते हैं।

छात्र व्याकरण और शब्द भण्डार में आपसी सम्बन्ध बनाकर शब्द संपदा अर्जित करते हैं।

छात्र अपने शब्द भण्डार में वृद्धि करते हैं।

157.एक शिक्षार्थी अपने संज्ञानात्मक स्तर से एक सोपान ऊपर के अपठित गद्यांश की समालोचनात्मक सराहना

द्वारा अपनी पठन क्षमता प्रदर्शित करती है।

यह किसके अधिक निकट है?

1. बोधगम्य निवेश
2. बोधगम्य उत्पाद
3. परिकल्पना का अनुवीक्षण
4. प्राकृतिक क्रम

Ans : (1)

बोधगम्य निवेश [Comprehensible input]

स्टीफन क्रेशन के अनुसार:-

अर्जन [Acquisition] एक अवचेतन [Unconscious] प्रक्रिया है।

सभी बच्चो में भाषा अर्जित करने की स्वाभाविक क्षमता [Natural Ability] होती है।

स्टीफन क्रेशन ने 'द्वितीय भाषा अधिग्रहण [Second Language Acquisition] का सिद्धांत दिया।

"अर्थात् यदि बच्चे को उचित भाषायी माहौल दिया जाय तो बच्चा दूसरी भाषा का भी अधिग्रहण कर सकता है।"

बोधगम्य निवेश [Comprehensible input]- की परिकल्पना 'स्टीफेन क्रैशन' द्वारा दी गयी।

बच्चों को ऐसे भाषायी स्तर उपलब्ध कराना जो उनकी भाषा से एक स्तर ऊपर हो [इसे i+1] का सिद्धांत भी कहा जाता है। यहां [i का संबंध छात्र से है।] और इस परिकल्पना को 'बोधगम्य निवेश' कहा जाता है।

158.निम्नलिखित में से कौन सा एक भाषा का अंग नहीं है?

1. ध्वनि 2. रूप
3. अर्थ 4. पठन

Ans : (4)

भाषा के अंग [parts of language]:- ध्वनि [Phoneme Sound], रूप [Form], अर्थ [Meaning], शब्द आदि भाषा के अंग हैं। पठन [Reading], भाषा का अंग नहीं बल्कि भाषा के कौशल [Skills] हैं। भाषा के 4 कौशल हैं सुनना, बोलना, पढ़ना, लिखना।

159.कौन-सी पद्धति लिखित भाषा की अपेक्षा मौखिक भाषा पर अधिक बल देती है?

1. श्रव्य भाषा पद्धति 2. व्याकरण अनुवाद पद्धति
3. संरचनात्मक उपागम 4. निगमन पद्धति

Ans : (1)

श्रव्य भाषा पद्धति [Audio lingual Method]

* यह विधि पढ़ने और लिखने की अपेक्षा सुनने और बोलने पर अधिक बल देती है।

* यह विधि द्वितीय विश्वयुद्ध (second world war) के समय सैनिकों को भाषा सिखाने में काम में लायी गयी। इसलिए इस विधि को [army method] के नाम से भी जाना जाता है।

* यह दोहराने पर देती है।

* अर्थात् इसमे एक ही शब्द को [structure] को बार-बार, बोलवाकर रटवाया जाता है।

* ड्रिल एवं प्रैक्टिस [Drill & practice] के माध्यम से सीखने पर बल देती है।

160.किस पद्धति में शिक्षक को सभी पद्धतियों के बारे में जागरूक होना चाहिए?

1. व्याकरण अनुवाद पद्धति
2. प्रत्यक्ष पद्धति
3. गतिविधि आधारित अधिगम
4. विभिन्न दर्शनग्राही/ग्रहणशील पद्धति

Ans : (4)

दर्शनग्राही पद्धति [philosophy system]:- दर्शनग्राही पद्धति में शिक्षक को सभी पद्धतियों के बारे में जागरूक होना चाहिए। अर्थात् शिक्षक को प्रत्येक तरह की शिक्षणशास्त्रीय दर्शनग्राही के बारे में समझ होनी चाहिए।

161. निम्नलिखित में से कौन-सी लेखन की विशेषता नहीं है?

1. मौखिक रिपोर्ट प्रस्तुत करना
2. अच्छा संगठन
3. स्पष्ट उद्देश्य
4. व्याकरणिक परिशुद्धता

Ans : (1)

अच्छे लेखन की विशेषताएं:-

अच्छा संगठन होना चाहिए।

स्पष्ट उद्देश्य होना चाहिए।

व्याकरणिक शुद्धता होनी चाहिए।

विचारों की संबद्धता होनी चाहिए। 'मौखिक रिपोर्ट' लेखन की विशेषता नहीं है क्योंकि छात्र यहां विचारों को लिखकर नही बोलकर प्रकट कर रहा है।

162. रचनात्मक आकलन के बारे में कौन-सा कथन उपयुक्त है?

1. सत्र की अवधि विशेष में शिक्षार्थी के कौशल का मूल्यांकन करना।
2. शिक्षार्थी की प्रक्रिया पर केन्द्रित है।
3. शिक्षण संस्थानों में बहुत अधिक मान्यता दी गई है।
4. विद्यार्थियों द्वारा की गई त्रुटियों को तुरन्त सुधारना।

Ans : (2)

रचनात्मक आकलन [Formative Assessment]:- रचनात्मक आकलन 'शिक्षार्थी केंद्रित [Learner Centred]' होता है।

* Teaching Learning Process के दौरान किया जाने वाला आकलन ही 'रचनात्मक आकलन' कहलाता है। यह निरंतर चलने वाली प्रक्रिया है।

* रचनात्मक आकलन में बालक की गलतियों को महत्वपूर्ण माना जाता है।

* रचनात्मक आकलन अधिगम में हो रहे विकास और सुधार से संबंधित हैं। बच्चों के बारे में आकलन अर्थात् जानने का

* यह सर्वोत्कृष्ट तरीका है।

* **इसके अंतर्गत:-** खुले अंत वाले प्रश्न [open ended question] अवलोकन [Observation] परियोजना कार्य [Project work discussion] आदि शामिल है।

163. पहली कक्षा की अध्यापिका ने कक्षा की दीवारों पर इस तरह से जगह छोड़ी हुई है कि बच्चे कीरम काँटे (स्क्रिब्लिंग) बना सकें, चित्रकारी कर सकें। बच्चों की इन गतिविधियों को क्या कहेंगे?

(1) आरंभिक साक्षरता [early literacy]
(2) हाथ-आँख समन्वयन [eye-hand coordination]
(3) लेखन विकास
(4) चित्रकारी सीखना

Ans : (1)

आरंभिक साक्षरता (Emergent literacy)

→ लिखना सिखाने से पूर्व बालक (दीवारों पर आड़ी तिरछी रेखाएं बनाता है, कीरम कांटे बनाता है। यह बाद में बालक को लिखना सिखाने में बुनियाद प्रदान करती है।

→ अक्षर बनाने से पहले बालक को आड़ी-तिरछी रेखाएं खींचने में अभ्यस्त किया जाता है।

164. अधिगम के शुरुआती वर्षों में कौन-सा उद्देश्य तुकबंदियों और शिशुगीतों का नहीं है?

(1) भाषा विकास
(2) मूल्य विकास
(3) कल्पनाशीलता एवं अनुमान
(4) व्याकरणिक क्षमता का विकास

Ans : (4)

→ प्रारंभिक वर्षों में बच्चों को शिशुगीत, तुकबंदी, कहानी आदि के द्वारा भाषा की समग्रता को प्रकट किया जाता है।

→ बालक में रचनात्मकता एवं कल्पनाशीलता का विकास किया जाता है। बालक की भाषा का विकास किया जाता है।

(अधिगम के शुरुआती वर्षों में बच्चो में व्याकरणिक क्षमता का विकास करने का उद्देश्य नहीं होता है। क्योंकि व्याकरणिक नियम उच्च प्राथमिक स्तर पर ही सिखाए जाते हैं।)

165. विद्यालयी बच्चों में भारतीय भाषाओं को समुन्नत करने वाले भारत सरकार के कार्यक्रम का नाम बताइए।

(1) भाषा सम्मेलन
(2) एक भारत श्रेष्ठ भारत
(3) आजादी का अमृत महोत्सव
(4) भाषा संगम

Ans : (4)

→ विद्यालयी बच्चों में भारतीय भाषाओं को समुन्नत करने वाले भारत सरकार का नाम 'भाषा संगम' है।

→ 'भाषा संगम' हमारे देश की भाषाओं का अद्वितीय प्रतीक है।

→ एक भारत के लिए हमारे साझा सपनों आशाओं और अकांक्षाओं की अभिव्यक्ति है।

→ 'भाषा संगम' पहल के तहत भारत के संविधान की आठवीं अनुसूची में सूचीबद्ध भारतीय भाषाओं में छात्रों को बहुभाषी प्रदर्शन करने की योजना बनाई गई थी।

166.अश्विनी कक्षा पाँच में पढ़ता है। कक्षा तीन तक आते-आते उसे अपनी मातृभाषा में पठन कौशलों का विकास हो चुका था। अब वह अंग्रेजी भी अच्छी तरह से पढ़ने लगा है। अंग्रेजी पठन की उसकी योग्यता में क्या प्रतिबिम्बित हो रहा है?

(1) पठन निपुणता [Proficiency] का विकास
(2) दक्षता संवर्धन [Efficiency Enhancement]
(3) पठन का कौशल
(4) कौशल अन्तरण [Skills Transfer]

Ans : (4)

व्याकरण कौशल अंतरण/स्थानांतरण (Skills, transfer)

→ कौशल स्थानांतरण का तात्पर्य एक भाषा सीखने के बाद दूसरी भाषाओं को भी अच्छी तरह से पढ़ लेना।

→ अर्थात् यदि कोई छात्र किसी एक भाषा का अच्छा पाठक है, और अगर वह दूसरी भाषाएँ सीखता है, तो उसका भी अच्छा पाठक हो सकता है इसे **'कौशल स्थानांतरण'** के नाम से जाना जाता है।

जैसे- कोई बच्चा अपनी मातृभाषा में अच्छी तरह पढ़ लेता है और वह अंग्रेजी में भी बहुत अच्छी तरह पढ़ लेता है **'कौशल स्थानांतरण'** कहलाता है।

167.कक्षा पाँच के विद्यार्थियों को अपनी सावधिक परीक्षा में निम्नलिखित प्रश्न दिया गया:

"आप क्या पसन्द करते हैं और क्या पसन्द नहीं करते हैं उससे निम्नलिखित वाक्यों की पूर्ति कीजिए।"
यह प्रश्न किस प्रारूप के अन्तर्गत आएगा?

(1) बहुविकल्पीय प्रश्न
(2) लघु-उत्तरीय प्रश्न
(3) पाठ से बाहर के प्रश्न (एक्स्ट्रापोलेटिव)
(4) खुले अंत वाले प्रश्न

Ans : (4)

खुले अंत वाले प्रश्न (open ended question)

→ खुले अंत वाले प्रश्न के अंतर्गत बच्चों को ऐसे प्रश्न दिए जाता है जिनके अनेक उत्तर हों।

→ इससे बच्चों को कई Prespective से सोचने का अवसर मिलता है।

→ बालक के विचारों में मौलिकता, प्रवाहिता तथा रचनात्मकता आती है।

→ इस तरह के प्रश्नों के अंतर्गत प्रत्येक बालक अपनी बुद्धि तर्क के अनुसार अलग- अलग उत्तर देते हैं।

168.कक्षा चार की अध्यापिका अपने शिक्षार्थियों को एक पाठ्यसामग्री देती है और वह प्रकृति पर अपना ही एक अनुच्छेद लिखती है। यह पाठ्यसामग्री किसके अन्तर्गत आएगी?

(1) प्रामाणिक सामग्री (2) प्राकृतिक सामग्री
(3) सृजित की गई सामग्री (4) पर्यावरणीय सामग्री

Ans : (3)

सृजित की गई सामग्री:- जब कोई शिक्षिका शिक्षण-अधिगम के लिए स्वयं से लिखी गई सामग्री का प्रयोग करती है, तो इसे **'सृजित सामग्री [Generated Content]'** कहा जाता है।

169.कक्षा पाँच के विद्यार्थियों को पाँच के समूह में बाँटा गया और अपनी रुचि का विषय चुनने के लिए कहा गया। बच्चों ने समूह में थीम पर आँकड़ों का संग्रहण किया और रिपोर्ट लिखी।

भाषा अधिगम की इस गतिविधि को क्या कहेंगे?

(1) प्रदत्त कार्य (2) समूह कार्य
(3) परियोजना कार्य (4) सहपाठी कार्य

Ans : (3)

परियोजना कार्य (Project Work)

→ परियोजना कार्य के अंतर्गत शिक्षार्थी समूह में कार्य करते हैं किसी थीम पर आंकड़ों का संग्रहण करते हैं तथा अंतिम रिपोर्ट तैयार करते हैं।

→ इससे छात्रों में 'सामूहिक भावना' का विकास होता है।

170.ध्वनिग्रामिक (स्वनिम) जागरूकता [Phonemic Awareness] किससे संबंधित है?

(1) ध्वनिग्राम और चित्रग्राम के मध्य संबंध स्थापित करने की योग्यता

(2) बोले जा रहे शब्दों में स्वनिम को पहचानने और प्रयोग करने की योग्यता
(3) सटीकता और प्रवाह के साथ शब्दों को पढ़ना
(4) सही वर्तनी के साथ लिखना

Ans : (1)

भाषा की सबसे छोटी इकाई-स्वनिम। [Phoneme Sound]

ध्वनिविज्ञान जागरुकता:-

ध्वनिविज्ञान जागरुकता से तात्पर्य ध्वनिग्राम और चित्रग्राम के मध्य संबंध स्थापित करना। है **जैसे अ एक चित्र या symbol है** और जब हम इसे उच्चरित करते है तो ध्वनि निकतली है। अर्थात् इन्हीं दोनों के Relation को ध्वनि विज्ञान जागरुकता, कहा जाता है।

ध्वनि विज्ञान जागरुकता:- ध्वनि ध्वनि एवं अक्षरों के मध्य संबंध स्थापित करता है।

इसके अंतर्गत 'स्वनिम, अक्षर, तुकबंदी आदि आते है। धन्यात्मक जागरुकता आरंभ, मध्य अंत की ध्वनियों को पृथक पृथक कर पहचानने में मदद करती है।

ध्वन्यात्मक जागरुकता की समझ से भाषा की ध्वनि, को पहचाना जा सकता है।

ध्वनियों को पृथक किया जा सकता है तथा उसे स्थिति के अनुसार ढाला जा सकता है।

171.बच्चे भाषा की बारीकियों की पहचान कर लेते हैं और उन्हें समझ जाते हैं जब:

(1) वे अध्यापक का बारीकी से अवलोकन करते हैं।
(2) बुलेटिन बोर्ड को सजाने और मुद्रित समृद्ध परिवेश के सृजन में भाग लेते हैं।
(3) एकीकृत [Integrated] तरीके से भाषायी कौशलों में संलग्न रहते हैं।
(4) वयस्क की मदद से सस्वर पठन करते हैं।

Ans : (3)

भाषा कौशल भाषा के 4 कौशल होते हैं।

सुबोपलि [LSRW] सुनना [Listning] बोलना [speaking] पढ़ना [Reading] लिखना [writing] [मनोवैज्ञानिक क्रम]

उत्पादक कौशल: बोलना, लिखाना

ग्रहणात्मक कौशल: पढ़ना, सुनना

"भाषा के विभिन्न कौशलो को एकीकृत रुप में सिखाने की अनुशंसा की जाती है।"

भाषा के चारों कौशल अंत संबधित होते हैं। अर्थात् भाषा कौशल एक-दूसरे को प्रभावित करते हैं। यही कारण है कि बालक भाषा की बारीकियाँ तब पहचान पाते हैं जब चारों कौशल एकीकृत करके सिखाये जाते है।

172.अपने फोन की सम्पर्क सूची में किसी का फोन नम्बर ढूँढ़ना किसका उदाहरण है?

(1) बारीकी से पठन (स्कैनिंग)
(2) सर्वेक्षण
(3) समीक्षा
(4) सरसरी तौर पर पठन (स्किमिंग)

Ans: (1)

स्कैनिंग एक पढ़ने की तकनीक है जहां आप सब कुछ विस्तार से पढ़े बिना, विशिष्ट जानकारी, जैसे नाम, संख्या या कीवर्ड खोजने के लिए टेक्स्ट या सूची को तुरंत देखते हैं। जब आप अपने फ़ोन की संपर्क सूची में किसी संपर्क नंबर की तलाश कर रहे होते हैं, तो आप सूची को स्कैन कर रहे होते हैं, प्रत्येक प्रविष्टि को अच्छी तरह से पढ़ने के बजाय केवल उस विशिष्ट नंबर को ढूंढने पर ध्यान केंद्रित करते हैं जिसकी आपको आवश्यकता होती है।

173.बच्चों को नए शब्दों के अर्थ सीखने के स्थान पर उन्हें संदर्भ में नए शब्द देने का क्या परिणाम हो सकता है?

(1) बच्चों को भ्रमित करेगा
(2) शब्द की बेहतर समझ बनाने में मदद करेगा
(3) कंठस्थीकरण को समुन्नत करेगा
(4) समय की बरबादी होगी

Ans: (2)

संदर्भ के भीतर नए शब्दों को परिभाषित करने से बच्चों को उनके अर्थ समझने में मदद मिलती है, यह दिखाकर कि वास्तविक स्थितियों में शब्दों का उपयोग कैसे किया जाता है, समझ, अवधारण और उपयोग में सुधार होता है।

174.लेखन का वह कौन-सा प्रकार है, जिसमें लेखक बहुधा स्वयं को एक पात्र (कभी नहीं भी) के रूप में प्रस्तुत करता है और कुणा सुनाता है?

(1) व्याख्यात्मक

(2) प्रत्ययकारी (परसुएसिव)
(3) वर्णनात्मक (डेस्क्रिप्टिव)
(4) वृत्तांतात्मक

Ans: (4)

वृत्तांतात्मक में लेखक अपने दृष्टिकोण से या किसी अन्य पात्र के दृष्टिकोण से कहानी कहता है, घटनाओं और भावनाओं का स्पष्ट संरचना के साथ वर्णन करता है। यह काल्पनिक या गैर-काल्पनिक हो सकता है और इसमें लेखक को एक पात्र या कथावाचक के रूप में शामिल किया जा सकता है।

175. आप चाहते हैं कि आपकी कक्षा के विद्यार्थी अधिक-से-अधिक प्रतिभागिता दर्ज करें। इस उद्देश्य के लिए आप किस विधि का अनुपालन करेंगे?

(1) चर्चा
(2) प्रदर्शन
(3) आदर्श पठन
(4) सस्वर काव्य-पाठ (रिसाइटेशन)

Ans: (1)

चर्चा एक इंटरैक्टिव शिक्षण पद्धति है जो छात्रों की भागीदारी को प्रोत्साहित करती है, आलोचनात्मक सोच और गहरी समझ को बढ़ावा देती है। यह छात्रों को विचारों को साझा करने, अवधारणाओं को स्पष्ट करने और विभिन्न दृष्टिकोणों से सीखने, एक समावेशी और गतिशील कक्षा वातावरण बनाने की अनुमति देता है।

176. लघु कथा कहते समय 'पठन के दौरान' की कौन-सी गतिविधि होगी?

(1) शिक्षार्थी कहानी की घटनाओं के बारे में अनुमान लगाते हैं
(2) शिक्षार्थी दो-दो के जोड़ों में पठन करते हैं और एक-दूसरे को पढ़कर सुनाते हैं
(3) शिक्षार्थी कथाकार के जीवन-संबंधी विवरणों की चर्चा करते हैं
(4) अध्यापिका नए शब्दों के अर्थ पूछती है और उन शब्दों से वाक्य बनाने के लिए प्रोत्साहित करती है

Ans: (2)

पढ़ने के दौरान की गतिविधि में, छात्र जोड़ी में काम करने जैसी गतिविधियों के माध्यम से पाठ के साथ जुड़ते हैं, जहां वे एक-दूसरे को ज़ोर से पढ़ते हैं। यह प्रवाह, समझ और सहकर्मी बातचीत को बढ़ावा देता है, जिससे उन्हें अर्थ स्पष्ट करने और वास्तविक समय में कहानी की उनकी समझ को गहरा करने में मदद मिलती है।

177. निम्नलिखित में से कौन-सा पोर्टफोलियो में नहीं रखा जा सकता?

(1) चित्रकारी
(2) कार्यपत्रक (वर्कशीट)
(3) कक्षा में हुई चर्चा
(4) फोटोग्राफ

Ans : (3)

पोर्टफोलियो [Portfolio]

Portfolio एक प्रकार की file होती हैं। जिसमें बच्चे के एक निश्चित समय में किए गए कामों का संग्रह होता है।

इसमें 'शैक्षिक' एवं सह-शैक्षिक, दोनों पहलुओं को शामिल किया जाता है।

बच्चे की उपलब्धियों, कमियों को भी रखा जाता है।

Portfolio के माध्यम से बालक के क्रमिक विकास का पता लगाया जाता है।

इसके माध्यम से बालक की व्यक्तिगत, पारिवारिक, शैक्षणिक, सह-शैक्षणिक सांस्कृतिक तथा सामाजिक जानकारी प्राप्त होती है।

पोर्टफोलियो बनाते समय प्रथम उद्देश्य यह होना चाहिए कि पोर्टफोलियो कैसा दिखना चाहिए।

"पोर्टफोलियो के माध्यम से छात्र का मूल्यांकन करना आसान होता है।"

"पोर्टफोलियों में बालक की चित्रकारी, कार्यपत्रक (वर्कशीट) फोटोग्राफ आदि को रखा जाता है।"

"किंतु कक्षा में हुई चर्चा को पोर्टफोलियो के अन्तर्गत नहीं रखा जा सकता है।"

178. भाषा अधिगम में संदर्भ बहुत महत्त्वपूर्ण भूमिका निभाता है, क्योंकि ये विद्यार्थियों को-

(1) व्याकरणिक नियम सीखने में मदद करता है।
(2) किसी शब्द विशेष का अर्थ समझने में मदद करता है।
(3) पाठ्य पुस्तक के पठन में मदद करता है।
(4) कविता और कल्पनापरक कहानियाँ लिखने में मदद करता है।

Ans : (2)

[Context] अपरिचित शब्दों के अर्थ को समझने के लिए पाठ्य सामग्री के कुछ हिस्सों से मदद लेना, अर्थात् पाठ्य सामग्री से जोड़कर उसके परिस्थति विशेष के अनुसार अर्थ समझना।

अर्थात् जिस शब्द का अर्थ समझ में नहीं आता तोउस अर्थ को समझने के लिए 'संदर्भ सामग्री' की मदद ली जाती है।

179.निम्नलिखित में से कौन-सा पत्र वाइगोत्सकी के सामाजिक-सांस्कृतिक सिद्धांत से संबंधित नहीं है?

(1) सामाजिक अंतः क्रिया
(2) मदद/सहारा देना
(3) निकटस्थ विकास का क्षेत्र
(4) भाषा अर्जन उपकरण

Ans : (4)

वायगोत्सकी के अनुसार बच्चे के संज्ञानात्मक विकास के तीन महत्वपूर्ण कारक है।- **[SCL]**

S - Social Interaction [सामाजिक अंतः क्रिया]

C - Culture [संस्कृति]

L- Language [भाषा]

सामाजिक अंतः क्रिया:- वायगोत्सकी के अनुसार बालक समाज में अंत: क्रिया करके सीखता है।

वायगोत्सकी के अनुसार बच्चे के भाषा विकास में समाज संस्कृति का बहुत बड़ा योगदान होता है।

निकटस्थ विकास का क्षेत्र [ZPD-Zone of proximal Development]

एक बच्चा स्वयं क्या कर सकता है और दूसरे की मदद से क्या कर सकता है उसके बीच के क्षेत्र को [ZPD] समीपस्थ विकास का क्षेत्र कहा जाता है।

[अर्थात् संभावित विकास व वास्तविक का क्षेत्र]

मदद/सहारा देना [Scaffolding]:- MKO (More Knowledgeable Other) द्वारा दी जाने वाली तत्कालिक मदद [Temporary help] को Scaffolding कहा जाता है।

भाषा अर्जन उपकरण का सिद्धांत वायगोत्सकी ने नहीं दिया है चॉम्स्की, द्वारा दिया गया है।

180.'सार्वभौमिक व्याकरण' पदावली नॉम चॉमस्की द्वारा दी गई है। सार्वभौमिक व्याकरण

(1) सभी के द्वारा (सर्वत्र) अनुसरित बुनियादी व्याकरणिक सिद्धांतों का समूह है और लोगों द्वारा आसानी से पहचाना जाता है।
(2) सभी प्राकृतिक भाषाओं के लिए बुनियादी व्याकरणिक सिद्धांतों का समूह है।
(3) सभी प्राकृतिक भाषाओं के लिए आधारभूत अग्रवर्ती व्याकरणिक सिद्धांतों का समूह है।
(4) सार्वभौमिक रूप से माननीय कार्य अभ्यास हैं जिन्हें समय के साथ 'व्याकरण' के रूप में जाना गया।

Ans : (2)

अमेरिकी मनोवैज्ञानिक नॉमथॉम्सकी ने सार्वभौमिक व्याकरण [universal Grammar] का सिध्दांत दिया।

अर्थात् 'सार्वभौमिक व्याकरण सभी प्राकृतिक भाषाओं के लिए' बुनियादी व्याकरणिक सिद्धांतों का एक समूह होता है। जिसके माध्यम से बालक व्याकरण को आसानी से सीख सकता है।

181.भाषा अध्यापक को प्राथमिक स्तर पर पोस्टर, चित्र एवं अन्य प्रकार की पठन सामग्रियों का प्रदर्शन किस ऊँचाई पर करना चाहिए?

(1) उन्हें सुरक्षित रखने और फटने से बचाने के लिए इस ऊँचाई पर रखना चाहिए जहाँ शिक्षार्थी न पहुँच सकें।
(2) इस सुविधाजनक ऊँचाई पर होने चाहिए जहाँ शिक्षार्थी उन्हें छू सकें और पढ़ सकें
(3) कक्षा के बाहर बुलेटिन बोर्ड पर लगाने चाहिए।
(4) पुस्तकालय में लगाने चाहिए जहाँ शिक्षार्थी जाएं और सामग्री की खोज कर सकें।

Ans : (2)

शिक्षार्थियों को भाषा सिखाने के लिए [Print rich enviornment] भाषा समृध्द परिवेश का निर्माण करना चाहिए।

भाषा समृध्द परिवेश से तात्पर्य:- भाषा हमारे परिवेश में बिखरी मिलती है। [जैसे] विज्ञापन, अखबार, साइनबोर्ड आदि।

कक्षा में 'भाषा समृध्द परिवेश, का निर्माण करने के लिए शिक्षक पोस्टर, चित्र एवं अन्य प्रकार की पठन सामग्रियों को दीवारों पर लगाते हैं।

अतः इन सामग्रियों को इस सुविधाजनक ऊंचाई पर लगाया जाना चाहिए जहां शिक्षार्थी आसानी से छू सकें और पढ़ सकें।

182.पठन का कौन-सा तरीका पंक्ति दर पंक्ति से संकेत देता है?

(1) विस्तृत पठन (2) सस्वर पठन
(3) गहन पठन (4) निर्देशित पठन

Ans : (3)

गहन पठन [Intensive reading]

→ गहन पठन उस पठन को कहते हैं जिसमें पाठक विवरण पर ध्यान केंद्रित करता है।

→ जानकारी के प्रत्येक भाग की गहनता से जांच करता है।

→ पंक्ति दर पंक्ति पढ़ने पर सडकेत करता है। [जैसे कोई शिक्षिका कहानी पढ़ाते समय प्रत्येक वाक्य में सर्वनाम [मैं हम तुम] आदि के बारे में चर्चा करती है गहन पठन के अन्तर्गत आएगा।

183.बुनियादी साक्षरता एवं गणित (एफ.एल.एन.) मिशन सफलतापूर्वक क्रियान्वित करने के लिए क्या महत्त्वपूर्ण है?

(1) पूर्व विद्यालय से ही अंग्रेजी भाषा लागू करना
(2) नियमित रूप से कक्षा परीक्षण आयोजित कर आकलन को बालमित्रवत् बनाना
(3) उन भाषाओं का प्रयोग करना जिनसे शिक्षार्थी परिचित हैं।
(4) निर्देश का माध्यम बदलकर अंग्रेजी माध्यम कर देना

Ans : (3)

बुनियादी साक्षरता [F.LN. (Foundational Literacy & Numeracy] को सफलतापूर्वक क्रियान्वित करने के लिए आवश्यक है कि छात्रों को उनकी **'मातृभाषा'** में शिक्षा देना।

क्योंकि छात्र अपनी मातृभाषा से परिचित होते हैं। जिससे वे कक्षा में अधिक जुड़ाव महसूस करते हैं। भाषा के बुनियादी वर्षों में पढ़ाई का माध्यम 'मातृभाषा इसलिए होनी चाहिए क्योंकि यह दूसरे विषयों को समझने में भी मदद करता है।

184.गीतिका बिहार में रहती थी। वह अपने पिता के साथ दिल्ली आई और आपकी कक्षा में पढ़ने लगी। वह मैथिली भाषा बोलती है।

(1) आप उससे सहपाठियों के साथ घुलने-मिलने के लिए कहेंगे और अब तक जो काम कक्षा में हुए हैं। उन्हें जानने के लिए कहेंगे।
(2) आप उससे अनौपचारिक रूप से बातचीत करेंगे, उसकी मैथिली भाषा को स्वीकृत करेंगे जिससे कि वह नई स्थिति में सहज महसूस करे।
(3) आप उससे विद्यालय की माध्यम भाषा हिन्दी में बात करेंगे जिससे कि वह जल्दी से जल्दी हिन्दी सीख ले।
(4) आप उसे हिन्दी लेखन के बहुत से अभ्यास कार्य देंगे क्योंकि उसे हिन्दी सीखनी है।

Ans : (2)

यदि कक्षा में कोई शिक्षार्थी अलग भाषिक समुदाय से आती है तो शिक्षक को अनौपचारिक तरीके से उसकी मातृभाषा में बात करनी चाहिए, उसकी मातृभाषा को कक्षा में स्थान देना चाहिए जिससे वह नई स्थिति में सहज महसूस करे। अर्थात् अपने आपको हासिये पर न समझे

185.'बोली और लहजे' के बारे में कौन-सा कथन सही है?

(1) बोली वास्तविक भाषा से संबंध रखती है जबकि लहजा भाषा कैसे बोली जा रही है. उस तरीके से संबंधित है।
(2) लहजा वास्तविक भाषा से संबंधित है जबकि बोली भाषा बोलने के तरीके से संबंधित है।
(3) लहजा एक ही भाषा के विविध रूप है जिनकी व्याकरण भिन्न-भिन्न होती है।
(4) बोली किसी व्यक्ति विशेष के उच्चारण का तरीका है।

Ans : (1)

भाषा और बोली/तथा लहजा [Tone] में संबंध

बोली:- किसी क्षेत्र या सामाजिक समूह की वाचन विशेषता होती है। बोली वास्तविक भाषा से संबंध रखती है। एक भाषा की कई बोलियां होती हैं।

वाक समुदाय:- वाक् समुदाय से तात्पर्य उस समुदाय से हैं जो भाषा प्रयोग के संदर्भ में एक समान मानकों का प्रयोग करते हैं।

शैली/लहजा [Tone]:- भाषा कैसे बोली जा रही है उस तरीके से संबंधित है।

186.कक्षा तीन की अध्यापिका ने अपने विद्यार्थियों के श्रवण कौशल का आकलन करना है। उसे इसके लिए किस गतिविधि का संचालन करना चाहिए?

(1) पढ़ी गई सामग्री से शब्दों का अर्थ बताने के लिए कहना।
(2) सुनाई गई कहानी पर चित्र बनाने के लिए कहना।
(3) विद्यार्थी को 4-5 वाक्यों में स्वयं का परिचय देने के लिए कहना।
(4) दिखाए गए चित्र का तीन वाक्यों में वर्णन करने के लिए कहना।

Ans : (2)

छात्र को कहानी सुनाने के पश्चात् जब शिक्षिका सुनाई गई कहानी पर चित्र बनाने के लिए कहती है कि तो इसका तात्पर्य है कि वह छात्रों के 'श्रवण कौशल' का आकलन कर रही है।

अर्थात् इस प्रकार छात्र सुनी गयी कहानी के अनुसार चित्र बनाकर इसे व्यक्त करते हैं।

'श्रवण कौशल' का आकलन करने के लिए शिक्षिका छात्रो को कहानी सुनाने के पश्चात कहानी से संबंधित 'फ्लैशकार्ड' को क्रम से लगाने के लिए भी कह सकती है।

'श्रवण कौशल' का तात्पर्य यह नहीं है कि सुनी गयी कहानी का पुनरुत्पादन करना बल्कि कहानी को सुनकर, उसके अर्थ ग्रहण करके, ध्वनियों की पहचान करके और उचित प्रतिक्रिया देने से है।

187.यह विचार कि मनुष्य सहजात भाषा अर्जन उपकरण के साथ जन्म लेते हैं, जिसके द्वारा प्रतिपादित है?

(1) लेव वाइगोत्सकी (2) नॉम चॉमस्की
(3) जीन पियाजे (4) जिरोम ब्रूनर

Ans : (2)

अमेरिकी मनोवैज्ञानिक 'नोम चॉम्स्की' को भाषा विकास के जनक के [father of Language Development] रुप में भी देखा जाता है।

चॉम्स्की के अनुसार:-

बालक में भाषा सीखने की जन्मजात क्षमता होती है। बालक के मस्तिष्क में **भाषा अधिग्रहण यंत्र [LAD] [Language Acquisition Device]** पाया जाता है। जिसकी सहायता से वह किसी भी भाषा को तीव्रगति से सीख पाते हैं। LAD प्रारंभिक 5 वर्षों में आधिक प्रभावशाली होता है। अत: प्रारंभिक वर्षों में बालक भाषा तेजी से सीखता है।

[चॉम्स्की भाषा अर्जित करने के लिए वातावरण और संस्कृति को महत्वपूर्ण मानते हैं।]

चॉम्स्की का मत भाषा के संबंध में:- चॉम्स्की मानते हैं कि दुनिया की जितनी भी भाषाएँ हैं उनके तत्वों में एक-दूसरे के साथ संबंध होता है।

चॉम्स्की के अनुसार:- किसी भी प्रकार की भाषा को संज्ञा, क्रिया, विशेषण के आधार पर विभक्त किया जाता है।

[LAD: के माध्यम से बालक सार्वभौमिक व्याकरण के प्रति समझ बनाते हैं।]

188.कक्षा तीन की अध्यापिका अपने विद्यार्थियों के साथ पठन बोध पर कार्य कर रही है। वह किस युक्ति का अनुसरण कर सकती है?

(1) पाठ में पढ़े गए कठिन शब्दों का श्रुतलेख करवाना
(2) पढ़ी गयी पाठ्य सामग्री पर आधारित प्रश्न पूछना
(3) पी गयी पाठ्य सामग्री में आए कठिन शब्दों के अर्थ याद करवाना और लिखवाना
(4) पाठ्य सामग्री पढ़ने के दौरान सामने आ रहे संज्ञा शब्दों को रेखांकित करने के लिए कहना

Ans : (2)

पठन बोध:- पठन बोध से तात्पर्य पढ़े गये पाठ से अर्थ ग्रहण करने से है। अर्थात् जब शिक्षिका पाठ्यवस्तु को पढ़ाने के पश्चात् उस पर आधारित प्रश्न पूछती है, तो यह पता लगाया जा सकता है कि ने पढ़े हुए पाठ से किस स्तर तक समझ पाया है।

अर्थात् पढी गयी पाठ्यसामग्री पर आधारित प्रश्न पूंछना का तात्पर्य पठन बोध से है।

बोध प्रश्न:- पाठ पढ़ाने के बाद बच्चों के समझ पर आधारित प्रश्न पूंछना

पढ़ने का मुख्य उद्देश्य:- पाठ को पढ़कर उसके अर्थ समझने से है।

189.एक पठन संबंधी गतिविधि जिसमें शिक्षार्थी पाठ्य सामग्री के विभिन्न हिस्सों को सुनते-पढ़ते हैं, तत्पश्चात् कार्य को पूरा करने के लिए सूचनाओं का आदान-

प्रदान करते हैं, यह क्या कहलाएगी?

(1) प्रवाह के साथ पाठ्यसामग्री

(2) प्रवाह के साथ श्रुतलेख

(3) इम् शिरा (मूक अभिनय)

(4) जिगसॉ श्रुतलेख

Ans : (4)

जिगसाँ श्रुतलेख [Jigsaw Dictatation]

जिगसाँ/पहेली श्रुतलेखके अंतर्गत शिक्षार्थी पाठ्यसामग्री के विभिन्न हिस्सों को सुनते हैं पढ़ते हैं तत्पश्चात् कार्य को पुरा करने के लिए सूचनाओं का आदान-प्रदान करते हैं।

जिगसाँ/पहेली श्रुतलेख का अर्थ सरल शब्दों में यह है कि:-

जैसे कोई एक चित्र टुकडों में बंटा हुआ है और छात्र समूहों में उन टुकड़ों को लेकर चित्र को सही प्रारूप प्रदान करते है इसे जिगसाँ [Jigsaw] कहा जाता है।

190.एक बालिका अपनी पसन्द की कहानी की पुस्तक पढ़ रही है। इस प्रकार के पठन को क्या कहेंगे?

(1) बारीकी से पठन (2) गहन पठन

(3) सरसरी तौर पर पठन (4) विस्तृत पठन

Ans : (4)

विस्तृत पठन [Extensive reading] पूरक पठन

विस्तृत पठन। [Extensive reading] का तात्पर्य आनंद के लिए पढ़ना है।

प्रचुर मात्रा में पठन।

'जब कोई शिक्षार्थी अपने पसंद की कहानी, उपन्यास, कविता आदि आनंद के लिए पढ़ता है, तो यह विस्तृत पठन अंतर्गत आएगा।'

सराहना बोध के लिए पठन।

[**Note:** व्याकरण अधिगम के लिए पठन विस्तृत पठन के अंतर्गत नहीं आता है।]

यह शब्दभण्डार और सही संरचनओं [Structure] के लिए पर्याप्त अवसर देता है।

191.कक्षा चार की अध्यापिका प्रक्रिया आधारित लेखन उपागम का प्रयोग कर रही है। लेखन पूर्व गतिविधि के दौरान वह किस युक्ति का अनुसरण कर सकती है?

(1) मानस मंथन [Brainstorming] (2) समीक्षा करना

(3) सम्पादन (4) पुनरावृत्ति

Ans : (1)

लेखन कौशल उपागम [Writing Skills Approach]

लेखन का उत्पाद उपागम [Product Approach to Writing]

प्रक्रिया आधारित लेखन के चरण

लेखन पूर्व [Pre-Writing]

→ प्रारुपण [Drafting]

→ संशोधन [Amendment]

→ संपादन [Editing]

→ प्रकाशन [Publication]

लेखन का प्रक्रिया उपागम [Process Approach to Writing]

→ मानस मंथन [Brainstorming]

→ रुपरेखा [Framework]

→ प्रारुपण [Drafting]

→ पुनरावृत्ति [Recurrence]

→ प्रूफ रीडिंग [Proof Reading]

अंतिम प्रारुप लिखना [Writing the Final Draft]

[लेखन के द्वारा लिखना सिखाना लेखन का प्रक्रिया उपागम कहलाता है।]

अतः लेखन पूर्व गतिविधि- मानस मंथन

192.भारत सरकार द्वारा शुरू किए गए कार्यक्रम निपुन (NIPUN) भारत मिशन का मुख्य केन्द्र भाषा में बुनियादी कौशलों को मजबूत करना है। इसका पूरा नाम है-

(1) नेशनल इंटरवेंशन फॉर प्रोफिशिएसी इन अंडरस्टैंडिंग एंड न्यूमरेसी

(2) नेशनल इनीशिएटिव फॉर प्रोफिशिएंसी इन रीडिंग विथ अंडरस्टैंडिंग एंड न्यूमरेसी

(3) नेशनल इनीशिएटिव फॉर प्रोफिशिएंसी इन अंडरस्टैंडिंग एंड न्यूमरेसी

(4) नेशनल इंटरवेशन फॉर प्रोफिशिएसी इन रीडिंग विथ अंडरस्टैंडिंग एंड न्यूमेरेसी

Ans : (2)

NIPUN का full form:- National Initiative for Proficiency in Reading with Understanding & Numeracy

निपुन का उद्देश्य:- "विद्यालय के छोटे बच्चों में साक्षरता, पठन, और संख्या ज्ञान समुन्नत करने का एक कार्यक्रम है।"

193.निम्नलिखित में से कौन-सी गतिविधि बच्चों के वाचन कौशल के आकलन हेतु प्रयुक्त नहीं की जानी चाहिए?

(1) पढ़े गए पाठ से शब्दों के अर्थ बताओ

(2) आप जिस परिधान को बहुत अधिक पसंद करती हैं. उसके बारे मैं बताओ

(3) अपने आप का 4-5 वाक्यों में परिचय दो

(4) दिखाए जा रहे चित्र का तीन वाक्यों में वर्णन करो

Ans : (1)

वाचन कौशल आकलन की प्रभावशाली पद्धति:- वाचन कौशल [Method- Reading Skills] के आकलन के लिए छात्रों को वास्तविक स्थितियों में संप्रेषण कराना चाहिए। जहां छात्र अपने विचारों को अभिव्यक्त कर सकें। इसके माध्यम से शिक्षिक छात्रों के भाषा- प्रयोग का आकलन करती है।

भाषण, परिचर्चा, संवाद, वाद-विवाद आदि के द्वारा बच्चों के वाचन कौशल का आकलन किया जा सकता है। वाद-विवाद के माध्यम से छात्र अपने विचारों को समूहों में व्यक्त करते है, जिससे छात्र के वास्तविक भाषा प्रयोग का पता लगाया जा सकता है।

आप जिस परिधान को बहुत अधिक पसंद करती है, उसके बारे में बताओं। अपने आप का 4-5 वाक्यों में परिचय दो। चित्र का वर्णन करो।

इन प्रश्नो में छात्र अपने अनुभव बुद्धि आदि के माध्यम अपने विचारो को व्यक्त करेंगे जिससे उनके वाचन कौशल का आकलन किया जा सकता है। पढे गए पाठ से शब्दों का अर्थ बताओ।

इस प्रश्न में सभी छात्र बंधे बंधाये उत्तर देंगे अर्थात् वाचन कौशल आकलन के लिए यह एक प्रभावी प्रश्न नहीं है।

194.वह कौन-सा भाषा विकार है जिसमें व्यक्ति उचित तरीके और उचित क्रम से शब्द नहीं रख पाता है? यह भाषा बोलने और समझने के तरीके को प्रभावित करता है।

(1) डिस्प्रेक्सिया (2) डिस्फेजिया

(3) डिसाथ्रिया (4) डिस्कैलकुलिया

Ans : (2)

डिस्फेजिया [Dysphasia]

यह भाषा (बोलने संबंधी विकार) से संबंधित है। जिसमें व्यक्ति उचित तरीके और उचित क्रम से शब्द नहीं रख पाता है। यह भाषा बोलने और समझने के तरीके से संबंधित है।

195.वे भाषायी निवेश जो सूचनाओं पर अधिक बल देते हैं, कौन से हैं?

1. पाठ्यवस्तु उन्मुखी भाषायी निवेश।
2. शिक्षार्थी भाषा का प्रयोग कैसे करते हैं।
3. शिक्षार्थी द्वारा निवेश की प्रक्रियाएँ।
4. व्याकरण के पहलू, शब्दों का प्रयोग, उच्चारण आदि।

Ans : (1)

पाठ्यवस्तु उन्मुखी भाषायी निवेश वह भाषायी निवेश है जो सूचनाओं पर अधिक बल देता है। अर्थात् श्रव्य, दृश्य सामग्री का समावेश करके पाठ्यवस्तु ऐसी बनानी चाहिए जो बच्चों में 'भाषा संचार' का उन्मुखी विकास कर सके।

196.एक अध्यापिका कक्षा पाँच के शिक्षार्थियों के पठन कौशल का आकलन कर रही। कौन-सा तरीका पठन के आकलन का सर्वाधिक उपयुक्त तरीका है?

(1) पढ़ी गई सामग्री के आधार पर श्रुतलेख

(2) पढ़ी गई सामग्री का अपने शब्दों में सारांशीकरण

(3) पाठ पढ़ने के बाद शब्द-अर्थ लिखना

(4) पढ़े गए पाठ की थीम पर एक अनुच्छेद लिखना

Ans : (2)

→ पठन का मुख्य उद्देश्य अक्षरों को डिकोड [पढ़ना] नहीं है बल्कि पाठ्यसामग्री को पढ़कर उसका अर्थ ग्रहण करके उसको अपने शब्दों में व्यक्त करना।

→ सारांशीकरण पठन का उद्देश्य है। सारांशीकरण का अर्थ है कि छात्र कहानी के सारे उद्देश्यों को समझकर उसको संक्षेप रुप में दूसरों के सामने प्रस्तुत कर पाये।

→ पठन का तात्पर्य छात्र विषयवस्तु को पढ़कर अपने वास्तविक जीवन से जोड़कर उसका अपने निजी जीवन में प्रयोग कर सके।

अतः पठित सामग्री का अपने शब्दों में सारांशीकरण [Summarization] आकलन का उत्कृष्ट तरीका है।

197. किसी एक कक्षा में आप प्रश्न पूछने के स्थान पर विद्यार्थियों को एक संक्षिप्त पाठ्य-सामग्री देकर उसपर आधारित प्रश्न बनाने के लिए कहते हैं। इस कार्य का क्या उद्देश्य है?

(1) आप चाहते हैं कि आपके विद्यार्थी कुशलतापूर्वक।

(2) प्रश्न बनाने के अपने काम में उनकी मदद लेना

(3) अपने शिक्षार्थियों को यह अनुभव करवाना कि प्रश्न बराम्रो कितना कठिन कार्य है

(4) अपने शिक्षार्थियों के विश्लेषणात्मक और समालोचनात्मक चिन्तन का संवर्द्धन करना

Ans: (4)

उपरोक्त गतिविधि शिक्षार्थियों को पाठ के साथ जुड़ने, मुख्य विचारों की पहचान करने और गंभीर रूप से सोचने के लिए प्रोत्साहित करके विश्लेषणात्मक और आलोचनात्मक सोच को बढ़ावा देती है। यह जिज्ञासा, गहरी बातचीत और सीखने की प्रक्रिया के स्वामित्व को बढ़ावा देता है, जिससे शिक्षार्थियों को सामग्री को बेहतर ढंग से समझने और भविष्य में महत्वपूर्ण पढ़ने के लिए कौशल विकसित करने में मदद मिलती है।

198. शिक्षण अधिगम सामग्री के प्रयोग का क्या उद्देश्य है?

(1) शिक्षार्थियों को अधिगम कार्य में संलग्न करना

(2) शिक्षार्थियों के अधिगम प्रतिफलों के प्रति आशान्वित होना

(3) कक्षा में अनुशासनहीनता को कम करना

(4) शिक्षार्थियों का कक्षा में ध्यान आकर्षित करना

Ans: (2)

शिक्षण सहायक सामग्री पाठों को अधिक आकर्षक और सुलभ बनाकर सीखने के परिणामों को बढ़ाती है। वे अवधारणाओं को स्पष्ट करने, विभिन्न शिक्षण शैलियों (दृश्य, श्रवण, गतिज) को पूरा करने में मदद करते हैं, और अधिक इंटरैक्टिव वातावरण प्रदान करते हैं। समझ और धारणा का समर्थन करके, शिक्षण सहायक सामग्री एक समृद्ध सीखने का अनुभव बनाती है, जिससे छात्रों के लिए बेहतर समग्र परिणाम प्राप्त होते हैं।

199. आपकी एक विद्यार्थी अपनी प्रिय पुस्तक उठाती है और अक्सर उसके चित्रों को संकेत के रूप में प्रयोग करते हुए कहानी पुनः कहती है। यह किसका उल्लेख है?

(1) उद्गामी पठन अवस्था

(2) ध्वन्यात्मक जागरूकता

(3) वाक्यगत जागरूकता

(4) वृत्तांतात्मक जागरूकता

Ans: (1)

उभरता हुआ पढ़ने का चरण साक्षरता विकास का प्रारंभिक चरण है जहां छोटे बच्चे पढ़ने और कहानी कहने की बुनियादी अवधारणाओं को समझना शुरू करते हैं। वे कहानी की संरचनाओं को पहचानते हैं, कहानियों को दोबारा कहने के लिए संकेतों के रूप में चित्रों का उपयोग करते हैं और परिचित शब्दों या वाक्यांशों की पहचान करते हैं। यह चरण बाद के पढ़ने के कौशल की नींव रखता है, जिससे शिक्षार्थियों को धीरे-धीरे डिकोडिंग क्षमताओं और प्रवाह को विकसित करने में मदद मिलती है।

200. लेखन के विभिन्न चरणों से गुजरकर लेखन अधिगम क्या कहलाता है?

(1) लेखन का प्रक्रिया उपागम

(2) लेखन का उत्पाद उपागम

(3) विश्लेषणात्मक लेखन

(4) रचनात्मक लेखन

Ans: (1)

लेखन के लिए प्रक्रिया दृष्टिकोण एक शैक्षिक पद्धति है जो लेखन को चरण-दर-चरण प्रक्रिया के रूप में देखती है जिसमें योजना, प्रारूपण, संशोधन और संपादन जैसे चरण शामिल होते हैं। ये चरण लेखकों को विचारों को व्यवस्थित करने, विचारों का मसौदा तैयार करने, सामग्री को परिष्कृत करने और त्रुटियों को सुधारने के द्वारा समय के साथ अपने काम को बेहतर बनाने में मदद करते हैं। यह दृष्टिकोण लेखन कौशल में क्रमिक विकास और निरंतर सुधार को प्रोत्साहित करता है।

201.शिक्षार्थी के सम्प्रेषण कौशलों का आकलन करने के लिए सर्वाधिक रूप से उपयुक्त आकलन गतिविधि कौन-सी होगी?

(1) चित्र पुस्तक से किसी दृश्य का वर्णन करना
(2) रोल प्ले में किसी भूमिका का निर्वाह करना
(3) किसी श्रव्य साम्रगी का श्रवण और मौखिक रूप से इस पर प्रतिक्रिया दैना
(4) किसी दी गई स्थिति में वक्तव्य लेखन

Ans: (2)

रोल प्ले शिक्षार्थियों को वास्तविक जीवन के परिदृश्यों में शामिल करके संचार कौशल का प्रभावी ढंग से आकलन करता है जहां वे मौखिक और गैर-मौखिक संचार, समस्या-समाधान और बातचीत का प्रदर्शन कर सकते हैं। यह तत्काल प्रतिक्रिया प्रदान करता है और प्रशिक्षकों को कार्रवाई में संचार का निरीक्षण करने की अनुमति देता है।

202.भाषा की पाठ्यपुस्तकों में चित्रों से शिक्षार्थियों को क्या लाभ मिलता है? शिक्षार्थी

(1) बिना पढ़े पूरी पाठ्य सामग्री समझ लेते हैं।
(2) सहपाठियों की मदद से पढ़ते और सीखते हैं।
(3) पाठ्य सामग्री में आए विचारों और घटनाओं को भाँपते और अनुमान लगा लेते हैं।
(4) बिना किसी मदद के अपने-आप पढ़ते और सीखते हैं।

Ans : (3)

चित्रात्मक पुस्तकें अत्यधिक आकर्षक होती हैं।

⟶ जिससे बच्चे पढ़ने के लिए उत्सुक होते हैं।

⟶ छात्र चित्रों के माध्यम से उन विचारों को समझ जाते हैं जिसे वे पढ़कर नहीं समझ पाते हैं।

⟶ जब छात्र नित्र देखकर पुस्तकें पढ़ते हैं; तो छात्रों को 'आरंभिक पाठक' कहा जाता है।

⟶ अतः प्राथमिक कक्षाओं में चित्रात्मक पुस्तकों को वरीयता दी जाती है।

203.अध्यापिका कक्षा चार में 'संज्ञा' पढ़ाना चाहती है। कौन-सी विधि सर्वाधिक उपयुक्त है?

(1) संज्ञा की परिभाषा और प्रकार बताना
(2) पढ़ी जा रही पाठ्य सामग्री में व्यक्ति, स्थान और वस्तु। के नामों को रेखांकित करना और उसके बाद संज्ञा की व्याख्या करना।
(3) संज्ञा की व्याख्या करना और इसके बाद विद्यार्थियों से इसके उदाहरण पूछना।
(4) संज्ञा शब्दों पर आधारित कार्य-पत्रक पूरा करने के लिए कहना।

Ans : (2)

छात्रो को सदैव प्रत्यक्ष जीवन। वास्तविक जीवन से जोड़कर पढ़ाया जाना चाहिए। अर्थात् छात्रो को संज्ञा पढ़ाते समय जब व्यक्ति वस्तु स्थान आदि का परिचय पहले दिया जाता है तो छात्र इसे अपने वास्तविक जीवन से जोड़ पाता है और अंत में नियम बताए जाते हैं।

अर्थात् संज्ञा/व्याकरण सदैव संदर्भ में सिखाए जाने चाहिए। या आगमन विधि द्वारा सिखाया जाना चाहिए।

204.निम्नलिखित में से भाषा के बारे में कौन-सा सही है?

(1) भाषा व्यवस्थाओं की व्यवस्था है।
(2) भाषा एक वैज्ञानिक व्यवस्था है।
(3) भाषा के लिए व्याकरण अनिवार्य है।
(4) प्रत्येक भाषा की एक लिपि होती है।

Ans : (1)

भाषा की विशेषता:-

⟶ भाषा में संलग्नता, समरूपता होनी चाहिए।

⟶ भाषा नियम द्वारा शासित व्यवस्था है।

⟶ भाषा एक नियमबद्ध व्यवस्था है।

⟶ भाषा व्यवस्थाओं की व्यवस्था 'है।

⟶ भाषा अस्थिर तथा परिवर्तनशील होती है।

⟶ भाषा विकास 'व्यक्ति सापेक्ष [Subjective]' होती है।

⟶ प्रत्येक भाषा की 'लिपि' आवश्यक नहीं है।

⟶ किंतु प्रत्येक भाषा का व्याकरण होता है।

⟶ **भारत की शिक्षा नीति में भाषा:-** 'त्रिभाषा सूत्र [Trilingual formula/Three Language Formula]'

205.राष्ट्रीय शिक्षा नीति 2020 के द्वारा बुनियादी चरण की अवधि क्या है?

(1) दो वर्ष (2) तीन वर्ष
(3) चार वर्ष (4) पाँच वर्ष

Ans : (4)

NEP 2020 [National Education Policy-2020] के अनुसार,

10+2 की जगह 5+3+3+4 (532 4) की नयी व्यवस्था का प्रावधान किया गया है।

NEP 2020 में [प्राथमिकस्तर की बात नहीं की गई है।

उम्र

1. 3 – 8 वर्ष
   5 वर्ष (बुनियादी चरण) आंगनवाड़ी
   बालवाटिक- 2nd class
2. 8 – 11 वर्ष
   3 वर्ष [3rd, 4th, 5th]
   वैज्ञानिक दृष्टिकोण
3. 11 – 14 वर्ष
   3 वर्ष [6th, 7th, 8th]
   व्यवसायिक शिक्षा
4. 14 – 18 वर्ष
   4 वर्ष [9th, 10th, 11th, 12th]
   माध्यमिक शिक्षा

अतः बुनियादी चरण की शिक्षा 5 वर्ष है। जिसे आंगनवाड़ी/बालवाटिका कहा जाता है। इस चरण में बच्चों को खेल के माध्यम से शिक्षा दी जाती है।

206. निम्नलिखित में से कौन-सा कथन भाषा अधिगम के बारे में सही नहीं है?

(A) बच्चे साथ-साथ कई भाषाएँ सीख सकते हैं।

(B) प्रथम भाषा द्वितीय भाषा के अधिगम में व्यवधान डालती हैं।

(C) भाषा अर्थपूर्ण संदर्भों में सीखी जाती है।

(D) भाषा नियमों पर निपुणता प्राप्त करने के बाद सीखी जाती है।

(1) (A) और (C) सही नहीं हैं

(2) (B) और (D) सही नहीं हैं

(3) (B) (C) और (D) सही नहीं हैं

(4) (A) और (D) सही नहीं हैं

Ans : (2)

प्रथम भाषा (मातृभाषा) द्वितीय भाषा अधिगम में बुनियाद प्रदान करती है। [सहायक सिद्ध] होती है।

भाषा सीखने का प्रभावशाली तरीका परस्पर अंतः क्रिया के माध्यम से सीखना। एक साथ कई भाषाएँ सीखी जा सकती हैं।

एक से अधिक भाषाओं का ज्ञान बालक को बहुभाषी बनाता है।

अतः बालक को जितनी अधिक भाषाओं का ज्ञान होगा बालक के सोचने समझने की क्षमता उतनी तीव्र होगी।

प्रथम भाषा द्वितीय भाषा में व्यवधान डालती है। भाषा नियमों पर निपुणता प्राप्त करने के बाद सीखी जाती है। भाषा अधिगम के बारे में गलत है।

207. एक अध्यापिका कक्षा पाँच के विद्यार्थियों को तरह-तरह के जिह्वा मुड़कन गीत (टंग ट्विस्टर) करवाती है। वह शिक्षार्थियों को क्या सिखाना चाहती है?

(1) श्रवण, वाचन और उच्चारण

(2) वाचन और पठन

(3) उच्चारण

(4) समावेशित रूप से सभी कौशल

Ans : (3)

छात्रों को [Tounge Twist] के माध्यम से उच्चारण करना सिखाया जाता है।

जैसे [Tounge Twist] का उदाहरण है-

खड्गसिंह के खड़कने से खड़कती हैं खिड़कियां

खिड़कियों के खड़कने से खड़कता है खड्गसिंहग

इस प्रकार से जब बच्चों से उच्चारण कराया जाता है, तो उनके उच्चारण में शुद्धता आती है।

208. एक अध्यापिका अपनी कक्षा में दो-दो के जोड़ों में काम करवा रही है। वह आठ वाक्यों के एक अनुच्छेद से एक वाक्य-एक विद्यार्थी, दूसरा वाक्य- दूसरा विद्यार्थी इस तरह से बारी-बारी से पढ़वाती है। विद्यार्थियों को अपने जोड़ीदार से सुने गए वाक्य लिखने हैं। वे अनुच्छेद पूरा लिखकर एक-दूसरे को दिखाते हैं कि उन्होंने सही लिखा है या नहीं। भाषा अधिगम की इस गतिविधि को किस रूप में जाना जाएगा?

(1) पारस्परिक श्रुतलेख (2) अनुच्छेद श्रुतलेख

(3) श्रवण कार्य (4) लेखन कार्य

Ans : (1)

पारस्परिक श्रुतलेख:- पारस्परिक श्रुतलेख के अंतर्गत छात्र जोड़ी में श्रुतलेख करते हैं। एक जोडीदार पढ़ता तया दूसरा जोडीदार लिखता है फिर यह क्रिया बदल जाती है तब दूसरा जोड़ीदार बोलता। पढ़ता है तथा दूसरा छात्र लिखता है।

पुरा अनुच्छेद लिखने के बाद छात्र एक-दूसरे को कॉपी दिखाते है अर्थात् सहपाठी आकलन, करते हैं।

209.एक पाठ्यसामग्री को पढ़ने के बाद बालक संसार के प्रति अपने ज्ञान के संदर्भ में विषयवस्तु पर चिंतन करता है। बालक द्वारा इस्तेमाल किए गए पठन के इस उपकौशल को क्या कहा जाएगा?

(1) वैश्विक समझ
(2) स्थानीय समझ
(3) पाठ्यवस्तु को सरसरी तौर पर पढ़ना
(4) पाठ्यसामग्री की व्याख्या करना

Ans : (4)

पाठ्यसामग्री की व्याख्या करना:- जब कोई बालक किसी पाठ्य सामग्री को पढ़ता है और उस पाठ्यसामग्री पर चिंतन करता है, अर्थात् उस पाठ्यसामग्री के विषय में जानकारी इकटठा करता है। तो इसका तात्पर्य है कि छात्र पाठ्यसामग्री को पढ़कर उस पर चिंतन करके स्वम उसकी व्याख्या करना चाहता है।

210.कक्षा पाँच में भाषा अधिगम के उच्च स्तरीय चिंतन कौशल के आकलन के लिए कौन-सा सर्वाधिक उपयुक्त कार्य है?

(1) रहीम नाशता कर रहा है।' वाक्य का विश्लेषण करें।
(2) वृक्षों के संरक्षण पर एक अनुच्छेद लिखिए।
(3) कल्पना करें कि आप एक रिपोर्टर हैं और पानी की कमी से जूझ रहे एक गाँव में गए हैं। शोध करें और 300 शब्दों में एक रिपोर्ट लिखें।
(4) शब्द जाल में भोजन से संबंधित शब्द लिखें।

Ans : (3)

भाषा अधिगम में उच्चस्तरीय चिंतन कौशल से तात्पर्य है कि जहाँ बालक को स्वयं से सोचने समझने और व्यक्त करने के अवसर मिलें।

अर्थात् बालक कल्पना करे कि वह उस कार्य को कैसे कर सकता है।

211.एक अध्यापक ने पहचान की कि बहुत से विद्यार्थी अंग्रेजी वर्णमाला की एकसमान ध्वनियों को व्यक्त करने में असमर्थ हैं। अध्यापक का मत है कि यह प्रथम भाषा के अवरोध के कारण है, इसलिए:

(1) इसके बारे में कुछ नहीं करना चाहिए।
(2) श्रवण प्रशिक्षण एवं अभ्यास की आवश्यकता है।
(3) यह समझ को बाधित करेगा।
(4) यह अंग्रेजी के प्रयोग को बाधित करेगा।

Ans : (2)

दूसरी भाषा (second language) अंग्रेजी भाषा सीखाते समय बहुत से विद्यार्थी अपनी मातृभाषा के प्रभाव के कारण बहुत से अंग्रेजी [word] को सही उच्चरित नहीं करपाते हैं। जैसे (v) word का सही Pronunciation 'वी' है किंतु कुछ बच्चे इसको 'भी' उच्परित करते हैं। ऐसा मातृभाषा के प्रभाव के कारण होता है।

इस प्रकार के उच्चारण को सही करने के लिए शिक्षक को निम्नलिखित उपाय करने चाहिए।

छात्र को सही उच्चारण करके सुनाना चाहिए।

छात्र को अनुकरण करके ऐसे उच्चारण का अभ्यास कराना चाहिए।

[Rhyming words] का उच्चारण कराना चाहिए।

छात्रों को इस प्रकार के शब्दों [Words] के लिए [Tounge Twist] कराना चाहिए।

212.नई शब्दावली सिखाते समय अध्यापक को क्या करना चाहिए?

(1) शिक्षार्थियों की प्रथम भाषा में अर्थ लिखना चाहिए।
(2) शिक्षार्थियों को संदर्भ में शब्दों का प्रयोग करने के अवसर देने चाहिए।
(3) विभिन्न प्रकार के ड्रिल अभ्यासों के माध्यम से शब्दों का अभ्यास करवाना चाहिए।
(4) शिक्षार्थियों को शब्द याद करने और जहाँ आवश्यक हो, वहाँ प्रयोग करने के लिए कहना चाहिए।

Ans : (2)

शब्दावली सिखाने का प्रभावशाली तरीका:-

शब्दावली को संदर्भ में सिखाने का तात्पर्य है कि शिक्षार्थी को बातचीत के माध्यम से शब्दावली सिखाना।

शब्दावली सिखाने का प्रभावशाली तरीका तब कहा जाएगा जब शिक्षार्थी अपने (शब्दकोशीय बिंदु) अर्थात् अपने शब्दों को अर्थपूर्ण एवं संप्रेषणात्मक अभिव्यक्ति से जोड़ पाये।

अर्थात् छात्र अपने शब्दावली [Terminology] के माध्यम से अपने विचारों को सुसंगत एवं संप्रेषणीय विचारों को रचनात्मक [Creative] तरीके से व्यक्त कर सके।

213.अध्यापकों, शिक्षार्थियों और सामग्री पर टैस्ट एवं आकलन का प्रभाव क्या कहलाता है?

(1) विधि प्रभाव (कार्पस इफेक्ट)
(2) भाषा परीक्षण का प्रभाव (वाशबैक इफेक्ट)
(3) कक्षायी प्रभाव
(4) पुनर्बलन [Reinforcement]

Ans : (2)

भाषा परीक्षण मे शिक्षक भाषा का आकलन करता हैं और यह निर्धारित करता है कि छात्र की भाषा पर पहुंच कितनी है। अर्थात् शिक्षार्थी की भाषा में मौलिकता एंवं प्रवाहिता कितनी है।

214.विद्यालयों को योगात्यक द्विभाषावाद का अनुसरण करना चाहिए क्योंकि यह ______।

(1) बच्चे की संस्कृति और भाषा को महत्व देता है
(2) अंग्रेजी शिक्षण को द्वितीय भाषा के रूप में महत्व देता है
(3) बच्चे की भाषा को तो समुन्नत करता है परन्तु उनकी संस्कृति को नहीं
(4) प्रथम भाषा के विकास में अवरोध पैदा करता है

Ans : (1)

योगात्मक द्विभाषावाद [Additive Bilingualism]:- जब कोई व्यक्ति दो भाषाए सीखता है, और दोनों भाषाओं का प्रयोग अपनी 'दैनिक चर्चा' में करता है अर्थात् दोनों भाषाओं को समान महत्व देता है इसे 'योगात्मक द्विभाषावाद' कहा जाता है। योगात्मक द्विभाषावाद के माध्यम से शिक्षार्थियों की संस्कृति और भाषा को महत्व दिया जाता है।

215.भाषागत कार्य जैसे स्वरशैली, तान, बलाघात और लय को क्या कहा जाएगा?

(1) काव्य
(2) छंदशास्त्र
(3) ध्वन्यात्मकता
(4) प्रशासनिक अध्यादेश (प्रगमेटिक)

Ans : (2)

छंदशास्त्र के अंतर्गत भाषा का भावपूर्ण पठन किया जाता है। इसमे भाषा को उचित, लय, ताल अर्थात् उतार चढ़ाव के साथ भाषा को प्रस्तुत किया जाता है। [जिससे भाषा में सौंदर्यबोध विकसित हो सके]।

216.भारत में भाषाओं के बारे में कौन-सा कथन सही नहीं है?

(1) भारत के संविधान के अनुसार अंग्रेजी सह राजकीय भाषा है।
(2) भारत के संविधान की आठवीं अनुसूची के अनुसार-22 भाषाएँ हैं।
(3) संस्कृत आधुनिक भारतीय भाषा है।
(4) हिंदी भारतीय उप महाद्वीप की लोक भाषा (लिंग्वा फ्रांका) है।

Ans : (3)

भारत में भाषाओ के बारे में देखा जाय तो संस्कृत एक 'शास्त्रीय भाषा [Classical Language]' है। और शास्त्रीय भाषा को प्राचीन भाषा के रुप में देखा जाता है।

भारत में छः शास्त्रीय भाषा है

(1) तमिल, (2) तेलुगू, (3) कन्नड़, (4) उडिया, (5) मलयालम, (6) संस्कृत

अर्थात् संस्कृत एक आधुनिक भारतीय भाषा है यह कथन अनुचित है।

217.भाषा की कक्षा में विद्यार्थी अध्यापक के निर्देशन में समूह बनाकर दिए गए टॉपिक पर एक विज्ञापन प्रस्तुत करते हैं। इस तरीके से भाषा सीखना क्या कहलाता है?

(1) सहयोगात्मक अधिगम [Collaborative Learning]
(2) प्रतियोगिता और प्रतिद्वंद्विता [Competition and Rivalry]
(3) भाषायी खेल [Language Game]
(4) निर्देशन और परामर्श [Guidance and Counselling]

Ans : (1)

सहयोगात्मक अधिगम में छात्र समूह में शिक्षक के निर्देशन में किसी एक टॉपिक पर (discuss) या शिक्षण कार्य करते हैं। जिसके द्वारा छात्रों में 'सहयोगात्मक भावना' का विकास होता है। छात्रों में 'सामाजिक भावना' का भी विकास होता है। सहयोग के माध्यम से जब छात्र शिक्षण कार्य करते हैं, तो एक दूसरों की भावनाओं में जुड़ पाते हैं।

218.एक अध्यापक ने बच्चों को रेस्टॉरेंट से जुड़ी शब्द संपदा [Vocabulary] से परिचित कराने वाला काम दिया। इस पाठ का क्या उद्देश्य होना चाहिए?

(1) शिक्षार्थियों को कोश विषयक सामग्री [Encyclopaedic Content] से परिचित करवाना।
(2) व्याकरणिक सामग्री से परिचित करवाना।
(3) अवकाश के दौरान कहीं जाने से संबंधित पाठ्य सामग्री से परिचित करवाना।
(4) समालोचनात्मक चिंतन विकसित करना।

Ans : (1)

कोशविषयक सामग्री के माध्यम से शिक्षक छात्र की 'शब्द संपदा' को समृद्ध करता है।

कोशविषयक सामग्री के माध्यम से छात्र समझ के साथ शब्दों के अर्थ ग्रहण करता है। छात्रों के शब्दों को सक्रिय रूप प्रदान करता है।

219.अधिगम का कौन-सा मत इस बात में विश्वास रखता है कि मौखिक या अमौखिक भाषा आदत निर्माण की प्रक्रिया के माध्यम से आती है?

(1) उपयोगितावादी [Functionalist]
(2) व्यवहारवादी [Behaviourist]
(3) संज्ञानात्मकवादी [Cognitivist]
(4) अन्तः क्रियात्मकवादी [Interactionist]

Ans : (2)

व्यवहारवादी:- उपागम के अनुसार बच्चे आस पास के वातावरण से अनुकरण करके सीखते हैं।

अत: बालक में भाषा का विकास अभ्यास [Practice] द्वारा होता है।

बालक को बार-2 अभ्यास के माध्यम से भाषा को रटाया जाता है।

220.भाषा की कक्षा में एक अध्यापक ने विद्यार्थियों के एक समूह को ग्राहक, प्रापर्टी डीलर, मकानमालिक और किराएदार का अभिनय करने के लिए कहा और शेष विद्यार्थियों से कहा कि इस अभिनय को देखें और वार्तालाप का आनन्द लें। इस गतिविधि को क्या कहा जाएगा?

(1) रोलप्ले (2) ड्रामा
(3) अभिनय की कक्षा (4) निर्देशन

Ans : (1)

रोल प्ले (Role play) 'पात्र अभिनय' के माध्यम से भाषा के बारे मे छात्रों को भाषा का ज्ञान कराया जाता है। जिसमें छात्रों को किसी पात्र की भूमिका दी जाती है और नाटक के माध्यम से भाषा सिखायी जाती है। जिससे छात्रों की भाषा स्थायी हो जाती है।

221.कक्षा पाँच की भाषा अध्यापक अपनी कक्षा में भाषा शिक्षण के लिए प्रतिदिन अनेक प्रकार की सामग्री जैसे कि समाचारपत्र, भोजन तालिका और रेल यात्रा के टिकट आदि लाती है। वह अधिगम के लिए क्या कर रही है?

(1) वह अधिगम को और अधिक वास्तविक तथा उपयोगी बनाने के लिए प्रामाणिक सामग्री का प्रयोग कर रही है।
(2) वह अपने विद्यार्थियों को बहुविध भाषाएँ सीखने में मदद कर रही है।
(3) वह चाहती है कि उसके विद्यार्थी जीवन की वास्तविक स्थितियों से अंग्रेजी सीखें।
(4) वह विद्यार्थियों में जागरूकता लाना चाहती है।

Ans : (1)

प्रामाणिक सामग्री (Othentic Material):- प्रामाणिक सामग्री से तात्पर्य उस शिक्षण सामग्री से है जो proper तरीके से कक्षा में शिक्षण के लिए नहीं बनायी गयी है किंतु शिक्षक शिक्षण प्रक्रिया को प्रभावशाली बनाने के लिए इसका प्रयोग करते है। जैसे समाचार पत्र- [Newspaper], किसी भोजनालय की व्यंजनसूची [Menu list], पत्रिका विज्ञापन आदि।

222.किसी श्रवण से जुड़ी गतिविधि की योजना बनाते समय कौन-सा कारक महत्वपूर्ण नहीं है?

(1) रिकार्डिंग को थोड़ा सा रोकना (पॉज देना)

(2) बोलने की गति
(3) वक्ताओं का जेन्डर (बोलने वाले महिला हैं या पुरुष)
(4) वक्ताओं की संख्या

Ans : (3)

श्रावण कौशल वक्ता (बोलने) वाला महिला है या पुरुष है यह महत्व नहीं रखता है। जबकि वक्ताओं की संख्या, रिकॉर्डिंग को पॉज देना, बोलने की गति **श्रावण कौशल** के अंतर्गत महत्वपूर्ण भूमिका निभाते है।

223.भारत में बहुभाषावाद [Multilingualism] के संदर्भ में अध्यापक के लिए क्या समझना जरूरी है?

(1) सम्प्रेषण से सामाजिक सम्बद्धता [Affiliation] स्थापित होती है।
(2) अल्पसंख्यक भाषाओं को प्रभुत्वशाली भाषाओं में मिला देना चाहिए।
(3) विविधता भरे समाज में 'एक भाषा' नीति बनानी चाहिए।
(4) भाषा, अस्मिता और संस्कृति ये भिन्न-भिन्न अस्तित्व रखती हैं।

Ans : (1)

बहुभाषावाद का तात्पर्य ऐसे शिक्षण अधिगम से हैं जिसमे सभी छात्रों की भाषाओ को सम्मान दिया जाता है। अर्थात् जब विभिन्न भाषायी पृष्ठभूमि के छात्र आपस में वाद विवाद करते हैं, संप्रेषण करते हैं। तो इससे छात्रों मे सामाजिक भावना का विकास होता है। और संप्रेषण से सामाजिक सम्बद्धता स्थापित होती है।

224.भाषा के कौन से कौशल ग्राह्य कौशल है?

(1) श्रवण और बोलना (2) बोलना और लेखन
(3) पठन और लेखन (4) श्रवण और पठन

Ans : (4)

ग्राह्य कौशल [Receptive skills] के अंतर्गत उसे रखा जाता है जिसके माध्यम से छात्र भाषा को ग्रहण करता है। बालक भाषा को सुनकर और पढ़कर ग्रहण करते हैं। अतः 'श्रवण और पठन' कौशल **ग्रहणात्मक [Receptive Skills]** के अंतर्गत आएगा।

225.श्रवण में क्या शामिल है?

(1) ध्वनि सुनना, ध्वनियाँ जैसी हैं, तदनुसार डिकोड करना।
(2) विषयवस्तु के बारे में अनुमान लगाना।
(3) विषय के पूर्व ज्ञान का इस्तेमाल करना।
(4) ध्वनियों की पहचान करना और उनसे अर्थ निकालना।

Ans : (4)

रचनात्मक श्रवण कौशल का तात्पर्य किसी कहानी, कविता को सुनकर उसका पुनरुत्पादन करने से नहीं है, बल्कि जो कुछ भी सुना है उसकी ध्वनियों को पहचान कर अर्थ ग्रहण करके उचित प्रतिक्रिया देने से है।

226.कॉलम A में भाषा शिक्षण विधियाँ हैं और कॉलम B में उनकी समझ या संबंधित गतिविधियाँ है, मिलान करें।

कॉलम A	कॉलम B
(a) सम्प्रेषणात्मक भाषा शिक्षण	(i) सामाजिक रूप से स्वीकृत और संदर्भ के अनुरूप भाषा
(b) प्रत्यक्ष विधि	(ii) मौन-पठन
(c) व्याकरण अनुवाद	(iii) लिखित साहित्यिक सामग्री
(d) वैस्ट West's की नवीन विधि	(iv) व्याकरण को आगमनात्मक तरीके से पढ़ाना

(1) (a)-(i), (b)-(iv), (c)-(iii), (d)-(ii)
(2) (a)-(iv), (b)-(ii), (c)-(iii), (d)-(i)
(3) (a)-(iii), (b)-(i), (c)-(ii), (d)-(iv)
(4) (a)-(ii), (b)-(i), (c)-(iv), (d)-(iii)

Ans : (1)

संप्रेषणात्मक भाषा शिक्षण [Communicative Language Teaching]:- संप्रेषणात्मक भाषा शिक्षण शिक्षार्थियों को वास्तविक संप्रेक्षण में प्रभावशाली ढंग से शामिल करता है। यह शिक्षण 'शिक्षार्थी केंद्रित' है।

यह शिक्षार्थी को जीवन की वास्तविक परिस्थितियों मे भाषा-प्रयोग के अवसर प्रदान करता है।

प्रत्यक्षविधि [Direct Method]:- प्रत्यक्ष विधि में 'लक्ष्य भाषा' का ज्ञान कराने में मातृभाषा का प्रयोग नहीं किया जाता है। प्रत्यक्ष विधि में 'बोलने और सुनने' पर अधिक बल दिया जाता है।

व्याकरण अनुवाद विधि [Grammar Translation Method]:- व्याकरण अनुवाद विधि में लक्ष्य भाषा का ज्ञान 'मातृभाषा' का प्रयोग करके सिखाया जाता है।

डॉ वैस्ट विधि [Dr West's Method]:- इस विधि में 'पढ़ने' पर अत्याधिक जोर दिया जाता है। जैसे [मौन पठन]।

227. रचनात्मक आकलन के लिए कौन-सा उपकरण उपयुक्त नहीं है?

(1) प्रदत कार्य [Assigned Task]
(2) लिखित परीक्षा
(3) परियोजना
(4) कक्षा प्रस्तुतीकरण [Class Presentation]

Ans : (2)

रचनात्मक आकलन [Teaching learning process] के दौरान किया जाने वाला आकलन 'रचनात्मक आकलन' के अंतर्गत आता है। शिक्षण अधिगम प्रक्रिया में क्या हो रहा है यह पता लगाने के लिए रचनात्मक आकलन निरंतर चलने वाली प्रक्रिया है।

रचनात्मक आकलन अधिगम में हो रहे विकास और सुधार से सबंधित है।

228. भारत की 'शिक्षा नीति में भाषा' (त्रिभाषा सूत्र) किसे समुन्नत करने के लिए कहती है?

(1) बहुभाषा शिक्षा
(2) एक भाषिक शिधा
(3) हिन्दी पर मुख्य बल देते हुए द्विभाषिक शिक्षा
(4) मातृभाषा आधारित बहुभाषावाद [Mother Tongue Based Multilingualism]

Ans : (4)

मातृभाषा आधारित बहुभाषावाद इस तथ्य पर आधारित है कि बालक को प्रांरभिक वर्षों में मातृभाषा के माध्यम से शिक्षण कार्य कराना तत्पश्चात अधिक से अधिक भाषाओं का ज्ञान देना।

229. शीर्ष अधोमुखी प्रक्रिया (टॉप डाउन) के बारे में क्या सही नहीं है?

(1) सुनने वाले अपने पूर्व जात पर निर्भर होते हैं।
(2) सुनने वाले जो सुनना चाहते हैं उसके बारे में अनुमान लगाते हैं।
(3) सुनने वाले संसार के बारे में प्राप्त ज्ञान का प्रयोग करते हैं।
(4) सुनने वाले को प्रत्येक शब्द का अर्थ सुनने की आवश्यकता है।

Ans : (4)

[ऊपर से नीचे जाना] [Top-down Approach]।

→ कहानी समझ
→ अनुच्छेद बोध
→ वाक्य बोध
→ वाक्यांश बोध
→ शब्द पहचान
→ ध्वन्यात्मक विश्लेषण [Phonetic Analysis]
→ अक्षर पहचान

- संपूर्ण अर्थ [Overall] जानने के लिए।
- पूर्व विचार जानने के लिए।
- इसमें एक-एक अर्थ पर ध्यान नहीं दिया जाता है।
- मुख्य विचारों को सुनना, अनुमान लगाना, सार निकालना।
- एक्ट्रोपोलेटिव प्रश्न **[Top-down]** के अंतर्गत आते हैं।
- पूर्व अनुभव शामिल होते है।

230. विद्यार्थियों के अधिगम और समझ में स्पष्टता लाने के लिए समूची शिक्षण अधिगम प्रक्रिया के दौरान किया जाने वाला आकलन क्या है?

(1) अधिगम के लिए आकलन [Assessment for Learning]
(2) अधिगम का आकलन [Assessment of Learning]
(3) अधिगम में आकलन [Assessment in Learning]
(4) अधिगम के रूप में आकलन [Assessment as Learning]

Ans : (1)

रचनात्मक का ही एक भाग है:- अधिगम के लिए आकलन [Assessment for learning]

अधिगम के लिए आकलन शिक्षण अधिगम प्रक्रिया के दौरान किया जाता है, इसमें प्रत्येक छात्र का नियमित तौर पर आकलन किया जाता है इस प्रकार के आकलन के माध्यम से छात्रों को भाषा सीखते समय जो कठिनाइयाँ आती हैं उसे देखकर सुधारा जा सकता है।

अत: अधिगम के लिए आकलन 'आकलन की एक उत्कृष्ट विधि है।'

231.भाषण अधिगम में गलतियों के बारे में क्या सही नहीं है?

(1) गलतियाँ भाषा अधिगम प्रक्रिया में अवरोध पैदा करती हैं
(2) गलतियाँ हमेशा बुरी नहीं होती हैं और अधिगम में मदद करती हैं
(3) गलतियाँ भाषा अधिगम प्रक्रिया का महत्वपुर्ण पहलू है
(4) गलतियाँ द्वितीय भाषा अर्जन की प्रक्रिया को समझने में मदद करती हैं

Ans : (1)

गलतियाँ भाषा अधिगम प्रक्रिया में महत्वपूर्ण भूमिका निभाती है। क्योंकि, यदि छात्र गलती कर रहा है तो इसका अर्थ है कि वह सीख रहा है।

गलतियाँ 'द्वितीय भाषा अर्जन' प्रक्रिया में अत्याधिक महत्वपूर्ण भूमिका निभाती है।

गलतियाँ, अधिगम में मदद करती है।

अर्थात्- गलतियाँ शिक्षक को यह समझने में मदद करती है कि छात्र भाषा किस प्रकार सीख रहा है और उसका भाषा समझने का तरीका क्या है।

232.भाषा शिक्षा में रचनात्मकता क्या है?

(1) खुले अन्त वाले कक्षायी प्रदत कार्य जिनकी भिन्न-भिन्न व्याख्याएँ हो सकती हैं और भिन्न-भिन्न उत्तर निकल सकते हैं।
(2) किसी अवधारणा के प्रति समझ बनाने के लिए विभिन्न विषयों से प्राप्त तत्वों को मिलाना।
(3) शिक्षण की नवीन विधियों का प्रयोग करते हुए कक्षायी गतिविधि।
(4) सम्प्रेषणात्मक भाषा शिक्षण का प्रयोग करते हुए कक्षा सामग्री।

Ans : (1)

रचनात्मक आकलन से अभिप्राय ऐसे शिक्षण से है जो छात्र के अधिगम में हो रहे विकास और सुधार से संबंधित है।

अधिगम में हो रहे विकास को जानने के लिए रचनात्मक आकलन एक सर्वोत्कृष्ट तरीका है।

इसके अंतर्गत **खुले अंत वाले प्रश्न** अर्थात् ऐसे प्रश्न जिनके अनेक उत्तर हो। अर्थात् इसमे छात्रों को विभिन्न दिशाओ में सोचने का प्रचुर अवसर प्राप्त होता है।

233.“शिक्षार्थियों को समृद्ध भाषायी परिवेश मिलना चाहिए और गलतियाँ इस बात का साक्ष्य हैं कि अधिगम हो रहा है।” यह किसके द्वारा अनुशंसित है?

(1) व्यवहारवादी (2) संज्ञानात्मकवादी
(3) मानवतावादी (4) मनोविश्लेषणवादी

Ans : (2)

संज्ञानात्मकवादी सिद्धांत के अनुसार, भाषा सीखने के लिए छात्रों को 'भाषायी समृद्ध परिवेश' [Linguistically Rich Environment] प्रदान किया जाना चाहिए।

जिससे छात्र 'वास्तविक संप्रेषण' के माध्यम से प्रत्यक्ष माध्यम से भाषा सीख सकें।

छात्रों को भाषा सिखाने के लिए भाषा प्रयोग के प्रचुर अवसर प्रदान किया जाना चाहिए।

संज्ञानात्मकवादी सिद्धांत के अनुसार:- छात्र की गलतियों को महत्व देना 'शिक्षण अधिगम प्रक्रिया' का एक भाग मानना चाहिए। गलतियाँ करने का तात्पर्य है कि छात्र अधिगम कर रहा है।

234.निम्नलिखित में से कौन-से कथन सही हैं?

(a) पठन वैकल्य (Dyslexia) पठन विकार है।
(b) लेखन वैकल्य (Dysgraphia) लेखन विकार है।
(c) लेखन वैकल्य (Dysgraphia) पठन विकार है।
(d) पठन वैकल्य (Dyslexia) लेखन विकार है।
(1) केवल (a) सही है
(2) केवल (b) और (d) सही हैं
(3) (a) और (b) दोनों सही हैं
(4) (c) और (d) दोनों सही हैं

Ans : (3)

डिस्लेक्सिया [Dyslexia]:- डिस्लेक्सिया एक पठन विकार है, अर्थात् डिस्लेक्सिया [Dyslexia] से ग्रसित बालक को भाषा पढ़ने मे कठिनाई होती है अर्थात् बालक एक समान लिखे हुए अक्षरों [जैसे b.d] भृमित हो जाता है।

डिस्ग्राफिया [Disgraphia]:- डिस्ग्रैफिया एक लेखन विकार है, अर्थात् इसमें छात्र भाषा को लिखने में कठिनाई महसूस करता है।

235.सरकारी विद्यालय की अध्यापिका रीता सातवीं कक्षा के विद्यार्थियों को अंग्रेजी पढ़ाने के लिए दृश्य उपकरण और भाषा खेल खिलाती है। रीता शिक्षण के किस सिद्धांत का अनुपालन कर रही है?

(1) स्वाभाविक प्रक्रिया का सिद्धांत
(2) अभ्यास और आदत निर्माण का सिद्धांत
(3) अभिप्रेरणा और रुचि का सिद्धांत
(4) जीवन से सम्बद्धता का सिद्धांत

Ans : (3)

जब शिक्षिका अंग्रेजी पढ़ाने के लिए दृश्य उपकरण और भाषा खेल का प्रयोग करती है तो इसका तात्पर्य है कि शिक्षिका बच्चों में पढ़ने के प्रति रूचि उतपन्न करना चाहती है। क्योंकि बालक की रुचि खेलने में अधिक और देखकर सिखने में अधिक होती हैं। खेलकर भाषा सीखने में समस्त इन्द्रियों का प्रयोग होता है। जिससे छात्र का ज्ञान अधिक स्थायी होता है।

236.उस लघु कथा को क्या कहेंगे जिसमें मुख्य पात्र पशु है और नैतिक मूल्यों को उभारते हैं?

(1) फंतासी
(2) जंतुकथा (फेबल)
(3) विज्ञान फिक्शन
(4) यात्रा वृतान्त [Travelogue]

Ans : (2)

ऐसे लघुकथा जिसमे मुख्य पात्र मनुष्य न होकर जंतु होते हैं और जंतुओं के नैतिक मूल्यों को दिखाया जाता है (अंर्थात् ऐसी लघुकथा जिसमे जानवरो को बातचीत करते हुए दिखाया जाता है।) ऐसी लघुकथा को जंतुकथा/नैतिक कथा [fable] कहा जाता है।

237.अन्तर्राष्ट्रीय मातृभाषा दिवस [International Mother Tounge Day] कब मनाया जाता है?

(1) पहली जनवरी
(2) चौदह फरवरी
(3) इक्कीस फरवरी
(4) तेरह अप्रैल

Ans : (3)

अन्तर्राष्ट्रीय मातृभाषा दिवस 21 फरवरी को मनाया जाता है। अन्तर्राष्ट्रीय मातृभाषा दिवस भाषाई और संस्कृतिक विविधता के बारे में जागरुकता उत्पन्न करता है।

238.व्याकरण के शिक्षण अधिगम में प्रक्रियात्मक ज्ञान क्या है?

(1) यह जानना कि व्याकरणिक प्रश्न/तत्वों को कैसे किया जाए।
(2) व्याकरणिक तत्वों के बारे में ज्ञान।
(3) व्याकरणिक तत्वों के नियमों को जानना।
(4) भाषा और उसकी संस्कृति को जानना।

Ans : (1)

प्रक्रियात्मक ज्ञान:- [Procedural Knowledge] कार्यविधिक ज्ञान

→ भाषा के बारे में ज्ञान सीखना तथा उसका प्रयोग करना।

→ प्रक्रियात्मक ज्ञान का तात्पर्य "कैसे का जवाब" से है।

→ प्रक्रियात्मक ज्ञान में बालक प्रक्रिया द्वारा सीखते हैं।

जैसे: यह जानना कि प्रश्नो को कैसे किया जाया।

→ प्रक्रियात्मक ज्ञान रटने के बजाय करने पर बल देता है। इसमें तथ्यों को समझने के साथ लागू करना शामिल होता है।

239.निम्नलिखित में से कौन-सा संकेत भाषा [Sign Language] के बारे में सही नहीं है?

(1) संकेत भाषा के बहुत से प्रकार है।
(2) संकेत भाषा प्राकृतिक भाषा है।
(3) संकेत भाषा की व्याकरण नहीं होती है।
(4) संकेत भाषा में व्याकरण होती है।

Ans : (3)

संकेत/सांकेतिक संप्रेषण [Symbolic Communication] का एक माध्यम है, जहां हाथ के इशारो और शरीर तथा चेहरे के हाव-भावों का उपयोग किया जाता है।

भाषा का प्राथमिक रुप:- सांकेतिक भाषा संकेत भाषा का स्वाभाविक व्याकरण [natural grammar] होता है।

240.त्रिभाषा सूत्र [Three Language Formula] के बारे में कौन-सा कथन सही है?

(1) मातृभाषा/घर की भाषा/क्षेत्रीय भाषा प्रथम भाषा के रूप में।

(2) अंग्रेजी/हिंदी/घर की भाषा/स्थानीय भाषा प्रथम भाषा के रूप में।
(3) मातृभाषा/घर की भाषा/हिंदी प्रथम भाषा के रूप में।
(4) मातृभाषा/घर की भाषा/अंग्रेजी प्रथम भाषा के रूप।

Ans : (1)

सन् 1964-66 में 'कोठारी आयोग' द्वारा त्रिभाषा सूत्र की संकल्पना दी गई।

त्रिभाषा सूत्र के अनुसार-

प्रथम भाषा के रुप में:- मातृभाषा क्षेत्रीय भाषा को पढ़ाया जाय।

द्वितीय भाषा के रुप में:- हिंदी भाषा राज्यों में कोई भी आधुनिक भारतीय भाषा या अंग्रेजी को और गैर हिंदी भाषा क्षेत्र में हिंदी भाषा को पढ़ाया जाय।

तृतीय भाषा के रूप में:- हिंदी या गैर हिंदी भाषा दोनों राज्यों में अंग्रेजी या कोई भी आधुनिक भारतीय भाषा। जिसे द्वितीय भाषा के रूप में न पढ़ाया गया हो।

241. एक शिक्षार्थी किसी विशिष्ट जानकारी प्राप्त करने के लिए समाचार पत्र से समाचार पढ़ती है। इस पठन को क्या कहेंगे?

(1) समालोचनात्मक चिंतन [Critical Thinking]
(2) सरसरी तौर पर पठन [Skimming]
(3) बारीकी से पठन [Scanning]
(4) अध्ययन कौशल [Reading skills]

Ans : (3)

"विशिष्ट सुचना ग्रहण करने के लिए पठन पूरी पाठ्यसामग्री से इच्छित जानकारी निकालना। बारीकी से पठन का तात्पर्य किसी जानकारी को गहराई से पढ़ना।

जैसे- समाचार पत्र में नौकरी के लिए विज्ञापन पढ़ना।"

242. 'अंतरभाषिक पहचान [Interlingual Identity]' क्या है?

(1) शिक्षार्थी के निर्णय कुछ तो सहजात भाषा में और कुछ लक्ष्य भाषा में समान होते हैं।
(2) शिक्षार्थी के निर्णय सहजात भाषा में कुछ और लक्ष्य भाषा में कुछ असमान होते हैं।
(3) शिक्षार्थी का यह निर्णय कि सहजात भाषा का ज्ञान द्वितीय भाषा के अधिगम में अवरोध पैदा करता है।
(4) शिक्षार्थी की यह समझ कि विभिन्न भाषाओं का अधिगम विभिन्न योग्यताओं का आधार/समाश्वासन है।

Ans : (1)

अंतरभाषिक अनुवाद या पहचान माध्यम आधारित अनुवाद का एक प्रकार है। जिसमे एक भाषा की प्रतीक व्यवस्था का रुपांतरण किसी दूसरी भाषा की प्रतीक व्यवस्था में किया जाता है।

अंतरभाषिक पहचान का तात्पर्य यह है कि जब शिक्षार्थी दो भाषाओं का प्रयोग भाषा सीखने में करता है तो दोनों भाषाओं में कुछ अंतर होते हैं।

अंतरभाषा [Interlanguage] में दो भाषाओं का अध्ययन मिश्रण करके सिखाया जाता है।

243. कक्षा 6 की शिक्षार्थी श्रेया अपने पिता के स्थानांतरण के कारण पंजाब के जालंधर से तमिलनाडु के मदुरई जाती है। वह मातृभाषा के कारण पंजाबी जानती है और विद्यालय में द्वितीय भाषा के रूप में अंग्रेजी भी जानती है। उसने अपने पड़ोसियों की मदद से तमिल बोलना और पढ़ना सीख लिया है। उसके द्वारा जानी गई भाषाओं के संदर्भ में कौन-सा कथन सही है?

(1) पंजाबी और तमिल भाषा अर्जन है और अंग्रेजी भाषा अधिगम के अन्तर्गत आएगी।
(2) तमिल भाषा अर्जन और अंग्रेजी तथा पंजाबी भाषा अधिगम के अन्तर्गत आएगी।
(3) सभी तीन भाषाएँ पंजाबी, तमिल व अंग्रेजी भाषा अधिगम के अन्तर्गत आएगी।
(4) अंग्रेजी भाषा अर्जन और पंजाबी तथा तमिल भाषा अधिगम के अन्तर्गत हैं।

Ans : (1)

भाषा को सीखने के संदर्भ में दो प्रकार की तकनीकी शब्दावली प्रचलित है:-

(i) भाषा अर्जन (ii) भाषा अधिगम

भाषा अर्जन [Language Acquisition] भाषा अधिग्रहण:- भाषा अर्जन की मनुष्य में जन्मजात क्षमता [Congenital Ability] होती है। अर्जन की प्रक्रिया सहज, स्वभाविक [Natural] और अनौपचारिक [Informal/Casual] प्रक्रिया है जो कक्षा में शिक्षण अधिगम से भिन्न है। शिक्षण में भाषा अर्जन बिना किसी प्रयास के माध्यम से भाषा सीखना।

भाषा अधिगम [Language Learning]:- भाषा अधिगम एक औपचारिक [Formal] प्रक्रिया है, जिसमें छात्र विद्यालय या शिक्षण संस्थानों में भाषा के नियमों को सीखते हैं।

244. कक्षा छह की अध्यापिका शब्दावली [Vocabulary] समृद्ध [Enrichment] करने के लिए चम्मच, प्लेट, डिब्बे, परात कक्षा में लेकर आती है। इन्हें दिखाकर वह रसोई में इस्तेमाल होने वाली वस्तुओं का विवरण लिखना चाहती है। भाषा शिक्षण के संदर्भ में इन वस्तुओं को क्या कहेंगे?

(1) शिक्षण सामग्री
(2) वास्तविक वस्तुएँ (रीयलिया)
(3) खाना पकाने के बर्तन
(4) वास्तविक जीवन के कार्य

Ans : (2)

रियलिया [वास्तविक वस्तुएं]:- रियलिया का तात्पर्य है कि बालक को उसके [Real Life] निजी जीवन से जोड़कर सिखाना। रियलिया के अंतर्गत शिक्षिका छात्र को भाषा सिखाने छात्र के निजी जीवन से जुड़ी वस्तुओं का प्रयोग करती है जैसे डिब्बे, प्लेट, खिलौने आदि। बालक इन वस्तुओं के माध्यम से भाषा आसानी से और प्रभावी तरिके से सीखता है क्योंकि ये वस्तुएं उसे उसके 'निजी जीवन' से जोड़ती है।

शिक्षक प्लेट, डिब्बे, खिलौने आदि माध्यम से वह बालक की 'शब्दावली' को भी सक्रिय रूप देते हैं।

245. घोषणात्मक ज्ञान क्या है?

(1) किसी भाषा के शब्द का उच्चारण करना जानना।
(2) व्याकरणिक तत्वों के बारे में ज्ञान।
(3) व्याकरणिक तत्वों में त्रुटि की पहचान करना सीखना।
(4) किसी व्याकरणिक तत्व पर कैसे कार्य किया जाए, यह जानना।

Ans : (2)

घोषणात्मक ज्ञान [Declarative knowledge]:- घोषणात्मक ज्ञान का तात्पर्य 'क्या के जवाब' से है। सीमित अभ्यास के रुप, विधान वर्णन तथा प्रयोग करने के विषय में 'ज्ञान' को घोषणात्मक ज्ञान कहते हैं। घोषणात्मक ज्ञान किसी के बारे में उसकी संपूर्णता का ज्ञान संक्षिप्त रुप में कराता है। जैसे: यदि कोई बच्चा 'भाषा का ज्ञान' क्या है ऐसे प्रश्न पूछता है तो यह घोषणात्मक ज्ञान कहलाता है।

अतः घोषणात्मक ज्ञान के माध्यम से हम केवल किसी वस्तु के बारे में जान पाते है, उस वस्तु का प्रयोग 'कैसे' किया जाता है। इसका ज्ञान हमें नहीं होता है।

अतः व्याकरणिक तत्वों के बारे में ज्ञान घोषणात्मक ज्ञान कहलाता है।

246. नीचे दिए गए प्रश्न को पढ़ें। पता करें कि यह प्रश्न किस प्रारूप [Typology] का है?

"छोटी बालिका की कहानी पढ़ने के बाद, आपने उसके दुखों और कठिनाइयों का सामने करने वाले साहस को महसूस किया। आप उस लड़की को उसकी प्रशंसा के लिए पत्र लिखना चाहेंगे। लगभग 120 शब्दों में पत्र लिखिए।"

(1) अभिव्यक्तिपरक [Expressive] प्रश्न
(2) दीर्घ उत्तरीय [Long Answer] प्रश्न
(3) पाठ का विस्तार करने वाला प्रश्न (Extrapolative)
(4) विमर्श संबंधी [deliberative] प्रश्न

Ans : (3)

बहिर्विषयक प्रश्न [Extrapolative]:-

एक्स्ट्रापोलेटिव के अंतर्गत किसी दूसरे के स्थान पर स्वयं को रखकर उसके दुखों का अनुभव किया जाता है।

इसके माध्यम से किसी की कठिनाइयों का अनुमान लगाया जाता है। तथ्यों से आगे जाकर सोचना एक्स्ट्रापोलेटिव के अंतर्गत आता है। ये प्रश्न सामान्यतया 'यदि' से प्रारंभ होते हैं। **जैसे-** यदि आप इस जगह होते तो क्या करते?

छोटी बालिका को पढ़ने के बाद उसके दुःख को स्वयं महसूस करके उसके लिए पत्र लिखना 'एक्स्ट्रापोलेटिव' के अंतर्गत आएगा।

247. कक्षा आठ की अध्यापिका एक पाठ्य सामग्री के पाँच वाक्यों को दो बार अंग्रेजी में पढ़ती है और शिक्षार्थियों को ध्यानपूर्वक सुनने के लिए कहती है। इसके बाद वह शिक्षार्थियों को चार-चार के समूह में काम करने के लिए कहती है कि वे पढ़ी गई पाठ्य सामग्री का पुनर्लेखन करें जो एकदम मूल जैसा ना हो। इस गतिविधि को क्या कहेंगे?

(1) लेखन कार्य [Writing Work]
(2) अनुच्छेद श्रुतलेख [Paragraph Dictation]
(3) सामूहिक श्रुतलेख [Collective Dictation]
(4) श्रवण कार्य [Auditory Function]

Ans : (2 & 3)

अनुच्छेद श्रुतलेख [Paragraph Dictation]:- अनुच्छेद श्रुतलेख के अंतर्गत शिक्षक पाठ्यसामग्री को अधिकतम तीन बार पढ़ता है और शिक्षार्थियों को पढ़ी गई सामग्री का पुनर्लेखन करने के लिए कहता है, जो एकदम मूल जैसा न हो। अर्थात् छात्र स्वयं अपने विचारों को व्यक्त करते हैं न कि जो भी सुना है वही लिखे। 'अनुच्छेद श्रुतलेख' कहते हैं।

'अर्थात् शिक्षक द्वारा पढ़ी गयी सामग्री को सुनकर उसे अपने अनुसार रचनात्मक [Creative] तरीके से लिखना।'

'शिक्षक द्वारा पाठ को निर्देशित करने के बजाय शिक्षक समूह गतिविधि को भी प्रोत्साहित कर सकता है।'

248.उपचारात्मक शिक्षण [Remedial Teaching] किसके लिए है?

(1) उन शिक्षार्थियों के लिए जिन्हें भाषा अधिगम के कुछ आयामों पर ध्यान देने की आवश्यकता है।
(2) उन अध्यापकों के लिए जिन्हें भाषा सीखने वाले कुछ विद्यार्थियों के लिए अपने शिक्षण में सुधार की ज़रूरत है।
(3) उन शिक्षार्थियों और अध्यापकों के लिए जिन्हें अपने शिक्षण/अधिगम युक्तियों [Learning Device] को समझने और बदलने/सुधार लाने की ज़रूरत है।
(4) उन शिक्षार्थियों और अध्यापकों के लिए जो भाषा की परीक्षा में अधिक अंक लाना चाहते हैं।

Ans : (3)

उपचारात्मक शिक्षण से तात्पर्य ऐसे शिक्षण कार्य से है जिसमें शिक्षक सर्वप्रथम बालक की अधिगम संबंधी कमियों का पता लगाते हैं। उसके पश्चात् उन कमियों को दूर करने के लिए उपयुक्त शिक्षण विधि का प्रयोग करते हैं।

[उपचारात्मक शिक्षण शिक्षार्थियों एवं अध्यापकों के लिए है जिन्हें शिक्षण युक्तियों को समझने/बदलने की जरुरत है]

249.एक भाषा अध्यापक अंग्रेजी में कहानी सुनाती है और शिक्षार्थियों से कहती है कि उन्हें जो भी भाषा आती है, उस भाषा में यह कहानी समूह में सुनाएँ फिर कक्षा की सामान्य भाषा में यही कहानी सुनाएँ। इस शिक्षणशास्त्रीय युक्ति [Pedagogical Device] को किस रूप में जाना जाता है?

(1) परभाषा व्यवहार (Translanguaging)
(2) बहुभाषिक नीति [Multilingual Policy]
(3) बहुभाषा शिक्षण [Multilingual Teaching]
(4) भाषा अर्जन [Language Acquisition]

Ans : (1)

'परभाषा व्यवहार' बहुभाषिकता का ही एक लचीला [Flexible] रुप है।

→ Translanguaging के अंतर्गत शिक्षक को जिस भाषा का ज्ञान है उसका प्रयोग करेगा और बच्चे की भाषा का प्रयोग करेगा।

→ 'कक्षा के शिक्षण में अनेक भाषाओं का इस्तेमाल करना।'

→ अर्थात् इसका महत्वपूर्ण अर्थ यह है कि शिक्षार्थियों को विषयवस्तु और भाषाएँ सिखाने के लिए उनकी भाषाओं का प्रयोग करना। [न कि एक भाषा से दूसरी भाषा में अंतरण।]

250.निम्नलिखित में से कौन - सा विस्तृत पठन का उद्देश्य नहीं है?

(1) सराहना बोध के लिए पठन
(2) बहिर्वेशन (एक्स्ट्रापोलेशन) के लिए पठन
(3) व्याकरण अधिगम के लिए पठन
(4) आनन्द के लिए पठन

Ans : (3)

विस्तृत पठन [Extensive Reading] पुरक पठन:- विस्तृत पठन से तात्पर्य आनंद के लिए पढ़ना है। प्रचुर मात्रा में पठन।

अर्थात् विस्तृत पठन के अंतर्गत छात्र अपनी पसंद की पाठ्यपुस्तक को पढ़ता है।

व्यापक पठन/विस्तृत पठन:- व्यापक अध्ययन द्वारा हम छात्र- छात्राओं को इस योग्य बनाते हैं कि वे स्वतंत्र रूप से पढ़ सकें।

बिना किसी की सहायता लिए पठन कार्य कर सकें। अर्थात् पाठ को पढ़कर समझ सकें।

251. निम्नलिखित में से कौन-सी विधि भाषा अधिगम के लिए ड्रिल और 'भाषा के औपचारिक गुणधर्म में निपुणता' को आवश्यक रूप की तरह अनुशंसा करती है?

(1) श्रव्य भाषावाद [Audio Linguistics]
(2) सम्प्रेषणात्मक भाषा शिक्षण [Communicative Language Teaching]
(3) व्याकरण अनुवाद विधि [Grammar Translation Method]
(4) कुल भौतिक प्रतिक्रिया [Total Physical Response]

Ans : (1)

श्रव्यभाषावाद में भाषा को सुनना भौर बोलना शामिल होता है अर्थात् इसमें किसी भाषा को सिखाने के लिए उसे रटवाया जाता है। 'ड्रिल एवं प्रैक्टिस' के माध्यम से भाषा सिखायी जाती है। यह शिक्षण विधि द्वितीय विश्वयुद्ध में प्रयोग में लायी गयी थी इसलिए इसे 'आर्मी विधि' के नाम से जाना जाता है। श्रव्यभाषावाद 'व्यवहारवादी [Behaviourist]' सिद्धांत पर आधारित है जो यह मानता है कि भाषा बच्चे 'अनुकरण और अभ्यास' के माध्यम से सीखते है।

252. यहाँ एक ऐसी स्थिति दी जा रही है जहाँ विद्यार्थियों को विषय के प्रति समझ बनाने के लिए विषय के विपरीत वाले दृष्टिकोण से परिचित करवाया जाता है। इस प्रक्रिया द्वारा विद्यार्थियों में किसके विकास का प्रयास किया जा रहा है?

(1) समालोचनात्मक विश्लेषण [Critical Analysis]
(2) प्रक्रिया आधारित शिक्षणशास्त्र [Process Based Pedagogy]
(3) समालोचनात्मक साक्षरता [Critical Literacy]
(4) साक्षरता विकास [Literacy Development]

Ans : (3)

समालोचनात्मक साक्षरता से तात्पर्य ऐसे शिक्षण से है जिसमे बच्चो कि विषयवस्तु को पढ़कर समझने पर बल दिया जाता है और छात्रों को कहा जाता है कि उन्होंने जो कुछ भी पढ़ा है उसको 'समालोचनात्मक' तरीके से विश्लेषित करें।

[अतः जब छात्र किसी कहानी को पढ़कर उसके पक्ष विपक्ष [गुण, दोष] दोनो पक्षो पर अपने विचार रख पाता है उसे समालोचनात्मक साक्षरता [Critical literacy] कहा जाता है।

"इसमें शिक्षार्थियों के अनुभवों एवं विचारों को महत्वपूर्ण स्थान दिया जाता है।"

253. 'परभाषा व्यवहार' (Translanguaging) क्या है?

(1) भाषाओं के शिक्षण अधिगम के दौरान एक भाषा से दूसरी भाषा में व्यवहार करने से संबंधित है।
(2) भाषाएँ किस तरह से एक समय अवधि के दौरान अपना रूप बदलती हैं।
(3) एक कक्षा में एक से अधिक भाषाओं को संसाधन के रूप में इस्तेमाल करने की शिक्षण शास्त्रीय प्रक्रिया [Pedagogical Process] है।
(4) विद्यालय में कितनी भाषाएँ पढ़ानी चाहिए इस मुद्दे पर 'शिक्षा नीति में भाषा' है।

Ans : (3)

परभाषा व्यवहार [Translingualism]:- परभाषा व्यवहार के अंतर्गत शिक्षार्थी की भाषाओं का प्रयोग शिक्षण-अधिगम प्रक्रिया में किया जाता है। परभाषा व्यवहार में 'बहुभाषिकता' को एक संसाधन के रुप में देखा जाता है।

"परभाषा व्यवहार वह शिक्षण प्रक्रिया है जिसमें शिक्षक कोई विषयवस्तु पढ़ाते समय स्कूल की भाषा [लक्ष्य भाषा] का प्रयोग करता है और किसी कठिन शब्द का अर्थ बताने/समझाने के लिए शिक्षार्थी की मातृभाषा का प्रयोग करता है।"

254. भाषा शिक्षा पर राष्ट्रीय शिक्षा नीति 2020 के संदर्भ में कौन - सा कथन सही नहीं है?

(1) त्रिभाषा सूत्र के अन्तर्गत शास्त्रीय भाषा का अध्ययन।
(2) त्रिभाषा सूत्र के अन्तर्गत मातृभाषा/घर की भाषा का अध्ययन।
(3) त्रिभाषा सूत्र के अन्तर्गत भारतीय भाषाओं का अध्ययन।
(4) त्रिभाषा सूत्र के अन्तर्गत भाषा के रूप में अंग्रेजी भाषा का अध्ययन।

Ans : (1)

त्रिभाषा सूत्र के अंतर्गत संस्कृत भाषा का अध्ययन 'वैकल्पिक विषय [Optional subject]' के रुप में किया

जाता है।

संस्कृत भाषा एक शास्त्रीय भाषा [Classical language] है। और शास्त्रीय भाषा को वैकल्पिक विषय के रूप में पढ़ाने का प्रावधान किया गया है।

255.अधिगम प्रतिफल शिक्षार्थियों को समर्थ बनाते हैं-

(1) व्याकरणिक ज्ञान को मापन के संदर्भ में प्राप्त करना।
(2) दक्षताओं [Competencies] को मापन के संदर्भ में प्राप्त करना।
(3) सभी कौशलों के अधिगम के न्यूनतम स्तरों को प्राप्त करना।
(4) भाषागत तथ्यों को मापन के संदर्भ में प्राप्त करना।

Ans : (2)

अधिगम प्रतिफल [Learning Outcomes]

शिक्षार्थी द्वारा किसी कक्षा विशेष या पाठ्यक्रम (कोर्स) के अंत में अर्जित ज्ञान, कौशल, प्रवृत्ति [Tendency] आदि का वर्णन करने वाले कथन अधिगम प्रतिफल कहलाते हैं।

अधिगम प्रतिफल से यह निश्चित किया जाता है कि छात्र ने पढ़े हुए पाठ्यक्रम से किस स्तर तक सीख पाया है।

अर्थात् छात्र की उस विषय में दक्षता/निपुणता [Proficiency] कितनी है।

256.निम्नलिखित में से कौन - सी प्रक्रियाएँ भाषा को अच्छी तरह से लिखना सीखने में शामिल है?

(1) मानस मंथन - रूपरेखा तैयार करना- प्रारूपण - मुख्य बिन्दु नोट करना - संपादन- अन्तिम स्वरूप देना
(2) मानस मंथन - मुख्य बिन्दु नोट करना- प्रारूप लिखना - रूपरेखा तैयार करना - संपादन- अन्तिम स्वरूप देना
(3) मानस मंथन - मुख्य बिन्दु नोट करना- प्रारूप लिखना- संपादन- रूपरेखा तैयार करना अन्तिम स्वरूप देना
(4) मानस मंथन - मुख्य बिन्दु नोट करना - रूपरेखा तैयार करना - प्रारूप लिखना - संपादन - अन्तिम स्वरूप देना

Ans : (4)

प्रक्रिया आधारित लेखन के चरण:- प्रक्रिया आधारित लेखन में बालक को एक प्रक्रिया के अंतर्गत लिखना सिखाया जाता है।

इसमें लेखन प्रक्रिया एक क्रम से होती है।

प्रक्रिया आधारित लेखन के चरण [Steps of Process Based Writing]

→ लेखनपूर्व [Prewriting]

→ प्रारुपण [Drafting]

→ संशोधन [Amendment]

→ संपादन [Editing]

→ प्रकाशन [Publication]

लेखन कौशल के उपागम [Approaches of Writing Skills]

प्रक्रिया आधारित उपागम [Process based approach]

लेखन कौशल का उत्पाद उपागम [Product approach to writing skills]

लिखने के द्वारा लिखना सिखाना प्रक्रिया आधारित लेखन कौशल के अंतर्गत आता है।

लेखन का प्रक्रिया उपागम [Process Approach of Writing]

→ मानस मंथन [Brainstorming]

→ रुपरेखा [Framework]

→ प्रारुपण [Drafting]

→ पुनरावृत्ति [Repetition]

→ प्रूफ रीडिंग [Proof Reading]

→ अंतिम स्वरुप देना [Finalize/Writing the final Draft]

257.सामाजिक विज्ञान की कक्षा में शिक्षार्थी कक्षा में दिए जा रहे वक्तव्य [Statement] से मुख्य बिन्दु समझने की कोशिश कर रहे हैं और मुख्य बिन्दु लिख रहे हैं। इस कौशल को क्या कहेंगे?

(1) अध्ययन कौशल [Reading Skill]
(2) श्रवण कौशल [Listening Skill]
(3) लेखन कौशल [Writing Skill]
(4) संज्ञानात्मक कौशल [Cognitive Skill]

Ans : (1)

अध्ययन कौशल [Reading skill]:- अध्ययन

कौशल का तात्पर्य ऐसे शिक्षण कौशल से हैं जिसमें छात्र किसी विषय की पाठ्यवस्तु पढ़ते समय, उसके मुख्य बिंदुओं को समझने के लिए, अपनी Notebook में मुख्य बिंदुओं को लिखते हैं। 'अर्थात् अध्ययन कौशल नयी जानकारी को व्यवस्थित करने और उसे बनाए रखने से संबंधित है।'

258. वह भाषा क्या है जिसका प्रयोग हम दिन-प्रतिदिन के लिए आमने-सामने की अंत: क्रिया [Interaction] के लिए करते हैं?

(1) संज्ञानात्मक अकादमिक भाषा निपुणता (CALP)
(2) बुनियादी अंतरवैयक्तिक सम्प्रेषण कौशल (BICS)
(3) सम्प्रेषणात्मक भाषा कौशल [Communicative Language Skills]
(4) अन्तरवैयक्तिक भाषा निपुणता [Interpersonal Language Skills]

Ans : (2)

मनोवैज्ञानिक 'जिम क्यूमिन्स' ने [BICS] की अवधारणा दी।

BICS की full form- [Basic Interpersonal Communication Skills] है।

बुनियादी अंतर्वैयक्तिक संप्रेषण का प्रयोग हम 'दैनिक बोलचाल की भाषा' के लिए करते हैं। यह उस भाषा से संदर्भित [referred] है जो रोजमर्रा के जीवन के लिए आवश्यक है।

जिसमें भाषा को 'अनौपचारिक रुप [Informal form]' से प्रस्तुत किया जाता है।

259. मिडिल स्तर पर अध्यापन करने वाली अध्यापक एक पाठ्य सामग्री/छोटी कहानी पठन के लिए देती है और कहती है कि न्याय के दृष्टिकोण से इस पाठ्य सामग्री के अर्थ व विचारों पर चर्चा करो। अध्यापक अपने शिक्षार्थियों में किसका विकास करने की चेष्टा कर रही है?

(1) समालोचनात्मक साक्षरता कौशल [Critical literacy skills]
(2) समालोचनात्मक शिक्षणशास्त्र [Critical pedagogy]
(3) समालोचनात्मक भाषा विकास [Critical language development]
(4) उच्च स्तरीय भाषा कौशल [High level language skills]

Ans : (1)

समालोचनात्मक साक्षरता कौशल [Critical literacy skills] से तात्पर्य पढ़ा हुआ समझकर उसके पक्ष एव विपक्ष दोनों दृष्टिकोण से अपनी बात रख पाना है।

समालोचनात्मक साक्षरता कौशल से यह पता लगाया जा सकता है कि ज्ञान को किस तरह रचा जा रहा है, और छात्रों तक किस तरह पहुंचाया जा रहा है।

260. कक्षा सात का विद्यार्थी ऐलम कन्नड़, मराठी, हिंदी और अंग्रेजी चार भाषाएँ जानता है। घर में जब वह अपने माता-पिता के साथ बात करता है तो प्रवाह के साथ चारों भाषाएँ बोलता है और विद्यालय में वह हिंदी, कन्नड़ तथा अंग्रेजी बोलता है क्योंकि उसके मित्र व अध्यापकों को यही भाषाएँ आती हैं। इस स्थिति को किस रूप में जाना जाएगा?

(1) परभाषिक (ट्रांसलिंग्युल) योग्यता
(2) कोड जाल (कोड मैशिंग)
(3) कोड से आगे जाना (कोड मूविंग)
(4) अन्तरभाषा (इंटरलैंग्युएज)

Ans : (1)

परभाषिक योग्यता [Translingual Ability]:- परभाषिक योग्यता बहुभाषा का ही एक लचीला रूप है। जब कोई व्यक्ति एक से अधिक भाषाएँ जानता है और जैसी परिस्थिति, समय, व्यक्ति हो उरी के अनुसार भाषा का इस्तेमाल करता है।

अर्थात् परभाषा व्यवहार बहुभाषा को एक संसाधन के रुप में देखता है।

परभाषा व्यवहार [Translingual Ability] बच्चों की भाषाओ को भी महत्वपूर्ण स्थान देता है।

परभाषा व्यवहार का तात्पर्थ शिक्षण अधिगम प्रक्रिया में शिक्षार्थियों के भाषाओं के प्रयोग से है जबकि परभाषिक योग्यता वह है जब कोई व्यक्ति अनेक भाषाएँ जानता हो और परिस्थिति के अनुसार उन भाषाओं का सही इस्तेमाल कर सकता हो।

261. भाषा अधिगम के बारे में कौन-सा कथन सही है?

(1) सहजात/प्रथम भाषा का ज्ञान द्वितीय भाषा के अधिगम में अवरोध डालता है।
(2) सहजात/प्रथम भाषा ज्ञान का द्वितीय भाषा अधिगम से कोई लेना-देना नहीं है।
(3) सहजात/प्रथम भाषा का ज्ञान द्वितीय भाषा के अधिगम को समर्थित करता है।
(4) प्रथम भाषा अधिगम और द्वितीय भाषा दोनों पूरी तरह से अलग-अलग हैं।

Ans : (3)

भाषा आधिगम में भाषा को किसी संस्था/विद्यालय के माध्यम से सीखा जाता है। भाषा अधिगम के लिए efforts और शिक्षक की आवश्यकता होती है क्योंकि भाषा अधिगम भाषा के औपचारिक प्रयोग से संबंधित है।

भाषा अधिगम वह प्रक्रिया है जिसमें बालक भाषा सीखते समय अपनी प्रथम भाषा/मातृभाषा से सहायता लेते है।

अर्थात् मातृभाषा द्वितीय भाषा सीखने में महत्वपूर्ण सहायता प्रदान करती है। अर्थात् छात्र नई भाषा में आए शब्दों को अपनी प्रथम भाषा के आधार पर समझता है।

262. निम्नलिखित कथनों को पढ़िए तथा सही विकल्प का चयन कीजिए:

अभिकथन (A): अपने प्रारंभिक बाल्यावस्था में एक बच्चा संज्ञा की अपेक्षा क्रियाओं (वर्ब) का अधिक प्रयोग करता है और व्याकरणिक नियमों की अनदेखी करता है।

तर्क (R): उनकी शब्द संपदा बहुत सीमित होती है।

(1) (A) सही है, परन्तु (R) ग़लत है।
(2) (A) और (R) दोनों सही हैं, परन्तु (R), (A) की सही व्याख्या नहीं है।
(3) (A) ग़लत है, परन्तु (R) सही है।
(4) (A) और (R) दोनों सही हैं तथा (R), (A) की सही व्याख्या है।

Ans : (4)

प्रारंभिक बाल्यावस्था/पढ़ना सीखने के शुरुआती चरणों में बालक की शब्द संपदा बहुत सीमित होती है यही कारण है कि बालक संज्ञा (Noun) की जगह क्रियाओं (Verbs) जैसे- आना, जाना, खाना आदि शब्दों का प्रयोग आधिक करता है। बाल्यावस्था में बालक की भाषा क्रियाविधि/गतिविधियों पर आधारित होती है।

263. प्रत्यक्ष विधि में व्याकरण किस प्रकार से पढ़ाई जाती है?

(1) आगमनात्मक [Inductive] तरीके से
(2) निगमनात्मक [Deductive] तरीके से
(3) बिना व्याख्या [Explanation] के
(4) कृत्रिम [Artificial] तरीके से

Ans : (1)

प्रत्यक्षविधि [Direct Method]

→ प्रत्यक्षविधि मे भाषा को सिखाने के लिए भाषा के प्रयोग पर विशेष बल दिया जाता है।

→ प्रत्यक्ष विधि भाषा सिखाने के लिए मातृभाषा को मध्यस्थता नहीं बनाती है।

→ अर्थात् लक्ष्य भाषा को उसी भाषा में सिखाया जाता है।

→ यह विधि व्याकरण के नियम रटने पर केंद्रित नहीं होती है बल्कि भाषा प्रयोग के प्रचुर अवसर प्रदान करती है।

प्रत्यक्ष विधि में व्याकरण को आगमनात्मक तरीके से सिखाया जाता है।

"अर्थात् उदाहरण के माध्यम से प्रत्यक्ष अनुभवों के आधार पर भाषा सिखाना।"

264. निम्नलिखित में से कौन-सा प्रभावशाली तरीके से व्याकरण पढ़ाने के संदर्भ में सही नहीं है?

(1) उचित सम्प्रेषण [Communication] द्वारा नियम सम्प्रेषित करना।
(2) संदर्भ में व्याकरण के प्रासंगिक [Relevant] नियम प्रस्तुत करना।
(3) वास्तविक जीवन से जुड़े सम्प्रेषण द्वारा अभ्यास के लिए नियम बताना।
(4) नियमों को याद करके, अभ्यास (ड्रिल) द्वारा व्याकरण सीखना।

Ans : (4)

व्याकरण सदैव संदर्भ में पढ़ाया जाना चाहिए।

संदर्भ में व्याकरण पढ़ाने से तात्पर्य:- यह है कि पाठ पढ़ाते समय प्रसंगवश आने वाले व्याकरणिक बिंदुओं को स्पष्ट करना। उचित संप्रेषण (बातचीत) के माध्यम से व्याकरण के नियम संप्रेषित करना।

वास्तविक जीवन से जोड़कर 'व्याकरण' के नियम प्रस्तुत करना। **अर्थात् 'नियमों को याद कराना/रटवाना'** व्याकरण सिखाने के संदर्भ में सही नहीं है।

265.मुख्यतः हम मातृभाषा कैसे/कब अर्जित करते हैं?

(1) औपचारिक अधिगम स्थितियों में
(2) इसे बोलकर
(3) इसे सुनकर
(4) इसे लिखकर

Ans : (3)

→ बालक अपनी मातृभाषा/प्रथम भाषा का सदैव अर्जन/अधिग्रहण करते हैं।

→ मातृभाषा को अपने आस-पास के वातावरण से सुनकर अर्जित किया जाता है।

266.व्याकरण सिखाने का कौन-सा उपागम इस सिद्धांत को प्रोत्साहित करता है कि भाषा सीखना नियमों को सीखने से संबंधित है?

(1) निगमनात्मक [Deductive]
(2) आगमनात्मक [Inductive]
(3) सम्प्रेषणात्मक [Communicative]
(4) व्याकरण अनुवाद [Grammar Translation]

Ans : (1)

निगमन विधि (Deductive Method)

निगमन विधि द्वारा व्याकरण सिखाने में बालक को पहले नियम बताये जाते हैं तत्पश्चात उदाहरण दिये जाते हैं।

निगमन विधि पर आधारित शिक्षण सूत्र [Teaching formula based on Deductive Method]:-

नियम से उदाहरण की ओर [Rules to Example]।

सूक्ष्म से स्थूल की ओर [Micro to Macro]।

जटिल से सरल की ओर [Complex to Simple]।

अप्रत्यक्ष से प्रत्यक्ष की ओर [Indirect to Direct]।

(अतः व्याकरण सिखाने की यह विधि प्राथमिक कक्षाओं के लिए उपयोगी नहीं है।)

267.कोई अध्यापक अपने शिक्षार्थियों के कम अंक आने के कारणों का पता किस प्रकार लगाएंगे?

(1) निदानात्मक परीक्षण [Diagnostic Test] द्वारा
(2) निपुणता परीक्षण [Proficiency Test] द्वारा
(3) उपलब्धि परीक्षण [Achievement Test] द्वारा
(4) अभिरुचि परीक्षण [Aptitude Test] द्वारा

Ans : (1)

निदानात्मक परीक्षण (Diagnostic Test)

बालक को अधिगम संबंधी कठिनाइयों [Learning difficulties] का पता लगाने के लिए किया गया परीक्षण 'निदानात्मक परीक्षण' के अंतर्गत आता है। इस परीक्षण द्वारा शिक्षक यह पता करता है कि बालक के सीखने में कहां कमी रह गयी है और उसके पश्चात् छात्र की कमियों को दूर करता है।

'निदानात्मक परीक्षण द्वारा छात्र के मजबूत और कमजोर बिंदु का पता लगाया जाता है।'

268.स्वर शैली (लहजा) किस में भिन्नता दर्शाता है?

(1) ध्वनि [Sound]
(2) स्तर (पिच) [Level]
(3) अवयव [Component]
(4) वायु [Air]

Ans : (2)

शैली/लहजा (Tone):- भाषा कैसे बोली जा रही है उस तरीके से संबंधित है। अर्थात् स्तर (पिच) का अर्थ है कि भाषा (किस Tone) (High tone/Low tone) में प्रस्तुत की जा रही।

269.'मूल्यांकन' के संदर्भ में कौन-सा कथन सही नहीं है?

(1) मूल्यांकन मापन की अधिक सारगर्भित सामग्री है।
(2) मूल्यांकन मात्रात्मक और गुणात्मक दोनों ही प्रकार का होता है।
(3) मूल्यांकन कुल शिक्षण अधिगम प्रक्रिया के मापन से संबंधित है।
(4) मूल्यांकन शिक्षार्थी को उसके मजबूत पक्ष और कमियों के बारे में प्रतिपुष्टि देने के लिए किया जाता है।

Ans : (4)

मूल्यांकन (Evaluation)

→ मूल्यांकन इस बात पर केंदित होता है कि अधिगमकर्ता क्या और कैसे सीख रहा है।

→ मुल्यांकन कुल शिक्षण अधिगम प्रक्रिया के मापन से संबंधित है। यह शिक्षण-अधिगम प्रक्रिया के अंत में किया जाता है।

→ मूल्यांकन के माध्यम से अधिगम की उपलब्धि (Achievement) का पता लगाया जाता है।

270. भाषा शिक्षण के रचनावादी उपागम [Constructivist Approach] में अध्यापक से क्या अपेक्षा की जाती है?

(1) शिक्षार्थी को पहले से ही मौजूद ज्ञान देना।
(2) अपनी पाठ्यचर्या सृजित [Created] करना।
(3) शिक्षार्थियों को अपनी पाठ्यपुस्तक बनाने के लिए कहना।
(4) शिक्षार्थियों को ज्ञान के निर्माण में अपने अनुभवों का प्रयोग करने में मदद करना।

Ans : (4)

रचनावादी उपागम 'बाल केंद्रित (Child Centred)' है। रचनावादी उपागम के अनुसार बालक गतिविधि करके अपने ज्ञान का निर्माण स्वयं करते हैं।

इसलिए रचनावादी शिक्षक को 'बालक को अपने अनुभव प्रस्तुत करने के प्रचुर अवसर प्रदान करना चाहिए।'

बालक के अनुभवों/गलत अवधारणा (Miss conception) को कक्षा में स्थान देना चाहिए।

बालक को 'केंद्र बिंदु' मानकर शिक्षण अधिगम प्रक्रिया करानी चाहिए।

271. "पूर्व-पठन [pre-reading]" से जुड़े कार्य किसलिए होते हैं?

(1) शिक्षार्थियों के पठन कौशल का मूल्यांकन करने के लिए
(2) कठिन शब्दों और वाक्याशों का अर्थ बताने के लिए
(3) मुख्य बिंदु को प्रस्तुत करने और शिक्षार्थियों को प्रोत्साहित करने के लिए
(4) पाठ्य सामग्री में प्रयुक्त व्याकरणिक बिन्दुओं को व्याख्या करने के लिए

Ans : (3)

जब कोई शिक्षक किसी पाठ को पढ़ाने से पूर्व बच्चों को उस पाठ पर अपने विचार साझा करने के लिए कहता है इसका तात्पर्य यह है कि वह छात्रों को उस पाठ के प्रति रुचि उत्पन करना चाहता है। तथा छात्र की जानकारी का मूल्यांकन करना चाहता है जिससे वह छात्र को उचित तरीके से शिक्षा दे सके।

272. निम्नलिखित में से किसके आधार पर सम्प्रेषण एक चक्रीय प्रक्रिया कहलाएगी?

(1) प्रेषक [Sender] (2) ग्रहण करने वाली/बाला
(3) प्रतिपुष्टि [Feedback] (4) संदेश [Message]

Ans : (3)

संप्रेषण शब्द अंग्रेजी के (Communication) का हिंदी रुपांतरण है। संप्रेषण एक चक्रीय प्रक्रिया है।

- प्रेषक (Sender)
- संदेश (Message)
- प्रतिपुष्टि (Feedback)
- माध्यम (Medium)
- ग्रहणकर्ता (Receiver)

273. निम्नलिखित में से कौन-सा पठन के समय का कार्य है?

(1) समूची कक्षा की गतिविधि के रूप में अध्यापक शिक्षार्थियों के साथ पठन से पहले पाठ्यसामग्री के मुख्य बिन्दु पर चर्चा करता है।
(2) शिक्षार्थियों से कहा जाता है कि वे कहानी में आए किसी एक पात्र के रूप में स्वयं को मानें और अपने अनुभव डायरी में लिखें।
(3) अध्यापक घर में पाठ्य सामग्री का मौन पठन करता है और उसी पाठ्य सामग्री को कक्षा में पढ़ाने के लिए तैयारी के साथ आता है।
(4) कक्षा को चार-चार के समूह में विभाजित किया जाता है और बारी-बारी से पठन सामग्री का पठन किया जाता है, अध्यापक बच्चों को पाठ्य सामग्री को समझने के लिए डिकोडिंग में सुगमता प्रदान करता है।

Ans : (4)

पठन पूर्व गतिविध [Pre-reading Activity]:- पढ़ने से पहले पाठ्यसामग्री के मुख्य बिंदु पर चर्चा करना।

पठन के समय की गतिविधि [Reading Time Activity]:- पढ़ाने के साथ-साथ पाठ्यसामग्री/भाषा को (डिकोडिंग) और समझने लिए सुगमता प्रदान करता है।

पठन उपरान्त गतिविधि [Post Reading Activity]:- पढ़ी गई पाठ्यसामग्री का मूल्यांकन करना।

274. निम्नलिखित में से कौन-सा आकलन के उद्देश्य के बारे में सही है?

(A) आकलन शिक्षार्थी को यह सूचित करने के लिए किया जाता है कि उसने क्या सीखा है।

(B) आकलन यह जानने के लिए किया जाता है कि विद्यार्थी ने क्या नहीं सीखा है।

(C) आकलन शिक्षार्थी को यह बताने के लिए किया जाता है कि कक्षा में वरीयता [Preference] के अनुसार वह कहाँ है।

(D) आकलन शिक्षार्थी को उच्च कक्षाओं में पदोन्नत [Promoted] करने के लिए किया जाता है।

(1) (A) और (C) सही हैं।
(2) (A) और (B) सही हैं।
(3) (B) और (C) सही हैं।
(4) (D) और (B) सही हैं।

Ans : (2)

आकलन का उद्देश्य [Assessment Objectives]:-

→ आकलन का उद्देश्य बालक की शिक्षण संबंधी कमियों का पता लगाकर उनमें सुधार करना है।

→ आकलन शिक्षार्थी को यह सूचित करने के लिए किया जाता है कि विद्यार्थियों ने क्या नहीं सीखा है।

→ आकलन के माध्यम से यह देखा जाता है कि बालक के पूर्व ज्ञान में कितनी वृद्धि हुई है। **(अर्थात् शिक्षार्थी का स्वयं के साथ आकलन)**

सहपाठियों के साथ आकलन (अर्थात् सहपाठियों के साथ तुलना) उत्तीर्ण/अनुत्तीर्ण में Categorise करना।

उच्च कक्षाओं में पदोन्नत करना। **आकलन का उद्देश्य नहीं है।**

275. नीचे कॉलम A में कक्षा 6 से 8 तक के लिए भाषा की कुछ गतिविधियाँ दी गई हैं। उनका संबंधित भाषा शिक्षण सिद्धांत से मिलान करें। सर्वाधिक उपयुक्त विकल्प का चयन करें।

कॉलम (A)	कॉलम (B)
(i) भूमिका निर्वहन	(a) सहारा देना
(ii) सारांशीकरण	(b) तरह-तरह की पाठ्य सामग्री से परिचय
(iii) निर्देशित [directed] कथा लेखन	(c) गत्यात्मक अधिगम [Dynamic Learning]
(iv) भाषा पत्रिका	(d) रचनावादी उपागम

(1) (i) - (d), (ii) - (c), (iii) - (b), (iv) - (a)
(2) (i) - (a), (ii) - (b), (iii) - (c), (iv) - (d)
(3) (i) - (c), (ii) - (d), (iii) - (a), (iv) - (b)
(4) (i) - (b), (ii) - (a), (iii) - (d), (iv) - (c)

Ans : (3)

भूमिका निर्वहन (Role play):- रोल प्ले (Roleplay) के द्वारा छात्रों को किसी नाटक/कहानी/एकांकी का एक पात्र दिया जाता है और छात्रों से उस पात्र का अभिनय करने के लिए कहा जाता है इस प्रकार छात्र वास्तविक संप्रेषण तथा 'गत्यात्मक क्रिया' द्वारा भाषा सीखते हैं। इस प्रकार बालक रुचिपूर्ण और प्रभावशाली ढंग से सीखते हैं।

सारांशीकरण [Summarization]:- सारांशीकरण का तात्पर्य पूरे पाठ के केंद्रीय भाव को समझने से है।

रचनावादी उपागम [Constructivist Approach] के अनुसार बालक की शिक्षा कहानी, कविता आदि के द्वारा प्रारंभ की जानी चाहिए जिसमे बालक को एक-एक शब्द का ज्ञान न कराकर पाठ को संपूर्णता के साथ प्रस्तुत किया जाता है।

निर्देशित पठन (Guidance reading):- निर्देशित पठन में शिक्षक छात्रों को 'सहारा प्रदान' करता है। (अर्थात् छात्र द्वारा शिक्षक के निर्देशन में किया जाने वाला पठन 'निर्देशित पठन [guided reading]' के अंतर्गत आता है।)

भाषा पत्रिका [Language Magazine]:- जब छात्रों को भाषा सिखाने के लिए शिक्षक 'भाषा पत्रिका' का प्रयोग करता है; तो शिक्षक का तात्पर्य बच्चों की विविध पाठ्यसामग्री से परिचित करवाने से है।

276. भाषा अधिगम [language learning] में सही व्याकरणिक रूपों की पहचान करने के लिए विस्तृत गहन पठन किस प्रकार से मदद करता है।

(1) यह चेतन रूप में सही तरीके से अंग्रेजी सीखने में मदद करता है।
(2) यह शब्द भंडार और सही संरचनाओं के लिए पर्याप्त अवसर देता है।
(3) यह पाठकों को भाषा सही करने के लिए व्यवस्थित अवसर देता है।
(4) यह पाठकों को अपनी सही तरीके से क्रियाशील शब्दावली विकसित करने में मदद करता है।

Ans : (2)

भाषा अधिगम में सही व्याकरणिक रूपों की पहचान के लिए जब छात्र 'विस्तृत पठन [detailed reading]'/

'व्यापक पठन [extensive reading]' करते हैं तो इससे छात्रों के शब्द भण्डार और भाषा की सही संरचना पहचानने में मदद मिलती है।

अर्थात् छात्र व्यापक पठन अपनी रूचि के अनुसार करते है जिससे वे अपने शब्द भण्डार [Vocabulary] तथा भाषा के सक्रिय [Active] रुप प्रदान करते हैं।

277. पठन बोध प्रश्नों के लिए शिक्षार्थी _______ ।

(1) अपने मस्तिष्क में मातृभाषा में अनुवाद करता है।
(2) भाषा के सौंदर्य की सराहना करता है।
(3) पाठ्य सामग्री में से अर्थ निर्माण करते हैं।
(4) शब्दकोश में से अर्थ खोजते और पढ़ते हैं।

Ans : (3)

बोधपठन (Comprehensive reading):- बोध पठन का तात्पर्य छात्र पठित 'पाठ्यसामग्री' से अर्थ निर्माण कर सके। अर्थात् छात्र ने जो कुछ भी पढ़ा है उसमें उसकी समझ कहां तक बन पायी है। पाठ पढ़ाने के बाद शिक्षिका छात्र के भाषायी समझ जानने के लिए 'बोध प्रश्न' पूंछती है।

अर्थात् पठन का मुख्य उद्देश्य- 'पढ़े गये पाठ से अर्थ ग्रहण करना है।'

278. शिक्षा की मिश्रित व्यवस्था [mixed system] में भाषा अध्यापक को निम्नलिखित कौशल समूहों की आवश्यकता होगी। सर्वाधिक उपयुक्त कौशल समूह का चयन करें।

(1) कम्प्यूटर कौशल - शिक्षणशास्त्रीय ज्ञान - विषय का ज्ञान
(2) विषय का ज्ञान - शिक्षणशास्त्रीय ज्ञान - डिजिटल दक्षता
(3) डिजीटल दक्षता - ऑनलाइन विषयवस्तु का प्रयोग - जूम मीटिंग
(4) ऑनलाइन विषयवस्तु को जानना - डिजीटल विशेषज्ञता - सही इंटरनेट व्यवस्था

Ans : (2)

भाषा अध्यापक के लिए निम्नलिखित कौशल संग्रह आवश्यक है। विषयवस्तुः अर्थात् जिस विषय के अध्यापक है उस विषय पर पूरी पकड़ होनी चाहिए।

शिक्षण शास्त्रीय समझ [Pedagogical Understanding]:- शिक्षण शास्त्रीय समझ से तात्पर्य शिक्षक के पढ़ाने के तरीके से हैं।

डिजिटल दक्षता [Digital Efficiency]:- अर्थात् अध्यापक को ऑनलाइन/ऑफलाइन दोनों तरीकों से पढ़ाने का ज्ञान होना चाहिए।

279. वृत्ताकार पाठ्यचर्या, जिस पर सभी भारतीय भाषाओं की पाठ्यपुस्तकें आधारित हैं, का क्या लाभ है? प्रश्न के उत्तर हेतु सर्वाधिक उपयुक्त विकल्प का चयन करें। विचार एवं अवधारणाएँ हैं:

(1) अध्यापन की सुगमता की दृष्टि से सरल से जटिल की ओर क्रम।
(2) क्रियान्वयन की सुगमता की दृष्टि से विद्यालय सत्र के अनुसार क्रम।
(3) स्तरवार और सतत लेकिन आवश्यकतानुसार पुनरावलोकन के लिए प्रावधान।
(4) उचित आकलन के लिए परीक्षा पैटर्न के अनुसार क्रम।

Ans : (3)

वृत्ताकार पाठ्यचर्या आधारित पाठ्यपुस्तक के लाभ:- पाठ्यपुस्तक छात्र के स्तर के अनुरुप होती है। सतत लेकिन आवश्यकतानुसार पुनरावलोकन से तात्पर्य है कि पुस्तक को लगातार सतत [Continuous] रूप से पढ़ाया जाना चाहिए किंतु जहां जरुरत हो वहां पुनरावलोकन [review] का भी प्रावधान [Provision] होना चाहिए।

280. निम्नलिखित में से कौन-सा विद्यालय में द्वितीय भाषा अधिगम कौशल का भाग नहीं है?

(1) प्रश्न पूछने और उत्तर देने की योग्यता।
(2) अभिव्यक्तिपूर्ण हावभाव और तरह-तरह के शब्दों का प्रयोग।
(3) शब्दों और वाक्यों में अभिव्यक्त करना और कल्पना करना।
(4) मातृभाषा में अनुवाद करना और मातृभाषा से दूसरी भाषा में अनुवाद करना।

Ans : (4)

द्वितीय भाषा प्रत्येक बालक के लिए नई होती है इसलिए शिक्षक को अभिव्यक्तिपूर्ण [expressive] हाव-भाव और तरह-तरह के शब्दों का प्रयोग करना चाहिए जिससे छात्र भाषा आसानी से सीख सकें। छात्रों को द्वितीय भाषा के शब्दों को अभिव्यक्त करने और कल्पना करने के अवसर देने चाहिए।

प्रश्न पूछने की छूट देनी चाहिए।

छात्रों को द्वितीय भाषा (लक्ष्य भाषा) में ही बात करने के अवसर देना चाहिए।

(मातृभाषा में अनुवाद करके द्वितीय भाषा सिखाना)

द्वितीय भाषा सिखाने की प्रभावशाली विधि नहीं है। अर्थात् द्वितीय भाषा को 'प्रत्यक्ष विधि [direct method]' द्वारा सिखाना भाषा सिखाने की प्रभावशाली विधि हैं।

281. एक अध्यापिका बच्चों को एक अनुच्छेद मौन रूप से पढ़ने के लिए कहती है, नए शब्दों पर ध्यान देने के लिए कहती है, उन शब्दों के अर्थों का अनुमान लगाने के लिए कहती है और फिर शब्दकोश [Dictionary] से अर्थ ढूँढ़ने के लिए कहती है। वह कौन-सा पठन कौशल विकसित करना चाह रही है?

(1) बारीकी से पठन [Scanning]
(2) सरसरी तौर पर पठन [Skimming]
(3) निष्कर्ष निकालना [To draw conclusion]
(4) अनुमान लगाना [Guess/Estimate]

Ans : (3)

किसी पाठ्यसामग्री से विशिष्ट निष्कर्ष निकालने के उद्देश्य से गहन पूर्वक या गहराई से उस पाठ्यसामग्री को पढ़ने का यह कौशल **'निष्कर्षात्मक बोध [Conclusive Understanding]'** कहलाता है।

अर्थात् छात्र जब शब्दों के अनुमान लगाकर शब्दकोश से अर्थ ढूंढता है तो पढ़ने का यह कौशल 'निष्कर्षात्मक कौशल' कहलाता है।

282. उच्च स्तरीय चिंतन कौशल [HOTS (High Order Thinking Skills)] के संबंध में भाषा अधिगम के आकलन के लिए कौन-सा सर्वाधिक उपयुक्त है?

(1) दिए गए मौखिक संकेतों के आधार पर समाचारपत्र रिपोर्ट लिखना।
(2) दिए गए ऊपर-नीचे वाले संकेतों के आधार पर क्रॉसवर्ड पहेली पूरी करना।
(3) आपके गाँव में पानी की भीषणतम समस्या है। आपके माता-पिता पानी लेने के लिए दूर-दूर तक जाते हैं। इस स्थिति का विश्लेषण करें और समाधान हेतु पंचायत अध्यक्ष को पत्र लिखें।
(4) अपने गाँव में 'पानी का संकट' पर एक अनुच्छेद लिखें।

Ans : (3)

उच्चस्तरीय चिंतन कौशल का आकलन करने के लिए छात्रों को अपने भावों, विचारों आदि को अभिव्यक्त करने के अवसर देना चाहिए।

अर्थात् जब छात्र वास्तविक स्थितियों में भाषा का प्रयोग करते हैं तो शिक्षक को यह समझने में आसानी होती है कि छात्र की भाषा पर पकड़ कितनी है, और छात्र अपने भावों को व्यक्त करने के लिए कितने रचनात्मक शब्दो का प्रयोग कर रहा है।

283. भाषा अधिगम में 'बोधगम्य निवेश' से क्या तात्पर्य है?

1. शिक्षार्थियों को उनकी आयु के अनुसार बोधगम्य स्तर वाले भाषा के अवसर देना।
2. अपनी आयु के उपयुक्त बोधगम्य पठन का शिक्षण।
3. शिक्षार्थियों को उनके भाषा स्तर से थोड़े ऊपर की भाषा में संलग्न करना।
4. शिक्षार्थियों को नई भाषा के अवसर प्रदान करना तथा उसे उनके लिए बोधगम्य बनाना।

Ans : (3)

बोधगम्य निवेश [Comprehensible Input]:-

बच्चों को ऐसी भाषायी अवसर प्रदान करना जो उनकी भाषा से एक स्तर ऊपर, हो, जिसे (i+1) का सिध्दांत भी कहते है **जहां (i) छात्र है।**

अर्थात् छात्र जिस स्तर पर है उससे एक स्तर आगे का भाषायी निवेश प्रदान करना **'बोधगम्य निवेश'** [comprehensible input] कहलाता है।

यह परिकल्पना:- 'स्टीफन क्रेशन' के द्वारा दी गयी है।

284. निम्नलिखित में से कौन-सा प्रभावकारी लेखन कार्य हो सकता है?

1. सभी शिक्षार्थियों द्वारा व्यक्तिगत कार्य क्योंकि लेखन सदैव व्यक्तिगत होता है।
2. शिक्षार्थी जो पहली बार में सोचते हैं, वही अंतिम उत्पाद के रूप में लिखते हैं।
3. अच्छे लेखकों के लेखों की नक़ल करना और जब और जहाँ आवश्यकता हो उसे लिखना।
4. समूह कार्य के रूप में सहयोगात्मक गतिविधि [Collaborative Activity] करके फिर व्यक्तिगत रूप से लिखना।

Ans : (4)

जब छात्र समूह में गतिविधि करके लेखन कार्य करता है तो उसमें सामूहिक एवं सामाजिक भावना का विकास होता है। आत्मविश्वास की भावना जाग्रत होती है। छात्र समूह में कार्य करता है तो सबके दृष्टिकोण को ध्यान में रखकर लेखन कार्य करता है। जिससे लिखने में रचनात्मकता तथा मौलिकता [primordiality] आती है।

285.एक लघु कथा का शिक्षण करते हुए उसी से एक छोटी पाठ्यसामग्री का सृजन [creation] क्या कहलाएगा?

1. लघु कथा का संक्षिप्तीकरण [Summarization]।
2. कथा की घटनाओं तथा विचारों को क्रम में सूचीबद्ध करना।
3. शिक्षार्थियों को लघु कथा के माध्यम से लिखने के सक्षम बनाना।
4. कथा की घटनाओं को अव्यवस्थित तरीके से सूचीबद्ध करना।

Ans : (2)

जब कोई शिक्षिका लघु-कथा के शिक्षण के दौरान उसी से एक छोटे पाठ का सृजन करती है, तो इसका तात्पर्य है कि वह छात्रों को कथा की घटनाओं तथा विचारो को क्रम में सूचीबद्ध करने के कौशल विकसित कर रही है। इससे छात्रों को नवीन शब्द, नवीन कहानियों को रचने तथा कहने में प्रोत्साहन मिलता है।

छात्रों में सृजनात्मक शक्ति [creative power] का विकास होता है। विचारो में सृजनात्मक्ता तथा मौलिकता आती है।

इससे बच्चों में लघुकथा, कहानियों में रुचि एवं एकाग्रता का भाव उत्पन्न होता है।

286.एक अध्यापक शिक्षार्थियों का नाम लिए बगैर उनके वाचन कौशल और उच्चारण में कुछ गलतियों के उदाहरण देकर उनकी गलतियों के बारे में समझ बनाती हैं। ऐसा वह सप्ताह में एक बार करती हैं। वह अपने शिक्षार्थियों के वाचन कौशल व उच्चारण को सुधारने के लिए क्या कर रही हैं?

1. त्रुटि विश्लेषण [error analysis]
2. उदाहरणों के माध्यम से उच्चारण का शिक्षण
3. संप्रेषण कौशल [communication skills]
4. प्रतिपुष्टि

Ans : (4)

प्रतिपुष्टि [Feedback]:- जब कोई शिक्षिका छात्रों को उनकी गलतियों के बारे में बताती है इसका तात्पर्य है कि वह छात्रों की गलतियों को सुधारने का प्रयास कर रही है।

287.पोर्टफोलियो के आकलन में क्या सम्मिलित हैं?

1. अनेक युक्तियों तथा प्रदत्तकार्यों के माध्यम से आकलन को सुधारने के व्यवस्थित तरीके।
2. भाषा अधिगम के लिए संरचनात्मक आकलन [Structural Assessment]।
3. विद्यार्थी द्वारा एक समयावधि में भाषा अधिगम के दृष्टांतों (उदाहरणों) का व्यवस्थित संकलन।
4. भाषा अधिगम के लिए योगात्मक तथा संरचनात्मक आकलन।

Ans : (3)

पोर्टफोलियो [Portfolio]:- पोर्टफोलियों एक प्रकार की file होती है। जिसमें किसी बच्चे के एक निश्चित समय में किए गए कामों का संग्रह [Collection] होता है। पोर्टफोलियों आकलन, मूल्यांकन प्रक्रिया में सहायक होते हैं इससे छात्रों के अधिगम मूल्यांकन तथा पाठ्यक्रम करने में सहायता मिलती है।

पोर्टफोलियों में सम्मिलित है:-

→ इसमें शैक्षिक एवं सह-शैक्षिक [co-curricular] दोनों पहलुओं को शामिल किया जाता है।

→ बच्चे की उपलब्धियों, कमियों को भी रखा जाता है।

→ इसके माध्यम से बालक की प्रगति के क्रमिक विकास का पता लगाया जाता है।

→ इसके माध्यम से बालक की व्यक्तिगत, पारिवारिक, शैक्षणिक, सह-शैक्षणिक, सांस्कृतिक तथा सामाजिक जानकारी प्राप्त होती है।

288.एक शिक्षक समाचार पत्र से एक अनुच्छेद लेकर शिक्षार्थियों को दो बार सुनाती है। उसके पश्चात उन्होंने जो सुना उस आधार पर उस अनुच्छेद को दोबारा लिखने के लिए कहती है। शिक्षार्थियों को उस सुनाये गए अनुच्छेद के निकटस्थ [proximate] अर्थ को लिखना है। बिलकुल वही शब्द और वाक्य नहीं लिखने हैं। श्रवण के लिए यह युक्ति क्या कहलाती है?

1. अधोमुखी प्रक्रिया [Top-Down process]
2. ऊर्ध्वमुखी प्रक्रिया [Bottom-Up process]
3. संरचना आधारित प्रक्रिया [structure-based process]
4. सूक्ष्म स्तर भाषा प्रक्रिया [micro level language process]

Ans : (1)

टॉप-डाउन अधोमुखी प्रक्रिया:- अधोमुखी प्रक्रिया पाठ के एक-एक अर्थ पर ध्यान नहीं देती है बल्कि पाठ्यवस्तु के संपूर्णता पर केंद्रित होती है।

'अधोमुखी प्रक्रिया' के अंतर्गत छात्र मुख्य विचारों को सुनकर अनुमान लगाते हैं तथा सार निकालते हैं।

अतः यहां पर शिक्षिका छात्रों को अनुच्छेद सुनने के लिए कहती है तथा सुनकर उसी प्रकार लिखने के लिए नहीं कहती है बल्कि उसके 'निकटस्थ' अर्थ को लिखना है, अर्थात् अनुमान लगाकर अपने विचारों को प्रकट करना है।

अतः शिक्षिका समाचार पत्र के माध्यम से छात्र के 'अधोमुखी' श्रवण प्रक्रिया का विकास कर रही है।

289. अरविन्द सुनते तथा पढ़ते हुए कुछ शब्दों को पहचानता है, वह उन शब्दों को अपने बोलने या लिखने में प्रयोग नहीं कर पाता है। इन शब्दों को किस रूप में जाना जाता है?

1. ग्राह्य शब्द संपदा [Receptive Vocabulary]
2. उत्पादक शब्द संपदा [Productive Vocabulary]
3. वह शब्द जिन्हें हम लेखन और वाचन में प्रयोग करते हैं।
4. संज्ञानात्मक अकादमिक भाषा निपुणता के लिए शब्द संपदा।

Ans : (1)

ग्राह्य शब्द संपदा से तात्पर्य ऐसे शब्दों से है जिनकी पहचान हम जब पढ़ते या सुनते हैं तो कर लेते हैं किंतु स्वयं उसका प्रयोग नहीं कर पाते हैं, इसे 'ग्राह्य शब्द संपदा' कहते हैं।

ऐसे शब्द **निष्क्रिय शब्द [Passive Vocabulary]** भी कहलाते हैं।

290. भाषा अधिगम में 'निर्गम परिकल्पना' से क्या तात्पर्य है?

1. निष्पादन के रूप में शिक्षार्थियों की भाषा के प्रति समझ।
2. प्रयोग के लिए भाषाविदों की भाषा की समझ।
3. बच्चे कैसे सीखते हैं, के बारे में शिक्षक की समझ।
4. शिक्षार्थियों के द्वारा उद्देश्य के लिए भाषा के प्रयोग की योग्यता।

Ans : (4)

भाषा अधिगम में निर्गम परिकल्पना [Output Hypothesis]:- भाषा अधिगम में **निर्गम परिकल्पना** से तात्पर्य शिक्षार्थी द्वारा अपने उद्देश्य के लिए भाषा प्रयोग की योग्यता से है।

'अधिगम निर्गम के माध्यम से उच्चारित शब्द सही है या गलत और उसमें जरुरी परिवर्तन करके भाषा को शुद्ध रुप प्रदान किया जाता है।'

291. पाठ्यवस्तु को सरसरी दृष्टि से पढ़ने का क्या अर्थ है?

1. समझने के लिए शीर्षकों को पढ़ना।
2. पाठ्य सामग्री को जोर से बोलकर पढ़ना।
3. सूचना प्राप्त करने के लिए पढ़ना।
4. अर्थ ग्रहण के लिए पढ़ना।

Ans : (4)

सरसरी दृष्टि से पढ़ना [skimming]

सामान्य अर्थ ग्रहण करने के लिए तीव्रता से किया गया पठन 'रसरी तौर पर पठन' कहलाता है।

यह [Overall idea, General meaning] जानने के लिए किया जाता है। अर्थात् जब छात्र पाठ्य सामग्री का केंद्रीय भाव तथा सार खोजने के लिए तीव्रता से पठन करता है, और लेखक के उद्देश्य तथा लेखक की लिखने की व्यवस्था जानना चाहता है, यह प्रक्रिया। **[skimming]** कहलाती है।

292. एक बालिका अपनी भाषा कक्षा का अनुभव माँ के साथ साझा करती है और कहती है कि कभी-कभी हम अपनी आँखें बंद करते हैं और हमें अध्यापिका अपने बस्ते में से कोई भी वस्तु निकालने के लिए कहती हैं। फिर हमें उस वस्तु के बारे में बताना होता है। यह सीखने का बहुत अच्छा तरीका है।

बच्चे की यह टिप्पणी अधिगम के बारे में बच्चे की प्राथमिकता की ओर संकेत करती है। उसकी प्राथमिकता की पहचान कीजिए:

(1) जब मैं कुछ करती हूँ तो भाषा प्रयोग अच्छी तरह से याद कर लेती हूँ।
(2) मैं जब सुनती हूँ तो भाषा प्रयोग अच्छी तरह से याद कर लेती हूँ।
(3) जब मैं देख कर नकल करती हूँ तो भाषा प्रयोग अधिक अच्छी तरह से याद कर लेती हूँ।
(4) मैं जब देखती हूँ तो भाषा प्रयोग अच्छी तरह से याद कर लेती हूँ।

Ans : (1)

विद्यार्थी भाषा तीन तरीको से सीखते हैं।

(1) देखकर (2) सुनकर (3) क्रिया करके

अर्थात् यहां पर छात्र भाषा सीखने के लिए क्रिया करता है। यहां पर बालक के भाषा सीखने की विधि क्रिया आधारित है। अर्थात् जब बालक स्वयं किसी कार्य को करता है और भाषा का ज्ञान प्राप्त करता है तो 'क्रिया आधारित भाषा शिक्षण [Action based language teaching]' कहलाता है। क्रिया आधारित भाषा शिक्षण से बालक की भाषा स्थायी हो जाती है और बालक आसानी से भाषा सीख जाता है।

293.शिक्षार्थी क्या करती है, उस उदाहरण को पढ़ें और उदाहरण से मेल खाती हुई युक्ति का चयन कीजिए:
'यदि मुझे किसी का अर्थ समझ में नहीं आता तो मैं देखने का प्रयास करती हैं।'
(1) संदर्भ सामग्री की मदद लेना
(2) अभ्यास के लिए अवसरों का प्रयोग करना
(3) मस्तिष्क की भ्रमित स्थिति
(4) विन्यास पर ध्यान देना

Ans : (1)

संदर्भ जोड़कर अर्थ निकालना:- अपरिचित शब्दों के अर्थ को जानने के लिए संपूर्ण पाठ्यसामग्री के कुछ हिस्सों से मदद लेना। अर्थात् शब्द को पाठ्यसामग्री से जोड़कर उसके परिस्थति विशेष के अनुसार अर्थ समझना।

"जब किसी शब्द का अर्थ समझ में नहीं आता है, तो उस अर्थ को समझने के लिए संदर्भ सामग्री [reference material] से मदद ली जाती है।"

294.निपुणता परीक्षण सदैव किसका आकलन करते हैं?
(1) भाषा का वह स्तर जहाँ तक विद्यार्थियों की पहुँच बन गयी है।
(2) विद्यार्थियों को पढ़ायी गयी भाषा।
(3) बहुसंवेदी अधिगम अनुभव।
(4) दैनिक वार्तालाप की भाषा।

Ans : (1)

निपुणता परीक्षण [proficiency test]:- दक्षता परीक्षण/निपुणता परीक्षण से तातार्य ऐसे परीक्षण से है, जिसमें शिक्षार्थी शिक्षण विषय को कहां तक समझ पाया है, और 'भाषा कौशल' में उसकी दक्षता या प्रवीणता का स्तर कितना है। यह पता लगाया जाता है।

"यह जानने की दक्षता कि कैसे और कहां भाषा का उचित रूप से प्रयोग करना है।"

295.नैदानिक परीक्षणों का प्रयोग किसके आकलन के लिए किया जाता है?
(1) पाठ्य-वस्तु के मुख्य बिंदुओं का सारांशीकरण करने की योग्यता।
(2) शिक्षार्थी की अपनी भाषा संबंधी गलतियों को स्वयं पहचानने की योग्यता।
(3) शिक्षार्थियों को उपलब्धियों के क्रम में श्रेणीबद्ध करना।
(4) शिक्षार्थी के भाषा के मजबूत और कमजोर बिंदु।

Ans : (4)

नैदानिक परीक्षण [Diagnostic test]

→ अधिगम संबंधी कठिनाइयों का पता लगाने के लिए किया जाता है।

→ बच्चा क्या समझ नहीं पाया है यह पता लगाकर उसकी कठिनाइयों को दूर किया जाता है।

→ शिक्षार्थी के मजबुत और कमजोर पक्ष का पता लगाने के लिए यह परीक्षण किया जाता है।

- **नैदानिक परीक्षण शिक्षक एवं शिक्षार्थी दोनों के लिए प्रयोग किया जाता है।**

→ अर्थात् नैदानिक परीक्षण के माध्यम से शिक्षक के पढ़ाने में कहां कमी है इसका भी पता लगाया जाता है।

296.एक अध्यापक ने विद्यार्थियों को समूहों में विभाजित किया और हाथियों पर कहानी पढ़ने से पहले उनके बारे में आयोजित प्रश्नोत्तरी में भाग लेने के लिए कहा। यहाँ पर अध्यापक का क्या मन्तव्य है?

(1) टॉपिक के प्रति रुचि [Interest] पैदा करना
(2) सहपाठी पृष्ठपोषण [Peer Support]
(3) पाठ्य-वस्तु की समीक्षा [Review] लिखना
(4) उनकी स्मृति का परीक्षण [memory test] करना

Ans : (1)

जब कोई शिक्षक किसी पाठ को पढ़ाने से पूर्व बच्चों से उस पाठ पर अपने विचार साझा करने के लिए कहता है इसका तात्पर्य है कि **यह छात्रों की उस पाठ के प्रति रुचि उत्पन्न कर रहा है।**

शिक्षक, छात्र उस पाठ/विषयवस्तु के बारे में क्या जनता है यह भी पता लगा सकता है। जिसके माध्यम से वह छात्र को उचित तरीके से समझा सके। "अर्थात् इस प्रकार से शिक्षक छात्र की जानकारी का मूल्यांकन भी कर सकता है।"

297. भाषायी कौशल सीखने का सर्वाधिक उपयुक्त तरीका है।

(1) चुनौतीपूर्ण और यान्त्रिक भाषा [mechanical language] ड्रिलों की मदद से।
(2) एक समय पर एक ही कौशल पर ध्यान केन्द्रित करके।
(3) समावेशित युक्तियों [Inclusive device] के माध्यम से।
(4) केवल लिखित परीक्षा और प्रदत्त कार्यों [assigned tasks] द्वारा।

Ans : (3)

भाषा के चार कौशल हैं।

सुनना, बोलना, पढना, लिखना।

इन चारों कौशल को एकीकृत [Integratd] रुप में सिखाया जाना चाहिए।

ये चारों कौशल आपस में अंतः संबंधित [Interrelated] होते हैं।

अर्थात् जब इन चारों कौशलो को एक साथ समविष्ट करके सिखाया जाता है तो छात्र की भाषा शीघ्र और प्रभावी हो जाती है।

298. विद्यार्थियों ने वर्णनात्मक कौशल [Descriptive Skills] का प्रयोग करना सीखा है या नहीं, इस बात का आकलन करने के लिए अध्यापक को विद्यार्थियों को क्या करने के लिए कहना चाहिए?

(1) एक ऐसी घटना साझा करो जब उन्हें बहुत अचंभा [surprise] हुआ हो।
(2) पाठ्य-वस्तु में आए क्रिया और विशेषण शब्दों पर गोल घेरा लगाओ।
(3) वर्णन करने वाले शब्दों के प्रयोग में हुई गलतियों को सही करो।
(4) कहानी पढ़ो और बोध आधारित प्रश्नों के उत्तर दो।

Ans : (1)

छात्रों का वर्णनात्मक कौशल प्रभावी ढंग से विकसित हुआ है या नहीं यह जानने के लिए छात्र से ऐसे दृश्य का वर्णन करने के लिए कहना चाहिए जो उन्होंने प्रत्यक्ष रुप से देखा हो अर्थात् जब उन्हें किसी घटना को देखकर आश्चर्य हुआ हो। क्योंकि इस प्रकार जब छात्र किसी घटना को अपने निजी जीवन से जोड़कर बताएगा तो उसके वास्तविक 'भाषाकौशल' का सटीक ढंग से पता लगाया जा सकता है।

इस प्रकार यह भी पता लगाया जा सकता है कि छात्र वर्णन करने में किन- किन शब्दों का और कितने प्रभावी ढंग से प्रयोग करता है।

299. भाषा की कक्षा में एक विद्यार्थी अवरोध [interruption] पैदा कर रहा है। इस विद्यार्थी के साथ किस तरह का व्यवहार किया जाना चाहिए?

(1) बच्चों को समाधान खोजने [find solution] के लिए कहना चाहिए।
(2) उद्यमी [Active] विद्यार्थियों पर ध्यान देना चाहिए।
(3) समाधान खोजने के लिए अभिभावकों पर निर्भर रहना चाहिए।
(4) विद्यालय प्रशासन [School Administration] को इस विद्यार्थी के बारे में बताना चाहिए।

Ans : (1)

यदि कक्षा में कोई छात्र अवरोध उत्पन्न कर रहा है, तो शिक्षक को उस छात्र के बारे में पता करना चाहिए, छात्र से बात करना चाहिए, उसे समाधान ढूंढने के लिए कहना चाहिए। क्योंकि जब कोई समाधान ढूंढने में व्यस्त रहेगा तो वह अपना सारा ध्यान समाधान के नये-नये तरीकों में लगायेगा, और कक्षा में उद्दण्डता कम करेगा।

ऐसे छात्रों के साथ गलत व्यवहार (डांटना, दण्ड देना, कक्षा से बाहर करना) नहीं करना चाहिए।

300.निम्नलिखित कथनों को पढ़िए तथा सही विकल्प का चयन कीजिए:

अभिकथन (A): पठन और लेखन कौशल प्राथमिक स्तर समालोचनात्मक चिंतन [critical thinking] में मदद करते हैं।

तर्क (R): समालोचनात्मक चिंतन, पठन और लेखन का उप-कौशल [sub-skill] है।

(1) (A) और (R) दोनों सही हैं तथा (R), (A) की सही व्याख्या नहीं है।

(2) (A) और (R) दोनों सही हैं, परन्तु (R), (A) की सही व्याख्या है।

(3) (A) ग़लत है, परन्तु (R) सही है।

(4) (A) सही है, परन्तु (R) ग़लत है।

Ans : (4)

पठन और लेखन कौशल प्राथमिक स्तर पर भाषा समालोचनालाक चिंतन में मदद करते है। क्योंकि छात्र पढ़ते और लिखते समय रचनात्मक तरीके से भावों को ग्रहण और व्यक्त करता है।

किसी रचना/पाठ को पढ़कर उस पर चिंतन, विश्लेषण करता है। किंतु, समालोचनात्मक चिंतन [critical thinking] पठन, लेखन का उपकौशल नहीं है।

क्योंकि पठन के चार उपकौशल है।

गहन पठन [Intensive reading]

बारीकी से पठन [Scanning]

सरसरी तौर पर पठन [Skimming]

विस्तृत पठन [Extensive reading]

अर्थात् कथन सही और कारण गलत है।

301.कक्षा VII की अध्यापिका निर्धारित पाठ्य-पुस्तकों के अलावा अन्य पुस्तकों के पठन को सुलभ कर रही है। वह किस तरह के पठन को समुन्नत कर रही है?

(1) गहन (Intensive) पठन

(2) साझा पठन [Shared reading]

(3) विस्तृत (Extensive) पठन

(4) निर्देशित पठन [Guidance reading]

Ans : (3)

विस्तृत पठन [Extensive reading]:- विस्तृत पठन/व्यापक पठन का तात्पर्य है छात्रों को पढ़ने के उचित अवसर प्रदान करना।

अर्थात् जब कोई छात्र अपनी रुचि, और आनंद के लिए किसी कहानी, उपन्यास आदि को पढ़ता है जबकि उस पाठ्यपुस्तक का उसके 'शैक्षिक विषयवस्तु' से ज्यादा संबंध नहीं हैं। सराहना बोध के लिए पढ़ना।

"विस्तृत पठन शब्द भण्डार की सही रचनाओं के लिए प्रचुर अवसर देता है।"

व्याकरण अधिगम के लिए पठन विस्तृत पठन के अंतर्गत नहीं आता है।

302.प्रधान अध्यापिका ने भाषा अध्यापक को नए सत्र के लिए पाठ्य-पुस्तकों तथा अन्य संसाधनों का चयन करने के लिए कहा। इनका चयन करते समय, निम्नलिखित में से एक प्रासंगिक नहीं है:

(1) पुस्तकों और संसाधनों की अनुकूलनता

(2) बच्चों की अधिगम आवश्यकताएँ और उन्हें आने वाली भाषाएँ

(3) विद्यार्थियों का स्तर

(4) सामग्री की अवधारणात्मक जटिलता [conceptual complexity] और गहनता

Ans : (4)

पाठ्यपुस्तक का चयन करते समय सावधानी:-
पुस्तक की अनुकूलता [अर्थात् जो पुस्तक आसनी से उपलब्ध हो जाए]

संसाधनों की अनुकूलता

बच्चों की रुचि, अधिगम आवश्यकता, स्तर के अनुरुप पाठ्यपुस्तक होनी चाहिए।

पुस्तक की भाषा सरल, सहज, बोधगम्य होनी चाहिए।

पुस्तक प्रमाणिक होनी चाहिए।

अर्थात् पुस्तक की अवधारणात्मक जटिलता और गहनता पाठ्यपुस्तक की विशेषता नहीं है।

303.अध्यापक ने शिक्षार्थियों द्वारा भाषा सामग्री के प्रयोग का निरीक्षण करने के लिए मानदण्ड निर्धारित किए। सामग्री के प्रयोग का निरीक्षण करने के लिए कौन-सा मानदण्ड सर्वाधिक रूप से महत्त्वपूर्ण और सहायक है?

(1) सामग्री की उपलब्धता, तैयारी और अभ्यास

(2) उपयोग, दोहराव और अभिव्यक्ति
(3) अवलोकन, पृष्ठपोषण स्तर और लिखित रिपोर्ट
(4) चैक लिस्ट, पूर्वानुमान और अधिगम प्रतिफल

Ans : (3)

→ सामग्री के निरीक्षण के लिए अवलोकन [Observation] द्वारा छात्र की गतिविधियो का आकलन किया जाता है।

→ पृष्ठपोषण [Feedback] द्वारा उनके भाषा सामग्री के प्रयोग के स्तर में सुधार किया जाता है।

→ तत्पश्चात् एक लिखित रिपोर्ट [Written report] तैयार की जाती है जिससे निरीक्षण की प्रक्रिया [inspection process] को पूर्ण माना जाता है।

304.एक अध्यापक ने कक्षा VI के शिक्षार्थियों को कैप्शन (शीर्षकों) के साथ एक फिल्म दिखायी। यह फिल्म पाठ्य-पुस्तक के एक अध्याय पर आधारित थी। कैप्शन के साथ दिखायी जा रही फिल्म किस बात के लिए प्रोत्साहित करेगी?

(1) श्रवण युक्तियाँ [Hearing Aid], सक्रिय रूप से देखना और विद्यार्थियों को भाषा की प्रामाणिक सामग्री [Authentic content] का प्रयोग करने के लिए प्रोत्साहित करना।
(2) सक्रिय रूप से देखना और सुनना।
(3) इस तरह की और फिल्में देखने के लिए विद्यार्थियों को प्रोत्साहित करना।
(4) मौखिक संकेतों द्वारा श्रवण युक्तियाँ, पात्रों के अभिनय की सराहना और समीक्षा लिखना।

Ans : (1)

कैप्शन के साथ फिल्म दिखाने से कई उद्देश्य पूरे होते हैं-

→ जब बालक को कोई फिल्म दिखायी जाती है तो उसकी श्रवण तथा दृश्य इंद्रियां [Hearing and visual senses] एक साथ कार्य करती हैं। जिससे बालक की भाषा अधिक स्थायी हो जाती है।

→ जब किसी फिल्म को पाठ्यपुस्तक से जोड़ा जाता है इसका तात्पर्य है कि पढ़ाने के लिए प्रमाणिक सामग्री, का प्रयोग करना।

→ व्यवहारिक संदर्भ [Practical context] में प्रमाणिक भाषा का संपर्क छात्रों की वास्तविक दुनिया की भाषा सामग्री अपनाने के लिए प्रेरित करता है, जिससे उनकी भाषा अधिग्रहण और समझ कौशल में सहायता मिलती है।

→ विषयवस्तु को फिल्म से जोड़ने का तात्पर्य कक्षायी ज्ञान को बाहर की दुनिया से जोड़ना है।

305.निम्नलिखित में से कौन-सा पठन-पूर्व गतिविधि को समर्थित करता है?

(1) शिक्षार्थी को कार्य का सारांशीकरण करने को कहना
(2) अनुमान लगाने से संबंधी कार्य का प्रयोग
(3) व्याकरणिक संरचनाओं का शिक्षण
(4) भावानुवाद संबंधी कार्यों का प्रयोग

Ans : (2)

पाठ्यसामग्री किस बारे में है। [पाठ्यसामग्री में किस विषय पर लिखा गया है।] यह जानने के लिए पाठ्यसामग्री से शीर्षकों और चित्रों का प्रयोग करके पता लगाना।

अनुमान लगाना [Guess/Estimate] पठनपूर्व गतिविधि [Pre reading Activity] को समर्थित करता है। अर्थात् पढ़ाने से पहले बालको को उस बारे में अनुमान लगाने के लिए कहना।

पठन पूर्व गतिविधि विशेष रूप से उन छात्रों के लिए आवश्यक है, जिनके घर की भाषा स्कूल की भाषा से अलग है। अर्थात् जब ऐसे छात्र को नयी भाषा पढ़ाने से पहले किताब के चित्रों आदि को दिखाकर अनुमान लगाने के लिए कहा जाता है, तो नयी भाषा सीखने में छात्रों को आसानी हो जाती है।

306.निम्नलिखित कथनों को पढ़िए तथा सही विकल्प का चयन कीजिए:

अभिकथन (A): अंग्रेज़ी भारत में एक सह-राजकीय भाषा [Co-political language] है।
तर्क (R): भारतीय विद्यालयों में अंग्रेज़ी को विदेशी भाषा [foreign language] की तरह पढ़ाया जाता है।

(1) (A) सही है, परन्तु (R) ग़लत है।
(2) (A) और (R) दोनों सही हैं, परन्तु (R), (A) की सही व्याख्या नहीं है।
(3) (A) ग़लत है, परन्तु (R) सही है।
(4) (A) और (R) दोनों सही हैं तथा (R), (A) की सही व्याख्या है।

Ans : (1)

अंग्रेजी को भारत में सह-राजकीय भाषा का दर्जा प्रदान किया गया है। **[Associate language]**

भारतीय संविधान के अनुसार- [OLA] Official Language Act

[भारतीय शाखा अधिनियम-1963 के तहत] [Art-343C1]

हिंदी- भारत की राजकीय भाषा। [Official Language]

अंग्रेजी- भारत की सह-राजकीय भाषा। [Associate Official Language]

अत: अंग्रेजी भाषा को भारत में द्वितीय भाषा [Second language] के रूप में पढ़ाया जाता है न कि विदेशी भाषा के रूप में।

307. निम्नलिखित में से कौन-सी भाषा की विशेषता नहीं है?

(1) भाषा सांकेतिक [Symbolic] है।
(2) भाषा स्थिर [Stable] है।
(3) भाषा सामाजिक [Social] है।
(4) भाषा व्यवस्थित [Organized] है।

Ans : (2)

भाषा [Language]:- भाषा विचारों की अभिव्यक्ति [अर्थात्- विचारों का आदान प्रदान] महसूस करने व चिंतन करने का एक साधन है।

भाषा के रूप [Types of language]

(i) सांकेतिक भाषा (ii) मौखिक भाषा (iii) लिखित भाषा

भाषा की विशेषताएं

भाषा शिक्षा का माध्यम है।

भाषा सामाजिक, सांस्कृतिक है।

भाषा समस्त विषयों के केंद्र में होती है।

प्रत्येक भाषा का एक व्याकरण होता है।

भाषा में संलग्ता समरूपता होनी चाहिए।

भाषा व्यवस्थाओं की व्यवस्था [arrangement of arrangements] है।

भाषा अस्थिर [Dynamic] और परिवर्तनशील है।

अर्थात् भाषा स्थिर है, यह कहना गलत है। क्योंकि समय के साथ भाषा परिवर्तित होती रहती है। जैसे आज से कई साल पहले की हिन्दी और आज की हिंदी में अंतर है।

308. निम्नलिखित कथनों को पढ़िए तथा सही विकल्प का चयन कीजिए:

अभिकथन (A): पहले के ज्ञान के प्रत्यास्मरण [Recall] के लिए विद्यार्थियों को संकेत देना महत्त्वपूर्ण है।

तर्क (R): पहले के ज्ञान के प्रत्यास्मरण से विद्यार्थियों को जानी गई भाषा से नई भाषा सम्बद्धता [Affiliation] स्थापित करने में मदद मिलती है।

(1) (A) सही है, परन्तु (R) ग़लत है।
(2) (A) और (R) दोनों सही हैं, परन्तु (R), (A) की
(3) (A) गलत है, परन्तु (R) सही है।
(4) (A) और (R) दोनों सही हैं तथा (R), (A) की सही व्याख्या है।

Ans : (4)

छात्र को किसी पाठ को पढ़ाने से पहले शिक्षक को चाहिए कि वह छात्र के पूर्व में सीखे गये अनुभवों को प्रत्यास्मरित [याद दिलाने] के लिए कुछ संकेत देने चाहिए। क्योंकि इससे पूर्व में सीखी गयी भाषा और नयी भाषा में सम्बद्धता स्थापित करने में मदद मिलती है।

"अर्थात् एक भाषा को दूसरी भाषा के साथ जोड़कर सिखाया जाता है।"

309. निम्नलिखित कथनों को पढ़िए तथा सही विकल्प का चयन कीजिए:

अभिकथन (A): भाषा अध्यापक द्वारा व्यक्तिपरक अधिगम की योजना तैयार की जानी चाहिए।

तर्क (R): नयी भाषाओं के अधिगम से शिक्षार्थियों में विविधता [Difference] होती है।

(1) (A) सही है, परन्तु (R) गलत है।
(2) (A) और (R) दोनों सही हैं, परन्तु (R), (A) की सही व्याख्या नहीं है।
(3) (A) ग़लत है, परन्तु (R) सही है।
(4) (A) और (R) दोनों सही हैं तथा (R), (A) की सही व्याख्या है।

Ans : (2)

भाषा अध्यापक द्वारा व्यक्तिपरक अधिगम की योजना तैयार की जानी चाहिए- जिसमे सभी प्रकार के छात्रों को उनकी व्यक्तिगत भिन्नताओं के आधार पर पढ़ाया जा सके। नयी भाषा सीखने में विद्यार्थियों में विविधता होती हैं क्योंकि बालक अलग - अलग अधिगम अनुभव प्राप्त करते हैं।

किंतु नयी भाषा सीखने में विविधता होती है इसलिए व्यक्तिपरक अधिगम की योजना तैयार की जानी चाहिए यह कथन गलत है।

क्योंकि नयी भाषा ही नहीं बल्कि कोई भी भाषा सिखाते समय बालक के (Individual difference) के आधार पर योजना बनायी जानी चाहिए।

310.किस विधि में शिक्षार्थी की प्रथम भाषा शिक्षण में केन्द्रीय भूमिका निभाती है?

(1) सम्प्रेषणात्मक [Communicative] भाषा शिक्षण विधि
(2) व्याकरण- अनुवाद विधि
(3) कार्य-आधारित अधिगम
(4) प्रत्यक्ष (Direct) विधि

Ans : (2)

व्याकरण अनुवाद विधि [Grammar translation method]

इस विधि में लक्ष्य भाषा [Target language] सिखाने के लिए **'मातृभाषा'** का सहारा लिया जाता है।

इस विधि में बोलने पर बल नहीं दिया जाता है।

यह विधि व्याकरण के नियमों पर आधारित होती है।

इस विधि में पढ़ने, लिखने पर बल दिया जाता है।

इसे पुरानी विधि [Old Method, Classical Method] के नाम से जाना जाता है।

इसे भण्डारकर विधि भी कहा जाता है।

यह विधि संप्रेषण कौशल को हतोत्साहित [Discourage] करती है।

अर्थात् व्याकरण सिखाने की यह विधि कम प्रभावी है।

311.भारत में विद्यालयी शिक्षा के संदर्भ में बहुभाषावाद [Multilingualism] के लिए कौन-सा कथन सही है?

(1) बहुभाषावाद [Multilingualism] का प्रयोग भाषाओं और विषयों के शिक्षण-अधिगम के लिए एक संसाधन [Resource] के रूप में होना चाहिए।
(2) बहुभाषिक कक्षाओं का यह उद्देश्य है कि सभी विद्यार्थी जहाँ तक संभव हो अधिक से अधिक भाषाएँ सीख सकें।
(3) बहुभाषिक कक्षा में प्रत्येक विद्यार्थी को अंग्रेज़ी सीखनी चाहिए और अंग्रेज़ी माध्यम के विद्यालय में पढ़ना चाहिए।
(4) बहुभाषिक कक्षा में प्रत्येक बच्चे को मातृभाषा से शुरू करते हुए हिन्दी, फिर अंग्रेज़ी इस तरह से तीन भाषाएँ सीखनी चाहिए।

Ans : (4)

विद्यालयी शिक्षा में 'बहुभाषिकता [Multilingualism]' एक संसाधन के रूप में अर्थ है:-

→ सभी बच्चे अपनी विद्यालयी शिक्षा अपनी मातृभाषा में प्रारंभ करते हैं।

→ तथा जैसे-जैसे प्रगति करते हैं उसमें और अधिक भाषाएँ जोड़ते जाते हैं।

→ बहुभाषिकता भारत की संस्कृति का एक अभिन्न अंग है।

→ भारत एक बहुभाषी देश है।

312.'वाक् समुदाय' लोगों का वह समूह है जो-

(1) विशिष्ट उद्देश्यों के लिए भाषा के विशिष्ट प्रकार में बात करते हैं।
(2) भाषा के प्रयोग के संदर्भ में एकसमान मानकों का प्रयोग करते हैं।
(3) जिनके एकसमान वाक् विकार हैं।
(4) एकसमान भाषा का शिक्षण करते हैं।

Ans : (2)

→ एक वाक् समुदाय [Speech community] लोगों का एक समूह है जो भाषा या बोली के लिए एक मानक भाषा [Uniform Standard Language] का प्रयोग करते हैं।

→ यह शब्द एक पड़ोस, एक समुदाय या एक क्षेत्र पर लागू किया जा सकता है।

313. कक्षा पाँच की अध्यापिका अपने विद्यार्थियों को कहानी सुनाते समय रचनावादी उपागम [Constructivist Approach] का प्रयोग करती है। उसे अपनी कक्षा में किस युक्ति का अनुसरण नहीं करना चाहिए?

(1) कहानी की थीम से सम्बन्धित शिक्षार्थियों के पूर्व ज्ञान का सहारा लेना चाहिए।
(2) कहानी के अन्त का अनुमान लगाने के अवसर देने चाहिए।
(3) कहानी को कंठस्थ [Memorized] करके कक्षा में वर्णन करना चाहिए।
(4) कहानी के पात्रों पर विचार विमर्श [Discussion] करने के मौके देने चाहिए।

Ans : (3)

कहानी सुनाने के पश्चात् शिक्षिका को छात्रों से उनके पूर्व ज्ञान के आधार पर कहानी को बताने के लिए कहना चाहिए।

→ कहानी के अन्त का अनुमान लगाने का अवसर देना चाहिए।

→ कहानी के पात्रों पर विचार-विमर्श के अवसर देने चाहिए।

अध्यापिका को अपने बच्चो को कभी-भी कहानी याद करने के लिए नहीं कहना चाहिए क्योंकि यह यांत्रिक विधि मन- मस्तिष्क पर भार समान है।

314. निम्नलिखित में से कौन-सा भाषा अर्जन के दौरान आरंभिक शब्द त्रुटि का अतिशय रूप से विस्तार का उदाहरण है?

(1) बच्चे उड़ती हुई सभी चिड़ियों को गौरैया कहते हैं।
(2) बच्चे प्रवाह के साथ नहीं बोल पाते हैं।
(3) बच्चे किसी बात को अभिव्यक्त करने के लिए केवल मुख्य शब्द का सहारा लेते हैं, जैसे "माँ सेब खाती" है।
(4) बच्चे अपनी बोली गई बातों को दोहराते हैं।

Ans : (4)

त्रुटि का अतिशय विस्तार [Extreme Spread of Error]/अतिसामान्यीकरण [Overgeneralization]:- जब बालक एक जगह पर सीखा गया ज्ञान हर जगह प्रयोग करने लगता है तो इसे 'त्रुटि का अतिशय विस्तार' या **'अतिसामान्यीकरणा'** कहते हैं।

315. भाषा शिक्षण के किस उपागम में अर्थ के प्रति समझ बनाने की जगह वाक्यों के प्रतिरूपों [Patterns] को याद करने पर बल दिया जाता है?

(1) व्याकरण अनुवाद विधि [Grammar Translation Method]
(2) सम्प्रेषणात्मक उपागम [Communicative Approach]
(3) प्रत्यक्ष विधि [Direct Method]
(4) संरचनात्मक उपागम [Structural Approach]

Ans : (4)

संरचनात्मक उपागम (Structural Approach)

→ शिक्षार्थी Concept को क्रम (संरचना) में सीखते हैं।

→ अर्थ के प्रति समझ बनाने की जगह Pattern (प्रतिरूपों) को याद करने पर बल दिया जाता है।

→ यह वाक्यों के ढांचे या पैटर्न की महारत [Mastery] पर जोर देता है। जो वाक्य निर्माण में सहायता करता है।

316. किसके अन्तर्गत लोगों को सुझाव देने के बजाए सीधे-सीधे कहा जाता है कि उन्हें क्या करना चाहिए?

(1) रचनात्मक उपागम [Creative Approach]
(2) आदेशात्मक उपागम [Prescriptive Approach]
(3) वर्णनात्मक उपागम [Descriptive Approach]
(4) संरचनात्मक उपागम [Structural Approach]

Ans : (2)

आदेशात्मक उपागम [Prescriptive Approach]:- आदेशात्मक उपागम के अंतर्गत छात्रो को सुझाव देने के बजाय सीधे-सीधे आदेश दिया जाता है कि उन्हें क्या करना है।

किंतु NCF 2005 के अनुसार छात्र की सहभागिता अत्यंत महत्वपूर्ण हैं।

अत: शिक्षक आदेश देनेवाला (तानाशाह) की बजाय एक सुविधादाता [Facilitator] है।

अत: आदेशात्मक उपागम कम प्रभावशाली शिक्षणनीति है।

317. जब आप किसी अभ्यास में या सामग्री में शिक्षार्थियों की आवश्यकतानुसार आवश्यक परिवर्तन करते हैं, तो इसे क्या कहा जाता है?

(1) अधिग्रहण [Acquisition]
(2) अनुकूलन [Adaptation]
(3) मूल्यांकन [Evaluation]
(4) समीक्षा [Review]

Ans : (2)

अनुकूलन [Adaptation]:- जब शिक्षक बालको की भाषा सीखने में आई कठिनाइयो को सरल करते हैं। और अपने शिक्षार्थियों की आवश्यकतानुसार विषयवस्तु में भी कुछ परिवर्तन करते हैं। शिक्षक द्वारा इस प्रकार किया गया कार्य **अनुकूलन [Adaptation]** कहलाता है।

[अर्थात् किसी भी प्रकार के शिक्षण कार्य को छात्र के अनुकूल बनाना।]

318.निम्नलिखित में से कौन-सी गतिविधि अर्थ आधारित गतिविधि [Meaning based Activity] के अन्तर्गत नहीं आएगी?

(1) पाठ के साथ अन्तःक्रिया [Interaction] करना
(2) पूर्व ज्ञान [Previous Knowledge] का इस्तेमाल करना
(3) पढ़ना और फिर उसी का वृत्तान्त [Story] दूसरों के सामने सुनाना
(4) प्रत्येक शब्द को पढ़ना

Ans : (4)

अर्थ आधारित गतिविधि [Meaning based Activity]:- अर्थ आधारित गतिविधि के अंतर्गत छात्र पाठ्यसामग्री के साथ अंतः क्रिया करते हैं।

छात्र पूर्वज्ञान के आधार पर नये ज्ञान को जोड़ते हैं।

पाठ्यसामग्री को पढ़कर अपने शब्दों में दूसरों के सम्मुख प्रस्तुत करते हैं। पाठ्यवस्तु के रामग्रता पर ध्यान देते हैं।

प्रत्येक शब्द को पढ़ना 'गहन पठन' के अंतर्गत आता है 'प्रत्येक शब्द को पढ़ना, अर्थ आधारित गतिविधि के अंतर्गत नहीं आता है।'

319.गलतियों का विश्लेषणात्मक अध्ययन [Observational Learning] क्या कहलाता है?

(1) त्रुटि विश्लेषण [Error Analysis]
(2) तुलनात्मक विश्लेषण [Comparative Analysis]
(3) वाक्य विश्लेषण [Sentence Analysis]
(4) शब्द विश्लेषण [Word Analysis]

Ans : (1)

त्रुटि विश्लेषण [Error Analysis]:- बालक की गलतियों का विश्लेषण करके उनमें रह गयी कमियों को सुधारना।

अर्थात् गलतियों का विश्लेषण अध्ययन 'त्रुटि विश्लेषण' कहलाता है।

320.कक्षा पाँच में भाषा शिक्षण करते समय श्री लाल पाठ्यसामग्री को बच्चों की पृष्ठभूमि, रीति-रिवाज और परम्पराओं से सम्बद्ध करते हैं। श्री लाल भाषा के किस सिद्धांत का प्रयोग कर रहे हैं?

(1) सटीकता [Accuracy] का सिद्धांत
(2) समूहीकरण [Grouping] का सिद्धांत
(3) अभ्यास [Practice] का सिद्धांत
(4) जीवन से जुड़ाव [Connection with life] का सिद्धांत

Ans : (4)

शिक्षक को सदैव शिक्षण कार्य छात्र के Real life से जोड़कर करना चाहिए।

छात्र के विचार [Thoughts], अनुभव [Experience] भाषा संस्कृति आदि को कक्षा में स्थान देना चाहिए। प्रत्येक छात्र को कक्षा में बोलने के समान अवसर देना चाहिण |

अर्थात् उपर्युक्त प्रश्न में छात्र के संस्कृति [Culture], भाषा आदि को सम्मान दिया जा रहा है

अर्थात् इसे शिक्षण का जीवन से जुड़ाप का सिद्धांत कहा जाता है।

321.कल्पना करें कि आप किसी गतिविधि क्लब के सचिव हैं। आपने अपने विद्यालय में एक सेमिनार की अध्यक्षता हेतु किसी भाषा वैज्ञानिक को आमंत्रित किया है। आप उनका साक्षात्कार [Interview] कर रहे हैं और उसमें उनके व्यवसाय, शौक और भविष्य की योजनाओं के बारे में पूछ रहे हैं। इस गतिविधि को किस श्रेणी में रखेंगे?

(1) श्रवण और लेखन गतिविधि
(2) वाचन और लेखन गतिविधि
(3) पठन और श्रवण गतिविधि

(4) श्रवण और वाचन गतिविधि

Ans : (4)

जब आप किसी को आमंत्रित करते हैं और उससे साक्षात्कार करते हैं तो इसका तात्पर्य है कि आप श्रवण एवं वाचन, कौशल का प्रयोग करेंगे।

साक्षात्कार का अर्थ है:- आमने-सामने बैठकर बातचीत करना। अर्थात् जब आप प्रश्न पूछेंगे तो **'वाचन कौशल'** का प्रयोग करेंगे।

तथा जब आप जवाब सुनेंगे तो **'श्रवण कौशल'** का प्रयोग करेंगे।

322. 'पृथ्वी सूर्य के चारों ओर घूमती है' इस प्रकार की तथ्यात्मक सूचना संबंधी लेखन को किस श्रेणी में रखेंगे?

(1) प्रतिपादक लेखन (व्याख्यात्मक) [Expository Writing]
(2) प्रत्ययकारी लेखन (आकर्षक) [Suffix Writing]
(3) वृतान्तात्मक लेखन [Narrative Writing]
(4) विवरणात्मक लेखन [Descriptive Writing]

Ans : (1)

प्रतिपादक/व्याख्यात्मक प्रश्न [Explanatory Question]:- जब छात्र जानकारी को किसी fact या जानकारी को direct रुप से बताया जाता है।

उस जानकारी के विषय में बालक को यह नहीं बताया जाता है कि ऐसा 'क्यों' हुआ है।

ऐसे प्रश्न व्याख्यात्मक प्रश्न के अंतर्गत आते है।

323. "किसी भाषा के शब्दों और उनके अर्थ के बीच स्वाभाविक संबंध नहीं है।" यह कथन किससे संबंधित है?

(1) भाषा अद्वितीय [Unique] है।
(2) भाषा वाचिक [Oral] है।
(3) भाषा यादृच्छिक [Random] है।
(4) भाषा गतिशील [Dynamic] है।

Ans : (3)

यादृच्छिक [स्वतंत्र]:- यादृच्छिक का अर्थ 'स्वतंत्र' होता है।

अर्थात् भाषा के शब्दों और उसके अर्थो के बीच किसी प्रकार का संबंध नहीं होता है।

324. अतुल्यकालिक अधिगम [Asynchronous Learning] का उदाहरण है-

(1) तुरंता संदेश [instant message]
(2) वीडियो कॉन्फ्रेंसिंग
(3) तुरंता वार्तालाप [instant conversation]
(4) पाठ्यपुस्तक

Ans : (4)

पाठ्यपुस्तक अतुल्यकालिक (Asynchronous) का उदाहरण है।

अतुल्यकालिक अंतः क्रिया में शिक्षक और छात्र एक ही समय में मौजूद नहीं होते हैं।

तुल्यकालिक अधिगम (Asynchronous)

→ तुरंता संदेश

→ वीडियो कॉन्फ्रेंसिंग

→ तुरंता वार्तालाप [Conversation]

325. भाषा-शिक्षक के रूप में आप किसे सर्वाधिक महत्वपूर्ण [most important] मानते हैं?

1. पाठ्य-पुस्तक [Textbook]
2. भाषा आकलन [Language Assessment]
3. भाषा-शिक्षण [Language Pedagogy]
4. संसाधन सामग्री [Resource Material]

Ans : (3)

भाषा शिक्षक के रूप में सर्वाधिक महत्वपूर्ण है कि शिक्षक को 'भाषा पढ़ाने की शैली, का ज्ञान हो।'

326. भाषा-आकलन [Language Assessment] के उद्देश्य नहीं है?

1. बच्चों के सीखने में मदद करना
2. बच्चों के सीखने के तरीके के बारे में जानना
3. बच्चों को उत्तीर्ण-अनुत्तीर्ण करना
4. बच्चों को अपनी गति से सीखने के अवसर देना

Ans : (3)

आकलन [Assessment]:- किसी के बारे में जानकारी इकट्ठा करने की प्रक्रिया **आकलन [Assessment]** कहलाती है।

यह Teaching learning Process के दौरान निरंतर

चलने वाली प्रक्रिया है।

आकलन के उद्देश:- आकलन के द्वारा शिक्षक को बच्चों की अधिगम शैली, [Learning Style], के बारे में पता चलता है; जिससे शिक्षक उनके अनुसार शिक्षण कार्य करता है।

इससे बच्चों को सीखने में मदद मिलती है।

बच्चों को अपनी गति से सीखने के अवसर देना।

"आकलन करने का प्रमुख उद्देश्य बालक की अधिगम संबंधी कमियों का पता लगाकर उसमें सुधार करना। न कि बालकों को Categorise करना। या तुलना करना।"

अर्थात् [बच्चों को उत्तीर्ण या अनुत्तीर्ण करना आकलन का उद्देश्य नहीं है।]

327. भाषा के दो पक्ष होते हैं – एक, संरचनात्मक पक्ष और दूसरा पक्ष।

1. साहित्यिक [Literary]
2. प्रकार्यात्मक [Functional]
3. भावनात्मक [Emotional]
4. आलंकारिक [Figurative]

Ans : (2)

भाषा के दो पक्ष होते हैं।

(1) संरचनात्मक [Structural]:- संरचनात्मक के माध्यम से पता चलता है की भाषा की संरचना कैसी है।

(2) प्रकार्यात्मक [Functional]:- प्रकार्यात्मक के माध्यम से पता चलता है कि भाषा की प्रक्रिया क्या है [अर्थात् उसका प्रयोग कैसे किया जाया]

328. भाषाई-क्षमताओं [Linguistic Abilities] के बारे में कौन-सा कथन उचित नहीं है-

1. भाषाई क्षमताएँ एक-दूसरे को प्रभावित करती हैं
2. भाषाई क्षमताएँ एक क्रम से नहीं सीखी जाती हैं
3. भाषाई क्षमताएँ एक क्रम से सीखी जाती हैं
4. भाषाई क्षमताओं में 'समझ' अंतर्निहित [involved] है

Ans : (3)

भाषा के कौशल:- भाषा के चार कौशल होते हैं।

'सुबोपलि' [LSRW]

सुनना [Listening] बोलना [Speaking] पढ़ना [Reading] लिखना [Writing]

[ये चारों भाषा के मनोवैज्ञानिक क्रम हैं।]

उत्पादक कौशल/पुनर्बलन कौशल/अभिव्यक्तात्मक कौशल [Expressive/Productive Skills]:- बोलना, लिखना

ग्रहणात्मक कौशल [Receptive Skills]:- पढ़ना, सुनना

[भाषा के चारों कौशल अंतः संबंधित होते हैं।]

अर्थात् भाषा के कौशल एक-दूसरे को प्रभावित करते हैं।

"अत: भाषा के विभिन्न कौशलों को एकीकृत [Integrated] रूप में सिखाने की अनुसंशा की जाती है।"

[अत: भाषाई क्षमताएं एक क्रम में सीखी जाती हैं। यह कथन गलत है।]

329. विद्यार्थी प्रथम भाषा सीखते हैं-

1. मैत्रीपूर्ण वातावरण [Friendly Environment] में
2. पढ़ाए जाने वाले वातावरण में
3. औपचारिक वातावरण [Formal Environment] में
4. प्राकृतिक वातावरण [Natural Environment] में

Ans : (4)

बालक अपनी प्रथम भाषा/मातृभाषा का सदैव अपने आस-पास के वातावरण से अर्जन करते हैं।

प्राकृतिक वातावरण [Natural Environment]:- प्राकृतिक वातावरण से तात्पर्य शिक्षार्थी समाज के साथ अंतः क्रिया करके (संप्रेषण) के माध्यम से प्राकृतिक रूप से भाषा सीखते है।

[अर्थात् अर्जन का तात्पर्य बिना किसी Efforts के भाषा सीखना।]

330. एक अध्यापक किसी पाठ्य सामग्री का आधा भाग जोर से पढ़कर सुनाता/सुनाती है और विद्यार्थियों से समूह में उसे अपनी ओर से पूरा करने के लिए कहता/कहती है। यह किस प्रकार की गतिविधि है?

1. अनुभव-आधारित क्रिया [Experience-based Activity]
2. सामूहिक कार्य [Group Work]
3. लेखन गतिविधि [Writing Activity]

4. अन्तर्ग्रही गतिविधि [Interplanetary Activity]

Ans : (1)

जब शिक्षिका आधी कहानी सुनाने के पश्चात् छात्रों से कहानी पूर्ण करने के लिए कहती है तो इसका तात्पर्य है कि-

शिक्षिका बच्चों के समालोचनात्मक चिंतन का विकास करना चाहती है। इस प्रकार के प्रश्नो में बालक अलग-अलग दिशाओं में सोचकर अपने अनुभव के आधार पर कहानी को पूरा करते हैं।

[अर्थात् इस प्रकार की गतिविधि 'अनुभव आधारित गतिविधि' कहलाती है।]

331.शिक्षक संकेतक की सहायता से तीन लाल रंग के पेन और दो नीले रंग की पेंसिलों की ओर ध्यान आकर्षित करता/करती है। एक पेंसिल की ओर संकेत करके कहता/कहती है- 'यह पेंसिल नीली है।' फिर दो पेनों की तरफ़ संकेत करके कहता/कहती है- 'ये पेन लाल हैं।' फिर एक अपने हाथ में लेता/लेती है और पेंसिल अपनी जेब में डालते हुए कहता/कहती है- 'मेरे हाथ में एक पेन है और अब मैं पेंसिल अपनी जेब में रख रहा हूँ। रही हूँ।' ये पूरी प्रक्रिया शिक्षण के किस उपागम का अनुपालन करती है?

1. परिस्थिति आधारित उपागम [Situation-based Approach]
2. संप्रेषण उपागम [Communication Approach]
3. प्रदर्शन उपागम [Performance Approach]
4. प्रत्यक्ष उपागम [Direct Approach]

Ans : (1)

परिस्थति आधारित उपागम [Situation-based Approach] के अंतर्गत शिक्षक छात्रों को परिस्थति के अनुसार पढ़ाते हैं। अर्थात् शिक्षक परिस्थति विशेष के अनुसार शब्दों का प्रयोग करते हैं।

इस पद्धति के अनुसार बालक को परिस्थति के अनुसार वास्तविक जीवन से जोड़कर भाषा प्रयोग के अवसर प्रदान किये जाते हैं। जिससे बच्चे सहज रूप से भाषा सीख सकते है।

332.ध्वनि विज्ञान [Phonology] के पाँच अवयव [Component] हैं। निम्नलिखित में से कौन-सा ध्वनि विज्ञान का अवयव नहीं है?

1. बलाघात [Accent]
2. लहजा [Tone]
3. संयोजन [Combination]
4. विहंग दृष्टि (स्किम)

Ans : (4)

धानि विज्ञान के पांच अवयव:-

स्वनिम [Phoneme]

शब्दांश संरचना [Syllable Structure]

बलाघात

लहजा [शैली/ तरीका]

और संयोजन

विहंग दृष्टि [skimming] ध्वनि विज्ञान का अवयव नहीं हैं। यह पठन का उपकौशल है।

333.इनमें कौन-सा पढ़ने का उप-कौशल नहीं है-

1. ऊँचे स्वर में पढ़ना और अर्थ बताना
2. पाठ्य सामग्री को सूचना हेतु ध्यान से देखना
3. निष्कर्ष निकालने के लिए पढ़ना
4. बेहतर उच्चारण [Pronunciation] हेतु पढ़ना

Ans : (4)

पढ़ने के उपकौशल [Subskills of Reading]:-

→ पाठ्य सामग्री सूचना हेतु ध्यान से देखने का कौशल।

→ लिखित या मुद्रित शब्दों को पढ़कर उनका भाव ग्रहण करने तथा भाव का वर्णन करने का कौशल।

→ ऊँचे स्वर में पढ़कर अर्थ ग्रहण करने का कौशल।

→ भाषा की संरचना समझने का कौशल।

→ निष्कर्ष निकालने के लिए पढ़ने को कौशल।

→ कविताओं, कहानियों को चित्रों के आधार पर अनुमान लगाकर पढ़ने का कौशल कठिन प्रत्ययों को रोचक बनाने का कौशल।

→ संदर्भ के संरचनात्मक व नकारात्मक दोनों पहलुओं का ज्ञान करने का कौशल

→ पढ़ते हुए भावात्मक संबंध बनाने का कौशल।

[अतः बेहतर उच्चारण हेतु पढ़ना, पढ़ने का उपकौशल नहीं है।]

334. निम्नलिखित में से कौन-सा कथन मानदण्ड निर्धारित परीक्षाओं के संदर्भ में सही नहीं है?

1. इनका निर्माण सुनिर्धारित एवं उद्देश्यों के मापन के लिए किया जाता है।
2. निदानात्मक और उपलब्धि परीक्षा इस श्रेणी में आती है।
3. ये पाठ्यक्रम और विशिष्ट प्रोग्राम होते हैं।
4. ये प्रशिक्षार्थी के किसी दूसरी भाषा/विदेशी भाषा सीखने की अभिरुचि का भी मापन करते हैं।

Ans : (4)

मानदण्ड संदर्भित आकलन [Norm-referenced assessment]:- मानदंड-संदर्भित आकलन में, एक छात्र कैसे करता है; इसके बारे में शिक्षक के निर्णय उन मानकों एवं मानदण्डों पर आधारित होते हैं जो पूर्व निर्धारित होते हैं। इनका निर्णय सुनिर्धारित एवं उद्देश्यों के मापन के लिए किया जाता है। निदानात्मक और उपलब्धि परीक्षा [Diagnostic and Achievement Test] इस श्रेणी में आती है।

ये पाठ्यक्रम और विशिष्ट प्रोग्राम होते हैं।

[किंतु ये शिक्षार्थी के किसी दूसरी भाषा सिखने की अभिरुचि का भी मापन करते हैं: मानदंड संदर्भित आकलन के संदर्भ में सही नही है।]

335. कक्षा तीन की अध्यापिका अंकिता को पता चलता है कि शिक्षार्थी नवीन जानकारियों को मौखिक रूप में लेने के बजाय लिखित रूप में लेना पसंद करते हैं। इन शिक्षार्थियों की अधिगम शैली कौन सी है?

1. श्रव्य
2. दृश्य
3. गतिबोधक [motion sensor]
4. सौंदर्यबोध [aesthetic sense]

Ans : (2)

शिक्षार्थी की तीन प्रकार की अधिगम शैली [Learning Style] होती है।

1. दृश्य [Visual]

2. श्रव्य [Audio]

3. दृश्य- श्रव्य [Audio-visual]

(अर्थात् छात्र जब कोई जानकारी मौखिक रूप में न लेकर लिखित रुप में लेना पसंद करते हैं, इसका अर्थ है कि छात्र 'देखकर' पाठ्यसामग्री अधिक समझता है।)

336. एक अध्यापक ने कक्षा चार में अपने शिक्षार्थियों को एक रोल प्ले द्वारा काम दिया है जिसमें उन्हें दी गई स्थिति पर अपने विचारों का आदान-प्रदान करना है। वह किस कौशल के संवर्धन [Enhancement] पर काम कर रही है?

1. अभिनय [Acting]   2. लेखन
3. वाचन   4. पठन

Ans : (3)

रोल प्ले के माध्यम से छात्र समूहों में विचारों, भावनाओं आदि को व्यक्त करते हैं।

अनौपचारिक तरीके से संप्रेषण करते हैं।

परिस्थिति विशेष के अनुसार अपने शब्दों का प्रयोग करते है। (जिससे वाचन कौशल/अभिव्यक्ति क्षमता का विकास होता है।)

(अर्थात् रोल प्ले का मुख्य उद्देश्य छात्र के वाचन कौशल का संवर्धन करना है।)

337. शिक्षक उभरते लेखकों में अच्छा लेखन कौशल कैसे विकसित कर सकते हैं?

1. विषय पर स्पष्ट निर्देश देकर तथा शब्द सीमा तय करके
2. शिक्षार्थियों के किए गए, अच्छे कार्य की प्रशंसा करके तथा उसे आगे और सुधार करने के लिए विशिष्ट टिप्पणी देकर
3. शिक्षार्थियों को अच्छी लिखाई में लिखने के लिए कहकर
4. केवल उनकी व्याकरणिक त्रुटियों पर विस्तृत प्रतिपुष्टि [Feedback] देकर

Ans : (2)

'लेखन कौशल' में यह देखा जाता है कि बालक अपने विचारों को कितने रचनात्मक तरीके से व्यक्त करता है। लेखन कौशल का उद्देश्य 'अच्छी लिखावट' नहीं है।

(यदि कोई छात्र लेखनकार्य करता है तो शिक्षक को उसके लेखन की प्रशंसा करनी चाहिए तथा जहां गलतियां हो वहां उसे सहारा देकर सुधार करने के लिए कहना चाहिए)

338. योगात्मक आकलन का क्या उद्देश्य है?

1. विभिन्न विद्यार्थियों में तुलना करना
2. शिक्षार्थियों पर बुद्धिमान, औसत अथवा धीमी गति से सीखने वाले का ठप्पा (लेबलिंग) लगाना
3. विद्यार्थी के अधिगम के विषय में सूचना एकत्र करने के लिए विभिन्न तरीकों का प्रयोग करना
4. साप्ताहिक आधार पर नियमित रूप से कक्षा परीक्षा कराना

Ans : (3)

योगात्मक आकलन (Summative Assessment)

साल के अंत में किया जाने वाला आकलन।

योगात्मक आकलन अंतिम result पर आधारित होता है।

Teaching learning process के अंत में किया जाता है।

जैसे- yearly and half yearly exam, standardized test आदि।

विद्यार्थियों के अधिगम और निष्पादन के बारे में निर्णय लेने के लिए प्रयुक्त किया जाता है।

(प्राथमिक कक्षाओं के लिए आकलन की यह विधि कम प्रभावी मानी जाती है।)

339. शिक्षिका पाठ्यपुस्तक से एक लड़की के बारे में कहानी सुना रही है जो एक चिड़िया की देखभाल करती है और उसे दाना खिलाती है। अचानक से एक लड़का अली खड़े होकर शिक्षिका को बताता है कि किस तरह उसने एक दिन पार्क में घायल पड़ी गिलहरी की रक्षा की। कहानी के प्रति अली की प्रतिक्रिया को किस रूप में वर्णित किया जा सकता है?

1. पठन सामग्री को अपने व्यक्तिगत अनुभव [Personal Experience] से जोड़ना
2. शिक्षिका को बीच में रोकना
3. बोलने का अवसर मिलना तथा यह दिखाना कि वह कक्षा में सक्रिय [Active] है
4. उसकी कक्षा में ध्यान खींचने की प्रवृत्ति [Tendency]

Ans : (1)

→ यहाँ छात्र अपने व्यक्तिगत अनुभवों को पाठ्यसामग्री से जोड़ रहा है।

→ शिक्षिका को बालक की सराहना करनी चाहिए।

→ शिक्षिका को सदैव पाठ्यवस्तु बालक के निजी जीवन से जोड़कर सिखानी चाहिए, इससे छात्र कक्षा में अधिक जुड़ाव महसूस करते हैं और जानकारी को अपने personal/real life से जोड़कर जल्दी सीखते हैं।

→ पाठ पढ़ाते समय teaher's को बालक से बीच-बीच में बोलने/प्रश्न पूंछने के अवसर देते रहना चाहिए।

340. भाषा को सर्वोत्तम तरीके से कैसे सीख सकते हैं?

1. संदर्भों [references] में
2. पृथकता [separateness] में
3. वर्णमाला के क्रम में
4. जब शब्द एक-एक करके प्रस्तुत किए जाए

Ans : (1)

संदर्भो में भाषा सिखाने से तात्पर्य है कि अपरिचित शब्दों के अर्थ को समझने के लिए संपूर्ण पाठ्यसामग्री के कुछ हिस्सों से मदद लेना।

अर्थात्- पाठ्यसामग्री से जोड़कर उसके परिस्थति विशेष के अनुसार अर्थ समझना।

('संदर्भ में भाषा सिखाने से तात्पर्य है कि बातचीत या किसी भी पाठ्यसामग्री के माध्यम से भाषा सिखाना।')

अर्थात् भाषा के लिए अलग class न चलाना।

341. आप भाषा शिक्षक के रूप में पाठ्य सामग्री के किस स्वरूप को अपनाना चाहेंगे?

1. मूर्त विवरणात्मक [concrete descriptive] और विश्लेष्णात्मक [analytical]
2. अमूर्त विवरणात्मक [abstract descriptive] और विश्लेष्णात्मक
3. मूर्त विवरणात्मक और अवधारणात्मक
4. अमूर्त अवधारणात्मक और अवधारणात्मक

Ans : (1)

मूर्त पाठ्यसामग्री में बालक वस्तु को देखकर अनुभव प्राप्त करेंगे अतः इससे बालक वास्तविक परिस्थितियों एवं प्रत्यक्ष रुप से सीखेंगे, जिससे उनका ज्ञान स्थायी हो जाएगा।

विश्लेषणात्मक से तात्पर्य छात्र पाठ्यसामग्री को पढ़कर, समझकर उसका Analysis कर सकें। (अर्थात् अपना तर्क प्रस्तुत कर सकें।)

(अर्थात् एक एक भाषा शिक्षक को मूर्त विवरणात्मक

एवं विश्लेषणात्मक पाठ्यसामग्री का चयन करना चाहिए।)

342. पियाजे के अनुसार भाषा अर्जन की प्रक्रिया है-

1. साहचर्यजन्य [Associative]
2. सुमेलन [Matching]
3. युक्तिजन्य [Rational]
4. सामाजिक [Social]

Ans : (3)

भाषा अर्जन की प्रक्रिया:-

पियाजे के अनुसार:- युक्तिजन्य [Rational]

वायगोत्सकी के अनुसार:- सामाजिक [Social]

चोम्स्की के अनुसार:- प्राकृतिक [Natural]

343. पियाजे के अनुसार भाषा का विकास ______ से ______ तक होता है।

1. निजी से व्यक्तिगत
2. निजी [Personal] से समाजीकृत
3. आत्मकेंद्रित से सामाजिक [Self-centered to Social]
4. सामाजिक से आत्मकेंद्रित

Ans : (3)

जब बच्चा खुद से बोल-बोल कर बात करता है। (स्वयं को निर्देशित) करता है, तो वायगोत्सकी इसे **Private speech** कहते हैं। **तथा पियाजे** इसे (Egocentric Speech) कहते हैं।

अर्थात् पियाजे के अनुसार बालक का भाषा विकास आत्मकेंद्रित से सामाजिक होता है।

पियाजे के अनुसार आत्मकेंद्रित भाषण:- इसमें बच्चा दूसरे के (नजरिए) Perspective से नहीं सोचता है वह सिर्फ किसी चीज़ अपने नजरिए से हीं देखता है।

(अर्थात् जो उसकी दृष्टि से सही, वही सबकी दृष्टि से सही होना चाहिए)

344. कक्षा में चर्चा के दौरान, कक्षा V की एक विद्यार्थी भ्रष्टाचार के कारणों पर अपना दृष्टिकोण प्रस्तुत करती है। इस दौरान न तो वह दूसरों के विचारों से सहमति प्रकट कर रही है और न ही वह दूसरे के नजरिए से विषय बस्तु को देखने की कोशिश कर रही है। पियाजे के अनुसार वह किस प्रकार के भाषण में शामिल है।

1. आत्मकेंद्रित भाषण [Egocentric Speech]
2. सामाजिक भाषण [Social Speech]
3. व्यक्तिगत भाषण [Personal Speech]
4. निजी भाषण [Private Speech]

Ans : (1)

यहां बच्चा अपने विचार को ही श्रेष्ठ समझ रहा है तथा दूसरे के विचार को Importance नहीं दे रहा है।

(पियाजे के अनुसार इसे आत्मकेंद्रित भाषण कहा जाएगा।)

345. जीन पियाजे के सिद्धांत के अनुसार, विद्यार्थियों को व्याकरणिक संरचनाओं को समझाने के लिए, भाषा शिक्षक को क्या करना चाहिए?

1. समृद्ध लिखित सामग्री प्रदान करें और विद्यार्थियों को विभिन्न संरचनाओं की खोज करने दें।
2. विद्यार्थियों को अधिक से अधिक व्याकरणिक अभ्यास करने के लिए दें।
3. विद्यार्थियों को पुस्तक से संरचनाओं को याद करने के लिए कहें।
4. विद्यार्थियों को विभिन्न संरचनाओं पर कोई एक प्रदत्त कार्य दें।

Ans : (1)

जीन पियाजे:- जीन पियाजे एक रचनावादी मनोवैज्ञानिक [Constructivist Psychologist] हैं। **इनके अनुसार** बालक अपने ज्ञान का निर्माण स्वयं करता है तथा शिक्षक यहां मार्गदर्शक/सुविधादाता [Facilitator] की भूमिका निभाता है। बालक अपने पर्यावरण से सक्रिय रूप से खोजबीन [enquiry] करके सीखता हैं।

(अतः बालक को ऐसी पाठ्यसामग्री/लिखित सामग्री उपलब्ध करानी चाहिए, जिससे वह सक्रिय होकर खोजबीन कर सके।)

जीन पियाजे के अनुसार बालक 'नन्हें वैज्ञानिक [Little Scientist]' हैं।

346. समग्र भाषा उपागम में भाषा अधिगम के लिए एक उपकरण के रूप में क्या प्रयोग किया जाता है?

1. क्रिया
2. साहित्य

3. बाल-कविताएँ 4. खिलौने

Ans : (3)

समग्र भाषा उपागम (Whole Language Approach) से तात्पर्य भाषा को समग्र रूप से प्रस्तुत करना।

एक-एक शब्द या अर्थ पर ध्यान न देना।

विद्यालयी शिक्षा के शुरुआती वर्षों में बालक को 'बाल कविताएं, कहानियाँ आदि के माध्यम से शिक्षा दी जाती है।'

अर्थात् भाषा के समग्र रुप का प्रयोग किया जाता है।

347. भाषा की पाठ्यपुस्तक का शैक्षिक पक्ष [educational aspect] क्या है?

1. पुस्तक की वर्तनी
2. पुस्तक में चित्रों का स्थान
3. विषयवस्तु का चयन [Selection of Subject matter]
4. वर्तनी एवं चित्र सज्जा के साथ उत्तम विषयवस्तु

Ans : (3)

→ पाठ्यपुस्तक के लिए सबसे महत्वपूर्ण है (content) विषयवस्तु अर्थात् जो कुछ पढ़ाना है उसके बारे में उचित (content) होना चाहिए।

→ पाठ्यपुस्तक की 'विषयवस्तु' छात्र के मानसिक स्तर [Mental Ability] और रूचि के अनुरुप होनी चाहिए।

348. वायगोत्स्की के अनुसार जो बच्चे ______ अधिक प्रभावी ढंग से सीखते हैं, वे अन्य बच्चों की तुलना में जटिल कार्यों को बेहतर ढंग से समझ और हल कर सकते हैं।

1. आंतरिक भाषण [Inner Speech]
2. व्यक्तिगत भाषण [Personal Speech]
3. निजी भाषण Private Speech]
4. मौन भाषण [Silent Speech]

Ans : (3)

वायगोत्सको भाषण के तीन प्रकार बताए है।

1. सामाजिक वाक (social speech) जन्म से 2 वर्ष:- जब बच्चा सबसे बोल-बोल कर बात करता है, 'सांमाजिक वाक' कहलाता है।

2. निजी वाकं / निजी भाषण (private speech) 3-7 वर्ष:- निजी भाषण में बच्चा स्वयं से बोल-बोल कर बात करता है।

Private Speech के माध्यम से बच्चा खुद को निर्देशित करता है।

3. आंतरिक भाषण (silent speech)/(Inner speech):- 7 साल से अधिक उम्र का बच्चा अपने आपको निर्देश देने के लिए बात करता है किंतु वह दूसरों को सुनायी नहीं देता है। क्योकि वह मन ही मन खुद से बात करता है।

अत: Private Speech के माध्यम से बच्चा अन्य बच्चों की तुलना में शीघ्र सीखते हैं।

349. शिक्षार्थियों को सीखने तथा विषय पर महारत प्राप्त करने के लिए प्रेरित किया जा सकता है बशर्ते:

1. वे जानते हों, कि परीक्षाओं में विषय वस्तु के प्रति उनकी समझ के लिए उनकी परीक्षा ली जाएगी।
2. उन्हें विश्वास हो कि जो काम वे कर रहे है वह रोचक है तथा उनके स्वंय के और शिक्षक के जीवन से संबंधित है।
3. उन्हें इस बात का पूर्वाभास हो कि उन निर्देशात्मक उद्देश्यों की उपलब्धि के लिए सकारात्मक पुर्नबलन [positive reinforcement] मिलेगा।
4. वे इस बात को महसूस करते हो कि एक तरह के कार्य में वे अपने सहपाठियों से बेहतर निष्पादन कर सकते हैं।

Ans : (3)

विषय पर महारत हासिल करना (Mastery Learning)

महारत हासिल करने का तात्पर्य:- उस विषय में दक्षता हासिल करना/पारंगत होना/दक्ष होना।

महारत उन्मुखी शिक्षण [mastery-oriented learning] में शिक्षार्थी परीक्षा के लिए नहीं बल्कि अपनी रुचि के अनुसार खुशी के लिए पढ़ता है। महारत उन्मुखी शिक्षण शिक्षार्थी द्वारा तब किया जाता है जब उसे विश्वास हो जो काम वह कर रहा है वह रोचक है। (जिस कार्य को करने से शिक्षार्थी को संतुष्टि मिलती है।) तथा उनके स्वंय के जीवन से संबंधित हो न कि शिक्षक के।

350. भाषा कौशलों के उप-कौशल [Subskills] हैं?

1. दो 2. चार
3. पाँच 4. तीन

Ans : (1)

भाषा के चार कौशल हैं।

(L.S.R.W.)

ग्रहणात्मक उपकौशल (Receptive)

सुनना

पढ़ना

उत्पादात्मक उपकौशल (Productive)

बोलना

लिखना

अर्थात् ग्रहणात्मक एवं उत्पादात्मक भाषा के दो 'उपकौशल' है।

351.सहपाठी एक-दूसरे के प्रति स्वीकृति का भाव रखें, इसके लिए किस तरह का कक्षायी परिवेश उपयुक्त है?

1. विविधता वाले शिक्षार्थियों वाली समावेशी कक्षा [Inclusive Classroom]
2. चयनित शिक्षार्थियों वाली समावेशी कक्षा
3. विविधता वाले शिक्षार्थियों वाली विशिष्ट कक्षा [Special Classroom]
4. चयनित शिक्षार्थियों वाली विशिष्ट कक्षा

Ans : (1)

समावेशी कक्षा

⟶ समावेशी कक्षा से तात्पर्य ऐसी कक्षा से है जहाँ प्रत्येक तरह के विद्यार्थी एक साथ, एक छत के नीचे शिक्षा ग्रहण करते हैं।

⟶ शिक्षण अधिगम प्रक्रिया में 'समावेशी कक्षा' को प्रभावी माना जाता है।

⟶ समावेशी कक्षा में शिक्षक को छात्रों के विषम समूह बनाकर शिक्षा प्रदान की जानी चाहिए।

⟶ इससे छात्रों में सहभागिता की भावना का विकास होता है। छात्रों में समूह की भावना का विकास होता है।

⟶ सहपाठी एक-दूसरे के विचारों, व्यक्तिगत विभिन्नताओं को महत्व देते हैं। (अर्थात् एक-दूसरे के प्रति स्वीकृति का भाव रखते हैं।)

352.निम्नलिखित में से कौन-सा उपचारात्मक शिक्षण [Remedial Teaching] का उद्देश्य नहीं है?

1. अप्रभावकारी [ineffective] आदतों को हटाना।
2. उन भाषा तथ्यों को दोबारा पढ़ाना जो उन्होंने सही तरह से नहीं सीखे हैं।
3. शिक्षार्थियों को अच्छी तरह से रटाना।
4. उद्दीपन उपागमों के साथ शिक्षार्थियों में अधिगम के लिए रुचि जागृत करना।

Ans : (3)

उपचारात्मक शिक्षण (Remedial Teaching)

उपचारात्मक शिक्षण का तात्पर्य ऐसे शिक्षण से हैं जिसमें शिक्षक सर्वप्रथम बालक की अधिगम संबंधी कमियों का पता लगाते हैं उसके पश्चात् उन कमियों को दूर करने के लिए उपयुक्त शिक्षण विधि का प्रयोग करते हैं।

उपचारात्मक शिक्षण के उद्देश्य

⟶ अप्रभावकारी आदतों को हटाना

⟶ उन भाषा तथ्यों को दोबारा पढ़ाना जो उन्होंने सही तरह से नहीं सीखे हैं।

⟶ शिक्षार्थियों में अधिगम के लिए रूचि पैदा करना।

⟶ छात्रों में आत्मविश्वास की भावना जाग्रत करना।

(उपचारात्मक शिक्षण उन शिक्षकों एवं शिक्षार्थियों के लिए है जिन्हें शिक्षण युक्तियों को समझने/बदलने की जरुरत हैं।)

353.भाषा पढ़ाते समय विद्यार्थियों की प्रतिभागिता [participation] को बढ़ाने के लिए कौन सा सबसे उपयुक्त उपागम होना चाहिए?

1. संरचनात्पक उपागम [structural approach]
2. संप्रेषणात्मक उपागम [communicative approach]
3. व्याकरण अनुवाद विधि [grammar translation method]
4. निमज्जन विधि [immersion method]

Ans : (2)

भाषा पढ़ाते समय शिक्षार्थियों को आपस में Communicate अंतः क्रिया (बातचीत) करने के भरपूर अवसर प्रदान करना चाहिए।

छात्र संप्रेषण के माध्यम से समूह में अपने विचारों को

रखते हैं। जिससे वे भाषा जल्दी सीखते हैं और कक्षा में Active रहते है।

संप्रेषणात्मक उपागम के माध्यम से प्रत्येक बालक की प्रतिभागिता सुनिश्चित करने के लिए प्रत्येक बालक को बोलने के समान अवसर देना चाहिए।

354. यदि शिक्षक सभी बच्चों की अधिगम शैली को ध्यान में रखकर शिक्षण करना चाहते हैं तो उन्हें क्या करना चाहिए?

1. बच्चों को अपनी प्रतिभा तथा अधिगम शैली को प्रदर्शित करने के लिए पाठ्य सहगामी गतिविधियों में भाग लेने की सलाह देनी चाहिए।
2. योगात्मक आकलन परीक्षा में बैठने से पहले सभी पाठों की पुनरावृति करने के लिए कहना चाहिए।
3. यह सुनिश्चित करने के लिए कि उन्होंने संकल्पनाओं को पूर्ण रुप से सीख लिया है, विद्यार्थियों की जल्दी-जल्दी परीक्षा लेनी चाहिए।
4. विद्यार्थियों की विविधता को संबोधित करने के लिए विविध प्रकार की शिक्षण विधियों [Teaching Methods] का प्रयोग करना चाहिए।

Ans : (4)

प्रत्येक विद्यार्थी में Individual difference (व्यक्तिगत भिन्नता) होती है।

अतः शिक्षक को प्रत्येक विद्यार्थी के अधिगम शैली [learning style] को ध्यान में रखकर शिक्षण कार्य करना चाहिए।

इसके लिए शिक्षक को विभिन्न प्रकार की शिक्षण सामग्री का प्रयोग करना चाहिए।

क्योंकि सीखने में शिक्षार्थी में भिन्नता होती है।

कुछ शिक्षार्थी देखकर सीखते हैं

कुछ शिक्षार्थी सुनकर सीखते हैं।

कुछ शिक्षार्थी क्रिया करके सीखते हैं।

इसलिए प्रत्येक शिक्षार्थी के अधिगम शैली को ध्यान में रखकर शिक्षण कार्य कराने के लिए शिक्षिका को दृश्य, दृश्यश्रव्य, श्रव्य तीनों प्रकार की शिक्षण सामग्रियों का प्रयोग करना चाहिए।

355. निम्नलिखित में से किस शिक्षणशास्त्र [Pedagogy] का अर्थ है कि बच्चों के अनुभवों, उनकी बात तथा उनकी सक्रिय भागीदारी को प्रमुखता देनी है। इस प्रकार के शिक्षण शास्त्र के लिए बच्चों के मनोवैज्ञानिक विकास तथा रुचियों को ध्यान में रखकर अधिगम की योजना बनानी चाहिए।

1. शिक्षार्थी
2. बाल-केन्द्रित [Child Centred]
3. शिक्षक केन्द्रित [Teacher Centred]
4. विस्तारवादी [Expansionist]

Ans : (2)

'बालकेंद्रित शिक्षा' में शिक्षा का केंद्र बिंदु 'बालक' होता है।

बालक के अनुभव, रुचि तथा आवश्यकता का ध्यान दिया जाता है। 'बालकेंद्रित शिक्षण' में बालक को केंद्र बिंदु बनाकर शिक्षा प्रदान की जाती है।

'बालकेंद्रित' छात्रों के हितों को प्राथमिकता देता है; शिक्षक मार्गदर्शक, सुविधादाता की भूमिका निभाता है।

अर्थात् बालकेंद्रित शिक्षा बालक की रुचियों को ध्यान में रखते हुए उनके सर्वांगीण विकास हेतु विकसित की गई है।

356. समालोचनात्मक शिक्षणशास्त्र [critical pedagogy] दृढ़ता से किस बात में विश्वास करता है?

1. बच्च्चे विद्यालय के बाहर जो कुछ भी सीखते हैं वह अप्रासंगिक है।
2. शिक्षार्थियों के अनुभव तथा दृष्टिकोण महत्वपूर्ण हैं।
3. शिक्षक को सदैव कक्षा निर्देशों में आगे रहना चाहिए।
4. शिक्षार्थियों को स्वतंत्र रुप से तर्क करने की आवश्यकता नहीं हैं।

Ans : (2)

समालोचनात्मक साक्षरता (Critical Literacy):- समालोचनात्मक शिक्षण शास्त्र अपने सामाजिक, नैतिक आदि पहलुओं से जुड़े मुद्दों पर समालोचनात्मक तरीके से चिंतन, मनन के अवसर प्रदान करती है।

'अर्थात् इसमें छात्र को विषय के विपरीत वाले दृष्टिकोण से परिचित करवाया जाता है।'

इसमें छात्र पाठ्यसामग्री के गुण एवं दोष दोनो पक्षों पर अपने विचार रखता है।

अतः समालोचनात्मक शिक्षण शास्त्र में छात्र के अनुभव तथा दृष्टिकोण को महत्व दिया जाता है।

357.यदि शिक्षक नया पाठ पढ़ाने से पहले विद्यार्थियों को मनोरंजन से जुड़ी गतिविधि में संलग्न करते है तो क्या उद्देश्य हो सकता है।

1. विद्यार्थियों का ध्यान हटाना।
2. पाठ आरंभ करने से पूर्व विद्यार्थियों को अनुशासन में करना।
3. कार्यभार को कम करना।
4. विद्यार्थियों में प्रोत्साहन और उत्साह का संचार करना।

Ans : (4)

शिक्षक को चाहिए कि वह किसी भी नयी पाठ्यसामग्री पढ़ाने से पूर्व 'विद्यार्थियों को मनोरंजन से जुड़ी कुछ गतिविधियां शमिल करें।'

इससे छात्र नया पाठ पढ़ते समय बोरियत महसूस नहीं करते हैं और कक्षा में उनका Interest बना रहता है।

इससे छात्र नये पाठ को भी आसानी से समझ जाते हैं।

358.मनुष्य अनुभव के माध्यम से भाषा ठीक उसी प्रकार से सीखते हैं जिस तरह वे अन्य कौशल सीखते हैं। यह किस विचारक के सिद्धांत की ओर संकेत करता है?

1. चॉम्स्की
2. प्याजे
3. वायगोत्स्की
4. स्किनर

Ans : (4)

'स्किनर' एक व्यवहारवादी मनोवैज्ञानिक है और 'व्यवहारवाद [Behaviorism]' यह मानता है कि बालक भाषा को अनुकरण के माध्यम से भाषा सीखता हैं।

अर्थात् स्किनर का मत है कि बालक भाषा उसी प्रकार 'अनुकरण [imitation]' के माध्यम से सीखते हैं जैसे वे अन्य कौशल सीखते हैं।

359.रचनावादी कक्षा में शिक्षार्थी किस प्रकार से कार्य करते है?

1. समूह में अंतः क्रिया [interaction] करते हैं तथा कक्षा में आवाजें करते हैं।
2. अपनी कापियों में सभी विकल्प लिखते हैं।
3. केवल शिक्षक के साथ ही अंतः क्रिया करते हैं।
4. किसी भी तरह की अंतः क्रिया नहीं करते हैं।

Ans : (1)

'रचनावादी [constructivist]' शिक्षार्थी अनुभवों को वरीयता देता है।

रचनावादी कक्षा उस कक्षा को कहा जाता है जहां छात्र आपस में अंत: क्रिया करते हैं, अपने विचारो और अनुभवों को साझा करते हैं।

कक्षा में प्रश्न पूछते हैं।

(शांत कक्षा रचनावादी कक्षा का उदाहरण नहीं है बल्कि जहां छात्र आपस में अंतः क्रिया करते हैं अर्थात् 'शोरगुल कक्षा' रचनावादी कक्षा का उदाहरण है।)

360.एक अध्यापक कक्षा चार में दो के जोड़ों में कार्य करवाती है। वह विद्यार्थी A को वेटर बनने और विद्यार्थी B को ग्राहक बनने के लिए कहती है और प्रत्येक जोड़े को आपस में संवाद करने के लिए कहती है। यह गतिविधि किसमें सुधार लाने के लिए सबसे कम योगदान देती है?

1. अभिव्यक्ति में स्पष्टता [clarity of expression]
2. सक्रिय श्रवण [active listening]
3. वाक्य रचना [sentence structure]
4. शब्द संपदा [vocabulary]

Ans : (4)

उपर्युक्त प्रश्न में शिक्षिका जोड़ों में अभिनय के माध्यम से कार्य करवाती है। जिससे विद्यार्थियों में निम्नलिखित कौशलों का विकास किया जा सकता है।

अभिव्यक्ति:- छात्र जब जोड़ों में बातचीत करेंगे तो वे अपने विचारों को अभिव्यक्त कर सकते हैं जिससे उनके अभिव्यक्ति में सुधार होगा।

सक्रिय श्रवण:- जब एक छात्र बोलता है और दूसरा उसके विचारों को सुनता है। अत: 'श्रवण कौशल' का विकास होगा।

वाक्य संरचना (Sentence Structure):- छात्र एक-दूसरे के शब्दो के वाक्य (Structure) भी आसानी से समझ सकते हैं।

[किंतु 'शब्द संपदा' में यह सबसे कम सुधार करेगा]

361.एक विद्यार्थी ने नववर्ष के उत्सव आयोजन पर एक अनुच्छेद लिखा- नववर्ष के दिन मेरे परिवार और मैंने अपने मित्रों को आखिरी घण्टे गिनने के समय आमंत्रित किया। हम केक की दुकान पर गए और केक बनाने के लिए कहा। हम सजावट, खाने-पीने की वस्तुएँ भी लेकर आए। मेरे माता-पिता ने गुब्बारे फुलाए और मैंने घर सजाने में मदद की। हमारे मित्र रात्रिभोज के लिए आए और मध्यरात्रि तक रुके।

अनुच्छेद लेखन के संदर्भ में विद्यार्थी को सर्वाधिक रूप से किस पर अधिक ध्यान देने के लिए कहना चाहिए?

1. विचारों को समेटना [Collecting ideas]
2. संरचना [Structuring]
3. प्रारूपण [Formatting]
4. संपादन [Editing]

Ans : (4)

लेखन कौशल के लिए विद्यार्थियों को कई चरणों से गुजरना होता है।

1. मानस मंथन [Brain Storming]:- छात्र को जो कुछ लिखना है उसके बारे में मन में विचार करना।

2. रुपरेखा [Framework]:- विचारों को अभिव्यक्त करना/लिखना।

3. प्रारुपणः [Formatting]:- टॉपिक पर एक प्रारुप तैयार करना।

4. पुनरावृत्ति [Proof Reading]:- जो कुछ लिखा है वह सही हो, उसके लिए पुर्नावृति करना।

5. संपादन [Editing]:- अंत में संपादन किया जाता है।

अतः यहाँ छात्र से [Editing] संपादन पर अधिक ध्यान देने के लिए कहा जायेगा।

362.मातृभाषा आधारित बहुभाषावाद क्या है?

1. किसी की विद्यालयी शिक्षा मातृभाषा में आरंभ करना और बाद में अनेक भाषाओं को जोड़ते जाना।
2. किसी की विद्यालयी शिक्षा मातृभाषा में आरंभ करना और बाद में अंग्रेजी को माध्यम के रूप में लेना।
3. माध्यम के रूप में मातृभाषा में सीखना और अंग्रेजी को एक भाषा के रूप में सीखना।
4. विद्यालयी शिक्षा के प्राथमिक वर्षों के दौरान जहाँ तक संभव हो सके अधिक से अधिक भाषाएँ सीखना।

Ans : (1)

मातृभाषा आधारित बहुभाषावाद [mother tongue-based multilingualism]:-

मातृभाषा आधारित बहुभाषावाद से तात्पर्य है कि बालक की प्रारंभिक शिक्षा उसकी मातृभाषा में दी जाए।

बाद में उसमें अधिक से अधिक भाषाएँ जोडी जाए।

मातृभाषा दूसरों विषयों को समझने में मदद करती है।

मातृभाषा पाठ्यसामग्री (विषयसामग्री) अच्छी तरह समझने में सक्षम बनाती है।

(NCF 2005 के अनुसार प्रारंभिक वर्षों में पढ़ाई का माध्यम 'मातृभाषा' होना चाहिए।)

363.कक्षा पाँच की एक अध्यापक पाँच या छह शब्दों वाले पाँच वाक्यों का श्रुतलेख करवाती है। यह दो बार वाक्य पढ़ती है और शिक्षार्थियों को ध्यानपूर्वक सुनने के लिए कहती है और बोले गए वाक्यों को लिखने के लिए कहती है।

यहाँ पर अध्यापक किस उपागम का प्रयोग करना चाहती है?

1. शीर्ष पाद उपागम [top-down approach]
2. संठीषणात्मक उपागम [positive approach]
3. ऊर्ध्वगामी उपागम [bottom-up approach]
4. श्रुतलेख उपागम [dictation approach]

Ans : (3)

श्रुतलेख के लिए ऊर्ध्वगामी/अधोगामी

→ श्रुतलेख - श्रुतलेख = सुन कर लिखना।

जब शिक्षिका श्रुतलेख शब्द से शुरु करके वाक्यों पर करवाती है, तथा श्रुतलेख ध्यान से सुनकर/ पढ़कर जैसा कहा गया है, उसी प्रकार same to same लिखने के लिए कहती है यह **Bottom up (ऊर्ध्वगामी) के अंतर्गत आएगा।**

→ जब शिक्षिका श्रुतलेख कहानियों से शुरु करती है तथा शिक्षार्थियों को श्रुतलेख same to same न लिखने के लिए अर्थात् उस श्रुतलेख के निकटस्थ अर्थ (अपने विचारों को जोड़ना) लिखने के लिए कहती है तो इस प्रकार का श्रुतलेख **(Top down) अधोगामी** के अंतर्गत आएगा।

364.एक अध्यापक अपनी कक्षा में विभिन्न समूहों को दस शब्दों का एक समूह देती है। वह ऐसे शब्द ढूँढ़ने के लिए कहती है जो शब्द से समानता रखते हो और नया शब्द बनाने के लिए उनके आगे उपसर्ग या पीछे प्रत्यय जोड़ा जा सके।

इसे क्या कहा जाता है?

1. शब्द जाल [word web]
2. थीम विषयक शब्द संपदा [Thematic Vocabulary]
3. विन्यास [configuration]
4. शब्द समूह [word group]

Ans : (3)

जब शिक्षिका अपने शिक्षार्थियों को (Rhyming words) लयात्मक शब्दों के माध्यम से शब्द सम्पदा सिखाती है।

(लयात्मक शब्द (Rhyming words):- एक जैसे शब्दों से मिलते-जुलते शब्द लिखना।)

इस प्रकार वह अपने छात्रों को **'शब्द विन्यास'** सिखा रही है।

365.एक अध्यापक कक्षा में समूह कार्य, जोड़ो में कार्य और और रोल प्ले करवाती है और आकलन के लिए शिक्षार्थियों का अवलोकन करती है। आकलन संबंधी इन गतिविधियों को क्या हाल है।

1. वाचन आकलन [reading assessment]
2. कक्षाकक्ष आकलन [classroom assessment]
3. संरचनात्मकता आकलन [structural assessment]
4. संकल्पनात्मकता आकलन [conceptual assessment]

Ans : (3)

संरचनात्मकता आकलन (Formative Assessment): के अंतर्गत बच्चे का आकलन Teaching learning process दौरान किया जाता है।

(बच्चे का आकलन करने की यह उच्चतम विधि है।)

366.एक अध्यापक कक्षा में वस्तुओं के ऊपर वस्तु का नाम शिक्षार्थी की भाषाओं, अंग्रेजी तथा शिक्षार्थियों द्वारा जानी गई अन्य भाषाओं में लिखती है। यहाँ पर अध्यापक क्या करने का प्रयास कर रही है?

1. शिक्षार्थियों को वर्णमाला के अक्षरों से परिचित करवा रही है।
2. शिक्षार्थियों में भाषा संबंधी जागरूकता पैदा कर रही है।
3. शिक्षार्थियों में लिपि संबंधी जागरूकता की समझ विकसित कर रही है।
4. कक्षा में भाषा समृद्ध परिवेश सृजित कर रही है।

Ans : (4)

भाषा समृद्ध परिवेश (Language rich Environment):- भाषा समृहद परिवेश से तात्पर्य भाषा हमारे चारो तरफ बिखरी हुई मिलती है। (जैसे- साइनबोर्ड, विज्ञापन, नेमप्लेट आदि।)

अर्थात् बच्चा बातावरण से भाषा अनौपचारिक तरीके से सुनकर, बोलकर, अनुकरण करके सीखता है।

भाषा समृध्द परिवेश के अंतर्गत कक्षा में भाषा से सम्बंधित कहानियाँ, चित्र, वर्णमाला आदि लगाये जाते हैं।

(उपर्युक्त प्रश्न में शिक्षिका भाषा समृध्द परिवेश के अंतर्गत शिक्षार्थियों को विभिन्न भाषाओं से परिचित करवाती है।)

367.'भाषान्तरण (Translanguaging)' से क्या तात्पर्य है?

1. भाषा की कक्षा में अनेक भाषाओं का शिक्षण।
2. किसी विषय वस्तु के शिक्षण अधिगम के लिए एक भाषा के बाद दूसरी भाषा का प्रयोग करना।
3. कक्षा में शिक्षा अधिगम और बोलने के लिए अनेक भाषाओं का इस्तेमाल करना।
4. सभी विषय वस्तुओं और साथ ही साथ भाषाओं को एक ही भाषा में पढ़ाना।

Ans : (3)

भाषा अंतरण (Translanguaging)

→ 'परभाषाव्यवहार/भाषाअंतरण (Translanguaging)' बहुभाषिकता का ही एक लचीला रुप है।

→ Translanguaging के अंतर्गत शिक्षक को जिस भाषा का ज्ञान है शिक्षक उस भाषा का प्रयोग करेगा और बच्चे की भाषा का प्रयोग करेगा।

→ अर्थात् 'परभाषा व्यवहार' से तात्पर्य ऐसी शिक्षणशास्त्रीय युक्ति से है जिसमें छात्र समूह में अपनी-अपनी भाषा में कहानी सुनाते हैं और फिर कक्षा की

सामान्य भाषा में वही कहानी सुनाते हैं।

→ परभाषा व्यवहार का महत्वपूर्ण अर्थ यह है कि शिक्षार्थियों को विषयवस्तु और भाषाएँ सिखाने के लिए उनकी मातृभाषा का प्रयोग करना।

(न कि एक भाषा से दूसरी भाषा में अंतरण)

(कक्षा में शिक्षण अधिगम और बोलने के लिए अनेक भाषाओं का इस्तेमाल करना।)

368. व्याकरण सीखने से क्या आशय है?

1. व्याकरण के नियम सीखना।
2. सर्वप्रथम नियम सीखना और बाद में उसका प्रयोग कर सकना।
3. अर्थ से संदर्भ में प्रयोग करना सीखना।
4. किसी भी भाषा के लिखित और बोले जाने वाले स्वरूप में गलतियाँ निकालना।

Ans : (3)

व्याकरण सदैव संदर्भ (Context) में पढ़ाया जाना चाहिए। संदर्भ से तात्पर्य बालक को व्याकरण उसके Real life से जोड़कर सिखाना।

जिससे बालक व्याकरण को अपने Real life में प्रयोग कर सके।

इससे बालक व्याकरण आसानी से और बिना बोझ के सीख जाता है।

369.निम्नलिखित में से कौन-सा पठन शिक्षण का उद्देश्य नहीं है?

1. पाठ्य सामग्री के मुख्य बिंदु को पाठक के पूर्व ज्ञान से जोड़ना।
2. शब्दों, वाक्यांशों, भाषाओं के नमूनों से अर्थ ग्रहण करना।
3. पाठ्य सामग्री को पढ़ते समय अर्थ ग्रहण करना।
4. पाठ्य सामग्री, शब्द और वाक्यांशों को डिकोड करना।

Ans : (4)

पठन शिक्षण का मुख्य उद्देश्य:- किसी पाठ्यवस्तु को पढ़कर-अर्थ ग्रहण करना।

→ पठन का उद्देश्य पढ़कर उसका अर्थ ग्रहण करके उसको परिस्थिति विशेष के अनुसार प्रयोग कर पाना।

→ पाठ्य सामग्री के मुख्य बिंदु को शिक्षार्थी के पूर्व ज्ञान से जोड़ा जाना चाहिए।

→ शब्दों वाक्यों एवं नमूनों से अर्थ ग्रहण करना। **पठन का उद्देश्य है। पाठ्य सामग्री, शब्द और वाक्यांशो को Decode करना** पठन का उद्देश्य नहीं है। (क्योंकि Decode का अर्थ सिर्फ लिखित अक्षर को पढ़ पाना)। उसका अर्थ नहीं समझना।

370.राष्ट्रीय शिक्षा नीति 2020 शात्रीय भाषाओं के अध्ययन की अनुशंसा किस रूप में करती हैं?

1. विद्यालयी शिक्षा के मिडिल और माध्यमिक चरण के दौरान अतिरिक्त विकल्प के रूप में।
2. विभाषा सूत्र के अंतर्गत एक विकल्प के माप में।
3. विद्यालयी शिक्षा के बुनियादी चरण के दौरान अतिरिक्त विकल्प के रूप में।
4. विद्यालयी शिक्षा के माध्यमिक चरण के दौरान एक अतिरिक्त विकल्प और एक यादृच्छिक भाषा के रूप में।

Ans : (1)

प्राथमिक स्तर (1 to 5):- मातृभाषा

मिडिल/माध्यमिक स्तर:- मातृभाषा [mother tongue]/विदेशी भाषा [foreign language]/शास्त्रीय भाषा [classical language]।

शास्त्रीय भाषा को प्राचीन भाषा के नाम से भी जाना जाता है।

1. तमिल 2. तेलुगु 3. कन्नड़ 4. उड़िया 5. मलयालम 6. संस्कृत

(शास्त्रीय भाषा को सदैव अतिरिक्त विकल्प/वैकल्पिक विषय [optional subject] के रुप में पढ़ाया जाता है।)

371.भाषा के संदर्भ में संचार माध्यमों का प्रयोग न केवल सामाजिक संवेदनाएँ विकसित करता है बल्कि ________ को समझने में मदद करता है।

(1) विभिन्न माध्यमों की जानकारी
(2) विभिन्न माध्यमों में प्रयुक्त भाषा
(3) विभिन्न माध्यमों के उपयोग
(4) विभिन्न माध्यमों की आर्थिक स्थिति

Ans : (2)

विभिन्न भाषा के संदर्भ में संचार माध्यमों का प्रयोग:-

भाषा के संदर्भ में संचार माध्यमों का प्रयोग न केवल सामाजिक संवेदनाएं विकसित करता है, बल्कि विभिन्न माध्यमों में प्रयुक्त भाषा को समझने में मदद करता है। अर्थात् संचार भाषा के माध्यम से हम किसी भाव विचार या जानकारी को दूसरों तक पहुँचाते हैं। जिसके द्वारा हमें भाषायी विविधता का ज्ञान होता है। यह प्रक्रिया सामूहिक पैमाने पर होती है।

372. कहानियों की विभिन्न शैलियों पर की गई चर्चा बच्चों को ____ में मदद करती है।

(1) व्याकरण समझने
(2) कहानियाँ रचने
(3) कहानी के तत्त्वों को याद करने
(4) कहानियों की कमियाँ बताने

Ans : (2)

जब कहानियों की विभिन्न शैलियों पर चर्चा की जाती है, तो इससे छात्रों को 'कहानियाँ' रचने में मदद मिलती है। अर्थात् छात्र स्वयं अपनी कहानियाँ रचने का प्रयास करते हैं।

कहानी का मुख्य उद्देश्य छात्रों को मनोरंजन करना व आनंद प्रदान करना है।

कहानियों के माध्यम से ज्ञान को सरल, रोचक रूप में प्रस्तुत किया जाता है।

बच्चों की कहानियाँ सुनने में अधिक रुचि होती है अतः वह कठिन पाठ को भी आसानी से समझ जाते हैं।

373. सातवीं कक्षा में पढ़ाने वाले ऋषभ ने बच्चों को 'जल संरक्षण' पर आधारित सरकार द्वारा जारी पोस्टर दिखाया और चर्चा की। ऋषभ द्वारा प्रयुक्त सामग्री है|

(1) अनुपयोगी (2) मनोरंजक
(3) कृत्रिम [synthetic] (4) प्रामाणिक [authentic]

Ans : (4)

ऋषभ द्वारा प्रयुक्त सामग्री 'प्रमाणिक दृश्य सहायक सामग्री' है। अधिगम की परिस्थीतियों का सृजन करने तथा अधिगम के उद्देश्यों को प्राप्त करने के लिए संप्रेषण युक्तियों का चयन किया जाता है। इनको प्रभावशाली बनाने में 'दृश्य सहायक सामग्री' प्रभावशाली है। दृश्य सामग्री का उपयोग शिक्षण को रोचक बनाता है जिसके कारण विषयवस्तु बालकों के लिए स्थायी हो जाती है।

374. त्रिभाषा सूत्र [three language formula] के अनुसार स्कूल में पहली भाषा जो पढ़ाई जाए वह ______ हो या ______ भाषा।

(1) मातृभाषा [mother tongue], क्षेत्रीय [local language]
(2) मातृभाषा, हिंदी
(3) हिंदी, अंग्रेज़ी
(4) अंग्रेज़ी, विदेशी [foreign]

Ans : (1)

त्रिभाषा सूत्र:- बालक को तीन भाषाएँ पढ़ाना चाहिए।

किंतु बालक की प्रारंभिक शिक्षा सदैव उसको मातृभाषा से शुरुआत करनी चाहिए।

मातृभाषा:- मातृभाषा किसी बालक के लिए भाषा का पहल रूप होती है। अतः बालक के घर में बोले जाने वाली भाषा।

बालक अपनी मातृभाषा में जल्दी सीख पाता है क्योंकि उस भाषा से वह परिचित होता है, जिससे कठिन चीजे भी वह जल्दी सीख जाता है।

375. व्याकरण पढ़ाने की आगमन विधि ______ पर सर्वाधिक बल देती है।

(1) नियमों [Rules]
(2) परिभाषा [Definition]
(3) उदाहरणों [Examples]
(4) मानकता [Standardization]

Ans : (3)

आगमन विधि [Inductive method]:- व्याकरण पढ़ाने की आगमन विधि को उत्कृष्ट विधि माना जाता है। आगमन विधि में व्याकरण सिखाते समय पहले उदाहरण दिया जाता है, उदाहरण भी ऐसे होते हैं जो उसके वास्तविक जीवन से संबंधित हो, और उसके बाद नियम बताये जाते हैं।

अर्थात् बालक को प्रत्यक्ष अनुभव से अप्रत्यक्ष की ओर ले जाया जाता है।

अतः व्याकरण सदैव संदर्भ में या 'आगमन विधि द्वारा सिखाया जाना चाहिए'

376.संदर्भ [context] में व्याकरण किस पर बल देता है?

(1) पाठ के अंत में समस्त व्याकरणिक बिंदुओं को स्पष्ट करने पर।
(2) पाठ के दौरान आए समस्त व्याकरणिक बिंदुओं की परिभाषा बताने पर।
(3) पाठ के अंत में दिए समस्त भाषा-अभ्यास को पूर्ण करवाने पर।
(4) पाठ पढ़ाते समय प्रसंगवश आने वाले व्याकरणिक बिंदुओं को स्पष्ट करने पर।

Ans : (4)

संदर्भ में व्याकरण:- संदर्भ में व्याकरण पढ़ाने से तात्पर्य है कि पाठ पढ़ाते समय शब्दों एवं कहानियों से जोड़कर व्याकरण सिखाना। जैसे- पाठ के बीच में संज्ञा, क्रिया आदि को प्रसंगवश कहानी से जोड़कर बताना।

377.कविता-शिक्षण के समय शिक्षक द्वारा ऐसे प्रश्नोत्तर पर बल देना चाहिए-

(1) जिनके उत्तर सरल हों।
(2) जिनके उत्तर विभिन्न हों।
(3) जिनका एक ही उत्तर हों।
(4) जिनका उत्तर पुस्तक में दिया हों।

Ans : (2)

कविता शिक्षण करते समय या कुछ भी पढ़ाते समय सदैव विभिन्न उत्तर वाले **(अपसारी चिंतन)** वाले प्रश्न पूंछने चाहिए इससे बालक विभिन्न दिशाओं में सोचता है। जिससे बालक में रचनात्मक शक्ति का विकास होता है।

कविता-शिक्षण के मुख्य उद्देश्य:-

लयपूर्वक काव्य पाठ द्वारा आनंद प्रदान करना तथा रुचिका का विकास करना।
काव्यगत भावों द्वारा रसानुभूति प्राप्त करता।
कल्पना शक्ति व तर्क शक्ति का विकास करना।
"कविता में निहित भावों को अपने परिवेश से जोड़कर देख पाना कविता शिक्षण का मुख्य उद्देश्य है।"

'व्याकरण सिखाना काव्य शिक्षण की विशेषता नहीं है।'

कविता शिक्षण में सर्वाधिक महत्वपूर्ण है:- **'कविता का भावपूर्ण पठन'**

378.गद्य शिक्षण में अपेक्षित नहीं है-

(1) भाषा की बारीकियाँ समझना
(2) कल्पनाशीलता का विकास
(3) तार्किक शक्ति का विकास
(4) अनुकरण क्षमता का विकास

Ans : (4)

गद्य शिक्षण की विशेषता:-

तार्किक शक्ति का विकास करना।

भाषा की बारीकियाँ समझना।

कल्पना शक्ति का विकास करता।

गद्य शिक्षण का उद्देश्य:-

व्याकरण सम्मत भाषा का प्रयोग करना।
शब्दों की शब्दावली प्रयोग करना।
कल्पनाशीलता का विकास करना।
लेखन में रचनात्मकता व मौलिकता का विकास करना।
गद्य शिक्षण के अंतर्गत-व्याकरण का प्रयोग किया जाता है।

अनुकरण क्षमता का विकास:- गद्य शिक्षण में अपेक्षित नहीं है। (अर्थात् गद्य-शिक्षण लेखन में रचनात्मकता पर आधारित है।)

379.प्रत्येक भाषा शिक्षक को इस बात की जानकारी ज़रूर होनी चाहिए कि उसकी कक्षा के बच्चों की ________ पृष्ठभूमि क्या है।

(1) आर्थिक व सामाजिक (2) सामाजिक व व्यावसायिक
(3) भाषिक व सांस्कृतिक (4) सांस्कृतिक व आर्थिक

Ans : (3)

प्रत्येक भाषा शिक्षक को बालक की भाषायी या सांस्कृतिक पृष्ठभूमि की जानकारी होनी चाहिए।

क्योंकि, भाषा शिक्षण वह प्रक्रिया माध्यम है जिसके द्वारा इस बात पर बल दिया जाता है, कि बालक भाषा कैसे सीखता है। बालक को पढ़ना, लिखना कैसे सिखाया जाए जिससे वह समझ के साथ भाषा प्रयोग कर सके।

'इसलिए एक शिक्षक को यह ज्ञान होना चाहिए कि कक्षा के प्रत्येक बच्चे की भाषायी व सांस्कृतिक पृष्ठभूमि क्या है।'

जिससे वह प्रत्येक बच्चे को प्रभावशाली ढंग से भाषा सिखा सके।

380.हिंदी भाषा की पाठ्य-पुस्तकों में हिंदीतर भाषाओं की रचनाओं को भी स्थान मिलना चाहिए ताकि-

(1) बच्चों को हिंदीतर रचनाकारों की जानकारी मिल जाए।
(2) बच्चे हिंदीतर रचनाओं की भाषिक विशेषताओं से परिचित हो सकें।
(3) बच्चे हिंदीतर भाषाओं पर अपनी पकड़ बना सकें।
(4) बच्चे हिंदीतर भाषाओं के व्याकरण से परिचित हो सकें।

Ans : (2)

हिंदी भाषा की पाठ्यपुस्तकों में हिंदीतर भाषाओं अर्थात् अन्य भाषाओं जैसे- अंग्रेजी संस्कृत आदि भाषाओं की संरचनाओं का भी समावेश [Inclusion] होना चाहिए, इसका एक महत्व यह भी है कि हिंदी की पाठ्यपुस्तक को समावेशी बनाना।

'अर्थात् जब हिंदी भाषा की पाठ्यपुस्तक में अन्य भाषाओं का भी समावेश होगा तब छात्र अन्य संरचनाओं की भाषिक विशेषताओं तथा भाषा की विभिन्न रंगतों से परिचित भाषिक हो सकेंगे।'

381.उच्च प्राथमिक स्तर पर हिंदी भाषा शिक्षण का एक महत्त्वपूर्ण उद्देश्य है-

(1) हिंदी भाषा की नियमबद्ध प्रकृति को पहचानना।
(2) हिंदी भाषा के व्याकरण को कंठस्थ करना।
(3) हिंदी भाषा के प्रसिद्ध रचनाकारों को जानना।
(4) हिंदी भाषा की प्रसिद्ध रचनाओं को जानना।

Ans : (1)

उच्च प्राथमिक स्तर पर हिंदी-भाषा शिक्षण का उद्देश्य है कि हिंदी भाषा के शब्द भण्डार में वृद्धि करवाना। उनको शब्दों के उचित प्रयोग करना सिखाना जिससे वे अपनी मौखिक अभिव्यक्ति को महत्वपूर्ण बना सकें। उनको इस योग्य बनाना कि वे अपने शब्द भण्डार का सक्रिय रूप से प्रयोग कर सकें।

382.भाषण, परिचर्चा, संवाद, बच्चों ______ की क्षमता का विकास करने में सहायक हैं।

(1) लिखित अभिव्यक्ति [Written Expression]
(2) मौखिक अभिव्यक्ति [Oral Expression]
(3) कल्पनाशीलता [Imagination]
(4) अनुकरण [Imitation]

Ans : (2)

भाषा सिखाने की सर्वोत्तम पद्धति वह है जिसमें छात्र परस्पर अंतः क्रिया करके सीखते हैं।

अर्थात् बच्चे भाषा को दैनिक वार्तालाप की भाषा से जोड़कर सीखते हैं।

भाषण परिचर्चा संवाद, वाद-विवाद आदि के द्वारा बच्चे की 'मौखिक अभिव्यक्ति' क्षमता का विकास किया जाता है। मौखिक अभिव्याक्ते कौशल, में शिक्षक वार्तालाप द्वारा प्रत्येक छात्र को भाषा सीखने के लिए प्रेरित करता है। क्योंकि, मौखिक कार्य द्वारा ही व्यवहार में कुशलता आती है।

383.गद्य रचना को पद्य में रूपांतरित करना और पद्य को गद्य में रूपांतरित करना ______ में मदद करता है।

(1) साहित्य के सर्वोत्कृष्ट सृजन
(2) अभ्यास-प्रश्नों को गढ़ने
(3) भाषायी संरचनाओं पर अधिकार
(4) भाषा-व्याकरण पर अधिकार

Ans : (3)

जब व्यक्ति को भाषा की संरचना पर जबरदस्त पकड होती है। तो वह किसी भी विद्या को परिवर्तित कर सकता है।

जैसे- "पद्य को गद्य तथा गद्य को पद्य स्थान में परिवर्तित कर सकता है।"

384.आठवीं कक्षा में हिंदी भाषा सीखने-सिखाने के लिए आप किस सामग्री को सर्वाधिक महत्त्व देंगे?

(1) पाठ्य-पुस्तक
(2) साहित्यिक सामग्री [literacy material]
(3) व्याकरण की पुस्तक
(4) पोस्टर

Ans : (2)

उच्च प्राथमिक कक्षाओं में भाषा (हिंदी भाषा) साहित्यिक सामग्री सर्वाधिक महत्वपूर्ण है। क्योंकि साहित्य बच्चों को अधिक रुचिकर लगता है।

साहित्य के द्वारा छात्रों की भाषा में रचनात्मकता आती है। छात्रों में समालोचनात्मक शक्ति का विकास होता है। साहित्य के माध्यम से बालक विविध प्रकार की रचनाओं से अविभूत होता है।

385.आप छठी कक्षा के बच्चों के लिए हिंदी भाषा सीखने-सिखाने की किस पद्धति का समर्थन करेंगे?

(1) जिसमें बच्चों को बोलने के अवसर मिलें।
(2) जिसमें बच्चों को पाठ्य-पुस्तक बिल्कुल न पढ़नी हो।
(3) जिसमें बच्चे परस्पर अंतः क्रिया [interaction] करते हैं।
(4) जिसमें बच्चे केवल लेखन कार्य करते हैं।

Ans : (3)

भाषा सिखाने की सर्वोत्तम पद्धति वह है जिसमें छात्र वास्तविक परिस्थिति में संप्रेषण (अंतः क्रिया) करते हैं।

छात्र भाषा को अपने दैनिक भाषा (अनौपचारिक) से जोड़कर सीखते हैं। क्योंकि इससे बच्चों का सृजनात्मक विकास सर्वाधिक होता है और बच्चों की भाषा स्थायी हो जाती है।

386.भाषा सीखने-सिखाने की प्रक्रिया को रोचक और सोद्देश्यपूर्ण बनाने में सर्वाधिक प्रभावी है?

(1) कक्षा के प्रिंट समृद्ध परिवेश का उपयोग
(2) पाठ्य-पुस्तक के अभ्यास
(3) कहानी, कविता की पंक्तियाँ देखकर लिखना
(4) टी.वी. धारावाहिकों के नाम लिखना

Ans : (1)

भाषा सीखने सिखाने की प्रक्रिया को रोचक और उद्देश्यपूर्ण बनाने के लिए आवश्यक है कि छात्र को 'प्रिंट समृद्ध वातावरण' प्रदान किया जाना चाहिए। अर्थात् छात्र अपने आस-पास के वातावरण से अनुकरण करके भाषा सीखते हैं।

प्रिंट समृद्ध वातावरण/परिवेश (Print rich environment) से तात्पर्य है कि भाषा वातावरण में ओर बिखरी हुई मिलती है।

जैसे- विज्ञापन, अखबार, साइनबोर्ड आदि। अतः बालक इन सब चीजों से भाषा अनौपचारिक तरीके से सीखता है।

387.दीप्ति ने आठवीं कक्षा के बच्चों को समान भाव वाली कविता खोज कर सुनाने के लिए कहा। इसका प्रमुख कारण है-

(1) बच्चों को समान भाव का अर्थ समझाना।
(2) बच्चों की श्रवण-प्रक्रिया का आकलन करना।
(3) बच्चों का मनोरंजन करने का निर्वहन [discharge]।
(4) बच्चों के बोध स्तर का आकलन करना।

Ans : (4)

शिक्षिका अपने छात्रों के बोध स्तर (भाषा की समझ) का आकलन करना चाहती है। यदि छात्र उस कविता से संबंधित अन्य कविताओं की खोज कर लेते हैं तो इसका तात्पर्य है कि छात्र की भाषायी समझ बेहतर है।

छात्र भाषायी बोध [understanding] के माध्यम से अपने शैक्षिक अनुभवों से प्राप्त ज्ञान को परिणाम के रूप में व्यक्त कर सकता है।

388.राष्ट्रीय पाठ्यचर्या की रूपरेखा 2005 भाषा को बच्चे के ______ का सबसे समृद्ध संसाधन मानती है।

(1) अस्मिता [Identity] (2) व्यक्तित्व [Personality]
(3) व्यवसाय [Business] (4) भाषा

Ans : (2)

राष्ट्रीय पाठ्यचर्या रुपरेखा (2005) भाषा को बच्चे के 'व्यक्तित्व' का सबसे समृद्ध संसाधन मानती है।

अर्थात् भाषा के द्वारा 'व्यक्ति के' सामाजिक परिवेश का पता लगाया जा सकता है।

अर्थात् भाषा 'व्यक्ति की मूल पहचान होती है।'

389.कक्षा छह में कविता-शिक्षण के दौरान ______ सर्वाधिक महत्त्वपूर्ण है।

(1) भिन्न-भिन्न शब्द प्रयोग
(2) भिन्न-भिन्न भाव भूमि
(3) भिन्न-भिन्न समास
(4) भिन्न-भिन्न छंद

Ans : (2)

काव्य, कविता या पद्य साहित्य की वह विधा है जिसमें किसी कहानी या मनोभाव को कलात्मक रूप से किसी भाषा के द्वारा अभिव्यक्त किया जा सकता है।

"कविता शिक्षण का मूल उद्देश्य काव्यात्मक भावों के द्वारा रसानुभूति प्राप्त करना 'व्याकरण पढ़ाना' कविता का उद्देश्य नहीं होता है।"

390.भाषा स्वयं में एक व्यवस्था है।

(1) सरल [simple]
(2) जटिल [complex]
(3) नियमबद्ध [organized]
(4) तार्किक [logical]

Ans : (3)

भाषा स्वयं में एक नियमबद्ध व्यवस्था है।

अर्थात्

नियम द्वारा शासित व्यवस्था है।

प्रत्येक भाषा का व्याकरण होता है।

भाषा व्यवस्था:- भाषा व्यवस्था से तात्पर्य प्रत्येक भाषा की अद्वितीय ध्वनि, संरचना, तथा शब्दावली होती है। भाषा में संलग्नता तथा समरूपता होती है।

"भाषा परस्पर अंतः क्रिया का माध्यम है।"

391.नाटक और एकांकी पढ़ने-पढ़ाने के दौरान सर्वाधिक महत्त्वपूर्ण है-

(1) उच्चारणगत शुद्धता

(2) नाटक के शास्त्रीय तत्त्व [classical elements]

(3) मौन पठन

(4) संवाद अदायगी [dialogue delivery]

Ans : (4)

नाटक और एकांकी पढ़ने-पढ़ाने के दौरान सर्वाधिक महत्वपूर्ण है **'संवाद अदायगी'**

संवाद:- दो या दो से अधिक व्यक्तियों के बीच हुए वार्तालाप को 'संवाद' कहते हैं।

एकांकी:- एकांकी ऐसी रचना है, जिसमें मानव जीवन के किसी एक पक्ष, एक चरित्र, एक समस्या अभिव्यक्ति होती है।

"अर्थात् छात्रों को नाटक तथा एकांकी के शिक्षण के लिए नाटक के पात्रो को लेकर अभिनय के द्वारा सिखाया जाना चाहिए।"

392.यदि शिक्षक कक्षा में श्यापट्ट पर विषय शीर्षक लिखकर विद्यार्थियों से शीर्षक से संबंधित शब्दों तथा संकल्पनाओं को समूह में व्यवास्थित करने के लिए कहता/कहती है, तो बताएं कि शिक्षक क्या कर रहा/रही है?

1. शब्दों का मानचित्रण [Word map]
2. मानस-मंथन [Brainstorming]
3. स्वतंत्र संबद्धता [Independent affiliation]
4. तुरंता लेखन [Instant writing]

Ans : (1)

जब शिक्षक छात्र से किसी शब्द से संबंधित संकल्पनाओं को व्यवस्थित करने के लिए कहता है तो इसका तात्पर्य है कि शिक्षक **'शब्दों का मानचित्रण'** कर रहा है।

शब्दों के मानचित्रण से तात्पर्य है कि किसी एक 'टॉपिक' से संबंधित समस्त शब्दों को जोड़ना। जैसे: यदि कोई शिक्षक छात्र को (Tense) टॉपिक देता है तो छात्र इससे संबंधित 'काल' Tense के भाग, Tense के प्रकार तथा उससे संबंधित संकल्पनाऔ को समूह में व्यवस्थित करता है।

393.प्राथमिक कक्षाओं में यह अनुशंसा की जाती है कि बच्चों को उनकी मातृभाषा में पढ़ाया जाए क्योंकि-

1. यह बच्चों को विषय सामग्री अच्छी तरह से समझने में सक्षम बनाती है।
2. यह क्षेत्रीय भाषाओं को बढ़ावा देना है
3. इस भाषा में पढ़ाना आसान होता है।
4. यह कक्षा को सुचारू रूप से चलाने में मदद करती है।

Ans : (1)

प्राथमिक कक्षाओं में छात्रों को 'मातृभाषा/क्षेत्रीय' भाषा में पढ़ाने के लिए इसलिए अनुशंसा की जाती है, क्योंकि छात्र अपनी मातृभाषा से परिचित होते है और विषय सामग्री को अच्छी तरह से सीख पाते हैं। छात्रों को कक्षा में जुड़ाव महसूस होता है। **अतः प्राथमिक कक्षाओं में प्रत्येक बालक की शिक्षा मातृभाषा में प्रारंभ करनी चाहिए।**

394.संप्रेषणात्मक दक्षता कार्यात्मक व्याकरण का एक उपसमुच्चय है और शिक्षण में इसका उपयोग विद्यार्थियों को अनुमति देता है कि वे:

1. संरचनाएं सीखें और उनका सटीक उपयोग करे।
2. विविध प्रकार की पठनीय सामग्रियों में संरचना का प्रयोग करें।
3. सार्थक संप्रेषण [meaningful communication] के माध्यम से व्याकरण सीखें।
4. प्राथमिक कक्षाओं में विद्यार्थियों को व्याकरण से अवगत कराने में शिक्षकों को सक्षम बनाना।

Ans : (3)

संप्रेषणात्मक दक्षता के रुप में कार्यात्मक व्याकरण

से तात्पर्य है कि छात्र, छात्रों को व्याकरण अलग से न सिखाना, बल्कि संप्रेषण के माध्यम से व्याकरण सिखाना। जब बालक संप्रेषण के माध्यम से भाषा सीखते हैं तो वे व्याकरण का प्रयोग अपने बातचीत के माध्यम से करते हैं- जिससे बालक 'व्याकरण' को अत्यंत आसानी और 'बिना बोझ [Without burden]' के सीख पाते हैं।

395. कक्षा VIII में शिक्षिका शिक्षार्थियों की यूनिट परीक्षा के लिए समाचार पत्र में से एक अनुच्छेद लेकर इसमें से प्रत्येक पांचवा शब्द हटाकर शिक्षार्थियों से खाली स्थान भरने के लिए कहती है। यह किस प्रश्न विज्ञान के अंतर्गत आता है?

1. व्याकरण प्रश्न
2. क्लोज प्रश्न
3. रिक्त स्थानों की पूर्ति
4. बोध पठन [Comprehension reading]

Ans : (2)

क्लोज प्रश्न से तात्पर्य ऐसे प्रश्न से है जिसमें किसी अनुच्छेद के प्रत्येक (पांचवे, तीसरे, दूसरे) आदि शब्दों को हटा दिया जाता है और छात्र से खाली स्थान पर सबसे क्लोज (close) निकटस्थ शब्द भरने के लिए कहा जाता है।

"क्लोज प्रश्न" के माध्यम से बालक में 'पठन अवबोधन क्षमता [Reading Comprehension Ability] का विकास होता है।

396. सांस्कृतिक रूप से उत्तरदायी शिक्षक होने के नाते शिक्षक को अनिवार्यत-

A. विद्यार्थियों को संस्कृति को एक संसाधन के रूप में समझना चाहिए।

B. रचनात्मक [Creative] सीखने के दृष्टिकोण के आधार पर सीखने के माहौल का समर्थन करना चाहिए।

1. A सही है।
2. B सही है।
3. A और B दोनों सही हैं।
4. A और B दोनों गलत हैं।

Ans : (3)

सांस्कृतिक रूप से उत्तरदायी शिक्षक को एक संसाधन के रूप में समझना चाहिए **(विद्यार्थियों की संस्कृति को)** अर्थात् छात्र अपने साथ जो भाषा, विचार, तथा संस्कृति को लाते हैं उनको कक्षा में सम्मान देना चाहिए। शिक्षक को किसी विशेष संस्कृति या भाषा के प्रति झुकाव नहीं रखना चाहिए।

ऐसे माहौल का सृजन करना चाहिए जहां शिक्षार्थी रचनात्मक तरीके से सीख सकें और अपने विचारों को व्यक्त कर सकें।

अर्थात् उपर्युक्त दोनों कथन सही है।

397. यदि शिक्षक को एक विद्यार्थी के उत्पाद या प्रक्रिया के प्रत्येक हिस्से का मूल्यांकन करना है तो किस प्रकार का उपकरण अधिक प्रभावशाली होगा?

1. जांच सूची [Checklist]
2. समग्रता के साथ रुब्रिक्स [Rubrics with integrity]
3. विश्लेषणात्मक रुब्रिक्स [Analytical rubrics]
4. अनुसूची [Schedule]

Ans : (3)

रुब्रिक्स (Rubrics):- यह स्पष्ट रूप से लिखित से मौखिक किसी तरह के Students के काम के सभी पहलुओं में Achievement को Indicate करता है।

'विश्लेषणात्मक रुब्रिक्स' से तात्पर्य बालक के समस्त Achievement को अलग-अलग भागों में बांटकर मूल्यांकन करना है।

398. यदि किसी को अपने द्वारा सोचने की प्रक्रियाओं और अपनी विचार प्रक्रियाओं पर निगाह रखने की क्षमता है तो इसे क्या नाम दिया जा सकता है?

1. प्रतीकात्मक [Symbolic]
2. सहारा देना [Scaffolding]
3. परासंज्ञानात्मक [Metacognition]
4. संरक्षण [Conservation]

Ans : (3)

(परासंज्ञानात्मक) Metacognitive:- परासंज्ञानात्मक से तात्पर्य, 'अपनी सोच पर सोचने' (Thinking about thinking) से है।

जब बालक अपनी सोच/चिंतन के ऊपर चिंतन करता है तो इसे **परासंज्ञानात्मक (Metacognitive)** कहते हैं।

399.कथन A तथा B पर विचार करें-

A. शिक्षक को कक्षा में यथासंभव मौन रहना चाहिए, और शिक्षार्थियों को यथासंभव अधिक से अधिक भाषा का प्रयोग करने के लिए प्रोत्साहित किया जाना चाहिए।

B. उचित उच्चारण सीखने के लिए रंगीन चार्ट और रंगीन व्यंजन छड़ का उपयोग किया जाना चाहिए।

ये अवधारणाएँ क्या दर्शाती हैं?

1. उद्दीपक कोश [Stimulus cell]
2. मौन तरीका [Silent reading]
3. कोश विषयक उपागम [Treasury approach]
4. प्राकृतिक उपागम [Natural approach]

Ans : (2)

मौन पठन (Silent reading):- मौन विधि में शिक्षक जहां तक संभव हो चुप रहता है और शिक्षार्थी को 'भाषा-प्रयोग' (बोलने) के अधिक से अधिक अवसर प्रदान करता है।

इससे बालक पाठ को गहराई से समझ के साथ पढ़ता है। किंतु उच्चारण सिखाने के लिए यह विधि कम प्रभावी होती है।

400.एक कंपनी की मुख्य कार्यकारी अधिकारी बिक्री प्रबंधक को बुलाती है और एक नियम-पुस्तिका अपने विभाग में सबको पढ़ाने के लिए कहती है। इस काम को किस रूप में जाना जा सकता है।

1. क्षैतिज संप्रेषण [Horizontal communication]
2. लंबवत संप्रेषण [Vertical communication]
3. सर्पिल संप्रेषण [Spiral communication]
4. विकर्ण संप्रेषण [Diagonal communication]

Ans : (2)

संप्रेषण (vertical):- संप्रेषण को कई तरह से बांटा जा सकता है।

क्षैतिज संप्रेषण (Horizontal):- जब समान स्तर के व्यक्ति एक-दूसरे से बातचीत करते हैं तो इसे (Horizontal vertical) कहा जाता है।

लंबवत् संप्रेषण (Downward vertical):- जब ऊंचे स्तर के व्यक्ति अपने से नीचे स्तर के व्यक्तियों को बुलाते हैं और उन्हें कुछ करने के लिए आदेश देते हैं या बातचीत करते हैं। **(इसे Downward vertical) 'लंबवत् संप्रेषण'** कहा जाता है।

(Upward vertical):- जब नीचे स्तर के कर्मचारी अपने से ऊपर स्तर के व्यक्तियों से संप्रेषण/बातचीत करते हैं तो इसे **(Upward vertical)** कहा जाता है।

401.'भाषा लोग हैं। भाषा से व्यक्ति संपर्क बनाते हैं। भाषा से व्यक्ति प्रतिक्रिया देते हैं। यह विचार क्या प्रदर्शित करता है?

1. अंतः क्रियात्मक विचार [Interactive thoughts]
2. संज्ञानात्मक [Cognitive] विचार
3. विधा विचार [Mode considerations]
4. व्यवहारात्मक [Behavioural] विचार

Ans : (1)

अंतः क्रियात्मक विचार से तात्पर्य है कि व्यक्ति आपस में अनौपचारिक तरीके से (Interaction) बातचीत के माध्यम से भाषा सीखते हैं और अपने विचारों को प्रस्तुत करते हैं।

402.स्कैनिंग एक पठन गतिविधि है जो शिक्षार्थियों को मदद करती है-

1. इच्छित जानकारी [preferred information] निकालने में।
2. उनकी शब्दावली को समृद्ध करने में।
3. भाषायी बिन्दुओं पर दक्षता विकसित करने में।
4. शब्दों के अर्थ जानने में।

Ans : (1)

बारीकी से पठन (scanning) स्कैनिंग पठन से तात्पर्य 'विशिष्ट सूचना [specific information]' ग्रहण करने के लिए पठन।

ऐच्छिक जानकारी के लिए पठन। (जैसे जब कोई व्यक्ति एक समाचार पत्र पढ़ता है और उसमें से वह किसी विशिष्ट विज्ञापन के बारे में जानकारी प्राप्त करते हैं। अर्थात् वह पूरे समाचार पत्र को ऊपरी तौर पर पढ़ता है किंतु विज्ञापन को गहराई से पढ़ता है।)

अर्थात् व्यक्ति द्वारा इस प्रकार किया गया पठन **बारीकी से पठन (scanning)** के अंतर्गत आएगा।

403.निम्नलिखित में से कौन-सी विधि भाषा की व्याकरणिक विशेषताओं के बजाय अर्थविज्ञान और संप्रेषणीय आयाम पर मुख्य जोर देती है?

1. संरचनात्मक मॉडल [Structural model]
2. संज्ञानात्मक मॉडल [Cognitive model]
3. विधा मॉडल [Mode model]
4. कार्यात्मक मॉडल [Functional model]

Ans : (4)

यह क्रिया जिसमें व्यक्ति संप्रेषण के माध्यम से भाषा सीखते हैं तथा भाषा की व्याकरणिक बिंदुओं पर कम ध्यान देते हैं। 'कार्यात्मक मॉडल' कहलाता है।

इसमें व्यक्ति संप्रेषण के माध्यम से विचारों को उचित दिशा देते हैं भाषा या विचारों में सुधार करते हैं और उनका मूल्यांकन भी करते हैं।

404.सुभाष, भाषाओं के बारे में सोचने तथा बात करने की योग्यता रखता है। इसका क्या अभिप्राय है?

1. वह बहुभाषिक जागरूकता [Multilingual awareness] रखता है।
2. वह ध्वन्यात्मक [Phonetic] जागरूकता रखता है।
3. वह प्रतीकात्मक सचेतता [Symbolic awareness] रखता है।
4. वह ग्राह्य कौशल [Cognitive skills] रखता है।

Ans : (1)

जिस व्यक्ति को दो या दो से अधिक (अर्थात् बहुत-सी भाषाओं) का ज्ञान होता है और वह समस्त भाषा का प्रयोग कर सकता है उसे **'बहुभाषाविद [multilingualism]'** कहा जाता है।

अर्थात् जब व्यक्ति बहुत सी भाषाओं के बारे में सोच, विचार कर सकता है, तो उसका तात्पर्य है कि वह व्यक्ति 'बहुभाषिक जागरुकता' रखता है।

405.भाषा के किसी अनुच्छेद को कब अच्छा कहा जा सकता है?

1. यदि वह वर्णानात्मक भाषा में है।
2. यदि वह अच्छी लिखावट में लिखा गया है।
3. यदि उसमें विराम चिन्हों का सही प्रयोग हुआ है।
4. यदि वह विचारों को सुसंगत [consistent] तरीके से प्रस्तुत करता है।

Ans : (4)

अनुच्छेद (Paragraph) एक अच्छे अनुच्छेद में सभी वाक्य, मुख्यविचार बिंदु (थीम) आदि को उभारकर प्रस्तुत करने में मिलकर कार्य करते हैं।

बालक के विचारों में संलग्नता, संबद्धता तथा समरुपता होनी चाहिए।

अर्थात् अच्छे अनुच्छेद से तात्पर्य है कि बालक अपने विचारों को सुसम्बन्ध और सुसंगत से जोड़कर प्रस्तुत करे।

("अच्छी लिखावट से एक अनुच्छेद की विशेषता प्रकट नहीं हो सकती है।")

406.सहयोग द्वारा भाषा सीखने के सिद्धांत की पहचान करें।

1. सकारात्मक अन्योन्याप्रयता, समूह निर्माण, व्यतिगत जवाबदेही और सामाजिक कौशल।
2. सकारात्मक निर्भरता [positive dependence], समूह निर्माण [group building], व्यक्तिगत जवाबदेही [personal accountability] और सामाजिक कौशल [social skills]।
3. सकारात्मक अंतनिर्भरता, समूह निर्माण, सामूहिक और सामाजिक कौशल।
4. सकारात्मक अंतनिर्भरता, समूह निर्माण, सामाजिक जवाबदेही और समाजिक कौशल।

Ans : (1)

सहयोग द्वारा बालक सकारात्मक रुप से एक-दूसरे के साथ समूह में अधिगम करते हैं इससे उनके सामाजिक कौशल का विकास होता है। (किंतु वे प्रतिक्रिया या जवाब अपने व्यक्तिगत विचारों के आधार पर करते हैं न कि समाज के आधार पर।)

407.यदि शिक्षार्थी लक्ष्य भाषा के संदर्भ में कम अभिज्ञ है तो इस स्थिति में व्याकरण शिक्षण का क्या तरीका होना चाहिए?

(1) निगमनात्मक [deductive]
(2) अध्यापक केन्द्रित [teacher centred]
(3) कंठस्थीकरण [memorized] को प्रोत्साहन
(4) अन्तः क्रियात्मक और शिक्षार्थी केन्द्रित [interactive and learner centred]

Ans : (4)

→ शिक्षार्थी केंद्रित अंतः क्रिया से तात्पर्य, जहाँ बच्चे आपस में अंतः क्रिया के माध्यम से 'व्याकरण' सीखते हैं।

→ बालक को उनकी बोलचाल (संप्रेषण) की भाषा के माध्यम से व्याकरण सिखाना।

→ अर्थात् बालक को लक्ष्य भाषा सीखने के लिए निवेशों पर आधारित (अर्थात् उसी भाषा में अनौपचारिक तरीके से) अंतः क्रिया करानी चाहिए।

→ क्योंकि बालक Interaction (अंतः क्रिया) के माध्यम से आसानी से सीखते हैं।

408.लेखन विचारणीय रूप से जटिल चिंतन प्रक्रिया है। हालाँकि, अच्छे लेखन के लिए जरूरत नहीं है?

(1) योजना बनाने के लिए काफी समय लगाना।
(2) पाठक के बारे में विचार करना।
(3) लिखे हुए को पुनः पढ़ना, यदि आवश्यक है तो पुनर्लेखन और प्रारूप को अन्तिम रूप देना।
(4) प्रक्रिया [process] की अनदेखी करना [ignore] केवल अन्तिम स्वरूप पर ध्यान देना।

Ans : (4)

→ अच्छे लेखन के लिए लेखक को पहले योजना बनानी चाहिए।

→ यह ध्यान रखना चाहिए 'कि इसका पाठक कौन है?' (अर्थात् पाठ्य सामग्री छोटे बच्चों के लिए है या बड़े बच्चों केलिए)

→ लेखक को अपने लेखन की 'Proof reading' करनी चाहिए और जब आवश्यकता हो तो नया प्रारूप तैयार करना चाहिए।

→ अर्थात् लेखन कार्य 'प्रक्रिया आधारित [process based]' होना चाहिए।

अतः 'लेखन प्रक्रिया की अनदेखी करना अच्छे लेखन की विशेषता नहीं है।'

409._______ एक वाक् विकार है जिससे एक ही शब्द बार-बार दोहराने से वाचन का प्रवाह बाधित होता है।

(1) हकलाना [Stammer]
(2) त्रुटिपूर्ण उच्चारण [Faulty Pronunciation]
(3) अफेजिया [Aphasia]
(4) डिस्फेज़िया [Dysphasia]

Ans : (1)

हकलाना: एक वाक् विकार है जिससे एक ही शब्द बार-बार दोहराने से वाचन का प्रवाह बाधित होता है।

410.विद्यालय में भाषा शिक्षण पाठ्यपुस्तकों के अलावा भी होना चाहिए। इस कथन के आलोक में, आप मिडिल विद्यालय के शिक्षार्थियों के भाषा अधिगम को समृद्ध करने के लिए किस प्रकार के संसाधन व गतिविधियों का प्रयोग करेंगें?

(1) प्रामाणिक साहित्य का पठन
(2) निर्धारित पाठ्य पुस्तकों का पठन
(3) द्विभाषिक शब्दकोश का प्रयोग
(4) अध्यापक द्वारा निर्मित वर्कशीटों पर काम

Ans : (1)

→ शिक्षक को शिक्षण अधिगम प्रक्रिया में पाठ्यपुस्तक का प्रयोग एक 'संसाधन' के रूप में करना चाहिए **न कि एकमात्र संसाधन के रुप में।**

→ अतः शिक्षण को शिक्षण कार्य 'कक्षा की बाहरी गतिविधियों' से भी जोडना चाहिए।

→ शिक्षण अधिगम प्रक्रिया को प्रभावशाली बनाने के लिए बालक के वास्तविक जीवन से जुड़ी वस्तुओं का प्रयोग करना चाहिए।

→ 'प्रमाणिक साहित्य का पठन' (Authentic Material) का प्रयोग करना चाहिए।

411.मनु भाषा की नई-नई अध्यापिका है। उसे किस पर ध्यान केन्द्रित नहीं करना चाहिए?

(1) कार्य पत्रकों (वर्कशीट) का अभ्यास।
(2) विद्यार्थियों को स्वयं को अभिव्यक्त करने के अवसर देना।
(3) विद्यार्थियों को प्रतिदिन पठन के अवसर देना।
(4) विद्यार्थियों को शब्द संपदा [vocabulary] कंठस्थ (याद) करने के लिए।

Ans : (4)

भाषा सिखाने के लिए शिक्षिका को वाद-विवाद विधि का प्रयोग करना चाहिए। वास्तविक संप्रेषण के माध्यम से भाषा सीखते समय छात्र अपनी वास्तविक भाषा का प्रयोग करते हैं। जिससे छात्रों को भाषा सिखने में आसानी होती है।

विद्यार्थियों को स्वयं को अभिव्यक्त करने के अवसर देना चाहिए प्रचुर पठन के अवसर प्रदान करने चाहिए।

"अतः विद्यार्थियो को शब्दसंपदा रटवाना भाषा सिखाने की अनुचित विधि है।"

412. भाषा की कक्षा में कौन-सा उदाहरण प्रामाणिक सामग्री का उदाहरण नहीं है?

(1) भोजनालय की भोजन तालिका (मैन्यु कार्ड)
(2) गीत के बोल
(3) नौकरी हेतु विज्ञापन
(4) अंग्रेजी की पाठ्यपुस्तक

Ans : (4)

प्रमाणिक सामग्री [Authentic Material]

प्रमाणिक सामग्री से तात्पर्य ऐसे शिक्षण सामग्री से है जो proper तरीके से कक्षा में पढ़ाने के लिए नहीं बनायी गयी है किंतु शिक्षक शिक्षण अधिगम प्रक्रिया को प्रभावशाली बनाने के लिए इसका प्रयोग करते हैं। जैसे- भोजनालय की व्यंजन सूची [Menu list], गीत के बोल, समाचार पत्र [Newspaper]।

पाठ्यपुस्तक को [प्रमाणिक सामग्री Authentic Material] का प्रयोग नहीं किया जाता है। क्योंकि पाठ्यपुस्तक का निर्माण कक्षा शिक्षण के लिए किया जाता है।

413. निम्नलिखित में से कौन सा 'समग्र भौतिक प्रतिक्रिया' का सिद्धांत नहीं है?

(1) लक्ष्य भाषा का अर्थ क्रियाओं के माध्यम से सम्प्रेषित किया जा सकता है।
(2) शिक्षार्थी क्रिया करते समय बेहतर तरीके से सीखते हैं।
(3) पठन बोध बहुत ही महत्वपूर्ण है।
(4) श्रवण कौशल दूसरों कौशलों से पहले होना चाहिए।

Ans : (3)

समग्र भौतिक प्रतिक्रिया का सिध्दांत [Principle of total physical Response]

लक्ष्यभाषा [Target language] का अर्थ क्रियाओं के माध्यम से संप्रेषित किया जाता है। अतः छात्र बोलने के साथ-साथ हाथों पैरों से क्रियाएं भी करते हैं।

सुनना समग्र भौतिक प्रतिक्रिया का आधार है।

अर्थात् समग्र भौतिक प्रतिक्रिया में छात्र शिक्षक द्वारा दिए गए निर्देशों को सुनकर उसकी क्रियाओं के माध्यम से उचित प्रतिक्रिया देते हैं।

अत: जब छात्र से स्वयं क्रिया करके भाषा सिखते है तो छात्रों का ज्ञान अधिक स्थायी हो जाता है।

414. सृष्टि की कक्षा में, एक विद्यार्थी अपने मित्र से अपने स्वप्न के बारे में कहती है और उसकी मित्र उसके प्रश्न का उत्तर देती है। सृष्टि किस युक्ति का प्रयोग कर रही है?

(1) प्रश्न करना
(2) साक्षात्कार [Interview]
(3) भूमिका निर्वाह (रोल प्ले)
(4) चर्चा [Discussion]

Ans : (2)

साक्षात्कार अध्ययन की एक प्रविधि है, जिसके माध्यम से महत्वपूर्ण सूचनाएं एवं आंकड़े एकत्रित किए जाते हैं। **[वास्तविक संप्रेषण के माध्यम से]**

साक्षात्कार मूल रूप से सामाजिक अंतः क्रिया [social interaction] की एक प्रक्रिया है। साक्षात्कार का तात्पर्य बालक की वास्तविक परिस्थितियों में आमने-सामने भाषा प्रयोग का आकलन करना है।

415. निम्नलिखित में से कौन-सी विशेषता भाषा अधिगम के संप्रेषणात्मक उपागम की विशेषता नहीं है?

(1) अर्थतत्व पर आधारित पाठ्यक्रम।
(2) विभिन्न प्रकार्यों को समझने के लिए विभिन्न स्थितियों में भाषा पढ़ाते है।
(3) भाषा प्रयोग को प्रयुक्तता पर ध्यान नहीं देते हैं।
(4) भाषा के सही प्रयोग पर ध्यान देते हैं।

Ans : (3)

संप्रेषणात्मक उपागम की विशेषता [Characterises of Communication Approach]

→ संप्रेषणीय उपागम

→ शिक्षार्थियों को प्रभावशाली ढंग से शामिल करता है।

→ संप्रेषणीय उपागम शिक्षार्थी केंद्रित उपागम है।

→ जो शिक्षार्थी को प्राकृतिक रुप से भाषा सीखाने में मदद करता है।

→ शिक्षार्थी के जीवन की वास्तविक परिस्थतियों में भाषा प्रयोग के अवसर प्रदान करना।

→ संप्रेषणात्मक उपागम पाठ्यक्रम के अर्थ तत्व पर आधारित होता है।

→ भाषा का सही प्रयोग किया जाता है।

→ शिक्षार्थी भाषा प्रयोग के प्रयुक्तता पर ध्यान देते हैं।

→ भाषा के सही प्रयोग पर ध्यान देते हैं।

"भाषा प्रयोग की प्रयुक्तता पर ध्यान न देना संप्रेषणात्मक उपागम की विशेषता नहीं हैं। यह कथन गलत है।"

416.गीता की कक्षा के अधिकतर बच्चे अप्रवासी हैं, वे पहली बार अंग्रेजी सीख रहे हैं, गीता उनके घर की भाषा का प्रयोग करती है और साथ ही धीरे-धीर अंग्रेजी के शब्दों का प्रयोग शुरू करती है और अंग्रेजी में निर्देश देती है। गीता अपनी कक्षा में किसका संवर्द्धन कर रही है?

(1) द्विभाषावाद [Bilingualism]
(2) राष्ट्रवाद [Nationalism]
(3) देशभक्ति [Patriotism]
(4) क्षेत्रीयवाद [Regionalism]

Ans : (1)

द्विभाषावाद:- द्विभाषावाद से तात्पर्य ऐसी भाषा से है जब कोई व्यक्ति किसी भाषा को सिखाने के लिए दो भाषाओं का प्रयोग करता है अर्थात् Target language (लक्ष्य भाषा) को सिखाने के लिए घर की भाषा का प्रयोग करती है तो इसे 'द्विभाषावाद' का संवर्धन, अर्थात् "दो भाषाओं को बढावा देना" कहलाता है।

417.मिनी चाहती है कि उसके विद्यार्थी अपनी पठन सामग्री का सारांश जान ले। उसे किस पठन सामग्री का प्रयोग नहीं करना चाहिए?

(1) समाचार पत्र के आलेख
(2) पत्रिका के आलेख
(3) शोध लेख
(4) शब्द कोश [dictionary]

Ans : (4)

पठन सामग्री का सारांश जानने के लिए किसी विषयवस्तु को ऊपरी (सरसरी तौर) पर पढ़ा जाता है। अर्थात् सारांश जानने के लिए किसी समाचारपत्र लेख, पत्रिका के आलेख, शोध लेख आदि का प्रयोग कर सकते हैं। शब्द कोश का प्रयोग सारांश जानने के लिए नहीं किया जाता है। क्योंकि शब्द कोश से तात्पर्य प्रत्येक शब्द का गहराई से पठन करने से हैं जबकि सारांश जानने के लिए गहराई से पठन नहीं किया जाता है।

418.निम्नलिखित में से कौन-सी विशेषता व्याकरण अनुवाद विधि [grammar translation method] की विशेषता नहीं है?

(1) शब्द भंडार द्विभाषिक सूची के माध्यम से सिखाया जाता है।
(2) भाषा की सटीकता को बहुत महत्व दिया जाता है।
(3) भाषा अधिगम का तात्पर्य शब्दों का अधिगम है।
(4) महान लेखकों के लंबे-लंबे लेखन को पाठ्य सामग्री के रूप में लिया जाता है।

Ans : (3)

व्याकरण अनुवाद विधि में शब्द भण्डार को दो भाषाओं के माध्यम से सिखाया जाता है। व्याकरण अनुवाद विधी नियमों पर केंद्रित होती है। यह विधि बोलने को वरीयता नहीं देती है।

यह विधि पढ़ने और लिखाने पर अधिक केंद्रित होती है।

बालक 'व्याकरण अनुवाद विधि' में भाषा की सटीकता पर अधिक ध्यान केंद्रित करता है।

व्याकरण अनुवाद विधि में प्रवाहिता को कम महत्व दिया जाता है।

अर्थात् भाषा का अधिगम का तात्पर्य शब्दों के अधिगम से है, यह व्याकरण अनुवाद विधि की विशेषता नहीं है।

419.निम्नलिखित में से कौन-सा शब्द भंडार [vocabulary] शिक्षण का उद्देश्य नहीं है?

(1) विभिन्न संदर्भों में शब्दों के प्रयोग की योग्यता हासिल करना।
(2) संदर्भ से शब्दों के अर्थ समझना।
(3) शब्दकोश का प्रयोग करने की सर्वोत्तम विधि को बिना प्रचार का तय है।
(4) शब्द-अर्थ कंठस्थ (याद) [memorize] करना।

Ans : (4)

शब्द भण्डार शिक्षण का उद्देश्य:- छात्रों द्वारा संदर्भो

में परिस्थति विशेष के अनुसार शब्दों के उचित प्रयोग की योग्यता हासिल करना।

संदर्भो से शब्दों के अर्थ को समझना अर्थात् शब्दों के अर्थ जानने के लिए कहानी से जोड़कर पता लगाना मतलब शब्दों के अर्थ अलग से याद न करना।

जिस शब्द का अर्थ समझ नहीं आ रहा उसके अर्थ को जानने के लिए 'शब्दकोश' [Dictionary] का प्रयोग करना।

शब्दों के अर्थ कंठस्थ करना शब्द भण्डार शिक्षण की विशेषता नहीं है।

420.भाषा अधिगम में चुनौतीपूर्ण अवधि कौन-सी है?

(1) वह विशेष समय जब बालिका गहन प्रशिक्षण द्वारा भाषा सीखती है।
(2) बच्चे के जीवन का वह काल जब भाषाएँ किसी भी अन्य समय की अपेक्षा अधिक सहजता से सीखी जाती है।
(3) कक्षा में परीक्षाओं की आवृत्ति।
(4) भाषा अभ्यास के लिए एक विशेष अवधि।

Ans : (2)

चुनौती पूर्ण अवधि/संवेदन शील अवधि [Critical period] नॉम चॉम्स्की के अनुसार:- मनुष्य के मस्तिष्क में 'भाषा अधिग्रहण यंत्र (LAD) पाया जाता है। जिसके माध्यम से बालक कोई भी भाषा अर्जित कर सकता है।

यह (LAD) प्रारंभ के 5 साल में अधिक क्रियाशील होता है अर्थात् वह समय जब बालक किसी अन्य समय की अपेक्षा किसी भी कार्य को अत्यधिक सहजता से सीखता है 'संवेदनशील समय चुनौतीपूर्ण समय कहलाता है।'

421.प्रत्यक्ष (निर्देश) विधि किस बात पर निर्भर करती है?

(1) सुनिश्चित तरीके से व्याकरण पढ़ाना।
(2) निगमनात्मक [deductive] तरीके से व्याकरण पढ़ाना।
(3) आगमनात्मक [inductive] तरीके से व्याकरण पढ़ाना।
(4) व्याकरण नहीं पढ़ाना

Ans : (3)

प्रत्यक्ष विधि [Direct Method]

→ प्रत्यक्ष विधि में भाषा को सिखाने के लिए भाषा के प्रयोग पर विशेष बल दिया जाता है।

→ प्रत्यक्ष, विधि भाषा सिखाने के लिए मातृभाषा को मध्यस्यता नहीं बनाती है।

→ अर्थात् लक्ष्य भाषा [target language] को उसी भाषा में सिखाया जाता है।

→ यह विधि व्याकरण के नियम, रटने पर केंद्रित नहीं होती है बल्कि भाषा प्रयोग के प्रचुर अवसर प्रदान करती है।

प्रत्यक्ष विधि में व्याकरण को आगमनात्मक तरीके से सिखाया जाता है।

"अर्थात् उदाहरण के माध्यम से प्रत्यक्ष अनुभवों के आधार पर भाषा सिखाना।"

422.सुजाता चाहती है कि उसके विद्यार्थी शब्दों की सही वर्तनी लिखें। उसे अपने विद्यार्थियों की कैसे मदद करनी चाहिए?

(1) शब्दों का सही उच्चारण
(2) शब्दों का सही पठन
(3) साफ-साफ लिखना
(4) सही लिखना

Ans : (1)

शब्दों की सही वर्तनी लिखना सिखाने के लिए आवश्यक है कि छात्र को शब्दों का सही - सही उच्चारण कराया जाय। अर्थात् जब छात्र शब्दों के सही उच्चारण करेंगे तो शब्दों की वर्तनी सही हो जायगी।

423.अंशु कक्षा आठ में पढ़ाती है और अपने विद्यार्थियों के शब्द भंडार में वृद्धि करना चाहती है। शब्द भंडार में वृद्धि का सर्वोत्तम तरीका क्या है?

(1) पठन (2) लेखन
(3) वाचन (4) श्रवण

Ans : (1)

शब्द भण्डार में वृद्धि करने का तरीका है कि छात्र को पढ़ने के भरपूर अवसर दिये जाय।

छात्र जब प्रचुर मात्रा में 'पठन' कार्य करेंगे तो नये- नये शब्दों से परिचित होंगे जिससे उनके शब्द भण्डार में वृद्धि होगी।

शब्द - भण्डार के लिए छात्र को अधिक से अधिक शब्द-प्रयोग के अवसर प्रदान करना चाहिए।

424.रीमा ने अपने विद्यार्थियों को एक कहानी सुनाई है। कहानी सुनाने के बाद उसने अपने विद्यार्थियों को उस कहानी का अन्त बदलने के लिए कहा। इस गतिविधि से रीमा अपने विद्यार्थियों के लिए क्या करना चाह रही है?

(1) व्याकरण की बेहतर समझ
(2) कल्पनाशीलता और रचनात्मकता का पोषण [Nurturing imagination and creativity]
(3) लिखने के उद्देश्य से भाषा की बेहतर समझ
(4) निपुण पाठक [Adept reader]

Ans : (2)

बच्चों में रचनात्मकता एवं कल्पनाशीलता के पोषण के लिए आवश्यक है कि छात्रों को कल्पनाशील कहानियाँ सुनायी जाय।

छात्रों से कहानियों के अन्त बदलकर लिखने के लिए कहना चाहिए जिससे प्रत्येक शिक्षार्थी अपनी बुद्धि के अनुसार अलग- अलग अन्त बतायेंगे और इससे बच्चों में रचनात्मक शक्ति का विकास होगा।

425.भाषा की पाठ्यपुस्तको में पहेलियों एवं वर्ग-पहेलियों को शामिल करना है?

1. विद्यार्थियों में समालोचनात्मक चिंतन योग्यता [Critical Thinking Ability] का विकास होता है।
2. विधार्थियों में प्रवाहपूर्ण संप्रेषण की योग्यता विकसित होती है।
3. उन्हें कुछ आनंददायक घटकों के साथ पाठ्यपुस्तक को समझने में सहायता करता है।
4. कक्षा-कक्ष का परिवेश जीवंत एवं मित्रवत् बनाता है।

Ans : (1)

जब बालक वर्गों में बांटकर आपस में पहेलियों को पूछते हैं और दूसरे उसका उत्तर देते हैं; इस प्रकार की गतिविधि में बालक पहेलियों के उत्तर देने के लिए विभिन्न दिशाओं में सोचते हैं जिससे विद्यार्थियों मे 'समालोचनात्मक चिंतन' का विकास होता है।

वर्ग पहेलियों में भाग लेने से बालक के 'शब्दभण्डार' [vocab] में वृद्धि होती है। बालक नये - नये शब्दों से परिचित होते हैं एवं सीखते है।

426.रहीम नौ बजे के समाचार प्रतिदिन सुनता है और अपने कुछ मित्रों के साथ कुछ ख़बरें साझा करता है। इस प्रकार के श्रवण को क्या कहते हैं?

1. गहन श्रवण [Intensive listening]
2. विस्तृत श्रवण [Extensive listening]
3. ऊर्ध्वगामी मॉडल [Bottom up model]
4. सूचना के लिए श्रवण

Ans : (2)

विस्तृत श्रवण (Extensive Listening) 'विस्तृत श्रवण' से उद्देश्य छात्रों को अपने ज्ञान में वृद्धि करने से है। अर्थात् छात्र जब किसी विशिष्ट Purpose से नहीं बल्कि अपने रुचि और ज्ञान में वृद्धि करने के लिए 'श्रवण' करते है **'विस्तृत श्रवण' (Extensive Listening)** कहलाता है।

427.एक अध्यापक अपनी कक्षा में दस वाक्यों के अनुच्छेद का श्रुतलेख करवाती है। वह अनुच्छेद को दो बार पढ़ती है। और अपने शिक्षार्थियों को ध्यानपूर्वक सुनने के लिए कहती है और सुनकर उसी अनुच्छेद को लिखने के लिए कहती है। शिक्षार्थियों को अनुच्छेद हू-ब-हू नहीं लिखना है। उन्हें अनुच्छेद का सार या मुख्य ग्रहण करना है। अध्यापक यहाँ पर श्रवण शिक्षण की कौन-सी युक्ति अपना रही है?

1. ऊर्ध्वगामी उपागम (बॉटम अप)
2. संरचनात्मक उपागम
3. शीर्ष पाद उपागम (टॉप डाउन)
4. अनुच्छेद श्रुतलेखन

Ans : (3)

जब कोई अध्यापक छात्रों से अनुच्छेद लिखने के लिए कहती हैं किंतु उन्हें वह अनुच्छेद अनुकरण करके नहीं बल्कि अपने रचनात्मक तरीकों से लिखना है। **इसे श्रवण का (Top down Approach) कहा जाता** है। क्योंकि यहां छात्र संपूर्ण अनुच्छेद को सुनकर उसके समस्त केंद्रीय भाव को ग्रहण करके अपने विचारों को रचनात्मक तरीके से लेखन के माध्यम से व्यक्त करता है।

428.नीचे कक्षा आठ के शिक्षार्थियों के लिए प्रदत्त कार्य का उल्लेख है। इसे किस तरह का लेखन कहेंगे? जोड़ों में बैठकर चर्चा करो, मुख्य बिन्दुओं को लिख लो और विषय के पक्ष तथा विपक्ष के लिए दो-दो तर्क देते हुए एक अच्छा लेख तैयार करें। विच के सभी देशों को जलवायु परिवर्तन प्रभावित कर रहा है। यह विषय है।

1. तर्कमूलक लेखन [Logical writing]
2. वर्णनात्मक लेखन [Descriptive writing]
3. रचनात्मक लेखन [Creative writing]
4. व्याख्यात्मक लेखन [Explanatory writing]

Ans : (1)

तर्कमूलक लेखन [logical writing]:- जब छात्र जोड़ो में बैठकर किसी विषयवस्तु पर चर्चा करते हैं और प्रत्येक छात्र पाठ्यवस्तु के पक्ष और विपक्ष (अर्थात् -गुण, दोष) पर अपने तर्क/विचार रखते हैं, तो इसे **'तर्कमूलक-लेखन'** कहा जाता है।

429.भाषा के बारे में कौन-सा सही है?

1. एक बोली में अनेक भाषाएँ होती हैं।
2. भाषा के लिए लिपि का होना अनिवार्य है, तभी वह भाषा कहलाएगी।
3. भाषा के लिए एक क्षेत्र विशेष का होना जरूरी है।
4. एक भाषा में कई बोलियाँ होती हैं।

Ans : (4)

बोली [Dialect]:- किसी विशिष्ट समुदाय द्वारा बोली जाने वाली 'भाषा' 'बोली' कहलाती है।

(जैसे- एक जगह/समुदाय द्वारा बोली जाने वाली हिंदी दूसरे क्षेत्र द्वारा बोली जाने वाली हिंदी से भिन्न होती है। इसका तात्पर्य है कि दोनों जगहों पर बोली जाने वाली हिंदी **'हिंदी भाषा की दो बोलियां'** हैं।

(अर्थात् इस प्रकार हम कह सकते हैं कि एक भाषा की अनेक बोलियां होती हैं।)

430.निम्नलिखित में से कौन-सा भाषा के आकलन हेतु प्रामाणिक जाँच कार्य नहीं है?

1. एक वृक्ष की आत्मकथा लिखो।
2. कल्पना करें कि आप अपने घर के बाहर लगा हुआ एक वृक्ष हैं और अपनी कहानी बता रहे हैं।
3. किसी चित्र में दिए गए दृश्य का वर्णन अपने शब्दों में करो।
4. अपने विद्यालय आते हुए आपने रास्ते में दो पुरुषों को झगड़ा करते हुए देखा, इस घटना का वर्णन करो।

Ans : (1)

भाषा का प्रमाणिक आकलन [Authentic Assessment]:- शिक्षार्थियों का भाषायी विकास संलग्नता से हो सके इसके लिए आवश्यक है कि छात्रों को भाषा प्रयोग के विविध अवसर प्रदान किए जाएं।

→ बच्चों के भाषायी विकास के आकलन के लिए छात्रों से कल्पनात्मक प्रश्न वर्णनात्मक तथा उनके स्वयं के अनुभव साझा करने के लिए कहना चाहिए।

→ इस प्रकार के प्रश्नों से शिक्षक को यह समझने में मदद मिलती है कि छात्र का भाषायी विकास किस स्तर तक हुआ है और कहां पर सुधार की जरूरत है।

(एक वृक्ष की आत्मकथा लिखो:- यह प्रमाणिक आकलन नहीं है, क्योंकि छात्र यहां पर अपने विचार साझा नहीं कर रहा है।)

431.राष्ट्रीय शिक्षा नीति 2020 भाषा शिक्षा और भाषा अधिगम को किस रूप में वर्णित करती है?

1. सभी के लिए भाषा
2. बहुभाषावाद और भाषा की सत्ता
3. त्रिभाषा सूत्र [Three language formula]
4. बहुभाषा अधिगम और भाषा की सत्ता

Ans : (2)

राष्ट्रीय शिक्षा नीति (NEP-2020) शिक्षण अधिगम प्रक्रिया में **बहुभाषावाद** को बढ़ावा देती है।

बहुभाषावाद (Multilingualism):- शिक्षण अधिगम प्रक्रिया में **'बहुभाषावाद'** का तात्पर्य बहुत-सी भाषाओं के ज्ञान से नहीं, बल्कि शिक्षण अधिगम प्रक्रिया में शिक्षार्थियों की भाषा के प्रयोग से है।

432.कक्षा आठ की एक अध्यापक विद्यार्थियों के पाँच-पाँच के समूह बनाती हैं और आँकड़ो का संग्रह, आँकड़ो का विश्लेषण, रिपोर्ट लेखन का कार्य सहयोगात्मक रूप से करने का समूह कार्य देती है। इस गतिविधि को क्या कहते हैं?

1. प्रदत्त कार्य [Assigned work]
2. परियोजना कार्य [Project work]
3. गृहकार्य [Homework]
4. संरचनात्मक आकलन [Structural assessment]

Ans : (2)

परियोजना कार्य [Project work]:- यह एक 'शिक्षार्थी केंद्रित' (Child Centered) गतिविधि है।

इसमें छात्र किसी एक टॉपिक/थीम पर सूचनाओं का संग्रह करते हैं, विश्लेषण करते हैं, और अंतिम रिपोर्ट तैयार करते हैं। यह परियोजना कार्य में छात्र 'स्वतंत्र अध्ययन' करता है। और स्वयं के विचारों के आधार पर समस्या को (solve) करता हैं।

"परियोजना कार्य छात्र सहयोगात्मक रूप से समूह में करते हैं।"

433.एक अध्यापक ने अपने शिक्षार्थियों को दो पहेलियाँ सुनाई और जोड़ों में बैठकर उनका समाधान खोजने के लिए कहा। एक को कहा कि वह जो भी सोच रही है, उसे बोल कर पहेली का हल निकाले और दूसरे को दूसरी पहेली का हल इसी तरीके से ढूंढना है। इस गतिविधि को क्या कहा जाएगा?

1. बोलना एवं सुनना
2. जोड़े में कार्य
3. भाषा का प्रयोग
4. सोचकर लिखा गया संलेख (Think Alide Protocol)

Ans : (4)

जब शिक्षार्थी को पहेली सुलझाने के लिए दी जाती है और छात्र समूह में बैठकर समस्या का समाधान ढूँढ़ते हैं।

तो छात्र पहेलियों के उत्तर तुरंत सोचकर देते हैं तथा दूसरे शिक्षार्थी भी उसी प्रकार पहेलियों के उत्तर तुरंत सोचकर देते हैं **इसे ही (Think Alide Protocol) 'सोचकर लिखा गया संलेख'** कहा जाता है।

434. शब्द भण्डार और भाषा के अन्य पहलुओं के शिक्षण अधिगम के लिए अध्यापकों द्वारा प्रयोग में लायी जा रही सामग्री और वस्तुओं को किस रूप में जाना जाता है?

1. खेल सामग्री
2. खिलौने एवं खेल
3. वास्तविक वस्तुएँ
4. सांस्कृतिक सामग्री

Ans : (3)

वास्तविक वस्तुएं (Realia):- जब शिक्षक अपनी शिक्षण अधिगम प्रक्रिया को प्रभावशाली बनाने के लिए भाषा सिखाने, शब्द भण्डार में वृद्धि के लिए घर की वस्तुओं का प्रयोग करती है तो इसे **'वास्तविक सामग्री' (Realia)** कहा जाता है।

435.व्याकरण के शिक्षण अधिगम के लिए कौन सा तरीका आदर्श होगा?

1. सहज भाव से चल रहे विमर्श में व्याकरणिक नियमों को प्रस्तुत करना और शिक्षार्थियों को उन्हें पहचानने के अवसर देना।
2. शिक्षार्थियों को पहले नियम बताना और फिर विस्तृत व्याख्या करना, फिर गतिविधि करवाना।
3. वाक्यों में नियम संरचित कर जितना अधिक संभव हो सके, अभ्यास करवाना।
4. नियम बताना और शिक्षार्थियों को नियम याद करने के लिए मदद करना।

Ans : (1)

व्याकरण शिक्षण अधिगम के लिए आदर्श तरीका:- व्याकरण सदैव संदर्भ में सिखाया जाना चाहिए। "संदर्भ में सिखाने का तात्पर्य यह है कि सहज भाव से चल रहे विचार-विमर्श में व्याकरणिक नियमों को प्रस्तुत करना और शिक्षार्थियों को उन्हें पहचानने के अवसर देना।"

अर्थात् पाठ पढाते समय प्रसंगवश, आने वाले व्याकरणिक बिंदुओं को स्पष्ट करना।

(अर्थात् व्याकरण को अलग से न रटवाना।)

436.निम्नलिखित में से कौन-सी भाषा भारत के संविधान की अनुसूची में नहीं है?

1. तमिल
2. हिन्दी
3. उर्दू
4. मीजों

Ans : (4)

संविधान की 8वीं अनुसूची में 22 भाषाएँ शागिल हैं।

1. असमिया 2. बंग्ला 3. कन्नड़ 4. उड़िया 5. सिंधी 6. पंजाबी 7. तमिल 8. कश्मीरी 9. मराठी 10. हिंदी 11. मलयालम 12. गुजराती 13. अंग्रेज़ी 14. उर्दू 15. कोंकणी 16. संथाली 17. मैथिली 18. बोडो 19. मणिपुरी 20. नेपाली 21. संस्कृत 22. डोंगरी

अर्थात् 'मिज़ो' भाषा का उल्लेख नहीं है।

437.एक शिक्षार्थी कक्षा में अपने अध्यापक की बात को ध्यानपूर्वक सुनती है और अगले दिन प्रदत्त कार्य पूरा करने के लिए अध्यापक की बातों के मुख्य बिंदु लिखती भी है। इस प्रकार के श्रवण को क्या कहा जाता है?

1. विस्तृत श्रवण 2. अकादमिक श्रवण
3. शीर्ष पाद मॉडल 4. गहन श्रवण

Ans : (4)

गहन श्रवण से तात्पर्य है कि जब कोई शिक्षार्थी पाठ्यवस्तु को ध्यानपूर्वक सुनता है जहां कहीं कठिनाई आती है उस शब्द को अपनी Notebook में लिखता है।

अर्थात् श्रवण प्रभावशाली तब माना जाता है जब बालक किसी कहानी/कविता को सुनकर, अर्थ ग्रहण करके उसे अपने शब्दों में व्यक्त कर सके।

438. अधिगम का कौन-सा सिद्धांत कहता है कि विकास का स्रोत व्यक्ति की बजाय परिवेश में है?

1. व्यवहारवाद [Behaviourism]
2. सहजात्यवाद [Naturalism]
3. संप्रेषणात्मक भाषा शिक्षण [Communicative language teaching]
4. सामाजिक रचनावाद [Social constructivism]

Ans : (4)

सामाजिक रचनावाद (Social Constructivism)

सामाजिक रचनावाद के अनुसार:- भाषा एक 'सांस्कृतिक उपकरण [Social tools]' है।

इसके माध्यम से बालक अपने समाज से [Interaction] बातचीत करके भाषा सीखता है।

अर्थात् समाज के साथ अनौपचारिक तरीके से 'भाषा-प्रयोग' के माध्यम से भाषा सीखना।

अतः सामाजिक रचनावाद के अनुसार बालक के भाषा विकास का स्रोत व्यक्ति की बजाय **'सामाजिक परिवेश'** है।

439. निम्नलिखित में से कौन-सा संस्थात्मक लेखन के अन्तर्गत नहीं आता है?

a. समीक्षाएँ b. व्यक्तिगत विवरण
c. शोक संदेश d. डायरी प्रविष्टि

1. a तथा b
2. c तथा d
3. b तथा c
4. d तथा a

Ans : (2)

संस्थात्मक लेखन [Institutional Writing]:- औपचारिक [Formal] तरीके से किया गया 'लेखन' संस्थागत लेखन कहलाता है।

संस्थागत लेखन, व्यवसायिक या संस्थागत भूमिकाओं में किए जाने वाले लेखन को कहते हैं।

अतः संस्थागत लेखन में 'औपचारिकता' होना आवश्यक है।

"शोक संदेश तथा डायरी प्रविष्टि" **अनौपचारिक [Informal] तरीके से लिखा गया लेखन है अतः यह संस्थागत लेखन के अंतर्गत नहीं आता है।**

440. व्याकरण सीखने में कार्यविधिक (प्रक्रिया आधारित) ज्ञान है-

1. आकृति और वर्णन करने के बारे में ज्ञान, तथा उसे सीमित अभ्यास में इस्तेमाल करना।
2. व्याकरणिक रूप किस प्रकार कार्य करते हैं के प्रति समझ बनना तथा वैसा ही लागू करना।
3. व्याकरण के नियमों को बाद में इस्तेमाल करने के उद्देश्य से सीखना।
4. व्याकरण की पुस्तक में दिए गए व्याकरणिक रुपों के प्रति समझ बनना।

Ans : (2)

कार्यविधिक ज्ञान के अंतर्गत व्याकरण 'क्या' है तथा इसके साथ-साथ इसका प्रयोग कैसे किया जाता यह भी शामिल होता है।

अर्थात् छात्र अपने बोलचाल की भाषा मे व्याकरण नियमों का प्रयोग कर सके।

प्रक्रिया आधारित उपागम (Procedural knowledge)

प्रक्रिया आधारित उपागम के अंतर्गत छात्र किसी कार्य को प्रक्रिया के माध्यम से सीखते हैं।

जैसे- साइकिल क्या है:- घोषणात्मक ज्ञान [declarative knowledge]

किन्तु साइकिल कैसे चलायी जाती है:- प्रक्रियात्मक ज्ञान

अतः (ज्ञान को सीखकर उसे अपने Real life मे लागू करना 'कार्यविधिक ज्ञान' **कहलाता है।)**

441.कल्पना कीजिए कि किसी एक कहानी में आपका वर्णन है- अपने मित्र को अपने उस दिन का अनुभव बताते हुए पत्र लिखिए। निम्नलिखित लेखन कार्य को क्या कहते हैं?

1. रचनात्मक लेखन
2. पत्र लेखन
3. एक्सट्रापोलेटिव लेखन (किसी के स्थान पर स्वयं को रखकर कल्पना कर लिखना)
4. दीर्घ उत्तर लेखन

Ans : (3)

बहिर्वेशनात्मक प्रश्न [Extrapolative Question]:-

कल्पनात्मक प्रश्न

दूसरों के स्थान पर स्वयं को रखकर जवाब देना।

अनुमान लगाना।

तथ्यों से आगे जाकर सोचना।

(जब बालक किसी और के स्थान पर स्वयं को रखकर कल्पना करता है **(Extrapolative/बहिर्वेशनात्मक** प्रश्न कहलाते हैं।)

442.निम्नलिखित में से कौन सा एक काव्य का अंग नहीं है?

1. उपमा 2. चरित्र चित्रण
3. बिम्ब 4. रूपक

Ans : (2)

काव्य के अंग

- रस
- छन्द
- अंलकार
- बिम्ब

(अर्थात् उपमा, बिम्ब, रुपक आदि काव्य के अंग हैं।)

किंतु चरित्र-चित्रण काव्य का अंग नहीं है।

("चरित्र-चित्रण" कहानी, नाटक तथा एकांकी का अंग है।)

443.निम्नलिखित में कौन-सा सीखने का आकलन है?

1. लिखित परीक्षाएँ
2. अवधि के अंत में परीक्षा
3. रचनात्मक आकलन
4. संकलनात्मक आकलन [Cumulative assessment]

Ans : (3)

आकलन के प्रकार [Types of Assessment]

रचनात्मक आकलन [Formative Assessment]

योगात्मक आकलन [Summative Assessment]

रचनात्मक आकलन (सीखने के लिए आकलन):- Teaching learning process के दौरान किया जाने वाला आकलन ही रचनात्मक आकलन है। यह निरंतर चलने वाली प्रक्रिया है।

बच्चों के बारे में जानने (अर्थात् आकलन करने का) यह सर्वोत्कृष्ट तरीका है

योगात्मक आकलन [Summative Assessment] (सीखने का आकलन):- साल के अंत में किया जाने वाला आकलन। Teaching learning process, के अंत में किया जाता है।

[आकलन की इस विधि को कम प्रभावी माना जाता है।]

इस आकलन का प्रयोग विद्यार्थियों के अधिगम और निष्पादन के बारे में निर्णय लेने के लिए प्रयुक्त किया जाता है।

444.एक अध्यापिका ने अपनी कक्षा को पाँच समूहों में बाँट दिया जिसमें प्रत्येक समूह में पाँच शिक्षार्थी हैं तथा उन्हें पर, विद्यालय, सड़क, भूमि तथा आकाश शब्दों से संबंधित शब्द ढूँढ़ने के लिए कहा। प्रत्येक समूह ने दस से पंद्रह शब्द ढूंढे तथा अन्य समूहों के साथ साझा किए अध्यापिका ने यहां शब्दावली शिक्षण के लिए कौन-सी प्रविधि अपनायी थी?

1. शब्द तथा वाक्यांश
2. थीम आधारित शब्दावली [Theme-based vocabulary]
3. शब्दों का वर्गीकरण [classification]
4. नियामक शब्दावली

Ans : (2)

थीम आधारित शब्दावली:- थीम आधारित शब्दावली के अंतर्गत किसी एक थीम से संबंधित शब्दावलियों का प्रयोग किया जाता है। जैसे- प्रकृति के बारे में, मानव व्यवहार के बारे में। इससे बच्चों को अवधारण बनाने में मदद मिलती है।

445.'X' एक ऑनलाइन उपकरण है जो नए शब्दो उनके अर्थ, उपयोग तथा वाक्य में प्रयोग का एक समुच्चय उपलब्ध कराता है।

निम्नलिखित में से कौन-सा कौशल इस ऑनलाइन उपकरण के प्रयोग द्वारा निर्देश किया जा सकता है?

1. दो भिन्न पाठ्यपुस्तक में संबंध बनाना।
2. दी गई पाठ्यसामग्री पढ़ना और तथ्यात्मक सवालों के जवाब देना।
3. कहानी में घटनाओं के बारे में अनुमान लगाना।
4. दी गई पाठ्यसामग्री को प्रवाहपूर्ण पढ़ना।

Ans : (4)

ऐसा उपकरण जो नए शब्द, उनके अर्थ, उच्चारण और वाक्य में प्रयोग का समुच्चय उपलब्ध कराएगा तो छात्र किसी भी पाठ्यसामग्री को (Fluently) पढ़ सकता है।

446.शिक्षार्थियों द्वारा किस तरह से सीखने का कार्य किया जाता है, उनके विभिन्न उदाहरणों का एकीकरण कीजिए और उसका रिकॉर्ड रकना ____ कहलाता है।

1. सीखने का आकलन [Assessment of learning]
2. योगात्मक आकलन [Summative assessment]
3. पोर्टफोलियो आकलन [Portfolio assessment]
4. आकलन कार्य [Assessment work]

Ans : (3)

पोर्टफोलियो एक तरह की फाइल होती है। जिसमे बालक के शैक्षिक एवं सह- शैक्षिक सारे रिकार्डो को रखा जाता है।

जब बालक आगे की कक्षा में जाता है तो पोर्टफोलियो फाइल उसके कक्षा अध्यापक को देदी जाती है जिससे शिक्षक को बालक के बारे में उचित जानकारी मिल जाती है और शिक्षक कक्षायी वातावरण को बालक के अनुरुप बना सकता है।

447.आपने अभी हाल ही में एक नये शब्द का प्रयोग किया। आपका एक विद्यार्थी उसे सुनकर अपने एक वाक्य में उस शब्द का प्रयोग करता है। आप उस शिक्षार्थी की प्रशंसा करते हैं कि उसने संदर्भ में शब्द का प्रयोग किया। यह भाषा अर्जन-युक्ति सर्वाधिक रूप का निरुपण करती है।

1. स्किनर के सीखने के सिद्धांत
2. पियाजे के सीखने के सिद्धांत
3. चॉम्स्की के सीखने के सिद्धांत
4. ब्रूनर के सीखने के सिद्धांत

Ans : (1)

स्किनर के अनुसार:- बच्चा माता-पिता या अपने आस- पास के व्यक्तियों की नकल करके सीखता है।

अर्थात्- 'अनुकरण [imitation] के माध्यम से सीखना'

बालक पुनर्बलन [Reinforcement] (पुरुस्कार एवं दण्ड) के माध्यम से भाषा सीखता है।

बालक अपनी प्रतिक्रियाओं को दोहराव, सुधार और वयस्कों द्वारा प्रदान की जाने वाली अन्य प्रतिक्रियाओं से मजबूत करते हैं।

अर्थात् प्रश्न में बालक वयस्क का अनुकरण करके भाषा सीख रहा है और उसे पुनर्बलन दिया जा रहा है। **अतः इसे स्किनर के भाषा सीखने का सिद्धांत कहा जाएगा।**

448.निम्नलिखित में से कौन-सा शिक्षार्थियों को 'संक्षेपण' के शिक्षण में सर्वाधिक उपयुक्त है?

1. इस कहानी का शिक्षण क्या होगा?
2. इस कहानी का कोई अन्य अंत सोचिए।
3. लेखक ने कुत्ते के पात्र को किस प्रकार चित्रित किया है?
4. दी गई तस्वीर के आधार पर अनुमान लगाइए कि कहानी में क्या हो रहा है?

Ans : (1)

संक्षेपण [Summarization]:- संक्षेषण का अर्थ है 'संक्षेप' संक्षेपण का अर्थ 'सारांश' होता है; 'अर्थात्- कहानी को जिस Purpose से लिखा गया हो वह सारे उद्देश्य आ जाएं किंतु उतने सारे शब्द में नहीं। अतः किसी कहानी को उसके छोटे रूप में व्यक्त करना।'

449.निम्नलिखित में से कौन-सा लेखन अभ्यास शिक्षक द्वारा आधार प्रदान करने का एक अच्छा उदाहरण है?

1. शिक्षार्थियों को उनके वाक्य या विचार का प्रारंभ करने के लिए शुरुआती वाक्य उपलब्ध कराना।
2. एक बार जब शिक्षार्थी लेखन कार्य समाप्त कर ले तब मानदंड निर्देशों के आधार पर ग्रेड देना और उसे साझा करना।
3. शिक्षार्थियों के साथ विषयों की एक सूची साझा करने और अपनी पसंद के विषय पर उन्हें लिखने के लिए कहना।

4. शिक्षार्थियों को एक अनुच्छेद (Article/Paragraph) पढ़ने और मुख्य पात्र के बारे में अपनी राय बताने के लिए कहना।

Ans : (1)

शिक्षक द्वारा आधार प्रदान करने का तात्पर्य है छात्र को Scaffolding देना।

अर्थात् लेखन के शुरुआती चरण में छात्रों के विचार को प्रारंभ के लिए वाक्य उपलब्ध कराना और उस पर छात्रों से अपने विचार अभिव्यक्त करने के लिए कहना।

इससे छात्रों को उचित Guidance मिल जाती है जिससे वे अपने विचारों को रचनात्मक तरीके से व्यक्त कर सकते हैं।

450. वायगोत्सकी के अनुसार बच्चे साथियों के साथ सामाजिक अंतः क्रिया से सीखते हैं। एक भाषा शिक्षक के रुप में-

1. अपने पाठ की इस तरह से योजना बनाएं कि वे कक्षा में अकेले बैठे तथा कक्षा में अंतःक्रिया एवं बातचीत किए बिना कार्य करें।
2. ऐसी पाठ्योजना बनाएं जिसमें अंतः क्रिया से बचने के लिए खेल और चर्चा शामिल न की जाए।
3. कक्षा में अनुशासन बनाए रखाने के लिए प्रोत्साहन पुरस्कार स्वं दण्ड का प्रयोग करें।
4. जोड़े एवं समूह कार्य के लिए योजना बनाएं ताकि वे साथियों के साथ अंतः क्रिया कर सकें।

Ans : (4)

वायगोत्सकी के अनुसार बच्चे के संज्ञानात्मक विकास के तीन महत्वपूर्ण कारक है।

S : Social experience (सामाजिक अनुभव)

C : Culture (संस्कृति)

L : Language (भाषा)

वायगोत्सकी के अनुसार बच्चा समाज में अंतः क्रिया के माध्यम से भाषा सीखता है। भाषा सीखाने में समाज और संस्कृति का बहुत बड़ा योगदान होता है। जब बच्चे जोड़े एवं समूह में सीखते हैं तो बच्चे एक-दूसरे की सहायता करते हैं। जिससे सामूहिक भावना का विकास होता है।

→ बच्चों में सामाजिक भावना का विकास होता है।

451. आप विश्वास करते हैं कि मानव, भाषा अर्जित करने की क्षमता के साथ ही जन्म लेते हैं। आपका विचार किस धारणा या सिद्धांत से मेल खाता है?

1. सक्रिय अनुकूलन [Active Adaptation]
2. सहजज्ञानवाद [Intuitiveism]
3. भाषा अर्जन उपक्रम [Language Acquisition Initiative]
4. पुनर्बलन [Reinforcement]

Ans : (2)

'नॉम चॉम्स्की' एक सहज्ञानवादी मनोवैज्ञानिक हैं।

सहजतता/सहजज्ञानवादः- के अनुसार मनुष्य की भाषा बोलने की सहज रुप से स्वाभाविक योग्यता होती है। जिससे बालक अपने आस-पास के वातावरण से सहज रुप से भाषा अर्जित करता है।

452. जब शिक्षार्थी लेखन प्रक्रिया शुरू करते हैं तो पहला चरण है-

(1) मस्तिष्क उत्तेजना [Brain stimulation]
(2) मसौदा तैयार करना [Drafting]
(3) संपादन करना [Editing]
(4) संशोधन करना [Amendment]

Ans : (1)

मस्तिष्क उत्तेजना [Brain stimulation] से तात्पर्य लेखन प्रक्रिया शुरु करने से पहले जिस टॉपिक पर लिखना है उसके बारे जनकारी इकट्ठा [Collect] करने के लिए अपने दिमाग में विचारों का तूफान लाना।

मस्तिष्क उत्तेजना [Brain stimulation] रचनात्मक विचारों [creative Ideas] के सृजन में सहायता करता है।

अर्थात् मस्तिष्क उत्तेजना 'लेखन प्रक्रिया का प्रथम चरण' (first stage of writing process) है।

453. भारतीय कक्षाएँ अपनी प्रकृति में बहुभाषिक हैं, इसे एक संसाधन के रूप में इस्तेमाल किया जाना चाहिए जिससे-

(1) प्रत्येक बच्चा एक ही तरीके से सीख सकें।
(2) बच्चे सभी भाषाओं से परिचित हो सकें।
(3) शिक्षक विभिन्न भाषाओं में निपुणता प्राप्त कर सकें।
(4) प्रत्येक बच्चा सुरक्षित और स्वीकृत महसूस कर सकें।

Ans : (4)

जब कक्षा [Class] में प्रत्येक बालक की भाषा [Language] का प्रयोग एक संसाधन [resource] के रुप में किया जाता है, तो प्रत्येक छात्र विद्यालय [school] से जुड़ाव महसूस करते हैं।

इस प्रकार बच्चे विद्यालय आने तथा पढ़ने में अधिक रुचि (Interest) लेते हैं।

अतः प्रत्येक छात्र अपने आपको सुरक्षित [safe] महसूस करता है।

454. निम्नलिखित में से कौन-सा पठन का उप-कौशल नहीं है?

(1) संबंध बनाना
(2) अनुमान लगाना [Estimate]
(3) लिपिबद्ध करना [record]
(4) अवबोधन

Ans : (3)

पढ़ने के उपकौशल [subskills of reading]:- संदर्भ जोड़कर पढ़ना [read in context], अनुमान लगाना [guess], अवबोधन [awareness], पाठ्य वस्तु के संयोजन [combination] की पहचान आदि पढ़ने के उपकौशल [subskills] है।

किंतु लिपिबध्द [scripted], का संबंध लिखने से है। अर्थात् यह पढ़ने का उपकौशल नहीं है। सटीकता [accuracy] और प्रभाव विकसित करना।

455.निम्नलिखित में से कौन-सा घटक भाषायी निपुणता के लिए सर्वाधिक रूप से महत्वपूर्ण है?

1. सटीक उच्चारण के साथ पठन।
2. अच्छी लिखावट में अभ्यास कार्य करना।
3. सटीकता और प्रभाव विकसित करना।
4. कम लागत वाली शिक्षण सामग्री का प्रयोग करना।

Ans : (3)

भाषायी निपुणता [Language Proficiency] से तात्पर्य यह है कि बालक की भाषा प्रयोग में निपुणता का स्तर कितना है।

भाषायी निपुणता [Language Proficiency] के अंतर्गत यह देखा जाता है कि बालक अपनी भाषा को कितने सुसंगत [Consistent] क्रमबद्ध [sorted] और रचनात्मक [creative] तरीके से व्यक्त कर पा रहा है।

अर्थात् भाषायी निपुणता के लिए सटीकता (accuracy) और प्रभाव विकसित करना सर्वाधिक महत्वपूर्ण है।

456.कक्षा में अध्यापक और बच्चे चॉमस्की के सिद्धांत पर चर्चा कर रहे हैं। एक विद्यार्थी इस सिद्धांत के चुनौतीपूर्ण पहलुओं और निहितार्थी पर अपने विचार साझा कर रहा है। यहाँ पर समूची कक्षा किस प्रकार के श्रवण में व्यस्त है?

(1) तदानुभूति श्रवण [Empathetic listening]
(2) विषयवस्तु श्रवण [Content listening]
(3) विश्लेषणात्मक श्रवण [Analytical listening]
(4) सराहना बोधात्मक श्रवण [Appreciative cognitive listening]

Ans : (3)

विश्लेषणात्मक श्रवण (Analytical listening) के अंतर्गत छात्र विचारों को मात्र सुनते नहीं बल्कि किसी विषय - सामग्री को सुनकर उसका विश्लेषण (Analysis) करते हैं और उसको समूहों में साझा [share] करते है तथा उस पर अपने विचार प्रस्तुत करते हैं।

अर्थात् छात्र उपर्युक्त प्रश्न में 'विश्लेषणात्मक श्रवण' में व्यस्त है।

457.निम्नलिखित में से कौन-सी युक्ति प्रक्रिया आधारित लेखन के दौरान 'लेखन पूर्व' की युक्ति नहीं हो सकती?

(1) मानस मानचित्रण (2) मानस मंथन
(3) मुक्त लेखन (4) सहपाठी समीक्षा

Ans : (4)

लेखन पूर्व [Pre-writing] से तात्पर्य लिखना शुरु करने से पहले की गतिविधिया। लेखन पूर्व [pre-writing] के अंतर्गत मानस मानचित्र [mind-mapping] मानस मंथन [Brain storming] मुक्त लेखन [freewriting] सहपाठी समीक्षा [Classmate review] लेखन पश्चात् [after writing] युक्ति हैं।

अर्थात् लेखन के पश्चात् छात्र अपने सहपाठियों द्वारा जो [review] प्राप्त करते हैं, उसे सहपाठी समीक्षा [classmate review) कहा जाता है।

458.लेखन प्रक्रिया के पूर्व लेखन चरण के दौरान निम्नलिखित में से कौन-सी रणनीति उपयोगी है?

(1) मानस मानचित्रण [Brainstorming]
(2) सारांशीकरण [Summarization]
(3) नोट्स बनाना
(4) संपादन [Editing]

Ans : (1)

मानस मानचित्रण [Mind mapping] एक पूर्व लेखन (pre-writing) प्रक्रिया है।

अर्थात् बालक किसी 'टॉपिक' पर लिखने से पूर्व उस टॉपिक से संबंधित (mind-map] अपने दिमाग में विचारों की सरंचना [structure of Ideas] बनाता है। तत्पश्चात लेखन कार्य प्रारम्भ करता है। तो बालक द्वारा अपने (mind) में विचारों को व्यवस्थित करना मानस मानचित्रण [Mind mapping] कहलाता है।

459. साधना, कक्षा 6 की मंददृष्टि वाली बालिका है। आप एक भाषा शिक्षक के रूप में किस रणनीति का पालन करेंगे?

(1) अधिकारियों से उसके लिए विशेष विद्यालय का प्रबंध करने के लिए कहेंगे।
(2) उसके साथ सामान्य रूप से व्यवहार करेंगे और श्रव्य सामग्री के माध्यम से उसे सहायता प्रदान करेंगे।
(3) प्रधानाचार्य से उसे विशेष विद्यालय में स्थानांतरित करने के लिए कहेंगे।
(4) दूसरों से कमतर निष्पादन के लिए उसे क्षमा कर देंगें।

Ans : (2)

शिक्षक को प्रत्येक बच्चे के साथ समान व्यवहार करना चाहिए। अर्थात् शिक्षक कों सहानुभूति (Sympathy) का नहीं बल्कि [Empathy] समानुभूति का व्यवहार करना चाहिए। अतः यदि कक्षा में कोई बालिका मंद दृष्टि [low vision] वाली है तो शिक्षक को उस बालिका के साथ समान्य व्यवहार करना चाहिए जिससे वह बालिका अपने आपको अलग न समझे।

शिक्षक को बालिका के अनुरूप (According) शिक्षण सहायक सामग्री [T.L.M] का प्रयोग करना चाहिए।

460.कक्षा में एक बच्चा ठीक तरीके से पढ़ नहीं पाता, शिक्षक वैयक्तिक रूप से उसका ध्यान रखती है और संकेतों को उपलब्ध कराते हुए उसकी सहायता करती है। वाइगोत्स्की की दृष्टि में इस तरह का सहयोग है-

(1) पुनर्बलन [Reinforcement]
(2) आधारभूत सहयोग [Scaffolding]
(3) अनुकूलन [Adaptation]
(4) मॉडलिंग [Modelling]

Ans : (2)

आधारभूत सहयोग [Scaffolding] से तात्पर्य बालक को जितने support की जरुरत है उतनी उसकी [temporary help) करना तथा शेष काम बालक को स्वयं करने देना। उपर्युक्त प्रश्न में शिक्षिका बालक का व्यक्तिगत [personally] रुप से ध्यान रखती है तथा संकेत प्रदान करती है अतः वह बालक को 'आधारभूत सहयोग' प्रदान कर रही है।

461.कक्षा छह की अध्यापिका अपनी कक्षा में बच्चों की वर्तनी और विराम-चिह्न विधान में सुधार लाने के लिए विभिन्न गतिविधियाँ करवाती हैं। इससे विद्यार्थियों को किस तरह की मदद मिलेगी?

(1) प्रवाह का संवर्द्धन [Enhancement of fluency] होगा।
(2) श्रवण कौशलों का संवर्द्धन [Enhancement of listening skills] होगा।
(3) सटीकता [Accuracy] में सुधार होगा।
(4) शब्द-संपदा [Vocabulary] में सुधार होगा।

Ans : (3)

वर्तनी (Spelling), विराम चिन्ह आदि व्याकरणिक त्रुटियाँ [Grammatical errors] हैं।

अर्थात् इनके अंतर्गत सुधार करने से लेखन की सटीकता (Accuracy) में सुधार होगा।

462.एक बालिका पढ़ना सीखने के लिए प्रयासरत है। उसकी अध्यापिका 'शब्द पहचान' जैसी बहुत सी युक्तियों का प्रयोग करके उसकी मदद करती है। और कुछ सप्ताह बाद वह पढ़ने लग गई है। 'बिना सहायता के कर पाना' और सहायता मिलने पर कर पाना' क्या कहलाता है?

(1) निपुणता अधिगम का क्षेत्र
(2) सहायता करना

(3) निकटस्थ विकास का क्षेत्र [Zone of proximal Development]
(4) भाषा अर्जन उपकरण [Language acquisition tools]

Ans : (3)

एक बच्चा स्वयं क्या कर सकता है और दूसरों की मदद से क्या कर सकता है, उसके बीचे के क्षेत्र [Zone] को **"Z.P.D [Zone of proximal development] समीपस्थ विकास का क्षेत्र"** कहते हैं।

अर्थात् संभावित विकास [possible development] और वास्तविक विकास [real development] के बीच का क्षेत्र।

463.भाषा विकास का भाषिक पूर्व चरण कौन सा है?

(1) संक्षिप्त वाक् [Short speech]
(2) स्वयं निर्देशित वाक् [Self-directed speech]
(3) दो शब्दीय वाक्य [Two word sentence]
(4) कूजन [Cooing] और बबलाना [Babbling]

Ans : (4)

कूजन [cooing] तथा बबलाना [Babbling] भाषिक पूर्व (pre-linguistic) चरण है।

कूजन [cooing]:- [6 सप्ताह six weeks] बालक स्वर ध्वनियों को उच्चारण करने लगता है।

बबलाना [Babbling]:- [लगभग 6 माह six month] बालक स्वर तथा व्यंजन ध्वनियों का उच्चारण करने लगता है जैसे क, ब, द, प आदि।

464.भाषा शिक्षाशास्त्री सुझाव देते है कि शिक्षार्थी तब अच्छी तरह से सीखते हैं, जब तक वे स्वयं न करने लग जाए तब तक अध्यापक उन्हें सहारा देते रहें। शब्दभंडार सिखाने के लिए कौन सी युक्ति सही नहीं है?

(1) जल्दी-जल्दी गतिविधि को बदलना।
(2) कक्षा में अधिगम और खेल को अलग-अलग स्थान देना।
(3) अलग-अलग विद्यार्थियों के लिए उपयुक्त गतिविधियों (गीत, पहेली, खेल आदि) का उपयोग करना।
(4) शब्दों के अपने इस्तेमाल और उच्चारण पर ध्यान देना।

Ans : (2)

बच्चे भाषा तब प्रभावी ढंग से सीखते हैं जब वे परस्पर अंतःक्रिया [interaction] करते हैं। बालक गतिविधियों [activity] के माध्यम से रुचिपूर्ण तरीके [interesting way] से सीखाते हैं।

अतः शिक्षक को शब्द भण्डार [vocabulary] तथा भाषा सिखाने के लिए प्रत्येक बालक की [needs] के अनुसार गतिविधियों का प्रयोग करना चाहिए।

जैसे- [गीत, पहेली, खेल आदि] छात्रों को सीखी गयी शब्दावली [Vocabulary] को अपने शब्दों में प्रयोग करने के लिए प्रोत्साहित करना चाहिए।

[अर्थात् कक्षा में अधिगम तथा खेल को अलग-2 स्थान देना यह कथन गलत है।]

465.रचनात्मकता के बारे में कौन-सा कथन सही नहीं है?

(1) आनन्द मिलता है।
(2) कथात्मक कल्पनात्मकता को जाग्रत करती है।
(3) रटने की प्रवृत्ति पर बल देती है।
(4) परिचित तथ्यों को नए रूप में समझने का मौका देती है।

Ans : (3)

रचनात्मकता [Creativity] का तात्पर्य, रचनात्मक (Creative) तरीके से नयी-नयी चीजों की रचना करना।

अपने ज्ञान का निर्माण करना।

कथात्मक तथा कल्पनात्मकता [imaginatively] को जाग्रत करना।

परिस्थिति विशेष के अनुसार तथ्यों [fact] को समझना तथा उसका प्रयोग करना।

[रचनात्मकता रटने [Memorized] की प्रवृत्ति पर बल नहीं देती है।]

466.मुहावरों, लोकोक्तियों, वाक्य रचनाओं का ज्ञान विद्यार्थियों की किस बात में मदद नहीं करेगा?

(1) शब्द भंडार का विकास
(2) पठन कौशल
(3) हस्तलेख [Handwriting]
(4) लेखन कौशल

Ans : (3)

उच्च प्राथमिक स्तर [upper primary class] पर

मुहावरे एवं लोकोक्तियों [Idioms and proverbs] का महत्वपूर्ण स्थान है।

अर्थात् मुहावरे एवं लोकोक्तियों के माध्यम से बालक भाषा की बारीकियों [nuance of language] से परिचित होते हैं।

इसके माध्यम से-

i. पठन कौशल [reading skill]

ii. लेखन कौशल [writing skill]

शब्द-भण्डार में वृद्धि [improvement of-vocabulary] होती है।

[किंतु हस्तलेख (handwriting) में यह मदद नहीं करता है।]

467.बच्चों को अपने परिवेश में दो भाषाएँ सुनने को मिलती हैं। दो भाषाओं का सुनना _____

(1) बच्चों के लिए लाभकारी है
(2) बच्चों के लिए हानिकारक है
(3) इससे कोई भी प्रभाव नहीं पड़ेगा
(4) पारस्परिक रूप से बाधित करेगा

Ans : (1)

बालक को जितनी अधिक भाषाओं का ज्ञान होता है उसकी सोचने समझने की क्षमता उतनी ही तीव्र होती है। अतः बच्चे को अपने परिवेश [Environment] से दो भाषाएँ सुनना बच्चे के लिए लाभकारी [beneficial] है।

468.निम्नलिखित में से कौन-सी भाषा शिक्षा की अवधारणा नहीं है?

(1) भाषा अन्तरण (Translanguaging)
(2) समूह/संग्रह
(3) संस्कृति प्रघात [Culture shock]
(4) शब्द अनुक्रमणिका [word index]

Ans : (3)

संस्कृति (Culture) संस्कृति से तात्पर्य किसी समाज (society) में व्याप्त गुणों के समग्र रुप से है।

जो उस समाज के सोचने, विचारने, कार्य करने के रूप में अंतर्निहित [implicit] होता है।

अतः भाषा अन्तरण [Translanguaging] समूह/संग्रह [Group/Collection] शब्द अनुक्रमणिका [word Index] भाषा शिक्षा की अवधारणा है।

[किंतु संस्कृति (culture) का संबंध भाषा-शिक्षा से नहीं बल्कि समाज (Society) से है।]

469.मुंबई में बोली जाने वाली मराठी महाराष्ट्र के पूर्वी भागों में बोली जाने वाली मराठी से भिन्न है, यद्यपि दोनों पारस्परिक रूप से बोधगम्य [comprehensible] है। मराठी के इन दो प्रकारों को किस रूप में जाना जाएगा?

(1) मराठी भाषा की बोलियाँ (Dialect of Marathi language)
(2) ये दो भिन्न-भिन्न भाषाएँ हैं
(3) ये द्विभाषी है
(4) ये सामाजिक बोलियाँ हैं

Ans : (1)

बोली का संबंध किसी क्षेत्र या सामाजिक समूह की वचन विशेषता से होता है। बोली वास्तविक भाषा से संबंध रखती है। एक भाषा की अनेक बोलियां होती हैं।

[अर्थात् मराठी के दो प्रकार मराठी भाषा की बोलियां है।]

470.पाठ्य सामग्री में व्याकरणिक तत्वों की ओर ध्यान दिलाना और अभ्यास के माध्यम से व्याकरण के नियमों की समझ देना क्या कहलाएगा?

(1) प्रक्रियात्मक व्याकरण [Procedural Grammar]
(2) घोषणात्मक व्याकरण [Declarative Grammar]
(3) अनौपचारिक व्याकरण शिक्षण [Informal Grammar teaching]
(4) व्याकरण अनुवाद विधि [Grammar translation method]

Ans : (1)

प्रक्रियात्मक व्याकरण [Procedural Grammar]:- छात्र व्याकरण को प्रक्रियात्मक व्याकरण के अन्तर्गत प्रक्रिया के माध्यम से सीखते हैं। छात्र पाठ्यसामग्री के व्याकरणिक तत्वों की ओर ध्यान देते हैं और समझ के साथ व्याकरणिक नियमों [Grammatically Rules] का प्रयोग करते हैं।

471. बबीता अपने विद्यार्थियों से आरंभिक ध्वनि (उत्पत्ति) और तुकबंदी को पृथक करवा रही है, इस तरह से वह उनके किस पक्ष को मजबूत कर रही है?

(1) ध्वनिविज्ञान जागरूकता [Phonetic Awareness]
(2) आकृति विज्ञान [Morphology] जागरूकता
(3) चित्र विज्ञान जागरूकता
(4) व्याकरण के प्रति जागरुकता

Ans : (1)

भाषा की सबसे छोटी इकाई:- [Phoneme, sound] ध्वनि का विज्ञान- स्वनिम विज्ञान जागरुकता अक्षरों एवं ध्वनियों के मध्य संबंध स्थापित करता है। ध्वनि विज्ञान जागरुकता [phonetic awareness] के द्वारा छात्र स्वनिम [Phoneme, Sound] अक्षर [Letters] तथा तुकबंदी आदि को पृथक कर स्थिति विशेष के अनुसार ढाल सकता है।

472.भाषा की कक्षा का परिवेश किस तरह का नहीं होना चाहिए?

(1) बाल अनुकूल [Child friendly]
(2) सजीव एवं सक्रिय [Alive and Active]
(3) संसाधनपूर्ण [Resourceful]
(4) तानाशाही [Dictatorship]

Ans : (4)

भाषा का कक्षायी परिवेश के अनुकूल [Classroom environment] छात्र के अनुकूल [according to student] होना चाहिए।

कक्षायी परिवेश सजीव एवं सक्रिय होना चाहिए। विभिन्न शिक्षण अधिगम सामग्रियों से युक्त तथा संसाधन पूर्ण होना चाहिए।

[अंत कक्षाथी परिवेश (Classroom environment] तानाशाह [Dictatorship] नहीं बल्कि लचीला [Flexible] होना चाहिए।]

473.निम्नलिखित में से किसको उत्पत्ति भाषा को प्रकृति और सामाजिक संदर्भ में पाठ्य सामग्री को भूमिका के विधा सिद्धांत से हुई है?

(1) पाठ्य सामग्री आधारित निर्देश
(2) सम्ता भाषा
(3) विषयवस्तु आधारित निर्देश
(4) परामर्शकोश (सजस्टस्टोपीडिया)

Ans : (1)

पाठ्यसामग्री आधारित निर्देश [Content based Instruction] एक शिक्षण दृष्टिकोण है। जहां शिक्षार्थी सार्थक सामग्री (meaningful Content) के माध्यम से भाषा सीखते हैं।

[अर्थात् पाठ्यसामग्री आधारित निर्देश की उत्पत्ति, भाषा की प्रकृति (Nature of language) और सामाजिक संदर्भ में पाठ्यसामग्री की विधा सिद्धांत से हुई है।

474.आपकी कक्षा में एक दृष्टिबाधित विद्यार्थी है, एक भाषा शिक्षक के रुप में आप-

1. उस बालक के साथ सहानुभूतिपूर्ण [sympathetic] व्यवहार करेंगे।
2. बालक को अन्य बच्चों की तुलना में निम्न स्तर के निष्पादन [performance] की छूट देंगे।
3. नियमित कक्षा कार्य में उसकी मदद करेंगे और उसके साथियों को मदद करने के लिए कहेंगे।
4. उस बालक के साथ सामान्य व्यवहार करेंगे, तथा उसे श्रव्य सामग्री के द्वारा सहायता करेंगे।

Ans : (4)

→ समावेशी शिक्षा के अनुसार प्रत्येक शिक्षार्थी को एक साथ एक छत के नीचे शिक्षा देने का प्रावधान किया गया है।

→ अर्थात् यदि कक्षा में कोई विशिष्ट छात्र है तो शिक्षक को उसके साथ सहानुभूतिपूर्ण [sympathetic] व्यवहार नहीं करना चाहिए।

→ छात्र के साथ समानुभूति [Empathy] का व्यवहार करना चाहिए।

→ शिक्षक को बालक के साथ अन्य बच्चों की तरह ही सामान्य व्यवहार करना चाहिए तथा बालक की सुविधा के अनुसार कक्षा का वातावरण बनाना चाहिए।

→ बालक की सुविधानुसार पाठ्यसामग्री का प्रयोग करना चाहिए।

475.निम्नलिखित में से कौन सा रंगीन चित्रों एवं बड़ी अक्षरों में मुद्रित बड़ी पुस्तक के उपयोग के बारे में सही नहीं है?

1. यह एक ऐसा सृजनात्मक एवं कलात्मक अधिगम वातावरण प्रदान करती है, जिसमें बच्चे अधिक प्रतिक्रिया देते हैं।
2. यह एक ऐसा बालकेंद्रित वातावरण प्रदान करती है, जिसमें अमूर्त संकल्पनाएं पठन सामग्री चित्रों द्वारा सांकेतिक रूप से दर्शायी जाती हैं।
3. यह साक्षरता अभ्यास के साथ-साथ, भाषा अर्जन के लिए संदर्भ प्रदान करती है।
4. यह पाठ्यक्रम की पुस्तकों से अच्छी है तथा कक्षावार पाठक तथा विद्यार्थियों के रुप में पाठ से जुड़े अभ्यासों से मुक्त है।

Ans : (4)

चित्रात्मक पुस्तकों की उपयोगिता:-

→ चित्रात्मक पुस्तकें अधिक आकर्षक होती है जिससे छात्रों की रुचि पुस्तकों को पढ़ने में अधिक होती है।

→ चित्रात्मक पुस्तकें रचनात्मक एवं कलात्मक अधिगम वातावरण प्रदान करती है, जिसमें बच्चे अधिक प्रतिक्रिया देते हैं।

→ चित्रात्मक पुस्तकें बाल-केंद्रित वातावरण प्रदान करती है, जिससे बालक चित्रों के माध्यम से अमूर्त संकल्पनाएं आसानी से समझ जाते हैं।

→ चित्रात्मक पुस्तकें भाषा अर्जन के लिए संदर्भ प्रदान करती है।

[यह पुस्तकें अभ्यासों से मुक्त होती है यह चित्रात्मक पुस्तकों की विशेषता नहीं है।]

476. कौन-सा कथन व्याकरण शिक्षण के संबंध में सही नहीं है?

(1) व्याकरण शिक्षण के लिए श्रवण का इस्तेमाल।
(2) वाचन में त्रुटियों के बारे में बातचीत करने के लिए विद्यार्थियों की गलत भाषा का प्रयोग करना।
(3) शब्दों के बीच में जुड़ाव बनाने के लिए मानसिक छवियों का सृजन करना।
(4) शिक्षण के लिए वाक्यों के स्थान पर अनुच्छेद का प्रयोग करना।

Ans : (3)

व्याकरण शिक्षण के लिए श्रवण का प्रयोग किया जाता है, क्योंकि छात्र अपने आस-पास के परिवेश से सुनकर भाषा/व्याकरण को ग्रहण करता है। व्याकरण शिक्षण में मुख्यतः नियमों, संरचना और भाषा के प्रयोग पर ध्यान दिया जाता है।

[शब्दों के बीच में जुड़ाव बनाने के लिए मानसिक छवियों का सृजन करना, व्याकरण शिक्षण के संबंध में सही नहीं है।]

477. निम्नलिखित में से कौन-सी भाषा शिक्षण की अवधारणा नहीं है?

(1) व्याकरण अनुवाद विधि [Grammar translation method]
(2) तंत्रिका संबंधी चक्र [Neurological cycle]
(3) वैषम्य/अंतर विश्लेषण [Contrast/gap analysis]
(4) नियम और प्रकार्य [Rules and functions]

Ans : (2)

तंत्रिका संबंधी चक्र [neurological cycle] एक सिद्धांत है जो मस्तिष्क की कार्यप्रणाली पर ध्यान देता है।

यह भाषा सीखने में मदद कर सकता है, लेकिन यह भाषा शिक्षण की विधियों में नहीं आता।

यह मस्तिष्क के कार्य का सिद्धांत है।

भाषा शिक्षण में इसका सीधा उपयोग नहीं है।

[व्याकरण अनुवाद विधि [grammar translation method], वैषम्य/अंतर विश्लेषण [contrast/gap analysis] तथा नियम और प्रकार्य [rules and functions] भाषा शिक्षण की विधियों से जुड़े हैं।]

478. बिना किसी प्रयास के मातृभाषा या घर की भाषा सीखने की मानवीय क्षमता को क्या कहेंगे?

(1) भाषा अंतर्ज्ञान [Language intuition]।
(2) मानव द्वारा भाषा सीखने की नैसर्गिक प्रवृत्ति।
(3) मानव जहाँ तक हो सके अनेक भाषाएँ सीखने की क्षमता रखते हैं।
(4) भाषा अधिगम उपकरण।

Ans : (1)

बिना किसी प्रयास के मातृभाषा या घर की भाषा सीखने की मानवीय क्षमता को **भाषा अंतर्ज्ञान [language intuition]** कहते हैं।

अर्थात् मानव अपने आप ही भाषा के नियम और ढांचे को समझता है, जिससे वह अपनी मातृभाषा आसानी से सीख लेता है।

479.व्याख्यात्मक अथवा सूचनात्मक किसे कहेंगे?

1. विवरण [Description]
2. वृत्तांत [Story]
3. प्रतिपादन [Presentation]
4. वर्णन [Description]

Ans : (1)

व्याख्यात्मक अथवा सूचनात्मक (informational] दोनों शब्दों का अर्थ एक ही होता है। अर्थात् जब किसी वस्तु को स्पष्ट रूप से व्याख्यात्मक अथवा सूचनात्मक तरीके से दूसरों के समक्ष प्रस्तुत किया जाता है तो इसे **विवरण (Description)** कहा जाता है।

480.निम्नलिखित में से कौन-सी भाषा कौशल के शिक्षण हेतु सबसे उपयुक्त गतिविधि है?

1. कविता वाचन
2. कक्षा में नाटक करना।
3. वाद-विवाद प्रतियोगिता [Debate competition] आयोजित करना।
4. भाषण प्रतियोगिता का आयोजन करना।

Ans : (2)

नाटक [Role play] नाटक के माध्यम से बालक के भाषायी कौशल का विकास किया जाता है।

नाटक के द्वारा बालक को किसी एक पात्र का [Role] दिया जाता है, जिससे बालक अपने विचारों को स्वतंत्र रूप से व्यक्त करता है।

इससे बालक की भाषा में धाराप्रवाहिता आती है।

नाटक के द्वारा भाषा सीखने में बच्चों की अधिक रुचि होती है, जिससे वे भाषा को आसानी और सरल तरीके से जल्द ही सीख जाते हैं।

[अतः 'कक्षा में नाटक करना' भाषा शिक्षण कौशल की सर्वोत्तम विधि है।]

481.चॉम्स्की के अनुसार भाषा के अर्जन का आधार क्या है?

1. इन्द्रियों से प्राप्त अनुभव 2. भौतिक अनुक्रिया
3. बाह्य 4. अन्तर्जात

Ans : (1)

इन्दियों से प्राप्त अनुभव [sensory experience]:- चॉम्स्की के अनुसार बालक में भाषा अर्जित [Language acquisition] करने की क्षमता जन्मजात [By birth] होती है।

बालक अपने आस-पास के वातावरण से देखकर, सुनकर, क्रिया करके भाषा का अधिग्रहण करता है।

[अतः हम कह सकते हैं कि बालक अपने इंद्रियों से प्राप्त अनुभव के द्वारा भाषा का अधिग्रहण करता है।]

482.एक अध्यापक कक्षा में वर्णमाला के अक्षर लिखना सिखाती है। वह अक्षर लिखना सिखाने के लिए बताती है कि कहाँ से शुरू किया जाए और किस तरफ लेखनी मोड़ी जाए। वह अपने शिक्षार्थियों में किसके प्रति समझ बनाने का प्रयास कर रही है?

1. लेखन कौशल [Writing skills]
2. रूबरिक लेखन [Rubric writing]
3. लिखने के तरीके [Ways of writing]
4. हाथ-आँख समन्वयन [Hand-eye coordination]

Ans : (3)

लिखने के तरीके [ways of writing]:- लिखने के तरीके से तात्पर्य: बालक को शुरुवाती वर्षों में 'लेखन कौशल' से परिचित करवाना।

जैसे- बालक जब 'लिखना' सीखना प्रारम्भ करता है तो [straight line] सीधी रेखा, गोला आदि के माध्यम से बालक को यह सिखाया जाता है कि लेखनी को किस तरह मोड़ना है। तत्पश्चात् बालक को अक्षर से परिचित करवाया जाता है।

[अतः उपर्युक्त प्रश्न में शिक्षिका बालक को 'लिखने के तरीके' के प्रति समझ बनाने का प्रयास कर रही है।]

483.कक्षा तीन की अध्यापिका अपने शिक्षार्थियों को विशेषण पढ़ाते समय उन सभी शब्दों की सूची बनाने के लिए कहती है जो किसी वाक्य में व्यक्ति या वस्तु की खूबी का वर्णन करें। यह कार्य सहपाठियों के साथ चर्चा करके करने के लिए कहती है।

शब्द संपदा बढ़ाने का यह कौन सा तरीका है?

1. शब्दों के साथ संबंध बैठाना।
2. वर्णन करने वाले शब्द।
3. संदर्भ में विशेषण
4. संदर्भ में शब्द संपदा।

Ans : (4)

संदर्भ में शब्द संपदा [Vocabulary in Context]:- संदर्भ में शब्द-संपदा से तात्पर्य है कि पाठ पढ़ाते समय प्रसंगवश आने वाले शब्दों को स्पष्ट करना।

अर्थात् जब किसी काव्यांश, गद्यांग या कोई अन्य विधा पढ़ाते समय 'शब्दों' का ज्ञान कराया जाता है, तो यह **[संदर्भ में 'शब्द-संपदा' [vocabulary in context] कहलाता है।]**

[अर्थात् शब्दों को अलग से न पढ़ाना।]

संदर्भ में शब्द-संपदा सिखाने से बालक शब्दों को आसानी से सीखता है।

बालक शब्दों का परिस्थति विशेष के अनुसार प्रयोग भी आसानी से कर सकता है।

[अर्थात् शब्द-संपदा सदैव संदर्भ में सिखायी जानी चाहिए।]

484.निर्देशित रचना सामान्यत: किस पर प्रस्तुत करनी चाहिए?

1. अवयक्त [Latent] स्तर पर
2. आरंभिक स्तर
3. किशोरावस्था के स्तर पर
4. वयस्क के स्तर पर

Ans : (2)

निर्देशित रचना [Directed Composition]:- निर्देशित रचना में शिक्षक बालकों को लेखन कार्य करने के लिए 'आधार' उपलब्ध कराता है।

अर्थात् शिक्षक बच्चों को कोई (थीम, टॉपिक, लाइन) देता है, और बच्चे टॉपिक पर अपने विचारों को स्वतंत्र [Free] और लिखित [written] रूप में अभिव्यक्त करते हैं।

[अर्थात् बच्चे शिक्षक के निर्देशन [direction] में कार्य करते हैं।

[अत: निर्देशित सूचना 'आरंभिक स्तर' पर प्रयुक्त करनी चाहिए।]

जिससे बच्चों को आरंभिक स्तर पर 'लेखन कार्य' के लिए उचित [Guidance] मिल जाती है।

485.पठन शिक्षणशास्त्र किस बात का समर्थन करता है?

1. पठन का मतलब अर्थ ग्रहण करना है।
2. पठन का मतलब लिपि पढ़ना है।
3. पाठ्य सामग्री के विचारों का संकेतीकरण पठन है।
4. लेखक बनने के लिए पठन आवश्यक है।

Ans : (1)

पठन का अर्थ अक्षरों को 'डिकोड' करना नहीं है बल्कि पाठ्यसामग्री को पढ़कर, समझकर उसका परिस्थति विशेष के अनुसार उचित प्रयोग करना है।

पठन का अर्थ:- अर्थग्रहण करना है।

486.निम्नलिखित में से कौन सा दृश्य शिक्षण-अधिगम सामग्री नहीं है?

1. पत्रिकाएँ [Magazines] तथा समाचार पत्र
2. रेडियो प्रसारण [Radio broadcast]
3. संदर्भ [Reference] पुस्तकें
4. चित्रात्मक चार्ट

Ans : (2)

शिक्षण सामग्री [Teaching material] तीन प्रकार की होती है।

1. दृश्य सामग्री [Visual material]:- बालक देखकर सीखता है। जैसे- ब्लैक बोर्ड, पोस्टर, चार्ट आदि।

2. श्रव्य सामग्री [Radio material]:- बालक सुनकर सीखता है। जैसे- रेडियो, लिंग्वाफोन, टेलीफोन आदि।]

3. श्रव्य-दृश्य सामग्री [Audio-visual material]:- बालक देखकर, सुनकर सीखता है। जैसे- लैपटॉप, टेलवीजन आदि।

487.भाषा प्रवाह से क्या तात्पर्य है?

1. शुद्ध वर्तनी लिखना।
2. अपने शब्दों में कहानी का सार लिखना।
3. व्याकरण के नियमों को स्पष्ट करना।
4. सहज गति के साथ वाचन, पठन अथवा लेखन।

Ans : (4)

भाषा प्रवाह [Language Fluency]:- भाषा प्रवाहिता से तात्पर्य है कि बालक अपनी भाषा को कितनी मौलिकता [originality] रचनात्मकता [fluently]

तथा धाराप्रवाहिता [fluently] के साथ भाषा को व्यक्त करता है।

इसमें बालक की 'भाषा सटीकता' पर कम ध्यान दिया जाता है।

[अतः भाषा प्रवाहिता से तात्पर्य बालक अपनी सहज गति के साथ वाचन, पठन तथा लेखन कर सके।]

488. कक्षा पाँच के शिक्षार्थियों ने 'मैं' पर एक निबंध लिखा। निम्निलिखित में से कौन-सा चरण 'सीखने के रूप में आकलन' के सबसे नज़दीक है?

1. प्रत्येक शिक्षार्थी से कहना कि वे सोचे कि उन्होंने यह कैसे निर्धारित किया कि उन्हें क्या कुछ शामिल करना है।
2. शिक्षक मानदंड निर्देश के आधार पर निबंधों को अंक देते हैं और उचित ग्रेड देते हैं।
3. शिक्षक शिक्षार्थियों को सुझावों के साथ रचनात्मक पृष्ठपोषण देते हैं।
4. प्रत्येक शिक्षार्थी से पाँच अन्य निबंध पढ़ने और अपनी पसंद के निबंध का चयन करने के लिए कहना।

Ans : (1)

सीखने के रुप में आकलन [Assessment as Learning]:

→ Assessment as learning के अंतर्गत बालक/छात्र अपना स्वयं का आकलन [Assessment] करते हैं।

→ इसके अंतर्गत छात्र आपस में सहपाठी समूह (Peer group) द्वारा भी स्वयं का मूल्यांकन करते हैं।

[उपर्युक्त प्रश्न में छात्रों से अपने विचारों पर सोचने के लिए अर्थात् स्वयंका आकलन [self-Assessment] करने के लिए कहा गया है] अतः इसे (Assessment as learning) कहा जाएगा।

489. एक शिक्षिका ऑनलाइन कार्यक्रम का प्रयोग करती है। जिसमें शिक्षार्थी ऑनलाइन ही मानचित्र का निर्माण, संपादन एवं साझा करते हैं। निम्नलिखित में से कौन-सा कौशल इस डिजीटल उपकरण के प्रयोग के माध्यम से शिक्षार्थियों में विकसित किया जा सकता है?

1. संपादन [Editing]
2. चिंतन [Thinking]
3. मसौदा तैयार करना [Drafting]
4. समझाना [Decoding/Explain]

Ans : (2)

चिंतन [Thinking]:- चिंतन [Thinking] एक मानसिक प्रक्रिया [mental process] है। चिंतन के माध्यम से बालक समस्याओं का समाधान करते हैं। चिंतन [Thinking] के माध्यम से बालक विचार करके, अध्ययन करके, मनन करके किसी निर्णय [decision] या फैसले पर पहुंचने के लिए सोचता है।

[अर्थात् उपर्युक्त प्रश्न में शिक्षिका बच्चों के साथ ऑनलाइन उपकरण पर विचार-विमर्श [discussion] करती है तथा अपने-अपने विचारों को साझा करने के लिए कहती है। अतः वह शिक्षार्थियों में 'चिंतन' [thinking] का विकास कर रही है।]

490. श्रुति किसी कार्यक्रम के बारे में विशिष्ट सूचना प्राप्त करने के लिए पत्रिका पढ़ती है। उसके पठन को क्या कहेंगे?

1. सरसरी दृष्टि से पढ़ना [Skimming]
2. उद्देश्य के लिए पढ़ना
3. आनंद के लिए पढ़ना
4. बारीकी से पढ़ना [Scanning]

Ans : (4)

बारीकी से पढ़ना [Scanning] पठन का एक प्रकार है।

→ **विशिष्ट सूचना [specific Information] ग्रहण करने के लिए पठन।**

→ **इच्छित जानकारी (Interested information) निकालने के लिए पठन।**

→ [अर्थात् जब किसी वस्तु को खरीदा जाता है तो उसके विषय में 'विशेष जानकारी [specific Information]' प्राप्त करने के लिए उसके निर्देशों को पढ़ा जाता है, यह [Scanning] के अंतर्गत आएगा।

→ समाचार पत्र में नौकरी के लिए विज्ञापन पढ़ना।

→ अपने मोबाइल फोन में best friend का नंबर ढूँढ़ना।

491. वे शब्द जिन्हें हम लेखन तथा वाचन में प्रयोग करते हैं, वे _______ हैं।

1. निष्क्रिय शब्द भंडार 2. प्रयोग में शब्द भंडार
3. सक्रिय शब्द भंडार 4. उद्देश्यों के लिए शब्द भंडार

Ans : (3)

सक्रिय शब्द भण्डार [Active Vocabulary]:- [writing] लेखन तथा वाचन [speaking] भाषा के अभिव्यक्तात्मक कौशल [productive skill] हैं।

अर्थात् हम शब्दों का प्रयोग अपने विचारों को मौखिक या लिखित रूप में अभिव्यक्त [express] करने के लिए करते हैं; सक्रिय शब्द भण्डार [Active vocabulary] कहलाते हैं।

492. भाषा शिक्षक के रूप में हमें व्याकरण का _______ ज्ञान होना चाहिए।

1. अव्यक्त तथा व्यक्त
2. सुस्पष्ट
3. अव्यक्त [Latent] तथा सुस्पष्ट [Clear] दोनों
4. विस्तृत [Detailed]

Ans : (3)

एक भाषा शिक्षक को अपनी विषयवस्तु (Content) की पूरी [knowledge] होनी चाहिए।

शिक्षक को विषयवस्तु पर पूरी पकड़ होनी चाहिए।

[अतः भाषा शिक्षक रूप में हमें व्याकरण की अव्यक्त तथा सुस्पष्ट दोनों तरह का ज्ञान होना चाहिए।]

493. बच्चों की भाषा इस बात के लिए पर्याप्त संकेत देती है कि-

1. वे अपनी भाषा नहीं जानते।
2. वे अपनी भाषा का व्याकरण जानते हैं।
3. वे अपनी भाषा का व्याकरण नहीं जानते।
4. वे अपनी भाषा का साहित्य जानते हैं।

Ans : (2)

प्रत्येक भाषा का अपना एक व्याकरण होता है।

मनोवैज्ञानिक 'नॉम चॉमस्की' ने **सार्वभौमिक व्याकरण [Universal Grammar]** का सिद्धांत दिया।

अर्थात् LAD के माध्यम से बालक 'सार्वभौमिक व्याकरण' के प्रति समझ बनाता है।

अतः प्रत्येक बालक अपनी भाषा का व्याकरण अनौपचारिक [Informal] तरीके से सीख लेता है।

[अतः बच्चों की भाषा इस बात के लिए पर्याप्त संकेत देती है कि वे अपनी भाषा का व्याकरण जानते हैं।]

494. प्राथमिक स्तर पर कविता शिक्षण का सर्वाधिक महत्वपूर्ण उद्देश्य है-

1. कविता का भावार्थ [Meaning] बताना
2. कविता का शब्दार्थ बताना
3. कविता में छंद और अलंकार बताना
4. कविता पाठ का आनंद लेना

Ans : (4)

काव्य शिक्षण के उद्देश्य [Purpose of teaching Poetry]

→ काव्य शिक्षण का प्रमुख उद्द्देश्य गति, लयपूर्वक काव्य पाठ द्वारा आनंद प्राप्त करना।

→ छात्रों में पढ़ने के प्रति रूचि [Interest] का विकास करना।

→ काव्यगत भातों द्वारा रसानुभूति प्राप्त करना।

→ कल्पना शक्ति व तर्क शक्ति का विकास करना।

→ कविता में निहित भावों को अपने परिवेश से जोड़कर देख पाना।

"व्याकरण सिखाना काव्य-शिक्षण (Poetry teaching) की विशेषता नहीं है।"

कविता शिक्षण में सर्वाधिक महत्वपूर्ण:- कविता का भावपूर्ण पठन द्वारा आनंद प्राप्त करना।

495. निम्नलिखित में से कौन-सा संप्रेषणपरक भाषा शिक्षण पद्धति के बारे में सत्य नहीं है?

(1) यह शिक्षार्थियों को जीवन की वास्तविक स्थितियों का सामना करने के लिए बढ़ावा देती है।
(2) वर्तनी एवं व्याकरणिक त्रुटियों को कम करने पर केन्द्रित है।
(3) यह शिक्षार्थियों को अर्थपूर्ण एवं प्रामाणिक संप्रेषणपरक क्रियाकलापों के लिए तैयार करती है।
(4) यह लक्ष्य भाषा में अर्थपूर्ण तरीके से संप्रेषण करने हेतु भाषा प्रयोग पर बल देती है।

Ans : (2)

संप्रेषणपरकभाषाशिक्षणपद्धति[Communicative language teaching method]

→ इस पद्धति में बालक को वास्तविक सम्प्रेषण के द्वारा भाषा सिखायी जाती है।

यह शिक्षार्थी केंद्रित [child centred] पद्धति है। जो शिक्षार्थी को प्राकृतिक वातावरण [Natural environment] में भाषा सीखने में मदद करती है।

अंतः क्रिया [Interaction] के द्वारा अर्थपूर्ण तरीके से सिखाया जाता है।

इस पद्धति में **भाषा की सटीकता (जैसे व्याकरणिक त्रुटि, वर्तनी आदि)** पर कम बल दिया जाता है।

इस पद्धति में इस बात पर बल दिया जाता है कि बालक अपने विचारों को क्रमबद्ध तथा प्रवाहपूर्ण [fluently] तरीके से व्यक्त कर सके।

496. भाषा के अध्ययन को किस रूप में जाना जाता है?

(1) भाषा शिक्षाशास्त्र (2) भाषा विज्ञान
(3) भाषा का व्याकरण (4) संदर्भ में भाषा अधिगम

Ans : (2)

भाषा विज्ञान [Linguistics]:- भाषा विज्ञान भाषा के अध्ययन की वह शाखा है, जिसमें भाषा की उत्पत्ति (origin of language), स्वरुप (form) विकास आदि का विश्लेषणात्मक अध्ययन [Analytical study] किया जाता है।

भाषा विज्ञान भाषा के स्वरुप [form of language] अर्थ [Meaning] और सन्दर्भ (Context) का विश्लेषण [Analysis] करता है।

अर्थात् 'भाषा के अध्ययन' को 'भाषा विज्ञान' के रुप में जाना जाता है।

497. भाषा कोई पृथक वाक्य या शब्द नहीं है। इसलिए अध्यापक को भाषा एक अर्थपूर्ण ______ के रूप में प्रस्तुत करनी चाहिए।

(1) विमर्श [Discussion]
(2) स्कीमा [Schema]
(3) पाण्डुलिपि [Manuscript]
(4) उपकरण [Equipment]

Ans : (1)

विमर्श [Discussion]:- भाषा एक 'सामाजिक, सांस्कृतिक' संरचना है अर्थात् बालक को भाषा सदैव 'अर्थपूर्ण विमर्श' [Meaningful discussion] के माध्यम से सिखायी जानी चाहिए।

498. एक अध्यापक होने के नाते आपका मुख्य ध्यान किस पर नहीं होना चाहिए?

(1) विभिन्न भाषाओं की स्वीकृति
(2) सभी को एक समान समय देना
(3) उच्च स्तरीय चिन्तन को प्रोत्साहित करना
(4) विशिष्ट वर्ग की संस्कृति को समुन्नत करना

Ans : (4)

एक भाषा अध्यापक को प्रत्येक बालक की मातृभाषा (Mother tongue) को कक्षा में स्थान देना चाहिए।

शिक्षण अधिगम प्रक्रिया [teaching learning process] के दौरान प्रत्येक बालक को समान अवसर प्रदान किया जाना चाहिए।

बच्चे की **'उच्चस्तरीय चिंतन कौशल' [High order thinking skill]** को प्रोत्साहित करना चाहिए।

शिक्षक को किसी विशेष भाषा, संस्कृति [culture] आदि को अधिक महत्व नहीं देना चाहिए बल्कि प्रत्येक संस्कृति को बराबर सम्मान देना चाहिए।

499. प्राथमिक स्तर की पाठ्य-पुस्तक में शब्दों को इस प्रकार से व्यवस्थित किया गया है- काला, माला, जाला और टाला

कुट, पुट, फुट और चुट

निम्नलिखित में से कौन से समूह का प्रयोग भाषा के शब्दों को व्यवस्थित करने के लिए किया गया है-

1. कोश विषयक समूहीकरण [Lexicographic grouping]
2. अर्थ विज्ञान समूहीकरण [Semantic grouping]
3. व्याकरण आधारित समूहीकरण [Grammar-based grouping]
4. ध्वन्यात्मक समूहीकरण [Phonetic grouping]

Ans : (4)

विभिन्न प्रकार के स्वर [vowel], व्यंजन (consonant) और मात्राओं के अर्थपूर्ण [meaningful] समूह को

ध्वनि समूह [sound group] कहते हैं।

ध्वन्यात्मक समूहीकरण से तात्पर्य समान ध्वनि वाले शब्दों को एक समूह में रखना।

उपर्युक्त प्रश्न में कुट-पुट, फुट और चुट समान ध्वनि वाले शब्द है अर्थात् इन शब्दों का प्रयोग **ध्वन्यात्मक समूह [Phonetic grouping]** के लिए किया जाता है।

500.ऋतु कक्षा VIII की अंग्रेज़ी भाषा की शिक्षक है। कक्षा शिक्षण के दौरान कुछ विद्यार्थी जो कि प्रायः पीछे रहते हैं कक्षा चर्चा में ध्यान नहीं दे रहे हैं। इस स्थिति में ऋतु को क्या करना चाहिए?

1. विषय-वस्तु की व्याख्या बंद करके विद्यार्थियों को टिप्पणियाँ लिखवाना शुरू करें।
2. उन विद्यार्थियों को ध्यान न देने के लिए डाँटे।
3. उन विद्यार्थियों को अनदेखा करके आगे बढ़े।
4. उन विद्यार्थियों से प्रश्न पूछे व चर्चा का भाग बनाए और अपनी शिक्षण युक्ति में बदलाव करे।

Ans : (4)

यदि कोई विद्यार्थी कक्षा में रुचि [interest] नहीं रखता है तो शिक्षक को छात्र से [personally] बात करनी चाहिए, शिक्षार्थी के अनुसार शिक्षक को अपनी शिक्षण युक्ति [teaching strategy] में बदलाव करना चाहिए। अर्थात् ऐसे शिक्षार्थियों को [mentally/Physically] किसी प्रकार का दण्ड (punishment) नहीं देना चाहिए।

501.एक सामाजिक बोली है ________

1. देश या राज्य की मुख्य भाषा की उपभाषा
2. क्षेत्र और समाज की लिपि सहित भाषा
3. क्षेत्र की लिखित भाषा एवं साहित्य की विशेषताएँ
4. भाषा के भीतर समुदाय [Community] अथवा समूह [Group] की वाक् [Speech] की विशेषताएँ

Ans : (4)

सामाजिक बोली [Social dialect]:- सामाजिक बोली का संबंध किसी एक समुदाय, समूह, या क्षेत्र के द्वारा बोली जाने वाली भाषा से होता है।

सामाजिक बोली [social dialect] से तात्पर्य है कि किसी व्यक्ति की सामाजिक पृष्ठभूमि [social background] उसकी भाषा को कैसे प्रभावित करती है।

502.चॉमस्की के अनुसार, मनुष्य के पास भाषा-विकास हेतु ________ है।

(1) अधिगम सेट
(2) जैवकीय व्यवस्था
(3) बोधात्मक सेट
(4) टेलीग्राफ़िक तत्परता

Ans: (2)

चॉम्स्की के अनुसार, मनुष्य में भाषा विकसित करने की जैविक प्रवृत्ति होती है। उनका सिद्धांत है कि मनुष्य के मस्तिष्क में जन्मजात रूप से एक "भाषा अधिग्रहण उपकरण" (एलएडी) होता है, जो बच्चों को स्वाभाविक रूप से और जल्दी से भाषा सीखने में मदद करता है, चाहे वे किसी भी भाषा में हों।

503.विद्यालयी शिक्षा की शुरुआती अवस्था में बहुभाषिक उपागम का प्रयोग करने से किसके नकारात्मक परिणामों का सामना करने में सहायता मिल सकती है?

(1) विद्यालय से ड्रॉपआउट
(2) अधिगम अशक्तता
(3) किसी की स्वयं की भाषा की क्षति
(4) कमजोर सम्प्रेषण कौशल

Ans: (3)

स्कूली शिक्षा के लिए बहुभाषी दृष्टिकोण बच्चों को अतिरिक्त भाषाएँ सीखने के साथ-साथ अपनी मूल भाषा को बनाए रखने में मदद करता है। यह उनकी पहली भाषा के नुकसान को रोकता है, सांस्कृतिक पहचान को संरक्षित करता है और कई भाषाओं में दक्षता को बढ़ावा देता है। मुख्य लाभ किसी की मूल भाषा के क्षरण को रोकना है, जिससे छात्रों को बहुभाषी वातावरण में समृद्ध होने के दौरान अपनी विरासत से जुड़े रहने की अनुमति मिलती है।

504.कक्षा में नया पाठ शुरू करने से पहले आप अपने शिक्षार्थियों को किसी मजेदार ऊर्जादायक गतिविधि में संलग्न करते हैं। आप ऐसा किसलिए करते हैं?

(1) शिक्षार्थियों को कक्षा के लिए प्रोत्साहित व तैयार करने के लिए
(2) अपने कार्यभार को कम करने के लिए
(3) पाठ शुरू न करने से पहले कक्षा में अनुशासन बनाए रखने के लिए
(4) शिक्षार्थियों का ध्यान दूसरी ओर करने के लिए

Ans: (1)

पाठ से पहले ऊर्जावान गतिविधियाँ छात्रों को ध्यान केंद्रित करने और सीखने के लिए मानसिक रूप से तैयार करने में मदद करती हैं। ये गतिविधियाँ हल्की, आकर्षक और आनंददायक हैं, ऊर्जा बढ़ाती हैं और विकर्षणों को कम करती हैं। वे एक सकारात्मक माहौल बनाते हैं, छात्रों को प्रेरित करते हैं और उन्हें पाठ के प्रति अधिक ग्रहणशील बनाते हैं, यह सुनिश्चित करते हुए कि वे कक्षा के लिए तैयार और व्यस्त हैं।

505.रचनावाद एक अधिगम सिद्धांत के रूप में किसमें विश्वास करता है?

(1) अधिगम वैयक्तिक विशेषता है
(2) सभी शिक्षार्थी भाषा नहीं सीख सकते हैं
(3) अधिगम पूरी तरह से एक मनोवैज्ञानिक धारणा है
(4) अधिगम सामाजिक रूप से होता है

Ans: (4)

रचनावाद एक सीखने का सिद्धांत है जो दुनिया और अन्य लोगों के साथ बातचीत के माध्यम से सक्रिय ज्ञान निर्माण पर जोर देता है। यह पूर्व अनुभवों के आधार पर निर्माण पर ध्यान केंद्रित करते हुए निष्क्रिय शिक्षा को चुनौती देता है। सामाजिक संपर्क, जैसे चर्चा और सहयोग, समझ को परिष्कृत करने की कुंजी है। कुल मिलाकर, यह सीखने को एक गतिशील, सामाजिक और अनुभवात्मक प्रक्रिया के रूप में देखता है।

506.कुछ विद्यार्थी भाषा के अनूठे उच्चारण संबंधी नियम के कारण बोलने में आत्मविश्वास की कमी महसूस करते हैं। इस समस्या को दूर करने का क्या समाधान हो सकता है?

(1) बच्चों को कक्षा में पढ़ने के लिए प्रोत्साहित करना
(2) काउन्सलर की मदद से विशेष वाक् थेरेपी करवाना
(3) ऐसी खेल आधारित गतिविधियों का क्रियान्वयन करना, जिनसे कक्षा में मौखिक अन्तःक्रिया को अवसर मिले
(4) विद्यार्थियों की गलती को तुरंत ठीक करना

Ans: (3)

छात्रों को बोलने में आत्मविश्वास हासिल करने में मदद करने का सबसे अच्छा तरीका खेल जैसी गतिविधियाँ हैं जिनमें मौखिक बातचीत की आवश्यकता होती है। ये गतिविधियाँ सीखने को आनंददायक बनाती हैं, चिंता को कम करती हैं, और उच्चारण का अभ्यास करने के लिए एक आरामदायक वातावरण प्रदान करती हैं, जिससे छात्रों को बिना दबाव के सुधार करने में मदद मिलती है।

507.उपन्यास पढ़ना किसका उदाहरण है?

(1) विस्तृत पठन (एक्सटेंसिव रीडिंग)
(2) गहन पठन (इंटेसिव रीडिंग)
(3) बारीकी से पठन (स्कैनिंग)
(4) सरसरी तौर पर पठन (स्किमिंग)

Ans: (1)

व्यापक पढ़ने में सामान्य समझ और आनंद के लिए बड़ी मात्रा में पाठ पढ़ना शामिल है, हर विवरण का विश्लेषण करने के बजाय समग्र कथानक, विषयों और पात्रों पर ध्यान केंद्रित करना। यह पढ़ने के प्रवाह, शब्दावली और समझ को बेहतर बनाने में मदद करता है। इसके विपरीत, गहन अध्ययन पाठ के हर विवरण को समझने पर केंद्रित होता है, अक्सर अकादमिक या विश्लेषणात्मक उद्देश्यों के लिए।

508.व्याकरण का शिक्षण मुख्यतः किसमें सुधार लाने के लिए उपयोगी है?

(1) प्रवाह
(2) सटीकता
(3) साक्षरता
(4) संख्या बोद्ध

Ans: (2)

व्याकरण शिक्षण वाक्य संरचना, क्रिया काल और शब्द रूपों जैसे नियमों पर ध्यान केंद्रित करके भाषा के उपयोग में सटीकता में सुधार करने में मदद करता है। जबकि प्रवाह, साक्षरता और संख्यात्मकता महत्वपूर्ण हैं, व्याकरण का सबसे सीधा संबंध सही और सटीक वाक्य बनाने से है।

509.व्याकरण शिक्षण का उद्देश्य विद्यार्थियों को सम्प्रेषण करने में समर्थ बनाना है। निम्नलिखित में से कौन-सा इस उद्देश्य से मेल नहीं खाता है?

(1) विद्यार्थियों का प्रत्येक व्याकरणिक बिन्दु के प्रत्येक पहलू पर नियंत्रण होना चाहिए

(2) विद्यार्थियों को इस प्रकार के प्रत्यक्ष निर्देशों की आवश्यकता है, जिनके माध्यम से व्याकरणिक बिन्दु बृहत्तर सम्प्रेषण संदर्भों से जुड़ सके

(3) विद्यार्थियों की निपुणता केवल उन्हीं पहलुओं पर होनी चाहिए, जो तात्कालिक सम्प्रेषण कार्य के लिए प्रासंगिक है

(4) त्रुटियों में सुधार करना सदैव अध्यापकों का ही पहला उत्तरदायित्व नहीं होता है

Ans: (1)

व्याकरण शिक्षण का उद्देश्य छात्रों को प्रभावी ढंग से संवाद करने में मदद करना है, जिसके लिए प्रत्येक व्याकरण बिंदु के प्रत्येक विवरण में महारत हासिल करने की आवश्यकता नहीं होती है। इसके बजाय, व्याकरण संचार कार्यों के लिए प्रासंगिक होना चाहिए। सभी व्याकरण पहलुओं पर महारत हासिल करने पर बहुत अधिक ध्यान केंद्रित करने से प्रवाह में बाधा आ सकती है, और त्रुटि सुधार को सार्थक संचार को प्रोत्साहित करने के साथ संतुलित किया जाना चाहिए।

510.पठन में 'अर्थगत् संकेत (सीमेंटिक क्यू)' इस तरह के अवबोधक हैं जो

(1) शब्दों को डिकोड़ करने में सहायता करते हैं

(2) शब्दों का सही उच्चारण करने में सहायता करते हैं

(3) अर्थ-ग्रहण की प्रक्रिया में मदद करते हैं

(4) व्याकरणिक नियमों की पहचान करने में मदद करते हैं

Ans: (3)

सिमेंटिक संकेत किसी पाठ में संदर्भ सुराग होते हैं जो पाठकों को शब्दों या वाक्यांशों के अर्थ को समझने में मदद करते हैं। वे समग्र संदेश या संबंधित शब्दों जैसे आसपास के संदर्भ पर विचार करके अपरिचित शब्दों को समझने में सहायता करते हैं।

511.भाषा शिक्षण अधिगम का कौन-सा उपागम इस तथ्य में विश्वास करता है कि 'भाषा एक आदत है'?

(1) सम्प्रेषणात्मक भाषा शिक्षण

(2) सहयोगात्मक भाषा अधिगम

(3) प्राकृतिक उपागम

(4) श्रव्य-भाषावाद

Ans: (4)

ऑडियो-भाषावाद एक भाषा शिक्षण पद्धति है जो दोहराव और अभ्यास के माध्यम से आदत निर्माण पर जोर देती है। यह सही उच्चारण और वाक्य संरचनाओं को सुदृढ़ करने के लिए अभ्यास का उपयोग करके सुनने और बोलने के कौशल पर ध्यान केंद्रित करता है। गलतियों को तुरंत सुधारा जाता है, और यह विधि व्याकरण स्पष्टीकरण पर कम ध्यान देने के साथ संवाद और पैटर्न अभ्यास पर निर्भर करती है।

512.उत्पादक शब्द संपदा क्या है?

(1) वे शब्द जो पाठक के लिए नए हैं

(2) वे शब्द जिनको हम जैसा सुनते हैं वैसा ही पहचानते हैं

(3) उन शब्दों पर ध्यान देना जिनको हम पंक्तियों से परे जाकर पढ़ते हैं

(4) वे शब्द जिनका प्रयोग लेखन और बोलने में किया जाता हैं

Ans: (4)

उत्पादक शब्दावली उन शब्दों को संदर्भित करती है जिन्हें एक व्यक्ति समझ सकता है और बोलने और लिखने में सक्रिय रूप से उपयोग कर सकता है। ग्रहणशील शब्दावली के विपरीत, ये किसी व्यक्ति के सक्रिय भाषा कौशल का हिस्सा हैं, जिसमें ऐसे शब्द होते हैं जिन्हें समझा जा सकता है लेकिन जरूरी नहीं कि उनका उपयोग किया जाए। उत्पादक शब्दावली संचार में विचारों को प्रभावी ढंग से व्यक्त करने में मदद करती है।

हिंदी व्याकरण

CTET के Paper में सिर्फ़ गद्यांश और काव्यांश में ही हिन्दी Basic Grammar के कुछ प्रश्न पूछे जाते है। इसमें आप को पूरी हिन्दी व्याकरण (Grammar) पढ़ने की ज़रूरत नहीं है। इस Book में आप को हिन्दी Basic Grammar दे दी गई है।

ध्याय - 1

शब्द

परिभाषा- वर्णों का ऐसा समूह जो अपना एक निश्चित अर्थ रखता हो 'शब्द' कहलाता है।

शब्दों के भेद- सामान्यतः शब्दों के दो भेद होते हैं।

i. **सार्थक**

ii. **निरर्थक**

i. **सार्थक-** ऐसे शब्द जिनके अर्थ हो उन्हें सार्थक शब्द कहते हैं। जैसे-चाय, खाना,पानी इत्यादि

ii. **निरर्थक-** ऐसे शब्द जिनके अर्थ न हों उन्हें निरर्थक कहते हैं। जैसे- वाय, वाना, वानी इत्यादि व्युत्पत्ति, रचना, बनावट,

आकृति के आधार पर शब्दों के भेद

i. **रूढ़-** ऐसे शब्द जिनके सार्थक खण्ड न हो सकें वे 'रूढ़' शब्द कहलाते हैं। जैसे-हाथ, पैर, नाक, मत इत्यादि।

ii. **यौगिक-** ऐसे शब्द जिनके सार्थक खण्ड हो जाएँ उन्हें 'यौगिक' कहते हैं। जैसे- रसोईघर, आजन्म, विद्यालय इत्यादि।

iii. **योगरूढ़-** ऐसे शब्द जो अपना विशेष अर्थ प्रकट करते हों 'योगरूढ' कहलाते हैं। जैसे-लंबोदर, दशानन, पंकज इत्यादि।

उत्पत्ति/उद्गम/उद्भव के आधार पर शब्दों के भेद

i. **तत्सम-** संस्कृत के शब्दों को 'तत्सम' कहा जाता है, ये शब्द बिना किसी परिवर्तन के हिंदी में प्रयोग होते हैं। जैसे- आम्र, दुग्ध, अमृत, गोमय इत्यादि।

ii. **तद्भव -** ऐसे शब्द जो संस्कृत से परिवर्तित होकर हिंदी में आए हैं उन्हें 'तद्भव' शब्द कहते हैं। जैसे-आम, दूध, अमिय, गोबर इत्यादि।

iii. **देशज-** ऐसे शब्द जो क्षेत्रीय भाषाओं के रूप में प्रयोग किए जाते हैं या जो आम बोलचाल की भाषा से निर्मित शब्द हैं 'देशज' कहलाते हैं। जैसे-डिब्बा, ढक्कन, तेंदुआ इत्यादि।

iv. **विदेशज-** ऐसे शब्द जो विदेशी भाषाओं से निर्मित हैं 'विदेशज' या 'आगत' शब्द कहलाते हैं। जैसे-अरबी, फारसी, पुर्तगाली इत्यादि भाषाओं से निर्मित शब्द।

v. मिश्रित भाषा के शब्दों को 'संकर' कहा जाता है। जैसे- रेलगाड़ी (रेल-अंग्रेजी) (गाड़ी-हिन्दी)

विकार या परिवर्तन के आधार पर शब्दों के भेद

i. **विकारी-** ऐसे शब्द जिनमें लिंग, वचन एवं कारक के अनुसार परिवर्तन हो जाता है 'विकारी' कहलाते हैं। जैसे- संज्ञा, सर्वनाम, विशेषण, क्रिया।

ii. **अविकारी (अव्यय) -** ऐसे शब्द जिनमें लिंग, वचन एवं कारक के कारण कोई परिवर्तन नहीं होता 'अविकारी' या 'अव्यय' कहलाते हैं। जैसे-क्रिया विशेषण, सम्मुच्चयबोधक, संबंधबोधक, विस्मयादिबोधक।

अभ्यास प्रश्न

1. समूह से भिन्न शब्द है- [CTET PAPER – I (21 JAN 2024) भाषा I हिन्दी]

(1) पढ़ाई-लिखाई (2) रात-दिन
(3) कंकड़-पत्थर (4) चाय-वाय

उत्तर - (4) चाय-वाय

व्याख्या- अन्य सभी शब्द युग्म सार्थक युग्म हैं जबकि चाय-वाय निरर्थक शब्द युग्म हैं।

2. 'ग्लेशियर' शब्द है- [CTET PAPER – I (21 JAN 2024) भाषा I हिन्दी]

(1) देशज (2) तद्भव
(3) आगत (4) तत्सम्

उत्तर - (3) आगत

व्याख्या- ऐसे शब्द जो विदेशी भाषाओं से हिन्दी में आए हैं उन्हें 'विदेशज' या 'आगत' कहा जाता है।

3. आदिमानव ने .... क्षेत्र में प्रगति की परन्तु .... क्षेत्र में प्रगति नहीं कर सका। [CTET PAPER – II (21 JAN 2024) भाषा I हिन्दी]

(1) आध्यात्मिक, भौतिक (2) भौतिक, मानसिक
(3) भौतिक, आध्यात्मिक (4) मानसिक, भौतिक

उत्तर - (3) भौतिक, आध्यात्मिक

व्याख्या - 'भौतिक' और 'आध्यात्मिक' एक दूसरे के विपरीतार्थक (विलोम) शब्द हैं।

4. समूह से भिन्न शब्द युग्म है- [CTET PAPER – II (21 JAN 2024) भाषा I हिन्दी]

(1) हार-विहार (2) सत्य-असत्य
(3) जय-पराजय (4) प्रकाश-अंधकार

उत्तर - (1) हार-विहार

व्याख्या- प्रश्न के अन्य सभी विकल्प एक दूसरे के विपरीतार्थक (विलोम) शब्द हैं जबकि हार-विहार विलोम शब्द-युग्म नहीं है।

5. 'श्वास' और 'ऑक्सीजन' शब्द है- [CTET DECEMBER 2019]

(1) तद्भव देशज (2) देशज आगत
(3) तत्सम आगत (4) तत्सम तद्भव

उत्तर - (3) तत्सम आगत

व्याख्या-

(i) तत्सम- संस्कृत के शब्दों को 'तत्सम' कहा जाता है, ये शब्द बिना किसी परिवर्तन के हिंदी में प्रयोग होते हैं।

(ii) विदेशज- ऐसे शब्द जो विदेशी भाषाओं से निर्मित हैं 'विदेशज' या 'आगत' शब्द कहलाते हैं।

6. 'विनिमय' का अर्थ है- [CTET DECEMBER 2019]

(1) देना-खरीदना (2) लेना-देना
(3) आना-जाना (4) लेना-पहुँचाना

उत्तर – (2) लेना-देना

व्याख्या- वस्तु विनिमय का अर्थ लेना-देना जबकि क्रय-विक्रय का अर्थ खरीदना-बेचना होता है।

7. 'जिसे जीता न जा सके' उसके लिए कविता में कौन-सा शब्द प्रयुक्त हुआ है? [CTET DECEMBER 2019]

(1) अखंड (2) अमर
(3) दिव्य (4) अजेय

उत्तर – (4) अजेय

व्याख्या -

अखंड- जिसके खंड न हो सके।

अमर- जिसकी मृत्यु न हो।

दिव्य- देवताओं से संबंधित

अजेय- जिसे जीता न जा सके।

8. 'विद्यालय' शब्द व्याकरण की दृष्टि से:

(1) रूढ़ (2) योगरूढ़
(3) यौगिक (4) देशज

उत्तर - (3) यौगिक

व्याख्या-

(iii) यौगिक- ऐसे शब्द जिनके सार्थक खण्ड हो जाएँ उन्हें 'यौगिक' कहते हैं।

उदाहरण- रसोईघर - रसोई + घर
आजन्म - आ + जन्म

9. 'अमृत' शब्द व्याकरण की दृष्टि से है:

(1) तत्सम (2) तद्भव
(3) देशज (4) विदेशज

उत्तर - (1) तत्सम

व्याख्या-

(i) तत्सम- संस्कृत के शब्दों को 'तत्सम' कहा जाता है, ये शब्द बिना किसी परिवर्तन के हिंदी में प्रयोग होते हैं। जैसे-आम्र, दुग्ध, अमृत, गोमय इत्यादि।

10. 'रेलगाड़ी' शब्द व्याकरण की दृष्टि से है:

(1) रूढ़ (2) यौगिक
(3) योगरूढ़ (4) संकर

उत्तर - (4) संकर

व्याख्या- मिश्रित भाषा के शब्दों को 'संकर' कहा जाता है। जैसे- रेलगाड़ी (रेल-अंग्रेजी) (गाड़ी-हिन्दी)।

अध्याय - 2

उपसर्ग-प्रत्यय

उपसर्ग- 'उपसर्ग' वे शब्दांश होते हैं जो किसी शब्द के पहले आकर उसका विशेष अर्थ प्रकट करते हैं।

उपसर्ग	शब्दरूप
अति	अत्युक्त, अत्यंत, अत्याचार, अतिव्याप्ति इत्यादि
अधि	अध्यक्ष, अध्यात्म, अधिकर इत्यादि
अनु	अनुकूल, अनुक्रम, अनुवाद, अनुशासन इत्यादि
अप	अपकार, अपशब्द, अपव्यय, अपमान इत्यादि
अभि	अभियोग, अभिमान, अभ्युदय, अभ्यागत, अभ्यास इत्यादि
अव	अवगत, अवरोहण, अवस्था, अवनति इत्यादि
आ	आमरण, आजीवन, आजन्म, आमुख इत्यादि
उद् + उत्	उच्चारण, उन्नति, उज्जवल, उत्कर्ष इत्यादि
उप	उपकूल, उपकार, उपनाम, उपवन इत्यादि
दुर् + दुस्	दुर्जन, दुर्दशा, दुस्साहस, दुराचार इत्यादि
नि	निवास, निपात, निरोध, निदान इत्यादि
निर् + निस्	निश्चल, निर्भय, नीरोग, निरपराध इत्यादि
परा	पराजम, परामर्श, पराक्रम इत्यादि
परि	परिणाम, पर्याप्त, परिक्रमा इत्यादि
प्र	प्रपंच, प्रख्यात, प्रबल इत्यादि
प्रति	प्रत्येक, प्रतिकूल, प्रत्यक्ष, प्रत्युपकार इत्यादि
वि	विमुख, विराम, वियोग, विकार इत्यादि
सम्	सम्मुख, संकल्प, संतोष, संन्यास इत्यादि
सु	स्वागत, सुगम, सुकृत, सुजन इत्यादि
अ/अन	अनजान, अनमोल, अगाध, अजान इत्यादि
अध	अधपका, अधजला, अधमरा इत्यादि
भर	भरपेट, भरसक इत्यादि
दु	दुबला, दुकाल इत्यादि

प्रत्यय- 'प्रत्यय' वे शब्दांश होते है जो किसी शब्द के बाद जुड़कर विशेष अर्थ प्रकट करते हैं।

कृत प्रत्यय

प्रत्यय	निर्मित शब्द
अक्	मादक, शिक्षक, नामक, छेदक, पावक इत्यादि
आऊ	कमाऊ, टिकाऊ, उपजाऊ, बिकाऊ इत्यादि
अंकू	उड़ंकू, लंड़कु इत्यादि
आंकू	उडांकू
आकू	लड़ाकू, पढ़ाकू इत्यादि
इयल	मरियल, अडियल इत्यादि
इया	दूधिया, केसरिया, बढ़िया इत्यादि
ऐया	खिवैया, कटैया, गवैया इत्यादि
एरा	बसेरा, लुटेरा, फमेरा इत्यादि
उक	भावुक, भिक्षुक, इच्छुक इत्यादि
अन	चरण, भूषण इत्यादि
आवट	थकावट, सजावट, लिखावट इत्यादि
आई	कमाई, जुताई, पिसाई इत्यादि
आहट	घबराहट, चिल्लाहट, बौखलाहट इत्यादि
औती	चुनौती, फिरौती कटौती इत्यादि
ओड़ा	हँसोड़ा, भगोड़ा इत्यादि
आन	थकान, उड़ान, लगान इत्यादि
आप	विलाप, मिलाप इत्यादि
आव	खिंचाव, झुकाव इत्यादि
आवा	चढ़ावा, दिखावा, पछतावा इत्यादि
इत	पुलकित, वाँछित, शिक्षित इत्यादि

तद्धित प्रत्यय

प्रत्यय	निर्मित शब्द
ई	वैदही, मैथिली, जानकी इत्यादि
आयन	वात्स्यायन, कात्यायन इत्यादि
इक	पौराणिक, लौकिक, तात्कालिक, प्राथमिक इत्यादि

ई	काग़जी, ऊनी इत्यादि
इया	डाकिया, घटिया, केसरिया इत्यादि
ईय	भारतीय, नगरीय, प्रांतीय, मानवीय इत्यादि
मान्	आयुष्मान्, शक्तिमान्, बुद्धिमान् इत्यादि
वान्	विधावान्, दयावान्, गुणवान् इत्यादि
आलु	दयालु, कृपालु, इत्यादि
तम	उच्चतम, अधिकतम इत्यादि
उक	इच्छुक, भावुक, भिक्षुक इत्यादि
हरा	सुनहरा, इकहरा, दुहरा इत्यादि
इल	जटिल, कुटिल, तुंदिल इत्यादि

अभ्यास प्रश्न

1. 'विधान' में 'इक' प्रत्यय लगाने पर शब्द बनेगा: [CTET PAPER – I (21 JAN 2024) भाषा I हिन्दी]

(1) विधानीक (2) विधानिक
(3) वैधानिक (4) वैधानीक

उत्तर - (3) वैधानिक

व्याख्या- प्रत्यय ऐसे शब्दांश होते हैं जो मूल शब्दों के बाद में जोड़े जाते हैं।

'इक' प्रत्यय से सम्बन्धित अन्य शब्द

मुख + इक = मौखिक

लोक + इक = लौकिक

इतिहास + इक = ऐतिहासिक

धर्म + इक = धार्मिक

2. 'बुनियादी' में प्रत्यय है: [CTET PAPER – I (21 JAN 2024) भाषा I हिन्दी]

(1) दी (2) यादी
(3) ई (4) इ

उत्तर - (3) ई

व्याख्या- प्रत्यय ऐसे शब्दांश होते हैं जो मूल शब्दों के बाद में जोड़े जाते हैं।

'ई' प्रत्यय से सम्बन्धित अन्य शब्द

अनुभव + ई = अनुभवी

उपयोग + ई = उपयोगी

पहाड़ + ई = पहाड़ी

रोग + ई = रोगी

3. 'नैतिक' शब्द में किस प्रत्यय का प्रयोग किया जा सकता है: [CTET PAPER – I (21 JAN 2024) भाषा I हिन्दी]

(1) ता (2) ई
(3) इक (4) ईय

उत्तर - (3) इक

व्याख्या- प्रत्यय ऐसे शब्दांश होते हैं जो मूल शब्दों के बाद में जोड़े जाते हैं।

'इक' प्रत्यय से सम्बन्धित अन्य शब्द

अर्थ + इक = आर्थिक

भूगोल + इक = भौगोलिक

सप्ताह + इक = साप्ताहिक

नीति + इक = नैतिक

4. 'पर्यावरण' में उपसर्ग और मूल शब्द [CTET PAPER – I (21 JAN 2024) भाषा I हिन्दी]

(1) पर्या + आवरण (2) परि + अवरण
(3) परि + आवरण (4) पर + आवरण

उत्तर - (3) परि + आवरण

व्याख्या- ऐसे शब्दांश जो मूल शब्द के पहले जोड़े जाते हैं, उपसर्ग कहलाते हैं।

'परि' उपसर्ग से निर्मित शब्द

परि + शीलन = परिशीलन

परि + भ्रमण = परिभ्रमण

परि + क्रमण = परिक्रमण

परि + वहन = परिवहन

5. अध्यात्म शब्द में 'इक' प्रत्यय लगाने से शब्द बनेगा- [CTET PAPER – II (21 JAN 2024) भाषा I हिन्दी]

(1) अध्यात्मिक (2) आध्यात्मीक
(3) आध्यात्मिक (4) आधयात्मिक

उत्तर - (3) आध्यात्मिक

व्याख्या- प्रत्यय वे शब्दांश होते हैं जो मूल शब्दों के बाद जोड़े जाते हैं।

'इक' प्रत्यय से निर्मित अन्य शब्द

वर्ष + इक = वार्षिक

व्यवहार + इक = व्यावहारिक

प्रथम + इक = प्राथमिक

अध्यात्म + इक = आध्यात्मिक

6. मानव शब्द में किस प्रत्यय और उपसर्ग का प्रयोग संभव है- [CTET PAPER – II (21 JAN 2024) भाषा I हिन्दी]

(1) ईय, अ (2) ईय, अन
(3) इत, अ (4) ईय, सु

उत्तर - (1) ईय, अ

व्याख्या- अ + मानव + ईय = अमानवीय

अतः मानव शब्द में 'ईय' प्रत्यय व 'अ' उपसर्ग का प्रयोग संभव है।

7. मानवीय शब्द में प्रत्यय है - [CTET PAPER – II (21 JAN 2024) भाषा II हिन्दी]

(1) वीय (2) य
(3) ईम (4) इय

उत्तर - (3) ईय

व्याख्या- मानव शब्द में 'ईय' प्रत्यय लगाने से मानवीय शब्द बनेगा।

'ईय' प्रत्यय से निर्मित अन्य शब्द

स्वर्ग + ईय = स्वर्गीय

दर्शन + ईय = दर्शनीय

भारत + ईय = भारतीय

मानव + ईय = मानवीय

8. 'बुद्धि' में 'इक' प्रत्यय लगाने पर शब्द बनेगा- [CTET PAPER – II (21 JAN 2024) भाषा II हिन्दी]

(1) बुद्धिक (2) बौद्धिक
(3) बोद्धिक (4) बौद्धीक

उत्तर - (2) बौद्धिक

व्याख्या- अतः बुद्धि शब्द में 'इक' प्रत्यय लगाने से बौद्धिक शब्द बनेगा।

'इक' प्रत्यय से निर्मित अन्य शब्द

मंगल + इक = मांगलिक

नगर + इक = नागरिक

विचार + इक = वैचारिक

बुद्धि + इक = बौद्धिक

9. 'वैश्विक' में मूल शब्द तथा प्रत्यय है। [CTET PAPER – I (JULY 2024) भाषा II हिन्दी]

(1) विश्व + क (2) वैश्व + इक
(3) वैश्वि + क (4) विश्व + इक

उत्तर - (4) विश्व + इक

व्याख्या- 'विश्व' मूल शब्द में 'इक' प्रत्यय लगाने से वैश्विक शब्द बनेगा।

'इक' प्रत्यय से निर्मित अन्य शब्द

धर्म + इक = धार्मिक

संसार + इक = सांसारिक

इतिहास + इक = ऐतिहासिक

नीति + इक = नैतिक

10. 'आधारित' में प्रत्यय है। [CTET PAPER – I (JULY 2024) भाषा II हिन्दी]

(1) धारित (2) इत
(3) त (4) रित

उत्तर - (2) इत

व्याख्या- 'आधार' मूल शब्द में 'इत' प्रत्यय लगाने से आधारित शब्द का निर्माण होता है।

'इत' प्रत्यय से संबंधित अन्य शब्द

शिक्षा + इत = शिक्षित

द्रव + इत = द्रवित

पीड़ा + इत = पीड़ित

आधार + इत = आधारित

11. 'विश्रृंशलित' में प्रत्यय है। [CTET PAPER – II JULY 2024]

(1) लित (2) त
(3) इत् (4) खलित

उत्तर - (3) इत्

व्याख्या- 'श्रृंखला' मूल शब्द में 'इत्' प्रत्यय तथा 'वि' उपसर्ग का प्रयोग करके विश्रृंखलित शब्द का निर्माण किया गया है।

प्रमाण + इत = प्रमाणित

द्रव + इत = द्रवित

पुष्प + इत = पुष्पित

हर्ष + इत = हर्षित

12. 'निडर' में प्रयुक्त उपसर्ग 'नि' की अर्थगत विशेषता है [CTET PAPER – II (JULY 2024) भाषा II हिन्दी]

(1) अधिकता (2) अभाव
(3) रहित (4) सहित

उत्तर - (3) रहित

व्याख्या- 'नि' उपसर्ग का अर्थ न, नहीं, रहित के रूप में लिया जाता है।

'नि' उपसर्ग से निर्मित शब्द

नि + धड़क = निधड़क

नि + हाल = निहाल

नि + डर = निडर

13. इनमें से कौन-सा शब्द समूह से भिन्न है? [CTET DECEMBER 2019]

(1) स्वाभाविक (2) साहित्यिक
(3) अभिव्यक्ति (4) तार्किक

उत्तर – (3) अभिव्यक्ति

व्याख्या- उपर्युक्त प्रश्न के अन्य सभी विकल्पों में 'इक' प्रत्यय का प्रयोग हुआ जबकि अभिव्यक्ति शब्द में इक प्रत्यय का प्रयोग न होकर 'अभि' उपसर्ग का प्रयोग किया गया है।

'अभि' उपसर्ग से निर्मित अन्य शब्द

अभि + ज्ञान = अभिज्ञान

अभि + शाप = अभिशाप

अभि + कर्ता = अभिकर्ता

अभि + नेता = अभिनेता

14. 'विकसित' शब्द में प्रत्यय है। [CTET DECEMBER 2019]

(1) इत (2) त
(3) सत (4) सित

उत्तर – (1) इत

व्याख्या- 'इत' प्रत्यय से निर्मित अन्य शब्द

शिक्षा + इत = शिक्षित

द्रव + इत = द्रवित

पीड़ा + इत = पीड़ित

आधार + इत = आधारित

अध्याय - 3

सन्धि

परिभाषा- जब दो शब्द पास-पास होते हैं तब पहले शब्द के अंतिम अक्षर और दूसरे शब्द के पहले अक्षर आपस में मिल जाते हैं तब उनकी मिलावट से उत्पन्न विकार को 'संधि' कहते हैं।

उदाहरण- कल्प + अंत = कल्पांत

सन्धि-विच्छेद- सन्धि के नियमों के द्वारा मिले हुए वर्णों को अलग-अलग करने की प्रक्रिया 'सन्धि विच्छेद' कहलाती है।

सन्धि के भेद- सन्धि के तीन भेद होते हैं।

i. **स्वर सन्धि**

ii. **व्यंजन सन्धि**

iii. **विसर्ग सन्धि**

(i) स्वर सन्धि: दो स्वर वर्णों के पास-पास आने से स्वर में जो परिवर्तन या विकार उत्पन्न होता है उसे 'स्वर सन्धि' कहते हैं।

उदाहरण- विद्या + आलय = विद्यालय

स्वर सन्धि के भेद:- स्वर सन्धि के पाँच भेद होते हैं।

1. **दीर्घ सन्धि:** दो समान स्वरों के मिलने से 'दीर्घ सन्धि' का निर्माण होता है।

अ + अ = आ	इ + इ = ई	उ + उ = ऊ ऋ + ऋ = ऋ
अ + आ = आ	इ + ई = ई	उ + ऊ = ऊ
आ + अ = आ	ई + इ = ई	ऊ + उ = ऊ
आ + आ = आ	ई + ई = ई	ऊ + ऊ = ऊ

विद्या + अर्थी = विद्यार्थी	सेवा + अर्थ = सेवार्थ
विद्या + आलय = विद्यालय	गिरि + इंद्र – गिरींद्र
कवि + ईश = कवीश	मही + इंद्र = महींद्र
नदी + ईश = नदीश	भानु + उदय = भानूदय
लघु + ऊर्मि = लघूर्मि	पितृ + ऋण = पितृण

2. **गुण सन्धि:** यदि अ/आ के बाद इ/ई आए तो ए, अ/आ के बाद उ/ऊ आए तो ओ, तथा अ/आ के बाद ऋ आए तो अर्, ओ जाने पर 'गुण सन्धि' होती है।

अ + इ = ए	अ + उ = ओ	अ + ऋ = अर्
अ + ई = ए	अ + ऊ = ओ	आ + ऋ = अर्
आ + इ = ए	आ + उ = ओ	
आ + ई = ए	आ + ऊ = ओ	

देव + इंद्र = देवेन्द्र	सूर्य + उदय = सूर्योदय
महा + इंद्र = महेन्द्र	महा + ऊर्मि = महोर्मि
नर + ईश = नरेश	देव + ऋषि = देवर्षि
राजा + ईश = राजेश	महा + ऋषि = महर्षि

3. **वृद्धि सन्धि:** यदि अ/आ के बाद ए/ऐ आए तो ऐ, तथा अ/आ के बाद ओ/औ आए तो औ, हो जाने पर 'वृद्धि सन्धि' होती है।

अ + ए = ऐ	अ + ओ = औ
आ + ए = ऐ	आ + ओ = औ
अ + ऐ = ऐ	अ + औ = औ
आ + ऐ = ऐ	आ + औ = औ

जल + ओध = जलौध	महा + ओज = महौज
एक + एक = एकैक	सदा + एव = सदैव

4. **यण् सन्धि:** यदि इ, ई, उ, ऊ और ऋ के बाद कोई भिन्न स्वर आए तो इ या ई का य्, उ/ऊ क व्, तथा ऋ का र् हो जाने पर 'यण सन्धि' होती है।

इ/ई + अन्य स्वर = य्

उ/ऊ + अन्य स्वर = व्

ऋ + अन्य स्वर = र्

यदि + अपि = यद्यपि	इति + आदि = इत्यादि
उपरि + उक्त = उपर्युक्त	अति + ओज = अत्योज
सु + अल्प = स्वल्प	अनु + इति = अन्विति
वधु + ऐश्वर्य = वध्वैश्वर्य	पितृ + अनुमति = पित्रनुमति
मातृ + इक्ष्छा = मातृच्छा	पितृ + औदार्य = पित्रौदार्य

5. **अयादि सन्धि:** यदि ए, ऐ ओ, औ के बाद कोई भिन्न स्वर आए तो ए का अय् ऐ का आय्, ओ का अव् तथा औ का आव् हो जाने पर 'अयादि सन्धि' होती है।

ए + अन्य स्वर = अय्	ने + अन = नयन

ऐ + अन्य स्वर = आय्	गै + अक = गायक
ओ + अन्य स्वर = अव्	नै + इका = नायिका
औ + अन्य स्वर = आव्	पौ + अन = पवन
	नौ + इक = नाविक

(ii) व्यंजन सन्धि

परिभाषा- व्यंजन के साथ किसी स्वर अथवा व्यंजन का मेल होने से व्यंजन में जो परिवर्तन होता है उसे 'व्यंजन सन्धि' कहते हैं। जैसे - वाक् + ईश = वागीश

दिक् + गज = दिग्गज	दिक् + अंबर = दिगंबर
जगत् + अंबा = जगदंबा	अहम् + कार = अहंकार
भूष् + अन = भूषण	वाक् + मय = वाङ्मय
जगत् + नाथ = जगन्नाथ	उत् + लास = उल्लास
सम् + हार = संहार	उत् + लेख = उल्लेख
उत् + श्वास = उच्छवास	उत् + हार = उद्धार

iii. विसर्ग सन्धि

परिभाषा- यदि विसर्ग का मेल स्वर या व्यंजन वर्णों के साथ होता है तो विसर्ग में जो परिवर्तन होता है उसे 'विसर्ग सन्धि' कहते हैं। जैसे- निः + आमिष = निरामिष

अन्य उदाहरण

निः + चल = निश्चल	दुः + चरित्र = दुश्चरित्र
निः + तार = निस्तार	नमः + ते = नमस्ते
दुः + उपयोग = दुरुपयोग	दुः + आशा = दुराशा
निः + दय = निर्दय	मनः + अनुकूल = मनोनुकूल
मनः + बल = मनोबल	निः + रोग = नीरोग
निः + रज = नीरज	निः + फल = निष्फल

अभ्यास प्रश्न

1. **'स्वाभिमान' का सन्धि विच्छेद है: [CTET PAPER – I (21 JAN 2024) भाषा I हिन्दी]**

(1) स्वा + भिमान (2) स्व + भिमान
(3) स्व + आभिमान (4) स्व + अभिमान

उत्तर - (4) स्व + अभिमान

व्याख्या- समान स्वरों के मेल से दीर्घ स्वर सन्धि का निर्माण होता है।

अ/आ + अ/आ = आ इ/ई + इ/ई = ई
उ/ऊ + उ/ऊ = ऊ ऋ + ऋ = ऋ

दीर्घ स्वर सन्धि के अन्य उदाहरण

देव + आलय = देवालय

नदी + ईश = नदीश

2. **हिमालय का संधि विच्छेद है [CTET PAPER – I (21 JAN 2024) भाषा I हिन्दी]**

(1) हिम + अलय (2) हिमा + अलय
(3) हिमा + लय (4) हिम + आलय

उत्तर - (4) हिम + आलय

व्याख्या- 'हिमालय' शब्द में दीर्घ संधि है। समान स्वरों के मेल से दीर्घ संधि का निर्माण होता है।

अन्य उदाहरण

शिव + आलय = शिवालय

मही + ईश = महीश

देव + आलय = देवालय

पितृ+ ऋण = पितृण

3. **'दिवसावसान' का सन्धि विच्छेद है- [CTET PAPER – II (JULY 2024) भाषा I हिन्दी]**

(1) दिवस + अवसान (2) दिवा + अवसान
(3) दिवसा + वसान (4) दिवस + आवसान

उत्तर - (1) दिवस + अवसान

व्याख्या- 'दिवसावसान' शब्द में दीर्घ सन्धि का प्रयोग हुआ है।

दीर्घ सन्धि के अन्य उदाहरण

सेवा + अर्थ = सेवार्थ परम + आत्मा = परमात्मा
वेद + अंत = वेदान्त हिम + आलय = हिमालय

4. **सर्वोच्च का सन्धि विच्छेद है। [CTET PAPER – II (JULY 2024) भाषा II हिन्दी]**

(1) सर्व + उच्च (2) सर्वो + च्च
(3) सर्वो + उच्च (4) सर्व + ऊच्च

उत्तर - (1) सर्व + उच्च

व्याख्या- 'सर्वोच्च' शब्द में गुण सन्धि का प्रयोग किया

गया है।

गुण सन्धि के अन्य उदाहरण

रमा + ईश = रमेश महा + उत्सव = महोत्सव

महा + ऊर्मि = महोर्मि दिन + ईश = दिनेश

5. **'निस्सीम' शब्द में कौन-सी सन्धि है? [CTET DECEMBER 2019)**

(1) व्यंजन (2) विसर्ग
(3) दीर्घ (4) स्वर

उत्तर – (2) विसर्ग

व्याख्या-

परिभाषा- यदि विसर्ग का मेल स्वर या व्यंजन वर्णों के साथ होता है तो विसर्ग में जो परिवर्तन होता है उसे 'विसर्ग सन्धि' कहते हैं।

विसर्ग सन्धि से संबंधित अन्य उदाहरण

निः + सार = निःसार (निस्सार)

दुः + शासन = दुःशासन (दुश्शासन)

निः + संतान =निःसंतान (निस्संतान)

निः + संकोच = निःसंकोच (निस्संकोच)

6. **'नयन' का सन्धि विच्छेद है-**

(1) न + अन (2) ने + अन
(3) ना + अन (4) ने + अन्

उत्तर - (2) ने + अन

व्याख्या- यदि ए, ऐ ओ, औ के बाद कोई भिन्न स्वर आए तो ए का अय्, ऐ का आय्, ओ का अव्, तथा औ का आव्, हो जाने पर 'अयादि सन्धि' होती है।

अयादि सन्धि के अन्य उदाहरण

ने + अन = नयन गै + अक = गायक

7. **'उच्छवास' का सन्धि विच्छेद है –**

(1) उत् + श्वास (2) उच् + श्वास
(3) उत + श्वास (4) उच + श्वास

उत्तर - (1) उत् + श्वास

व्याख्या- व्यंजन के साथ किसी स्वर अथवा व्यंजन का मेल होने से व्यंजन में जो परिवर्तन होता है उसे 'व्यंजन सन्धि' कहते हैं।

व्यंजन सन्धि के अन्य उदाहरण

जगत् + अंबा = जगदंबा

अहम् + कार = अहंकार

8. **'निष्फल' का सन्धि विच्छेद है -**

(1) निष् + फल (2) निः + फल
(2) नि + फल (4) निस् + फल

उत्तर - (2) निः + फल

व्याख्या- यदि विसर्ग का मेल स्वर या व्यंजन वर्णों के साथ होता है तो विसर्ग में जो परिवर्तन होता है उसे 'विसर्ग सन्धि' कहते हैं।

विसर्ग सन्धि के अन्य उदाहरण

निः + चल = निश्चल दुः + चरित्र = दुश्चरित्र

9. **'इत्यादि' का सन्धि विच्छेद है-**

(1) इत्य + आदि (2) इत् + आदि
(3) इति + आदि (4) इती + आदि

उत्तर - (3) इति + आदि

व्याख्या- यदि इ, ई, उ, ऊ और ऋ के बाद कोई भिन्न स्वर आए तो इ या ई का य्, उ/ऊ क व् तथा ऋ का र् हो जाने पर 'यण सन्धि' होती है।

अन्य उदाहरण

सु + अल्प = स्वल्प अनु + इति – अन्विति

10. **'राजेश' का सन्धि विच्छेद है -**

(1) राज + ईश (2) राजा + इश
(3) राज + इश (4) राजा + ईश

उत्तर - (4) राजा + ईश

व्याख्या- 'राजेश' शब्द में गुण सन्धि का प्रयोग किया गया है।

गुण सन्धि के अन्य उदाहरण

रमा + ईश = रमेश महा + उत्सव = महोत्सव

महा + ऊर्मि = महोर्मि दिन + ईश = दिनेश

ध्याय - 4

संज्ञा

परिभाषा- किसी व्यक्ति, वस्तु, स्थान या भाव इत्यादि के नाम को 'संज्ञा' कहते हैं।

संज्ञा के भेद- संज्ञा के पाँच भेद होते हैं।

i. **व्यक्तिवाचक संज्ञा:** जिस संज्ञा शब्द से किसी विशेष व्यक्ति, विशेष वस्तु या विशेष स्थान का बोध हो उसे 'व्यक्तिवाचक संज्ञा' कहा जाता है। जैसे- रमेश, सीता, भारत, गंगा, गोदावरी, हिमालय, कानपुर, रामायण, दीपावली, मंगलवार इत्यादि।

ii. **जातिवाचक संज्ञा:** जिस संज्ञा से एक ही प्रकार की वस्तुओं एवं व्यक्तियों का बोध हो उसे 'जातिवाचक संज्ञा' कहते हैं। जैसे- मेज, कुर्सी, शिक्षक, हाथ, पैर, गाय, झील, नदी, शहर इत्यादि।

iii. **भाववाचक संज्ञा:** जिस संज्ञा से किसी व्यक्ति अथवा वस्तु के भाव का बोध हो उसे 'भाववाचक संज्ञा' कहते हैं। जैसे- क्रोध, घृणा, प्रेम, अच्छाई, बुराई, बीमारी, बुढ़ापा, लंबाई, मिठास, बचपन, हरियाली, सच्चाई इत्यादि।

iv. **द्रव्यवाचक संज्ञा:** जिन संज्ञा पदों के द्वारा ठोस, तरल, धातु, अधातु इत्यादि का बोध हो उसे 'द्रव्यवाचक संज्ञा' कहते हैं। जैसे- कोयला, दूध, लोहा, सोना, चाँदी, पानी, घी, तेल इत्यादि।

v. **समूहवाचक संज्ञाए:** जिस संज्ञा से व्यक्तियों एवं वस्तुओं के समूह का बोध हो उसे 'समूहवाचक संज्ञा' कहते हैं। जैसे – कक्षा, सेना, संघ, परिवार, सभा, पुलिस भीड़, इत्यादि।

अभ्यास प्रश्न

1. **समूह से भिन्न शब्द हैं: [CTET PAPER – I (21 JAN 2024) भाषा I हिन्दी]**

(1) स्वच्छता (2) निर्मलता
(3) सम्मान (4) स्वच्छ

उत्तर - (4) स्वच्छ

व्याख्या- व्याकरण की दृष्टि से स्वच्छ शब्द विशेषण है जबकि अन्य (स्वच्छता, निर्मलता, सम्मान) शब्द भाववाचक संज्ञा है।

विशेषण - भाववाचक संज्ञा विशेषण - भाववाचक संज्ञा

स्वच्छ - स्वच्छता निर्मल - निर्मलता

सम्मानित - सम्मान प्रांत - प्रांतीय

2. **विशेषण शब्द का उदाहरण नहीं है [CTET PAPER – II (21 JAN 2024) भाषा I हिन्दी]**

(1) संतुलित (2) स्वस्थ
(3) स्वास्थय (4) व्यवस्थित

उत्तर - (3) स्वास्थय

व्याख्या- स्वास्थय शब्द भाववाचक संज्ञा है जबकि अन्य सभी शब्द विशेषण हैं।

संज्ञा - विशेषण संज्ञा - विशेषण

संतुलन - संतुलित स्वस्थ - स्वास्थय

व्यवस्था - व्यवस्थित इतिहास - ऐतिहासिक

3. **बचपन शब्द है- [CTET PAPER – I (JULY 2024) भाषा II हिन्दी]**

(1) जातिवाचक संज्ञा (2) द्रव्यवाचक संज्ञा
(3) भाववाचक संज्ञा (4) व्यक्तिवाचक संज्ञा

उत्तर - (3) भाववाचक संज्ञा

व्याख्या- जिस संज्ञा से व्यक्ति एवं वस्तु के गुण, दोष, का बोध हो उसे भाववाचक संज्ञा कहते हैं। जैसे- अच्छाई, बुराई, प्रेम, क्रोध, घृणा, सच्चाई, इत्यादि।

4. **समूह से भिन्न शब्द है-**

(1) अग्नि (2) अधिकार
(3) अध्यात्म (4) आधिकारिक

उत्तर - (4) आधिकारिक

व्याख्या- आधिकारिक शब्द विशेषण है अन्य सभी शब्द संज्ञा हैं।

5. समूह से भिन्न शब्द है-

(1) अनुवाद (2) अनुराग
(3) अपमान (4) अपेक्षित

उत्तर - (4) अपेक्षित

व्याख्या- अपेक्षित शब्द विशेषण है अन्य सभी शब्द संज्ञा हैं।

6. समूह से भिन्न शब्द है-

(1) अवरोध (2) आत्मा
(3) आदर (4) आदरणीय

उत्तर - (4) आदरणीय

व्याख्या- आदरणीय शब्द विशेषण है अन्य सभी शब्द संज्ञा है।

7. 'गंगा' शब्द किस प्रकार की संज्ञा है?

(1) व्यक्तिवाचक (2) जातिवाचक
(3) भाववाचक (4) समूहवाचक

उत्तर - (1) व्यक्तिवाचक

व्याख्या- जिस संज्ञा शब्द से किसी विशेष व्यक्ति, विशेष वस्तु या विशेष स्थान का बोध हो उसे 'व्यक्तिवाचक संज्ञा' कहा जाता है। जैसे- रमेश, भारत, गंगा, कानपुर इत्यादि।

8. 'पुस्तक' शब्द किस प्रकार की संज्ञा है?

(1) व्यक्तिवाचक (2) जातिवाचक
(3) भाववाचक (4) समूहवाचक

उत्तर - (2) जातिवाचक

व्याख्या- जिस संज्ञा से एक ही प्रकार की वस्तुओं एवं व्यक्तियों का बोध हो उसे 'जातिवाचक संज्ञा' कहते हैं। जैसे- शिक्षक, हाथ, पैर, गाय, झील इत्यादि।

9. 'सच्चाई' किस प्रकार की संज्ञा है?

(1) व्यक्तिवाचक (2) जातिवाचक
(3) भाववाचक (4) समूहवाचक

उत्तर - (3) भाववाचक

व्यक्ति- जिस संज्ञा से किसी व्यक्ति अथवा वस्तु के भाव का बोध हो उसे 'भाववाचक संज्ञा' कहते हैं। जैसे- प्रेम, अच्छाई, बुराई, बीमारी, बुढ़ापा, लंबाई, मिठास इत्यादि।

10. 'पानी' किस प्रकार की संज्ञा है?

(1) व्यक्तिवाचक (2) द्रव्यवाचक
(3) भाववाचक (4) समूहवाचक

उत्तर - (2) द्रव्यवाचक

व्याख्या- जिन संज्ञा पदों के द्वारा ठोस, तरल, धातु, अधातु इत्यादि का बोध हो उसे 'द्रव्यवाचक संज्ञा' कहते हैं। जैसे- लोहा, सोना, चाँदी, पानी, घी, तेल इत्यादि।

ध्याय - 5

वचन

पदों के जिस रूप से एक या अनेक होने का बोध हो उसे 'वचन' कहते हैं?

वचन के दो प्रकार होते है।

i. **एकवचन**

ii. **बहुवचन**

1. **एकवचन-** विकारी शब्द के जिस रूप से पदार्थ या व्यक्ति के एक होने का बोध होता है उसे एकवचन कहते हैं; जैसे- गधा, लडका, झील, कुत्ता इत्यादि।
2. **बहुवचन-** विकारी शब्द के जिस रूप से पदार्थ या व्यक्ति के एक से अधिक होने का बोध होता है, उसे बहुवचन कहते हैं; जैसे- गधे, लड़के, झीलें, कुत्ते इत्यादि।

- **अकारांत-** शब्द के अन्त में 'अ' का प्रयोग होता है। - राम
- **आकारांत-** शब्द के अन्त में 'आ' का प्रयोग होता है। - राधा
- **इकारांत-** शब्द के अन्त में 'इ' का प्रयोग होता है। - कवि
- **ईकारांत-** शब्द के अन्त में 'ई' का प्रयोग होता है। - नदी
- **उकारांत-** शब्द के अन्त में 'उ' का प्रयोग होता है। - वस्तु
- **ऊकारांत-** शब्द के अन्त में 'ऊ' का प्रयोग होता है - वधू

1. **आकारांत पुल्लिंग संज्ञाओं में 'आ' की जगह 'ए' की मात्रा लगाकर बहुवचन बनाया जाता है।**

एकवचन	बहुवचन
घोड़ा	- घोड़े
कपड़ा	- कपड़े

नोट- पुल्लिंग आकारांत के सिवा शेष मात्राओं से अंत होने वाले शब्दों के रूप दोनों वचनों में एक से रहते हैं।

बालक, हाथ, साधु, पति, उल्लू, वृक्ष इत्यादि

2. **अकारांत स्त्रीलिंग संज्ञाओं में 'एँ' जोड़कर बहुवचन बनाते हैं।**

एकवचन	बहुवचन
गाय	- गायें
बहन	- बहनें

3. **आकारांत स्त्रीलिंग संज्ञाओं में 'एँ' जोड़कर बहुवचन बनाते हैं।**

एकवचन	बहुवचन
शाखा	- शाखाएँ
कथा	- कथाएँ

4. **इकारांत स्त्रीलिंग संज्ञाओं के अन्त में 'याँ' जोड़ देने से बहुवचन बनता है।**

एकवचन	बहुवचन
रीति	- रीतियाँ
नीति	- नीतियाँ

5. **ईकारांत स्त्रीलिंग संज्ञाओं में अंत्य 'ई' को ह्रस्व कर अंतिम वर्ण के बाद याँ जोड़ने, अर्थात् अन्तिम 'इ' या 'ई' का 'इयाँ' कर देने से बहुवचन बनता है।**

एकवचन	बहुवचन
लड़की	- लड़कियाँ
राखी	- राखियाँ

6. **जिन स्त्रीलिंग संज्ञाओं के अन्त में 'या' आता है उन में 'या' के ऊपर चंद्र बिन्दु लगाकर बहुवचन बनाया जाता है।**

एकवचन	बहुवचन
डिबिया	- डिबियाँ
चिडिया	- चिड़ियाँ

7. **उकारांत स्त्रीलिंग संज्ञाओं के अन्त में 'एँ' एवं ऊकारांत में 'ऊ' को 'उ' कर 'एँ' लगाकर बहुवचन बनाते हैं।**

एकवचन	बहुवचन
वस्तु	- वस्तुएँ
बहू	- बहुएँ

नोट- निम्न शब्दों का प्रयोग सदैव बहुवचन में किया जाता है।
हस्ताक्षर, प्राण, दर्शन, होश, लोग, आँसू, होठ, दाम, अक्षत, बाल, रोंगटे, नेत्र, रोम, तेवर, चाकू, समाचार

- निम्न शब्दों का प्रयोग सदैव एकवचन में किया जाता है।
सहायता, वर्षा, जनता, पृथ्वी, ईश्वर, प्रजा
- द्रव्यवाचक संज्ञाएँ प्रायः एकवचन में प्रयोग होती है।
सोना, चाँदी, लोहा, दूध, पानी, घी, तेल, दही, शरबत, कोयला

- अनेक का बहुवचन अनेकों नहीं होता यह स्वयं बहुवचन होता है।
- प्रत्येक, हरएक एवं एकाध का प्रयोग हमेशा एकवचन में होता है।

अभ्यास प्रश्न

1. 'वीर' का बहुवचन रूप होगा-

(1) वीराँ (2) वीरांगना
(3) वीरो (4) वीर

उत्तर - (4) वीर

व्याख्या- आकारांत पुल्लिंग के अलावा शेष पुल्लिंग शब्द दोनों वचनों में एक समान रहते हैं। जैसे - वृक्ष, आम, ऋषि, घर इत्यादि।

2. 'अनेक' का बहुवचन होगा-

(1) अनेकों (2) अनेक
(3) एक (4) अनेको

उत्तर - (2) अनेक

व्याख्या- अनेक का बहुवचन अनेकों नहीं होता यह स्वयं बहुवचन होता है।

3. एकवचन में प्रयोग होने वाला शब्द है-

(1) प्राण (2) हस्ताक्षर
(3) पानी (4) आँसू

उत्तर - (3) पानी

व्याख्या- पानी शब्द एकवचन में प्रयोग होने वाला शब्द है अन्य सभी शब्द बहुवचन में प्रयोग होते हैं।

4. 'पेड़' का बहुवचन रूप होगा-

(1) पेड़ (2) पेड़ो
(3) अनेक पेड़ (4) पेड़े

उत्तर - (1) पेड़

व्याख्या- पुल्लिंग आकारांत के सिवा शेष मात्राओं से अंत होने वाले शब्दों के रूप दोनों वचनों में एक से रहते हैं। जैसे - बालक, हाथ, साधु, पति, उल्लू, वृक्ष इत्यादि।

5. 'शाखा' का बहुवचन रूप होगा-

(1) शाखा (2) शाखाओं
(3) शाखाएँ (4) शिखाएँ

उत्तर - (3) शाखाएँ

व्याख्या- शाखा का सही बहुवचन शाखाएँ होगा।

अध्याय - 6

विशेषण

विशेषण- वह विकारी शब्द जिसके द्वारा संज्ञा और सर्वनाम की विशेषता बताई जाती है, उसे 'विशेषण' कहते हैं। जैसे- घोड़ा काला है।

विशेष्य- जिन शब्दों की विशेषता बताई जाती है, उन्हें 'विशेष्य' कहते हैं। जैसे-सफेद मोती।

प्रविशेषण- जो शब्द विशेषण की भी विशेषता बताते हैं उन्हें 'प्रविशेषण' कहते हैं। जैसे- रोहन बहुत सुन्दर लड़का है।

विशेषण के भेद- इसके चार भेद होते हैं।

i. **गुणवाचक विशेषण**
ii. **संख्यावाचक विशेषण**
iii. **परिमाणवाचक विशेषण**
iv. **सार्वनामिक विशेषण**

i. **गुणवाचक विशेषण:** जिन विशेषण शब्दों से व्यक्ति या वस्तु की गुण, दशा, अवस्था आदि का बोध हो उसे गुणवाचक विशेषण कहते हैं। जैसे- पुराना, प्राचीन, लंबा, चैकोर, स्वस्थ, रोगी, जवान, प्रौढ़, मद्रासी, बिहारी, लाल, पीला, हरा, अच्छा, भला, खट्टा, मीठा इत्यादि।

ii. **संख्यावाची विशेषण:** जब संज्ञा और सर्वनाम की विशेषता संख्या के द्वारा व्यक्त हो, तो उसे संख्यावाची विशेषण कहते हैं। जैसे- एक, दो, तीन, चार, पहला, दूसरा दुगुना, तिगुना, दोनों, तीनों, प्रत्येक, हर एक इत्यादि।

iii. **परिमाण वाचक विशेषण:** इससे मात्रा (माप-तौल) का बोध होता है जैसे- दो किलोग्राम, चार मीटर, तीन किलो इत्यादि।

iv. **सार्वनामिक विशेषण:** जब कोई सर्वनाम विशेष्य (संज्ञा) से ठीक पहले आकर उसकी ओर संकेत करके उसके स्थान को सीमित कर दे तब उस सर्वनाम को सार्वनामिक विशेषण या संकेत वाचक विशेषण कहते है। वह घोड़ा अच्छा है। ये लोग पढ़ रहें है।

विशेषण पदों की रचना	विशेष्य विशेषण
अग्नि	आग्नेय
अधिकार	आधिकारिक
अध्यात्म	आध्यात्मिक
अनुमान	अनुमानित
अनुवाद	अनूदित
अनुराग	अनुरक्त
अपमान	अपमानित
अपेक्षा	अपेक्षित
अवरोध	अवरुद्ध
आत्मा	आत्मिक
आदर	आदरणीय
आधार	आधारित
आराधना	आराध्य
ईश्वर	ईश्वरीय
उपन्यास	औपन्यासिक
ऋषि	आर्ष
ओज	ओजस्वी
अंकुर	अंकुरित
अंत	अंतिम
अंतर	आंतरिक
कल्पना	काल्पनिक
कागज	कागजी
काया	कायिक
काँटा	कँटीला
किताब	किताबी
कृपा	कृपालु
ग्राम ग्राम्य	ग्रामीण
गुण	गुणी
घर	घरेलु
जल	जलीय
जंगल	जंगली
झगड़ा	झगड़ालू
तेज	तेजस्वी
दम्पत्ति	दाम्पत्य
दिन	दैनिक
शक्ति	शाक्त

धुंध	धुंधला
धूम	धूमिल
नगर	नागरिक
पठन	पठनीय
पतन	पतित
परिवार	पारिवारिक
पशु	पाशविक
प्रकृति	प्राकृतिक
प्रतिष्ठा	प्रतिष्ठित
प्रथम	प्राथमिक
पाठ	पाठ्य
पुस्तक	पुस्तकीय
पुष्प	पुष्पित
पुराण	पौराणिक
बाजार	बाजारू
बुद्धि	बौद्धिक
भ्रम	भ्रमित
भूमि	भौम
भूगोल	भौगोलिक
भूत	भौतिक
मर्म	मार्मिक
मानव	मानवीय
मूल	मौलिक
रक्त	रक्तिम
राजनीति	राजनीतिक
राज	राजकीय
राष्ट्र	राष्ट्रीय
रुद्र	रौद्र
वंदन	वंदनीय
वस्तु	वास्तविक
वायु	वायव्य
विकास	विकसित
विधान	वैधानिक
विवाह	विवाहिक
वेद	वैदिक
साहित्य	साहित्यिक

अभ्यास प्रश्न

1. निम्न में से किसमें विशेषण-विशेष्य का संबंध नहीं हैं। [CTET PAPER – I (21 JAN 2024) भाषा - I हिंदी]

(1) बाह्य स्वच्छता (2) बुनियादी आवश्यकता
(3) शिक्षा-पर्यावरण (4) जन्मजात गुण

उत्तर - (3) शिक्षा-पर्यावरण

व्याख्या-

(i) जिन शब्दों की विशेषता बताई जाती है उन्हें विशेष्य कहते हैं।

(ii) जो शब्द विशेष्य की विशेषता बताते हैं उन्हे विशेषण कहते हैं।

विशेषण - विशेष्य से सम्बन्धित कुछ अन्य शब्द

विशेष्य - विशेषण

अग्नि - आग्नेय

अधिकार - आधिकारिक

अध्यात्म - आध्यात्मिक

अनुमान - अनुमानित

2. समूह से भिन्न शब्द हैं: [CTET PAPER – I (21 JAN 2024) भाषा - I हिंदी]

(1) स्वच्छता (2) निर्मलता
(3) सम्मान (4) स्वच्छ

उत्तर - (4) स्वच्छ

व्याख्या- व्याकरण की दृष्टि से स्वच्छ शब्द विशेषण है जबकि अन्य (स्वच्छता, निर्मलता, सम्मान) शब्द भाववाचक संज्ञा है।

3. इस ग्लेशियर का पौने दो किलोमीटर हिस्सा पिघलकर गायब हो चुका है वाक्य मे रेखांकित पद है। [CTET PAPER – I (21 JAN 2024) भाषा - II हिंदी]

(1) संख्यावाचक विशेषण
(2) परिमाणवाचक विशेषण
(3) गुणवाचक विशेषण
(4) सार्वनामिक विशेषण

उत्तर - (2) परिमाणवाचक विशेषण

व्याख्या- जिस विशेषण से वस्तुओं की मात्रा का बोध हो उसे परिमाणवाचक विशेषण कहते हैं।

परिमाणवाचक विशेषण के कुछ अन्य उदाहरण

चार किलो चीनी। आठ मीटर कपड़ा।

दो लीटर दूध। दो गज मलमल।

4. विशेषण-विशेष्य का उदाहरण नहीं है: [CTET PAPER – II (21 JAN 2024) भाषा - I हिंदी]

(1) रूपात्मक परिवर्तन (2) अँधेरे युग
(3) मानव अस्तित्व (4) आध्यात्मिक दुनिया

उत्तर - (3) मानव अस्तित्व

व्याख्या-

विशेष्य- जिन शब्दों की विशेषता बताई जाती है उन्हें विशेष्य कहते हैं।

विशेषण- विशेष्य की विशेषता बताने वाले शब्द विशेषण कहलाते हैं।

5. विशेषण शब्द का उदाहरण नहीं है [CTET PAPER – II (21 JAN 2024) भाषा - II हिंदी]

(1) संतुलित (2) स्वस्थ
(3) स्वास्थय (4) व्यवस्थित

उत्तर - (3) स्वास्थय

व्याख्या- स्वास्थय शब्द भाववाचक संज्ञा है जबकि अन्य सभी शब्द विशेषण हैं।

संज्ञा - विशेषण

संतुलन - संतुलित

स्वस्थ - स्वास्थय

व्यवस्था - व्यवस्थित

इतिहास - ऐतिहासिक

6. निम्न में विशेषण है - [CTET PAPER – I (JULY 2024) भाषा - II हिंदी]

(1) वरदान (2) जीवंतता
(3) जीवंत (4) सम्मान

उत्तर - (3) जीवंत

व्याख्या- वे शब्द जो संज्ञा और सर्वनाम की विशेषता प्रकट करते हैं विशेषण कहलाते हैं।

विशेष्य - विशेषण

धर्म - धार्मिक

जाति - जातीय

चमक - चमकीला

धन - धनवान

7. 'चार गज' किस प्रकार का विशेषण है?

(1) गुणवाचक (2) संख्यावाचक
(3) परिमाणवाचक (4) सार्वनामिक

उत्तर - (3) परिमाणवाचक

व्याख्या- इससे मात्रा (माप-तौल) का बोध होता है जैसे- दो किलोग्राम, चार मीटर, तीन किलो इत्यादि।

8. समूह से भिन्न शब्द है -

(1) प्रदेश (2) काल्पनिक
(3) कागजी (4) कायिक

उत्तर - (1) प्रदेश

व्याख्या- 'प्रदेश' शब्द संज्ञा है अन्य सभी शब्द विशेषण हैं।

9. निम्न में विशेषण है -

(1) लोहा (2) वंदन
(3) लोक (4) लौकिक

उत्तर - (4) लौकिक

व्याख्या- 'लौकिक' शब्द विशेषण है अन्य सभी शब्द संज्ञा हैं।

10. निम्न में से किसमें विशेषण-विशेष्य का संबंध नहीं है।

(1) राजनीति-राजनैतिक
(2) राज-राजकीय
(3) राष्ट्र-राष्ट्रीय
(4) रुद्र-रौद्र

उत्तर - (1) राजनीति - राजनैतिक

व्याख्या- राजनीति-राजनैतिक शब्द विशेषण-विशेष्य की दृष्टि से ठीक नहीं है। राजनैतिक के स्थान पर राजनीतिक होगा।

अध्याय - 7

अव्यय

परिभाषा- वे शब्द जिनमें लिंग, वचन एवं कारक के द्वारा कोई परिवर्तन नहीं होता है उन्हें 'अविकारी' या 'अव्यय' कहते हैं। जैसे- धीरे-धीरे, प्रतिदिन, कल, परसों इत्यादि।

अव्यय के भेद - इसके चार भेद होते हैं।

i. **क्रिया विशेषण अव्यय:** वे शब्द जो क्रिया की विशेषता बतलाते हैं 'क्रिया विशेषण' कहलाते हैं। जैसे-
वह प्रतिदिन पढ़ता है। वह परसों आएगा। वह सामने बैठा है। वह अभी आया है। उसने थोड़ा खाया। वह धीरे-धीरे चलता है।
वह तेज चलता है।

ii. **समुच्चयबोधक अव्यय:** वे अव्यय जो दो शब्दों/वाक्यों/वाक्यांशो को जोडने अथवा अलग करने का काम करते हैं उन्हें 'समुच्चयबोधक अव्यय' कहते हैं। जैसे-
महेश और सुरेश पढ़ते है।
महेश या सुरेश पढ़ता है।
मैं बैठा रहा किंतु वह नहीं आया।

iii. **संबंधबोधक:** जो अव्यय किसी संज्ञा के बाद आकर उस संज्ञा का संबंध वाक्य के दूसरे शब्दों से व्यक्त करते हैं उन्हें 'संबंध बोधक अव्यय' कहते हैं। जैसे-
धन के बिना काम नहीं चलता।
वह छत के ऊपर बैठा है।
रोहन, मोहन के आगे बैठा है।

iv. **विस्मयादि बोधक अव्यय**
जिस अव्यय से हर्ष, शोक आदि के भाव सूचित हो उन्हें 'विस्मयादिबोधक अव्यय' कहते हैं। जैसे-
छि!, अरे!, वाह!, अहा!, इत्यादि।

अभ्यास प्रश्न

1. नदियों का पानी धीरे-धीरे कम होता जाएगा। वाक्य में रेखांकित पद है। [CTET PAPER – I (21 JAN 2024) भाषा - I हिंदी]

(1) विशेषण (2) क्रिया
(3) क्रियाविशेषण (4) प्रविशेषण

उत्तर - (3) क्रिया-विशेषण

व्याख्या- ऐसे शब्द जो क्रिया की विशेषता बताते हैः क्रिया विशेषण कहलाते हैं।

क्रिया विशेषण के कुछ अन्य उदाहरण

वह तेज दौड़ता है। वह प्रतिदिन पढ़ता है।

वह दिनभर सोता है। उसने फटाफट पढ़ लिया।

2. 'आज की तालीम भी इसी दौड़ में साथ दे रही है।' वाक्य में निपात है। [CTET DECEMBER 20219]

(1) भी (2) इसी
(3) में (4) आज

उत्तर – (1) भी

व्याख्या-

निपात- निपात का कार्य शब्द समूह को बल प्रदान करना है। जैसे- तो, ही, तक, भर इत्यादि।

3. 'लंबे समय तक' पद व्याकरण की दृष्टि से है-

(1) सर्वनाम (2) विशेषण
(3) क्रिया-विशेषण (4) संज्ञा

उत्तर – (3) क्रिया-विशेषण

व्याख्या- वे शब्द जो क्रिया की विशेषता बतलाते हैं 'क्रिया विशेषण' कहलाते हैं। जैसे- तेज, धीरे-धीरे इत्यादि।

4. वह तेज दौड़ता है में 'तेज' शब्द व्याकरण की दृष्टि से क्या है?

(1) क्रिया-विशेषण (2) समुच्चयबोधक
(3) सम्बन्धबोधक (4) विस्मयादिबोधक

उत्तर - (1) क्रिया-विशेषण

व्याख्या- क्रिया की विशेषता बताने वाले शब्द क्रिया-विशेषण कहलाते हैं अतः 'तेज' शब्द क्रिया विशेषण है।

5. 'वह कल ही पढ़ेगा' वाक्य में निपात है?

(1) वह (2) कल
(3) ही (4) पढ़ेगा

उत्तर - (3) ही

व्याख्या- निपात वाक्य में बल देने का काम करते हैं अतः 'ही' निपात है।

अध्याय - 8

समास

परिभाषा- दो या दो से अधिक पदों (शब्दों) को मिलाकर नए शब्द बनाने की प्रक्रिया को 'समास' कहते हैं।
समास विग्रह - जब समस्त पद के सभी पदों को अलग-अलग किया जाता है तब उस प्रक्रिया को समास-विग्रह कहते हैं।

समस्त पद - विग्रह
देशभक्ति- देश के लिए भक्ति

समास के भेद - समास के छः भेद होते हैं।

i. **अवययीभाव समास**
ii. **तत्पुरुष समास**
iii. **कर्मधारय समास**
iv. **दिगु समास**
v. **द्वंद्व समास**
vi. **बहुव्रीहि समास**

(i) अवययीभाव समास: जिन समास का पूर्व पर अव्यय हो और वही प्रधान हो तथा समस्त पद भी अव्यय की भाँति कार्य कर उसे 'अव्ययीभाव समास' कहते हैं।

समस्त पद	विग्रह
अनुदेश	देश के अनुसार
नियोग	ठीक से योग
सपत्नीक	पत्नी सहित
अतिवृष्टि	वृष्टि की अधिकता
निर्भय	भय से रहित
बेरहम	रहम के बिना
भरपेट	पेट भरकर
क्रमानुसार	क्रम के अनुसार
जीवनपर्यन्त	जीवन तक
दिनभर	पूरे दिन

नोट- पुनरुक्ति होने पर अव्ययीभाव समास होता है। जैसे - धीरे-धीरे, आगे-आगे, एक-एक इत्यादि।

(ii) तत्पुरुष समास: जिस समासिक पद का उत्तर पद प्रधान होता है तथा पूर्व पद के साथ लगे कारक चिह्नों का लोप हो जाता है उसे 'तत्पुरुष समास' कहते हैं।

समस्त पद	विग्रह
दानपात्र	दान के लिए पात्र
ग्रामगत	ग्राम को गया हुआ
चिड़ीमार	चिड़ियों को मारने वाला
रेखांकित	रेखा द्वारा अंकित
तुलसीकृत	तुलसी द्वारा कृत
मालगाड़ी	माल के लिए गाड़ी
ऋणयुक्त	ऋण से युक्त
धनहीन	धन से हीन
राजपुत्र	राजा का पुत्र
गंगाफल	गंगा का फल
आपबीती	आप पर बीती
रथारूढ़	रथ पर आरूढ

(iii) कर्मधारय समास: जिस समास के दोनों पदों मे विशेषण-विशेष्य एवं उपमेय उपमान का संबंध हो और उत्तर पद प्रधान हो उसे 'कर्मधारय समास' कहते हैं।

a. **उपमेय-उपमान कर्मधारय**
b. **विशेषण-विशेष्य कर्मधारय**

समस्त पद	विग्रह
स्त्रीरत्न	रत्नी रूपी स्त्री
भलामानुस	भला है जो मानुस
नर सिंह	सिंह रूपी नर
अद्यपका	आधा है जो पका
क्रोधाग्नि	अग्नि रूपी क्रोध
सुपुत्र	अच्छा है जो पुत्र
देहलता	लता रूपी देह
कालीमिर्च	काली है जो मिर्च

(iv) द्विगु समास: जिस समास का पूर्वपद संख्यावाची तथा उत्तरपद प्रधान होता है तथा समस्त पद किसी समूह विशेष का बोध कराता है उसे 'द्विगु समास' कहते हैं।

समस्त पद	विग्रह
त्रिफला	तीन फलों का समाहार
चारपाई	चार पैरों का समाहार
सप्ताह	सात दिनों का समाहार
नवरत्न	नौ रत्नों का समाहार
दोराहा	दो राहों का समाहार
दोपहर	दो पहरों का समाहार

(v) द्वंद्व समास: जिस समास के दोनों पद प्रधान हों और विग्रह करने पर योजक चिह्न (-) के स्थान पर और, तथा, या, व जैसे शब्दों का प्रयोग हो 'द्वंद्व समास' कहलाता है।

समस्त पद	विग्रह
माता-पिता	माता और पिता
लाभालाभ	लाभ या अलाभ
सत्यासत्य	सत्य या असत्य
खराखोटा	खरा या खोटा
रुपया-पैसा	रुपया या पैसा
अच्छा-बुरा	अच्छा या बुरा

(vi) बहुव्रीहि समास: जिस समास का न पूर्वपद प्रधान हो न उत्तरपद प्रधान हो दोनों के स्थान पर तीसरा पद प्रधान हो उसे 'बहुव्रीहि समास' कहते हैं।

समस्त पद	विग्रह
अंशुमाली	अंशु है मालाएँ जिसकी अर्थात् सूर्य
दशानन	दश हैं आनन जिसके अर्थात् रावण
निशाचर	निशा में विचरण करने वाला अर्थात् राक्षस
पीतांबर	पीला है अंबर जिसका अर्थात् श्रीकृष्ण
लंबोदर	लंबा है उदर जिसका अर्थात् गणेश जी
जितेंद्रिय	इन्द्रियों को जीतने वाला अर्थात् जितेन्द्रिय
चतुर्भुज	चार हैं भुजाएँ जिसकी अर्थात् विष्णु
चतुर्मुख	चार है मुख जिनके अर्थात् ब्रह्मा
चंद्रधर	चंद्र को धारण करने वाला अर्थात् शंकर
वीणापाणि	वीणा है पाणि में जिनके अर्थात् सरस्वती

अभ्यास प्रश्न

1. 'वातावरण' का विग्रह और समास होगा- [CTET DECEMBER 2019]

(1) वात का आवरण - तत्पुरुष
(2) वात का बना ऐसा आवरण - बहुव्रीहि
(3) वातावरण रूपी वात - कर्मधारय
(4) वात और आवरण - द्वंद्व

उत्तर – (1) वात का आवरण - तत्पुरुष

व्याख्या- जिस समासिक पद का उत्तर पद प्रधान होता है तथा पूर्व पद के साथ लगे कारक चिह्नों का लोप हो जाता है उसे तत्पुरुष समास कहते हैं।

तत्पुरुष समास के उदाहरण -

समस्त पद - विग्रह

दानपात्र - दान के लिए पात्र

ग्रामगत - ग्राम को गया हुआ

चिड़ीमार - चिड़ियों को मारने वाला

रेखांकित - रेखा द्वारा अंकित

2. 'नगपति' का विग्रह और समास होगा- [CTET DECEMBER 2019]

(1) नगों (पर्वतों) का पति है जो - कर्मधारय
(2) नगों (पर्वतों) का पति - तत्पुरुष
(3) नगों का पति है जो ऐसा - बहुव्रीहि
(4) रत्नों (नग) का पति - तत्पुरुष

उत्तर – (2) नगों (पर्वतों) का पति - तत्पुरुष

व्याख्या-

तत्पुरुष समास के अन्य उदाहरण-

समस्त पद - विग्रह समस्त पद - विग्रह

तुलसीकृत - तुलसी द्वारा कृत मालगाड़ी - माल के लिए गाड़ी

ऋणयुक्त - ऋण से युक्त धनहीन - धन से हीन

3. 'राजपुत्र' का विग्रह और समास होगा।

(1) राजाओं का है जो पुत्र - कर्मधारय
(2) राजा का पुत्र - तत्पुरुष
(3) राजा के लिए पुत्र - तत्पुरुष

(4) राज्य का पुत्र - तत्पुरुष

उत्तर – (2) राजा का पुत्र - तत्पुरुष

व्याख्या-

तत्पुरुष समास के अन्य उदाहरण

समस्त पद - विग्रह

आपबीती - आप पर बीती

रथारूढ़ - रथ पर आरूढ़

4. 'पाप-पुण्य' में समास है-

(1) तत्पुरुष (2) द्विगु
(3) द्वंद्व (4) अव्ययीभाव

उत्तर - (3) द्वंद्व

व्याख्या- जिस समास के दोनों पद प्रधान हों और विग्रह करने पर योजक चिह्न (-) के स्थान पर और, तथा, या, व जैसे शब्दों का प्रयोग हो द्वंद्व समास कहलाता है।

समस्त पद - विग्रह

रुपया-पैसा - रुपया या पैसा

अच्छा-बुरा - अच्छा या बुरा

5. 'धीरे-धीरे' में समास है-

(1) तत्पुरुष (2) द्विगु
(3) द्वंद्व (4) अव्ययीभाव

उत्तर - (4) अव्ययीभाव

व्याख्या- जिस समास का पूर्व पद अव्यय हो और वही प्रधान हो तथा समस्त पद भी अव्यय की भाँति कार्य कर उसे अव्ययी भाव समास कहते हैं। पुनरुक्ति होने पर अव्ययीभाव समास होता है। जैसे - धीरे-धीरे, आगे-आगे, एक-एक इत्यादि।

6. 'चैराहा' में समास है-

(1) तत्पुरुष (2) द्विगु
(3) द्वंद्व (4) अव्ययीभाव

उत्तर - (2) द्विगु

व्याख्या- जिस समास का पूर्वपद संख्यावाची तथा उत्तरपद प्रधान होता है तथा समस्त पद किसी समूह विशेष का बोध कराता है उसे द्विगु समास कहते हैं।

समस्त पद - विग्रह

त्रिफला - तीन फलों का समाहार

चारपाई - चार पैरों का समाहार

7. निम्न में कौन-सा युग्म सही नहीं है?

(1) नीलकमल - कर्मधारय समास
(2) आजीवन - तत्पुरुष समास
(3) चैराहा - द्विगु समास
(4) यथाशक्ति - अव्ययीभाव समास

उत्तर - (2) आजीवन - तत्पुरुष समास

व्याख्या - 'आजीवन' शब्द में अव्ययीभाव समास होगा अतः विकल्प 2 सही है।

8. 'देव जो महान है' यह किस समास का उदाहरण है?

(1) कर्मधारय (2) बहुव्रीहि
(3) तत्पुरुष (4) अव्ययीभाव

उत्तर - (1) कर्मधारय

व्याख्या- जिस समास के दोनों पदों मे विशेषण-विशेष्य एवं उपमेय उपमान का संबंध हो और उत्तर पद प्रधान हो उसे कर्मधारय समास कहते हैं।

समस्त पद - विग्रह

अद्यपका - आधा है जो पका

सुपुत्र - अच्छा है जो पुत्र

9. कौन सा विकल्प सही नहीं है?

(1) आगरण - अव्ययीभाव समास
(2) सत्यासत्य - तत्पुरुष
(3) त्रिनेत्र - बहुव्रीहि
(4) चवन्नी - द्विगु

उत्तर - (2) सत्यासत्य - तत्पुरुष

व्याख्या- 'सत्यासत्य' में द्वन्द्व समास होगा। इसका समास विग्रह सत्य या असत्य होता है।

10. 'चार हैं भुजाएँ जिसकी' में समास है -

(1) कर्मधारय (2) बहुव्रीहि
(3) तत्पुरुष (4) अव्ययीभाव

उत्तर - (2) बहुव्रीहि

व्याख्या- 'चार हैं भुजाएँ जिसकी' अर्थात् विष्णु (चतुर्भुज) अतः इसमें बहुव्रीहि समास होगा।

अध्याय - 9

गद्यांश

गद्यांश-1

नीचे दिए गए गद्यांश को पढ़कर पूछे गए प्रश्नों के सबसे उपयुक्त उत्तर वाले विकल्प को चुनिए:

आधुनिक शिक्षा का नतीजा हमने देख लिया। हमने उस शिक्षा का नतीजा भी देख लिया, जिसमें विकसित विज्ञान का सबसे महत्त्वपूर्ण स्थान है, जिसके कारण व्यक्ति को कहीं भी या कितना भी मिलने के बावजूद तृप्ति नही होती। इसका कारण यही है कि शिक्षा के स्वाभाविक और आवश्यक अंगो को छोड़कर हमने ऐसे विषयों पर अधिक ध्यान दिया, जो मनुष्य का एकतरफा विकास करते है, जिनके कारण व्यक्तित्व का बड़े-से-बड़ा भाग अतृप्त रह जाता है। बाल्यावस्था में भी कला-शिक्षा को अभी तक उचित स्थान नहीं मिला है। जहाँ मिलता भी है, वहाँ बच्चा ग्यारह-बारह वर्ष का होते ही उसके शिक्षा-क्रम में से कला-प्रवृत्तियों को निकाल दिया जाता है। ऐसा ही हर्बर्ट रीड ने कहा है-

"हमारा अनुभव हमें बताता है कि हर व्यक्ति ग्यारह साल की उम्र के बाद, किशोर-अवस्था, और उसके बाद भी सारे जीवन-काल तक किसी-न-किसी कला-प्रवृत्ति को अपने भाव-प्रकटन का जरिया बनाये रख सकता है। आज के सभी विषय-जिन पर हम अपनी एममात्र शृद्धा करते हैं, जैसे - गणित, भूगोल, इतिहास, रसायनशास्त्र और यहाँ तक कि साहित्य भी-जिस तरह पढ़ाये जाते हैं, उन सबकी बुनियाद तार्किक है। इन पर एकमात्र जोर देने के कारण कला-प्रवृत्तियाँ, जो भावना-प्रधान होती है, पाठ्यक्रम से करीब-करीब निकल जाती है। ये प्रवृत्तियाँ केवल पाठ्यक्रम से ही नहीं निकल जाती, बल्कि इन तार्किक विषयों को महत्त्व देने के कारण व्यक्ति के दिमाग से भी बिल्कुल निकल जाती है। किशोर-अवस्था को इस तरह गलत रास्ते पर ले जाने का नतीजा भयानक हो रहा है। सभ्यता रोज-व-रोज बेढब होती जा रही है। व्यक्ति का गलत विकास हो रहा है। उसका मानस अस्वस्थ है, परिवार दुखी है। समाज में फूट पड़ी है और दुनिया पर ध्वंस करने का ज्वर चढ़ा है। इन भयानक अवस्थाओं को हमारा ज्ञान-विज्ञान सहारा दे रहा है। आज की तालीम भी इसी दौड़ में साथ दे रही है।

[CTET DECEMBER –2019]

1. ज्ञान-विज्ञान को बहुत अधिक महत्त्व देने के कारण:

(1) समाज में विभाजन हो रहा है।
(2) व्यक्ति सृजन की राह पर है।
(3) व्यक्ति विध्वंस की राह पर नहीं है।
(4) समाज उन्नति कर रहा है।

उत्तर - (1) समाज में विभाजन हो रहा है।

व्याख्या- उपर्युक्त गद्यांश के अनुसार ज्ञान-विज्ञान को बहुत अधिक महत्त्व देने के कारण समाज में विभाजन हो रहा है।

2. किशोरावस्था तार्किकता की प्रधानता और भाव के अभाव में......... का रास्ता अपना रही है।

(1) ज्ञान (2) प्रगति
(3) कर्म (4) पतन

उत्तर - (क) पतन

व्याख्या- उपर्युक्त गद्यांश के अनुसार किशोरावस्था तार्किकता की प्रधानता और भाव के अभाव में पतन का रास्ता अपना रही है।

3. इनमें से कौन-सा शब्द समूह से भिन्न है?

(1) स्वाभाविक (2) साहित्यिक
(3) अभिव्यक्ति (4) तार्किक

उत्तर – (3) अभिव्यक्ति

व्याख्या- उपर्युक्त प्रश्न के अन्य सभी विकल्पों में 'इक' प्रत्यय का प्रयोग हुआ जबकि अभिव्यक्ति शब्द में इक प्रत्यय का प्रयोग न होकर 'अभि' उपसर्ग का प्रयोग किया गया है।

'अभि' उपसर्ग से निर्मित अन्य शब्द

अभि + ज्ञान = अभिज्ञान अभि + शाप = अभिशाप
अभि + कर्ता = अभिकर्ता अभि + नेता= अभिनेता

4. 'आज की तालीम भी इसी दौड़ में साथ दे रही है।' वाक्य में निपात है।

(1) भी (2) इसी
(3) में (4) आज

उत्तर – (1) भी

व्याख्या -

निपात- मूलतः निपात का प्रयोग अव्ययों के लिए होता है। इनका कोई लिंग, वचन नहीं होता। निपातों का प्रयोग निश्चित शब्द या पूरे वाक्य को श्रव्य भावार्थ प्रदान करने के लिए होता है। निपात सहायक शब्द होते हुए भी वाक्य के अंग नहीं होते। निपात का कार्य शब्द समूह को बल प्रदान करना भी है। जैसे- तो, ही, तक, भर इत्यादि।

5. 'विकसित' शब्द में प्रत्यय है।

(1) इत (2) त
(3) सत (4) सित

उत्तर – (1) इत

व्याख्या-

'इत' प्रत्यय से निर्मित अन्य शब्द

शिक्षा + इत = शिक्षित द्रव + इत = द्रवित

पीड़ा + इत = पीड़ित आधार + इत = आधारित

6. अनुच्छेद के आधार पर कहा जा सकता है कि आधुनिक शिक्षा का नतीजा:

(1) दुःखद है (2) औसत है
(3) पता नहीं (4) सुखद है

उत्तर – (1) दुःखद है

व्याख्या- उपर्युक्त गद्यांश के आधार पर कहा जा सकता है कि आधुनिक शिक्षा का नतीजा दुःखद है।

7. आधुनिक शिक्षा में किस विषय को सबसे अधिक महत्त्व दिया जाता है?

(1) भाषा को (2) विज्ञान को
(3) इतिहास को (4) कला को

उत्तर – (2) विज्ञान को

व्याख्या- उपर्युक्त गद्यांश के अनुसार आधुनिक शिक्षा में विज्ञान को सबसे अधिक महत्त्व दिया गया है।

8. अनुच्छेद के आधार पर हमें किस पर सर्वाधिक ध्यान देने की जरूरत है?

(1) कला प्रवृत्ति पर (2) किशोरावस्था पर
(3) बाल्यावस्था पर (4) विज्ञान पर

उत्तर – (1) कला प्रवृत्ति पर

व्याख्या- उपर्युक्त गद्यांश के अनुसार सर्वाधिक ध्यान कला प्रवृत्ति पर देने की जरूरत है।

9. अनुच्छेद के अनुसार गणित, भूगोल, इतिहास आदि विषय:

(1) भाव प्रधान है (2) कला प्रधान है
(3) बोध प्रधान है (4) तर्क प्रधान है

उत्तर – (4) तर्क प्रधान

व्याख्या- उपर्युक्त गद्यांश के अनुसार गणित, भूगोल, इतिहास आदि तर्क प्रधान विषय हैं।

गद्यांश-2

नीचे दिए गए गद्यांश को पढ़कर पूछे गए प्रश्नों के सबसे उपयुक्त उत्तर वाले विकल्प को चुनिए:

हम श्वास द्वारा ऑक्सीजन ग्रहण करते और कार्बन डाइ-ऑक्सइड छोड़ते है। ऐसा ही अधिकतर जानवरों, चिड़ियों, रेंगने वाले जंतुओं, कीड़े-मकोड़ों के द्वारा भी किया जाता है। दूसरी ओर सभी प्रकार की वनस्पतियाँ कार्बन डाइ-ऑक्सइड ग्रहण करती और ऑक्सीजन छोड़ती हैं। यदि हवा में लंबे समय तक ऑक्सीजन और कार्बन डाई-ऑक्सइड का अनुपात एक जैसा रहे तब उसका अर्थ होगा कि पौधों और प्राणियों का जीवन एक-दूसरे के अस्तित्व के मामलें में समान स्तर पर आ जायेगा। लेकिन यदि हम कार्बन डाई-ऑक्सइड का अनुपात वातावरण में बढ़ा दे तब प्रकृति के द्वारा लाखों सालों से बनाकर रखा गया संतुलन बदल जायेगा।

वातावरण और वनस्पतियाँ कार्बन डाइ-ऑक्सइड का लगातार विनिमय करती रहती हैं। वातावरण से वह वनस्पतियों में जाती हैं। जब वनस्पतियाँ सड़ने लगती हैं तब उनमें से कार्बन डाइ-ऑक्सइड निकलकर पुनः वातावरण में समा जाती है वनस्पतियाँ इस प्रकार कार्बन डाइ-ऑक्सइड बसंत और ग्रीष्म ऋतु में ग्रहण करती हैं और जब वे सर्दियों में नष्ट होने लगती हैं तब उसे छोड़ती हैं। इस प्रकार वातावरण में मौजूद कार्बन डाइ-ऑक्सइड की मात्रा में मौसम दर मौसम फर्क होता है।

[CTET DECEMBER 2019]

1. 'वातावरण' का विग्रह और समास होगा:

(1) वात का आवरण - तत्पुरुष
(2) वात का बना ऐसा आवरण - बहुव्रीहि
(3) वातावरण रूपी वात - कर्मधारय
(4) वात और आवरण - द्वंद्व

उत्तर – (1) वात का आवरण - तत्पुरुष

व्याख्या- जिस समासिक पद का उत्तर पद प्रधान होता है तथा पूर्व पद के साथ लगे कारक चिह्नों का लोप हो जाता है उसे तत्पुरुष समास कहते हैं।

तत्पुरुष समास के उदाहरण

समस्त पद - विग्रह

दानपात्र - दान के लिए पात्र

ग्रामगत - ग्राम को गया हुआ

चिड़ीमार - चिड़ियों को मारने वाला

रेखांकित - रेखा द्वारा अंकित

2. 'श्वास' और 'ऑक्सीजन' शब्द है:

(1) तद्भव देशज (2) देशज आगत
(3) तत्सम आगत (4) तत्सम तद्भव

उत्तर – (3) तत्सम आगत

व्याख्या-

(i) तत्सम- संस्कृत के शब्दों को 'तत्सम' कहा जाता है, ये शब्द बिना किसी परिवर्तन के हिंदी में प्रयोग होते हैं। जैसे- आम्र, दुग्ध, अमृत, गोमय इत्यादि।

(iv) विदेशज- ऐसे शब्द जो विदेशी भाषाओं से निर्मित हैं 'विदेशज' या 'आगत' शब्द कहलाते हैं। जैसे- अरबी, फारसी, पुर्तगाली इत्यादि भाषाओं से निर्मित शब्द।

3. 'लंबे समय तक' पद व्याकरण की दृष्टि से है-

(1) सर्वनाम (2) विशेषण
(3) क्रिया-विशेषण (4) संज्ञा

उत्तर – (3) क्रिया-विशेषण

व्याख्या- वे शब्द जो क्रिया की विशेषता बतलाते हैं 'क्रिया विशेषण' कहलाते हैं। जैसे- तेज, धीर-धीरे इत्यादि।

4. गद्यांश का मुख्य विषय है-

(1) श्वास द्वारा ऑक्सीजन ग्रहण
(2) पौधों और प्राणियों का जीवन
(3) वसंत और ग्रीष्म ऋतु में वनस्पतियाँ
(4) ऑक्सीजन और कार्बन डाइ-ऑक्सइड का संतुलन

उत्तर – (4) ऑक्सीजन और कार्बन डाइ-ऑक्सइड का संतुलन

व्याख्या- उपर्युक्त गद्यांश को मुख्य विषय 'ऑक्सीजन और कार्बन डाइ-ऑक्सइड का संतुलन' है।

5. 'विनिमय' का अर्थ है-

(1) देना-खरीदना (2) लेना-देना
(3) आना-जाना (4) लेना-पहुँचाना

उत्तर – (2) लेना-देना

व्याख्या- वस्तु विनिमय का अर्थ लेना-देना जबकि क्रय-विक्रय का अर्थ खरीदना-बेचना होता है।

6. हम साँस के साथ-

(1) ऑक्सीजन लेते और कार्बन डाइ-ऑक्सइड छोड़ते हैं।
(2) कार्बन डाइ-ऑक्सइड लेते और छोड़ते हैं
(3) कार्बन डाइ-ऑक्सइड लेते और ऑक्सीजन छोड़ते हैं।
(4) ऑक्सीजन छोड़ते हैं और ग्रहण करते हैं।

उत्तर – (1) ऑक्सीजन लेते और कार्बन डाइ-ऑक्सइड छोड़ते हैं।

व्याख्या- उपर्युक्त गद्यांश के अनुसार हम श्वास के साथ ऑक्सीजन लेते और कार्बन डाई-ऑक्सइड छोड़ते हैं।

7. ऑक्सीजन ग्रहण करने में अधिकांश जीवधारियों का स्वभाव-

(1) मानव के विपरीत है। (2) मानव की तरह है।
(3) विचित्र प्रकार का है। (4) मानव से भिन्न है।

उत्तर – (2) मानव की तरह है।

व्याख्या- उपर्युक्त गद्यांश के अनुसार ऑक्सीजन ग्रहण करने में अधिकांश जीवधारियों का स्वभाव मानव की तरह ही है।

8. वनस्पतियाँ जब सड़ने लगती हैं तो वातावरण को .... मिलती है।

(1) नाइट्रोजन (2) कार्बन डाइ-ऑक्सइड
(3) जैविक खाद (4) ऑक्सीजन

उत्तर – (2) कार्बन डाइ- ऑक्सइड

व्याख्या- उपर्युक्त गद्यांश के अनुसार जब वनस्पतियाँ सड़ने लगती हैं तब उनमें से कार्बन डाई-ऑक्सइड निकलकर पुनः वातावरण में समा जाती है।

9. पौधों और प्राणियों का जीवन एक-दूसरे के अस्तित्व के समान आ जाएगा, जब हवा में लंबे समय तक.................

(1) कार्बन डाई-ऑक्सइड मिलना बदं हो जाए।
(2) कार्बन डाई-ऑक्सइड और ऑक्सीजन का अनुपात समान रहे।
(3) वनस्पतियाँ कार्बन डाई-ऑक्सइड का विनिमय करती रहें।
(4) सूर्य का प्रकाश मिलता रहे

उत्तर – (2)कार्बन डाई-ऑक्सइड और ऑक्सीजन का अनुपात समान रहे।

व्याख्या- उपर्युक्त गद्यांश के अनुसार यदि हवा में लंबे समय तक ऑक्सीजन और कार्बन डाई-ऑक्सइड का अनुपात एक जैसा रहे तब उसका अर्थ होगा कि पौधों और प्राणियों का जीवन एक-दूसरे के अस्तित्व के मामलें में समान स्तर पर आ जायेगा।

गद्यांश-3

निर्देश (1-9) निम्नलिखित गद्यांश को पढ़कर पूछे गए प्रश्नों के सही/सबसे उपयुक्त उत्तर वाले विकल्प को चुनिए।

डार्विन का कहना था कि जीवन एक लगातार संघर्ष है- इस महाभारत में वही बचेगा, जो बुद्धि और शरीर से सबसे अधिक सबल और सक्षम होगा: कमजोर धीरे-धीरे नस्तनाबूत हो जाएँगे। वैज्ञानिक दृष्टिकोण की यह आधार-मान्यता इस ईसाई विश्वास के विरूद्ध पड़ती है कि अन्त में विनम्र और विनयशील ही बचेंगे: जबर आपस में लड़-भिड़कर समाप्त हो जाएँगे। मार्क्स ने भी जीवन को अमीर-गरीब के बीच संघर्ष के रूप में ही देखा। वैज्ञानिक प्रगति की धारणा मूलतः यह मानकर चलती है कि सम्पूर्ण पृथ्वी आदमी के हाथों में सौंप दिया गया एक ऐसा अकूत खजानों का हिस्सा है। उसका एकछत्र मालिक नहीं, यह 'विवेक' एक-दूसरे तरह की 'अनुभूति' देता है। न केवल भारतीय बल्कि सम्पूर्ण पूर्वीय विचारधारा में यह बोध व्यास दिखता है कि प्रकृति केवल भक्षक नहीं, रक्षक भी है। वह पोषक है; मनुष्य से कहीं ज्यादा निरीह और कोमल प्राणियों की पालक। यह दम्भ कि मनुष्य ही सर्वश्रेष्ठ प्राणी है, आत्मघाती है। पिछले दो महायुद्धों में जो नस्तनाबूत हुआ वह मनुष्य का यह मिथ्या दम्भ कि सर्वश्रेष्ठ होने का यह उन्माद आगे बढ़ता जाए तो किस सीमा तक पहुँच सकता है।

[CTET AUGUST 2023]

1. 'नस्तनाबूत' शब्द किस भाषा का है?

(1) हिंदी (2) संस्कृत
(3) फारसी (4) अंग्रेजी

उत्तर – (3) फारसी

व्याख्या- विदेशज- ऐसे शब्द जो विदेशी भाषाओं से निर्मित हैं 'विदेशज' या 'आगत' शब्द कहलाते हैं। जैसे- अरबी, फारसी, पुर्तगाली इत्यादि भाषाओं से निर्मित शब्द।

2. 'अमीर-गरीब' में कौन-सा समास है?

(1) कर्मधारय (2) द्वंद्व
(3) बहुव्रीहि (4) तत्पुरुष

उत्तर – (2) द्वन्द्व

व्याख्या- जिस समास के दोनों पद प्रधान हों और विग्रह करने पर योजक चिह्न (-) के स्थान पर और, तथा, या, व जैसे शब्दों का प्रयोग हो 'द्वंद्व समास' कहलाता है।

समस्त पद - विग्रह

रुपया-पैसा - रुपया या पैसा

अच्छा-बुरा - अच्छा या बुरा

सत्यासत्य - सत्य या असत्य

खराखोटा - खरा या खोटा

3. 'अकूत खजाना' वाक्यांश में 'अकूत' शब्द है-

(1) संज्ञा (2) सर्वनाम
(3) विशेषण (4) क्रिया

उत्तर – (3) विशेषण

व्याख्या-

विशेषण- वह विकारी शब्द जिसके द्वारा संज्ञा या सर्वनाम की विशेषता बताई जाती है, उसे 'विशेषण' कहते हैं। जैसे- अकूत खजाना।

विशेष्य- जिन शब्दों की विशेषता बताई जाती है, उन्हें 'विशेष्य' कहते हैं। जैसे- अकूत खजाना।

4. 'निरीह' का पर्याय है-

(1) चालाक (2) चापलूस
(3) मजबूत (4) बेचारा

उत्तर – (4) बेचारा

व्याख्या- 'निरीह' के अन्य पर्यायवाची शब्द-उदासीन, चेष्टारहित, शान्तिप्रिय इत्यादि।

5. डार्विन का विचार है कि जीवन एक लगातार संघर्ष है-

(1) बुद्धि और शरीर के बीच
(2) जीव और प्रकृति के बीच
(3) अमीर और गरीब के बीच
(4) विनम्र और जबर के बीच

उत्तर – (2) जीव और प्रकृति के बीच

व्याख्या- उपर्युक्त गद्यांश के अनुसार डार्विन का विचार है कि जीवन 'जीव और प्रकृति' के बीच एक लगातार संघर्ष है।

6. डार्विन का विचार ईसाई मत के-

(1) विरूद्ध है
(2) पक्ष में है
(3) न पक्ष में है, न विरूद्ध है
(4) समतुल्य है

उत्तर – (1) विरूद्ध है,

व्याख्या- उपर्युक्त गद्यांश के अनुसार डार्विन का मत ईसाई मत के विरूद्ध है।

7. वैज्ञानिक प्रगति की धारणा में प्रकृति, मनुष्य के लिए -

(1) अकूत खजाना है
(2) एकाधिकार पूर्ण अकूत खजाना है
(3) वह इस खजाने का हिस्सा है
(4) उसका एकछत्र मालिक नहीं है

उत्तर – (2) एकाधिकार पूर्ण अकूत खजाना है

व्याख्या- प्रस्तुत गद्यांश के अनुसार वैज्ञानिक प्रगति की धारणा मूलतः यह मानकर चलती है कि सम्पूर्ण पृथ्वी आदमी के हाथों में सौंप दिया गया एक ऐसा अकूत खजानों का हिस्सा है अर्थात् विकल्प (2) सही है।

8. भारतीय विचारधारा में प्रकृति संबंधी कौन-सी धारणा सही नहीं है?

(1) वह केवल भक्षक नहीं रक्षक भी है
(2) वह विरूद्ध नहीं साथ भी है
(3) वह मनुष्य के साथ-साथ निरीह प्राणियों की पोषक है
(4) वह मनुष्य से सतत् संघर्षरत है

उत्तर – (4) वह मनुष्य से सतत् संघर्षरत है

व्याख्या- उपर्युक्त गद्यांश के अनुसार 'वह मनुष्य से सतत् संघर्षरत है' विकल्प ठीक नहीं है।

9. मनुष्य के सर्वश्रेष्ठ प्राणी होने के दम्भ ने

(1) उसके आत्मविश्वास को बढ़ाया है।
(2) प्रकृति पर आधारित जमाया है
(3) दो महायुद्धों के लिए उसे उत्तरदायी बनाया है
(4) उसे सर्वश्रेष्ठ बनाया है

उत्तर – (3) दो महायुद्धों के लिए उसे उत्तरदायी बनाया है

व्याख्या- यह दम्भ कि मनुष्य ही सर्वश्रेष्ठ प्राणी है, आत्मघाती है। पिछले दो महायुद्धों में जो नस्तनाबूत हुआ वह मनुष्य का यह मिथ्या दम्भ ही है।

गद्यांश-4

निर्देश: निम्नलिखित गद्यांश को पढ़कर पूछे गए प्रश्नों के सही/सबसे उपयुक्त उत्तर वाले विकल्प को चुनिए।

जिस विद्यार्थी ने समय की कीमत जान ली, वह सफलता को अवश्य प्राप्त करता है। प्रत्येक विद्यार्थी को अपनी दिनचर्या की समय-सारणी अथवा तालिका बनाकर उसका पूरी दृढ़ता से पालन करना चाहिए। जिस विद्यार्थी ने समय का सही उपयोग करना सीख लिया उसके लिए कोई भी काम करना असंभव नहीं है। कुछ लोग ऐसे भी हैं जो कोई काम पूरा न होने पर समय की दुहाई देते हैं। वास्तव में सच्चाई इसके विपरीत होती है। अपनी अकर्मण्यता और आलस को वे समय की कमी के बहाने छिपाते हैं। कुछ लोगों को अकर्मण्य रह कर निठल्ले समय बिताना अच्छा लगता है। ऐसे लोग केवल बातूनी होते हैं। दुनिया के सफलतम व्यक्तियों ने सदैव कार्यव्यस्तता जीवन बिताया है। दुनिया में अथवा प्रकृति में हर वस्तु का समय निश्चित है। समय बीत जाने के बाद कार्य फलप्रद नहीं होता।

[CTET AUGUST 2023]

1. विद्यार्थी को सफलता प्राप्त करने के लिए आवश्यक है।

(1) समय की दुहाई देना
(2) समय की कीमत समझना
(3) समय बर्बाद करना
(4) समय के अनुसार काम न करना

उत्तर – (2) समय की कीमत समझना

व्याख्या- उपर्युक्त गद्यांश के अनुसार जिस विद्यार्थी ने समय की कीमत जान ली, वह सफलता को अवश्य प्राप्त करता है।

2. दुनिया के सफलतम व्यक्तियों की सफलता का रहस्य क्या है?

(1) समय का दुरुपयोग
(2) समय को बर्बाद करना
(3) समय का सदुपयोग
(4) सही समय पर आराम करते रहना

उत्तर – (3) समय का सदुपयोग

व्याख्या- उपर्युक्त गद्यांश के अनुसार दुनिया के सफलतम व्यक्तियों ने सदैव कार्यव्यस्तता जीवन बिताया है। उन्होंने समय को कभी बर्बाद नहीं किया सदैव समय का सदुपयोग किया है।

3. कुछ लोग समय की कमी के बहाने क्या छिपाते है?

(1) अपनी अकर्मण्यता व आलस
(2) अपना निठल्लापन
(3) अपनी कमियाँ
(4) अपना बातूनीपन

उत्तर – (1) अपनी अकर्मण्यता व आलस

व्याख्या- उपर्युक्त गद्यांश के अनुसार कुछ लोग ऐसे भी हैं जो कोई काम पूरा न होने पर समय की दुहाई देते हैं। वास्तव में सच्चाई इसके विपरीत होती है। अपनी अकर्मण्यता और आलस को वे समय की कमी के बहाने छिपाते हैं।

4. कार्य किस स्थिति में फलप्रद नहीं होता?

(1) समय न आने पर (2) समय कम होने पर
(3) समय बीत जाने पर (4) समय अधिक हाने पर

उत्तर – (3) समय बीत जाने पर

व्याख्या- उपर्युक्त गद्यांश के अनुसार दुनिया में अथवा प्रकृति में हर वस्तु का समय निश्चित है। समय बीत जाने के बाद कार्य फलप्रद नहीं होता।

5. विद्यार्थी को सफलता प्राप्त करने के लिए क्या करना चाहिए?

(1) समय-सारणी का पालन
(2) समय का दुरुपयोग
(3) अकर्मण्यता का पालन
(4) दृढ़ता का पालन

उत्तर – (1) समय-सारणी का पालन

व्याख्या- उपर्युक्त गद्यांश के अनुसार प्रत्येक विद्यार्थी को अपनी दिनचर्या की समय-सारणी अथवा तालिका बनाकर उसका पूरी दृढ़ता से पालन करना चाहिए। जिस विद्यार्थी ने समय का सही उपयोग करना सीख लिया उसके लिए कोई भी काम करना असंभव नहीं है।

6. "अकर्मण्यता'' शब्द में मूल शब्द एवं उपसर्ग होगा।

(1) अकर्मण्य + ता (2) अ + कर्मण्यता
(3) अक् + कर्मण्यता (4) अकर्म + अण्यता

उत्तर – (2) अ + कर्मण्यता

व्याख्या- अकर्मण्यता शब्द में उपसर्ग 'अ' तथा मूल शब्द 'कर्मण्यता' होगा।

उपसर्ग- 'उपसर्ग' वे शब्दांश होते हैं जो किसी शब्द के पहले आकर उसका विशेष अर्थ प्रकट करते हैं। जैसे- अगाध, अजान इत्यादि।

7. "सदुपयोग'' का सही सन्धि-विच्छेद होगा।

(1) सद + उपयोग (2) सदु + उपयोग
(3) सत् + उपयोग (4) सदा + उपयाग

उत्तर – (3) सत् + उपयोग

व्याख्या- व्यंजन के साथ किसी स्वर अथवा व्यंजन का मेल होने से व्यंजन में जो परिवर्तन होता है उसे 'व्यंजन सन्धि' कहते हैं।

जगत् + अंबा = जगदंबा अहम् + कार = अहंकार

भूष् + अन = भूषण वाक् + मय = वाङ्मय

8. "दृढ़ता'' का समानार्थी शब्द नहीं है।

(1) अटल (2) स्थायित्व
(3) अडिग (4) अस्थिरता

उत्तर – (4) अस्थिरता

व्याख्या- दृढ़ता के समानार्थी शब्द-स्थिरता, अटल, अडिग इत्यादि।

9. सही शब्द होगा।

(1) प्रक्रति (2) प्रकृति
(3) प्रर्कति (4) प्रकृती

उत्तर – (2) प्रकृति

व्याख्या- वर्तनी की दृष्टि से प्रकृति शब्द शुद्ध है अतः (2) विकल्प सही है।

गद्यांश-5

निर्देश (1-9): निम्नलिखित गद्यांश को पढ़कर पूछे गए प्रश्नों के सही/सबसे उपयुक्त उत्तर वाले विकल्प को चुनिए।

"साहित्य का आधार जीवन है। इसी आधार पर साहित्य की दीवार खड़ी होती है। उसकी अटारियाँ, मीनार और गुम्बद बनते हैं। लेकिन बुनियाद मिट्टी के नीचे दबी पड़ी है। जीवन परमात्मा की सृष्टि है। इसलिए सुबोध है, सुगम है और मर्यादाओं से परिमित है। जीवन परमात्मा को अपने कामों का जवाबदेह है या नहीं, हमें मालूम नहीं, लेकिन साहित्य मनुष्य के सामने जवाबदेह है। इसके लिए कानून हैं, जिनसे वह इधर-उधर नहीं जा सकता। मनुष्य जीवनपर्यंत आनन्द की खोज में लगा रहता है। किसी को यह रत्न, द्रव्य में मिलता है, किसी को भरे पूरे परिवार में, किसी को लंबे-चैडे भवन में, किसी को ऐश्वर्य में लेकिन साहित्य का आनन्द इस आनन्द से ऊँचा है। उसका आधार सुन्दर और सत्य है। वास्तव में सच्चा आनन्द सुन्दर और सत्य से मिलता है, उसी आनन्द को दर्शाना, वही आनन्द उत्पन्न करना साहित्य का उद्देश्य है।''

[CTET AUGUST 2023]

1. प्रस्तुत गद्यांश के अनुसार साहित्य और जीवन में गहरा संबंध है क्योंकि

(1) जीवन का मुख्य आधार प्रसन्नता है जो साहित्य देता है।
(2) साहित्य जीवन की सृष्टि है।
(3) साहित्य का आधार जीवन है।
(4) साहित्य जीवन को दृढ़ता देता है।

उत्तर – (3) साहित्य का आधार जीवन है।

व्याख्या- उपर्युक्त गद्यांश के अनुसार साहित्य और जीवन मे गहरा संबंध है क्योंकि साहित्य का आधार जीवन है इसी आधार पर साहित्य की दीवार खड़ी होती है।

2. मनुष्य किसकी खोज में जीवन भर लगा रहता है?

(1) परमात्मा की (2) आनंद की
(3) साहित्य की (4) रत्न द्रव्य की

उत्तर – (2)आनंद की

व्याख्या - उपर्युक्त गद्यांश के अनुसार मनुष्य जीवनपर्यन्त आनन्द की खोज में लगा रहता है। किसी को यह रत्न, द्रव्य में मिलता है, किसी को भरे पूरे परिवार में, किसी को लंबे-चैड़े भवन में, किसी को ऐश्वर्य में मिलता है।

3. साहित्य का प्रमुख उद्देश्य है-

(1) ऐश्वर्य उतपन्न करना (2) सृष्टि उत्पन्न करना
(3) जीवन उत्पन्न करना (4) आनन्द उत्पन्न करना

उत्तर – (4) आनन्द उत्पन्न करना

व्याख्या- उपर्युक्त गद्यांश के अनुसार वास्तव में सच्चा आनन्द सुन्दर और सत्य से मिलता है, उसी आनन्द को दर्शाना, वही आनन्द उत्पन्न करना साहित्य का उद्देश्य है।

4. वास्तव में 'सच्चा आनन्द' मिलता है-

(1) साहित्य व जीवन में (2) भरे-पूरे परिवार से
(3) सुन्दर व सत्य से (4) लंबे-चैड़े भवन से

उत्तर – (3) सुन्दर व सत्य से

व्याख्या- उपर्युक्त गद्यांश के अनुसार वास्तव में सच्चा आनन्द सुन्दर और सत्य से मिलता है, उसी आनन्द को दर्शाना, वही आनन्द उत्पन्न करना साहित्य का उद्देश्य है।

5. साहित्य के आनन्द का आधार है-

(1) सुंदर और सत्य को पाना (2) जीवन
(3) ऐवश्र्य पाना (4) परमात्मा

उत्तर – (1) सुंदर और सत्य को पाना

व्याख्या- साहित्य का आनन्द इस आनन्द से ऊँचा है। साहित्य के आनन्द का आधार सुन्दर और सत्य है। वास्तव में सच्चा आनन्द, सुन्दर और सत्य से मिलता है।

6. परिमिति का अर्थ है-

(1) सीमित (2) दबा हुआ
(3) विस्तृत (4) फँसा हुआ

उत्तर – (1) सीमित

व्याख्या- परिमिति का अर्थ सीमित, सीमा, मर्यादा इत्यादि होता है।

7. आनन्द का समानार्थी शब्द होगा-

(1) जीवन (2) खुशी
(3) साहित्य (4) परमात्मा

उत्तर – (2) खुशी

व्याख्या- 'आनन्द' के अन्य पर्यायवाची शब्द-हर्ष, उल्लास, प्रसन्नता इत्यादि।

8. सुबोध का विलोम शब्द होगा-

(1) निर्बोध (2) दुर्बोध

(3) कुबोध (4) विचलित

उत्तर – (2) दुर्बोध

व्याख्या-

सुबोध- जिसे सरलता से जाना जा सके।

दुर्बोध- जिसे सरलता से न जाना जा सके।

9. "लंबे-चौड़े भवन में'' वाक्य में लंबे-चौड़े व्याकरण की दृष्टि से क्या है?

(1) क्रिया-विशेषण (2) संज्ञा
(3) क्रिया (4) विशेषण

उत्तर – (4) विशेषण

व्याख्या-

विशेषण- वह विकारी शब्द जिसके द्वारा संज्ञा या सर्वनाम की विशेषता बताई जाती है, उसे 'विशेषण' कहते हैं। जैसे- लंबा, चैड़ा, खट्टा, मीठा इत्यादि।

काव्यांश

काव्यांश-1

निम्नलिखित काव्यांश को पढ़कर पूछे गए प्रश्नों के सबसे उपयुक्त उत्तर वाले विकल्प चुनिए।

साकार, दिव्य गौरव विराट!
पौरुष के पुंजीभूत ज्वाल!
मेरी जननी के हिमकिरीट!
मेरे भारत के दिव्य भाल!
मेरे नगपति! मेरे विशाल!
युग-युग अजेय, निर्बंध, मुक्त,
युग-युग गर्वोन्नत नित महान,
निस्सीम व्योम में तान रहे,
युग से किस महिमा का वितान?
कैसी अखंड यह चिर समाधि?
यतिवर! कैसा यह अमर ध्यान?
तू महाशून्य में खोज रहा
किस जटिल समस्या का निदान?
उलझन का कैसा विषम-जाल
मेरे नगपति! मेरे विशाल!

[CTET DECEMBER 3019]

1. 'नगपति' का विग्रह और समास होगा-

(1) नगों (पर्वतों) का पति है जो - कर्मधारय
(2) नगों (पर्वतों) का पति - तत्पुरुष
(3) नगों का पति है जो ऐसा - बहुव्रीहि
(4) रत्नों (नग) का पति - तत्पुरुष

उत्तर – (2) नगों (पर्वतों) का पति - तत्पुरुष

व्याख्या- जिस समासिक पद का उत्तर पद प्रधान होता है तथा पूर्व पद के साथ लगे कारक चिह्नों का लोप हो जाता है उसे तत्पुरुष समास कहते हैं।

समस्त पद - विग्रह

तुलसीकृत - तुलसी द्वारा कृत

मालगाड़ी - माल के लिए गाड़ी

ऋणयुक्त - ऋण से युक्त

धनहीन - धन से हीन

2. किस पंक्ति में कहा गया है कि हिमालय शक्ति की ज्वालाओं का ढेर है?

(1) मेरे भारत के दिव्य भाल
(2) पौरुष के पुंजीभूत ज्वाल
(3) साकार, दिव्य गौरव विराट
(4) युग-युग अजेय, निर्बंध, मुक्त

उत्तर – (2) पौरुष के पुंजीभूत ज्वाल

व्याख्या- उपर्युक्त काव्यांश के अनुसार 'पौरुष के पुंजीभूत ज्वाल' पंक्तियों का अर्थ हिमालय शक्ति की ज्वालाओं के ढेर से है। 'पौरुष' का अर्थ है 'पुरुष की शक्ति।'

3. 'जिसे जीता न जा सके' उसके लिए कविता में कौन-सा शब्द प्रयुक्त हुआ है?

(1) अखंड (2) अमर
(3) दिव्य (4) अजेय

उत्तर – (4)अजेय

व्याख्या-

अखंड- जिसके खंड न हो सके।

अमर- जिसकी मृत्यु न हो।

दिव्य- देवताओं से संबंधित

अजेय- जिसे जीता न जा सके।

4. 'निस्सीम' शब्द में कौन-सी सन्धि है?

(1) व्यंजन (2) विसर्ग
(3) दीर्घ (4) स्वर

उत्तर – (2) विसर्ग

व्याख्या-

परिभाषा- यदि विसर्ग का मेल स्वर या व्यंजन वर्णों के साथ होता है तो विसर्ग में जो परिवर्तन होता है उसे 'विसर्ग सन्धि' कहते हैं।

विसर्ग सन्धि से संबंधित अन्य उदाहरण

निः + सार = निःसार (निस्सार)

दुः + शासन = दुःशासन (दुश्शासन)

निः + संतान = निःसंतान (निस्संतान)

निः + संकोच = निःसंकोच (निस्संकोच)

5. हिमालय को 'यतिवर'। कहकर संबोधित किया गया है, क्योंकि वह

(1) पर्वतों का स्वामी है।
(2) समाधि में लीन है।
(3) समस्या का हल ढूँढ रहा है।
(4) भारत का प्रहरी है।

उत्तर – (2) समाधि में लीन है।

व्याख्या- उपर्युक्त काव्यांश की पंक्ति यतिवर! कैसा यह अमर ध्यान? में 'यतिवर' शब्द का अर्थ समाधि में लीन से है।

6. 'हिमकिरीट' का आशय है

(1) बर्फ का मुकुट (2) चाँदी का मुकुट
(3) स्वर्णिम मुकुट (4) ठंडा मुकुट

उत्तर – (1) बर्फ का मुकुट

व्याख्या- उपर्युक्त काव्यांश की पंक्ति मेरी जननी के हिमकिरीट! में 'हिमकिरीट' का आशय बर्फ के मुकुट से है।

काव्यांश-2

निम्नलिखित काव्यांश को पढ़कर पूछे गए प्रश्नों के सबसे उपयुक्त उत्तर वाले विकल्प चुनिए।

वह आता-
दो टूक कलेजे के करता पछताता पथ पर आता।
पेट-पीठ दोनों मिलकर हैं एक,
चल रहा लकुटिया टेक,
मुट्ठी-भर दाने को - भूख मिटाने को
मुँह फटी पुरानी झोली को फैलाता-
दो टूक कलेजे के करता पछताता पथ पर आता।

[CTET DECEMBER 2019]

1. 'कलेजे के दो टूक करना' का आशय है'-

(1) मन को कष्ट पहुँचाना।
(2) दिल की चीर-फाड़ करना।
(3) कठिनाई पैदा करना।
(4) टुकड़े-टुकड़े करना।

उत्तर – (1) मन को कष्ट पहुँचाना।

व्याख्या- उपर्युक्त काव्यांश की पंक्ति 'दो टूक कलेजे के करता पछताता पथ पर आता।' में कलेजे के दो टूक करना का आशय मन को कष्ट पहुँचाना है।

2. भिखारी अपनी झोली क्यों फैलाता है?

(1) झोली में कुछ छिपाना चाहता है
(2) मुट्ठी-भर अनाज दिखाना चाहता है।
(3) अपनी गरीबी के बारे में बताना चाहता है।
(4) भूख मिटाने के लिए कुछ अन्न चाहता है।

उत्तर – (4) भूख मिटाने के लिए कुछ अन्न चाहता है।

व्याख्या- उपर्युक्त काव्यांश की पंक्ति 'मुँह फटी पुरानी झोली को फैलाता-' में झोली फैलाने का अर्थ भूख मिटाने के लिए कुछ अन्न चाहने से है।

3. 'मुँह' शब्द में प्रयुक्त चंद्रबिन्दु है-

(1) अनुनासिक (2) नासिक्य
(3) शिरोरेखा (4) अनुस्वार

उत्तर – (1)अनुनासिक

व्याख्या- अनुस्वार (ं)- इसका उच्चारण नाक से होता है।

अनुनासिक (ँ)- इसका उच्चारण नाक और मुँह दोनों से होता है।

4. काव्यांश से हमारे मन में उठने वाला मुख्य भाव है-

(1) हास्य (2) करुणा
(3) वीरता (4) शृंगार

उत्तर – (2) करुणा

व्याख्या- करुणा शब्द का सामान्य आशय दया या रहम से लिया जाता है।

5. 'वह आता' में 'वह' सर्वनाम किसका द्योतक हो सकता है?

(1) अतिथि (2) भिक्षुक
(3) विकलांग (4) गाँधीजी

उत्तर – (2) भिक्षुक

व्याख्या- सर्वनाम- वे शब्द जो संज्ञा के स्थान पर प्रयोग किये जाते हैं सर्वनाम कहलाते हैं जैसे - यह, वह, ये, वे इत्यादि।

6. 'पेट-पीठ दोनों मिलकर है एक' इसका कारण क्या हो सकता है?

(1) झुककर चलना
(2) कुछ भी भोजन न करना
(3) भीख माँगने का नाटक करना।
(4) सिकुड़कर बैठना।

उत्तर – (2) कुछ भी भोजन न करना

व्याख्या- उपर्युक्त काव्यांश की पंक्ति 'पेट-पीठ दोनों मिलकर है एक' का आशय कुछ भी भोजन न करने से है।

काव्यांश-3

निर्देश (1-6): निम्नलिखित काव्यांश को पढ़कर पूछे गए प्रश्नों के सही/सबसे उपयुक्त उत्तर वाले विकल्प को चुनिए-

इतना डर है बिखरा हुआ कि
मन में आता है
तुम्हें बीज के अंतर्मन में
छिपे अंकुर सा
अपने भीतर ही पालूँ
तब तक
जब तक कि तुम पूर्ण पेड़ न हो जाओ
पर फिर लगता है कि
क्या तब तुम
झेल सकोगी
धूप के ताए
हवा के थपेड़े
बिजी के गर्जन-तर्जन को
क्या जमा सकोगी अपने पाँव
पृथ्वी पर मजबूती से ....
डर-डर कर भी
बिटिया
इतना तो जान चुकी हूँ
अपने दम पर कि
तुझे बीज की तरह
उगना पड़ेगा
अपने बूते ही

[CTET AUGUST 2023]

1. अपने हिस्से की धूप, हवा और नमी पर हक जमाने 'अंतर्मन' में कौन-सी संधि है?

(1) स्वर (2) व्यंजन
(3) यण् (4) विसर्ग

उत्तर – (4) विसर्ग

व्याख्या- यदि विसर्ग का मेल स्वर या व्यंजन वर्णों के साथ होता है तो विसर्ग में जो परिवर्तन होता है उसे 'विसर्ग सन्धि' कहते हैं।

मनः + बल = मनोबल निः + रोग = नीरोग

निः + रज = नीरज अन्तः+ मन = अंर्तमन

2. 'गर्जन-तर्जन' में कौन-सा समास है?

(1) द्वन्द्व (2) तत्पुरुष
(3) बहुव्रीहि (4) कर्मधारय

उत्तर – (1) द्वन्द्व

व्याख्या- जिस समास के दोनों पद प्रधान हों और विग्रह करने पर योजक चिह्न (-) के स्थान पर और, तथा, या, व जैसे शब्दों का प्रयोग हो 'द्वंद्व समास' कहलाता है।

समस्त पद - विग्रह

अपना और पराया - अपना-पराया

अन्न और जल - अन्न-जल

3. धूप, हवा और नमी प्रतीक है-

(1) आँधी-तूफान की
(2) जीवन की मूलभूत आवश्यकताओं की
(3) नर्षा-नाढ़ की
(4) प्राकृतिक आपदाओं की

उत्तर – (2) जीवन की मूलभूत आवश्यकताओं की

व्याख्या- उपर्युक्त काव्य पंक्तियों में 'धूप, हवा और नमी' से आशय जीवन की मूलभूत आवश्यकताओं से है।

4. कविता में 'बीज' प्रतीक है-

(1) संघर्ष का
(2) साहस का
(3) स्त्री की अदम्य जिजीविषा और उत्पादकता का

(4) डर का

उत्तर – (3) स्त्री की अदम्य जिजीविषा और उत्पादकता का

व्याख्या- उपर्युक्त काव्यांश में 'बीज' से आशय स्त्री की अदम्य जिजीविषा और उत्पादकता से है।

5. **'जब तक कि तुम पेड़ न हो जाओ' पंक्ति में 'पेड़ हो जाना' सूचक है -**

(1) माँ का बेटी के प्रति आश्वस्ति का
(2) माँ का बेटी के प्रति उपेक्षा का
(3) माँ का बेटी के प्रति करूणा का
(4) माँ का बेटी के प्रति अधिकार का

उत्तर – (1) माँ का बेटी के प्रति आश्वस्ति का

व्याख्या- उपर्युक्त काव्यांश में दी गई काव्य पंक्ति 'जब तक की तुम पेड़ न हो जाओ' में 'पेड़ हो जाना' से आशय 'माँ का बेटी के प्रति आश्वस्ति' से है।

6. **प्रस्तुत कविता-**

(1) समाज का बेटियों के प्रति उपेक्षा की कहानी है।
(2) समाज का बेटियों के प्रति स्नेह को दर्शाता है।
(3) समाज का बेटियों के प्रति तिरस्कार की बात करती है।
(4) समाज का बेटियों के प्रति शोषण, उपेक्षा और तिरस्कार से उपजी है।

उत्तर – (4) समाज का बेटियों के प्रति शोषण, उपेक्षा और तिरस्कार से उपजी है।

व्याख्या- उपर्युक्त कविता 'समाज का बेटियों के प्रति शोषण, उपेक्षा और तिरस्कार से उपजी है।'

काव्यांश-4

निर्देश (1-6): निम्नलिखित पद्यांश को पढ़कर पूछे गए प्रश्नों के सही/सबसे उपयुक्त उत्तर वाले विकल्प को चुनिए।

छोड़ो भी, ऐसा जीवन में होता है,
जो कभी मिलता है, वही कभी छिनता है।
लेकिन इससे डरकर
संध्या के सिंदूरी प्रकाश में
मंजरित तुलसी के
नीचे दीया
जलाना थोड़े ही बंद किया जाता है।
भगवान बात सुने, न सुने
तो भी मंदिर तो मंदिर ही है,
उसमें जो रोज शाम दीया नहीं जलाता है,
वह तो घर लौटने के अपने ही मार्ग पर
अँधेरा फैलाता है।

[CTET AUGUST 2023]

1. **जीवन में प्रायः .... घटनाएँ होती ही रहती हैं। (रिक्त स्थान की पूर्ति कीजिए)**

(1) लूटने और रूठने की
(2) आने और जाने की
(3) कुछ मिलने और छिन जाने की
(4) भूलने व याद करने की

उत्तर – (3) कुछ मिलने और छिन जाने की

व्याख्या- उपर्युक्त काव्यांश की पंक्तियों 'जो कभी मिलता है, वही कभी छिनता है' से आशय है कि जीवन में कुछ मिलने और छिन जाने की घटनाएँ होती रहती हैं।

2. **'मंजरित तुलसी के नीचे दीया जलाने' का आशय है**

(1) तुलसी का हरा-भरा रखना
(2) जीवन की हर परिस्थिति में आस्था बनाए रखना
(3) दीया जलाकर पूजा करना
(4) भजन-कीर्तन करना

उत्तर – (2) जीवन की हर परिस्थिति में आस्था बनाए रखना

व्याख्या- उपर्युक्त काव्यांश की पंक्तियों 'मंजरित तुलसी के नीचे दीया जलाना थोड़े ही बंद किया जाता है' से आशय है कि मनुष्य को जीवन की हर परस्थिति में आस्था बनाए रखना चाहिए।

3. **'घर लौटने का मार्ग' कैसे मार्ग को कहा गया है?**

(1) घर जाने वाले रास्ते को
(2) घर जाने वाली गली को
(3) सुख और विश्वासपूर्ण जीवन को
(4) निराशा और हताशा को

उत्तर – (3) सुख और विश्वासपूर्ण जीवन को

व्याख्या- उपर्युक्त काव्यांश के अनुसार 'भगवान बात सुने, न सुने तो भी मंदिर तो मंदिर ही है, उसमें जो रोज शाम दीया नहीं जलाता है, वह तो घर लौटने के अपने ही मार्ग पर अँधेरा फैलाता है' में 'घर लौटने के मार्ग' से आशय 'सुख और विश्वासपूर्ण जीवन' से है।

4. **"अँधेरा फैलाता है"- का आशय है**

(1) निराशा भरा जीवन
(2) कम रोशनी वाली रात
(3) अधिक अँधेरा हो जाना
(4) अँधेरे का विस्तार होना

उत्तर – (1) निराशा भरा जीवन

व्याख्या- उपर्युक्त काव्यांश के अनुसार 'अँधेरा फैलाता' से आशय 'निराशा भरा जीवन' से है।

5. **'मंजरित' शब्द में मूल शब्द और प्रत्यय होगा-**

(1) मंजरि + त
(2) मंजर + इत
(3) मंज + रित
(4) मंजरी + इत

उत्तर – (4) मंजरी + इत

व्याख्या- प्रत्यय- 'प्रत्यय' वे शब्दांश होते है जो किसी शब्द के बाद जुड़कर विशेष अर्थ प्रकट करते हैं। जैसे- छिद् + अक = छेदक, पौ + अक = पावक।

6. **"संध्या के सिंदूरी प्रकाश में" रेखांकित वाक्य में भावाभास है**

(1) आशावादी (2) निराशावादी
(3) तुलनात्मक (4) अनास्थावादी

उत्तर – (1) आशावादी

व्याख्या- उपर्युक्त काव्यांश की पंक्तियों 'संध्या के सिंदूरी प्रकाश में' से आशय 'आशावादी' होने से है।

काव्यांश-5

निर्देश: निम्नलिखित पद्यांश को पढ़कर पूछे गए प्रश्नों के सही/सबसे उपयुक्त उत्तर वाले विकल्प को चुनिए।

ले चल नाविक मँझधार मुझे, दे दे बस अब पतवार मुझे,
इन लहरों के टकराने पर आता रह-रहकर प्यार मुझे।
मत रोक मुझे, भयभीत न कर, मैं सदा कँटीली राह चाल,
मेरे पथ के पतझारों मे ही नव-नूतन मुधमास पला।
मैं हूँ अबाध, अविराम, अथक, बंधन मुझको स्वीकार नहीं,
मैं नहीं, अरे, ऐसा राही जो बेबस सा मन मार चला।
दोनों ही ओर निमंत्रण है- इस पार मुझे, उस पार मुझे।
रंगीन विजय-सी लगती है, संघर्षों में हर-हार मुझे।।

[CTET AUGUST 2023]

1. **राही नाविक से क्या आग्रह करता है?**

(1) लहरों से बचाने के लिए ले चले
(2) बेबस-सा मन मारकर चलने दे
(3) मँझधार में ले जाकर पतवार थमा दे
(4) मन का राजा बना रहने दे

उत्तर – (3) मँझधार में ले जाकर पतवार थमा दे

व्याख्या- उपर्युक्त काव्य पंक्तियाँ 'ले चल नाविक मँझधार मुझे, दे दे बस अब पतवार मुझे' के अनुसार राही नाविक से मँझधार में ले जाकर पतवार देने की बात करता है।

2. **'रंगीन विजय-सी लगती है, संघर्षों में हर हार मुझे का आशय है।**

(1) कवि को लड़ने में सजा आता है
(2) वह विजय को रंगहीन मानता है
(3) वह हार से घबरा जाता है
(4) वह हार से घबराता नहीं है

उत्तर – (4) वह हार से घबराता नहीं है

व्याख्या- उपर्युक्त काव्य पंक्तियों 'रंगीन विजय-सी लगती है, संघर्षों में हर-हार मुझे' से आशय है कि राही हार से घबराता नहीं है।

3. **विप्लवों का सागर भी कवि को पराजित क्यों नहीं कर सकता?**

(1) वह सदैव संघर्ष करता है, कभी हार नहीं मानता
(2) उसे बंधन स्वीकार है
(3) उसे लहरों के टकराने पर क्रोध आता है
(4) वह मनमानी करना चाहता है

उत्तर – (1) वह सदैव संघर्ष करता है, कभी हार नहीं मानता

व्याख्या- उपर्युक्त काव्यांश के अनुसार विप्लवों का सागर भी कवि को इसलिए पराजित नहीं कर सकता क्योंकि कवि सदैव संघर्ष करता है और कभी हार नहीं मानता।

4. **सागर का पर्याय है।**

(1) मधुमास (2) पतवार
(3) विप्लव (4) पारावार

उत्तर – (4) पारावार

व्याख्या- 'सागर' के पर्यायवाची शब्द-जलधि, वारधि, पयोधि इत्यादि।

5. पतवार किसे कहते हैं?

(1) तलवार (2) जिससे नाव चलाई जाती है
(3) लाठी (4) जो पत्तों से बना हो।

उत्तर – (2) जिससे नाव चलाई जाती है

व्याख्या- जिससे नाव चलाई जाती है उसे पतवार कहा जाता है अतः विकल्प (2) सही होगा।

6. "अविराम'' का विलोम होगा।

(1) लगातार (2) विराम
(3) अविरत (4) अनवरत

उत्तर – (2) विराम

व्याख्या- 'अविराम' समानार्थी शब्द-सतत, लगातार, निरन्तर, अनवरत इत्यादि।

हिंदी कठिन शब्दावली

(1) **अनुभूति (Cognition/Perception):-** जानने की प्रक्रिया या अवस्था. यह हमारे विचारों, भावनाओं, और संवेदनाओं से उत्पन्न होती है।

(2) **फ्लैश कार्ड (Flashcards):-** शब्दों, संख्याओं या चित्रों वाला एक Card जिसे Teacher अपनी Class में शिक्षण में सहायता (help) लेने के लिए use करता है।

(3) **जिगसॉ (Jigsaw):-** किसी पाठ्य सामग्री (learning item) के विभिन्न हिस्सों को सुनकर या पढ़कर उनका संश्लेषण (Synthesis) करना।

(4) **कोड मिक्सिंग (Code-**Mixing):- एक ही वाक्य (Sentence) में एक से ज्यादा भाषाओं के शब्दों का प्रयोग Code Mixing (कोड मिश्रण) कहलाता है।

(5) **साक्षरता (Literacy):-** साक्षरता का मतलब है, पढ़ना, लिखना, बोलना, और प्रभावी ढंग से सुनना. यह एक आजीवन सीखने की प्रक्रिया है। साक्षरता के ज़रिए हम अपने विचारों को साफ़ तरीके से व्यक्त कर पाते हैं, दूसरों की बात सुन पाते हैं, ज्ञान हासिल कर पाते हैं, और दुनिया को समझ पाते हैं। साक्षरता विकसित करना, बच्चे की शिक्षा का अहम हिस्सा है।

(6) **प्रतिबिंबन (गहन चिंतन):-** गहन चिंतन एक ऐसी अवस्था है जिसमें लोग बिना रुके ध्यान केंद्रित कर सकते हैं और रचनात्मक तरीके से समाधान खोज सकते हैं। यह एक उच्चतर मानसिक प्रक्रिया है। गहन चिंतन की मदद से, लोग अपने दिमाग को नई संभावनाओं के लिए खोल सकते हैं और अलग-अलग दृष्टिकोणों से काम कर सकते हैं।

(7) **ट्रांसलैंग्वेजिंग (Translanguaging):-** यह बहुभाषिक्ता (Multi-lingualism) से संदर्भित है। जब एक व्यक्ति एक से अधिक भाषाओं को Use करके अपने विचारों (Views) को अभिव्यक्त (Express) करता है।

(8) **ग्राहीय शब्द भंडार (Receptive Vocabulary):-** ग्राहीय शब्द भंडार- वे शब्द होते है जिन्हें पढ़कर या सुनकर पहचान लिया जाए।

(9) **समग्र भाषा उपागम (Whole Language Approach):-** समग्र भाषा उपागम, भाषा शिक्षण का एक तरीका है जिसमें भाषा को समग्रता की दृष्टि से देखा जाता है। इस उपागम में, बच्चों के भाषायी विकास पर ज़ोर दिया जाता है और उन्हें भाषा के सभी पहलुओं को सीखने के लिए प्रोत्साहित किया जाता है। समग्र भाषा उपागम में, भाषा को टुकड़ों में नहीं बांटा जाता, बल्कि उसे एक समग्र इकाई के रूप में देखा जाता है। इस उपागम में, बच्चों को भाषा के व्याकरण के रूप-संज्ञा, सर्वनाम, विशेषण वगैरह नहीं सिखाए जाते, बल्कि उन्हें भाषा का समग्र रूप से सीखने दिया जाता है।

(10) **सजस्टोपीडिया/परामर्श कोश (Suggestopedia):-** झावोपीडिया, विदेशी भाषा सीखने के लिए इस्तेमाल की जाने वाली एक शिक्षण पद्धति है। इसे बल्गेरियाई मनोचिकित्सक और शिक्षक जॉर्जी लोज़ानोव ने विकसित किया था। यह शब्द 'सुझाव' और 'शिक्षाशास्त्र' का मेल है। सुझावोपीडिया को डिसुजेस्टोपीडिया और रिजर्वोपीडिया के नाम से भी जाना जाता है।

(11) **यथार्थीकरण (Realia):-** वास्तविक वस्तुएँ (Real objects) जिनका प्रयोग शिक्षण में सहायता के लिए किया जाता है, ऐसी वस्तुऐं Realia कहलाती है।

(12) **घोषणात्मक ज्ञान (Declarative Knowledge):-** किसी भाषा की व्याकरण के तत्वों का ज्ञान घोषणात्मक ज्ञान कहलाता है (Declarative Knowledge)।

(13) **आलेख:-** आलेख एक तरह का लेख, प्रस्तुतिकरण, या विस्तारित वर्णन होता है. यह किसी एक विषय पर विस्तृत और सटीक विचार प्रस्तुत करता है। आलेख गंभीर और व्यंगपूर्ण होता है। इसे संपूर्ण जानकारी और तथ्यों के आधार पर लिखा जाता है। आलेख अक्सर ज्वलंत मुद्दों, प्रसिद्ध विषयों, महत्वपूर्ण व्यक्तियों, चरित्रों, और अवसरों पर लिखे जा।ते हैं।

(14) **अधिगम प्रतिफल (Learning Outcomes):-** किसी छात्र को किसी पाठ्यक्रम या इकाई के अंत तक हासिल होने वाले ज्ञान या कौशल का वर्णन। यह छात्र-केंद्रित होता है और इसमें बताया जाता है कि छात्र क्या करेंगे, न कि शिक्षक क्या सिखाएगा। अधिगम प्रतिफल, छात्रों के गुणात्मक और मात्रात्मक विकास का आकलन करते हैं। ये दक्षताएं होती हैं जिन्हें छात्रों को किसी पाठ्यक्रम के अंत में हासिल कर लेनी चाहिए या दिखाना चाहिए।

(15) **उद्गामी साक्षरता (Emergent Literacy):-** बच्चों के औपचारिक शिक्षण (Formal Education) शुरू होने से पहले का ज्ञान जो पढ़ने व लिखने से संदर्भित हो, उद्गामी साक्षरता (Emergent Literacy) कहलाता है।

(16) **उपागम (Approach):-** उपागम का मतलब है, किसी समस्या से निपटने का व्यापक मार्ग। यह कार्य करने की एक सामान्य योजना होती है। उपागम के आधार पर ही अलग-अलग विधियों या मॉडलों का विकास होता है।

(17) **संप्रेषणपरक भाषा पद्धति (Communicative Method):-** भाषा शिक्षण की एक विधि है जिसमें शिक्षार्थियों को वास्तविक संप्रेषण में शामिल किया जाता है। इस पद्धति में, भाषा का प्रमुख काम संप्रेषण करना माना जाता है। इस विधि में, शिक्षार्थियों को लक्षित भाषा का प्रयोग करके संप्रेषण स्थापित करना सिखाया जाता है। इस पद्धति में, शिक्षार्थियों को प्राकृतिक वातावरण में भाषा सीखने में मदद की जाती है।

(18) **शब्दकोश (Dictionary):-** एक पुस्तक या ऑनलाइन संसाधन है जो किसी निश्चित भाषा के प्रत्येक शब्द को सूचीबद्ध करता है और उपयोगकर्ता को शब्द की एक मानक और पहचानने योग्य परिभाषा प्रदान करता है।

(19) **एक्सट्रापोलेट (Extrapolate):-** पूर्वज्ञान या ज्ञात जानकारी के आधार पर किसी दूसरे की भावनाओं का अनुमान लगाना या Imagine करना।

(20) **प्रकार्य:-** समाज में स्वीकृत, मान्य, और अपेक्षित कार्यों में से कोई कार्य. सामाजिक व्यवस्था में अनुकूलन या समायोजन करने में मदद करने वाले प्रत्यक्ष परिणामों को भी प्रकार्य कहा जाता है।

(21) **प्रतिलेखन (Transcription):-** किसी भी बोले जाने या दिखाई दे रहे शब्द का लिखित रूप में अनुवाद 'प्रतिलेखन' (transcription) कहलाता है।

(22) **अनुच्छेद (Paragraph/Passage):-** किसी शब्द, वाक्य, या सूत्र से जुड़े विचारों और भावनाओं को गद्यभाषा में प्रवाहमयी शैली में अभिव्यक्त करना। नियमों या अधिनियमों का वह हिस्सा जिसमें किसी बात का विस्तृत विवरण हो। किसी रचना या ग्रंथ के प्रकरण के छोटे-छोटे हिस्से जिनमें संबंधित विषय के एक-एक अंग का विवेचन होता है।

(23) **सचेतन:-** चेतना से भरा हुआ या जिसमें चेतना हो।

(24) **ध्वन्यात्मक जागरूकता (Phonic Awareness):-** बोली जाने वाली भाषा के शब्दों को अलग-अलग ध्वन्यात्मक इकाइयों में बांटने की समझ।

(25) **वर्तनी (Spelling):-** किसी भाषा के शब्द को लिखने में इस्तेमाल होने वाले वर्णों के सही क्रम को वर्तनी कहते हैं। वर्तनी का दूसरा नाम वर्ण-विन्यास है।

(26) **यादृच्छिक (Coherence):-** किसी योजना या पैटर्न के मुताबिक न होकर, संयोग से घटित होना, किया जाना या चुना जाना। यादृच्छिक शब्द के अन्य अर्थ: बेतरतीब, आकस्मिक, बिना सोचे समझे।

(27) **सापेक्ष:-** किसी अन्य की तुलना में, किसी अन्य की अपेक्षा में तथा निरपेक्ष वह होता है जो किसी से तुलित नहीं किया जाता अथवा स्वयं मौलिक होता है।

(28) **सुसंगत:-** सही तरीके से जुदा हुआ।

(29) **कालान्तरित:-** जिसका समय बीत गया हो/बीता हुआ समय। मौन पठन करने के बाद, बच्चों से पूछे जाने वाले प्रश्न। गति के साथ पढ़ने की क्षमता विकसित करने के लिए, यह सुनिश्चित करना ज़रूरी है कि किसी अनुच्छेद को पढ़ने में कितना समय लगेगा।

(30) **होमोफोन्स (Homophones):-** ऐसे शब्द जिनका उच्चारण (Pronunciation) same होता है लेकिन वर्तनी (Spelling) और अर्थ अलग होता है।

(31) **अध्यात्म (Spirituality):-** आत्मा या मन से जुड़ा।

(32) **संदर्भ (Context):-** किसी विशेष घटना या चीज के बारे में/ प्रसंग/ संबंध या प्रकरण।

(33) **बोध (Understanding):-** समझ।

(34) **अनुशंसा (Recommendation):-** सिफारिश।

(35) **स्वच्छंद (Wayward):-** मुक्त रूप से/ मनमाना।

(36) **अंतः क्रिया (Interaction):-** दो चीजों का संबंध/ क्रिया।

(37) **गुणधर्म (Properties):-** गुण/ विशेषता।

(38) **कृत्य (Act):-** कर्म।

(39) **द्विभाषावाद (Bilingualism):-** दो भाषाओं का प्रयोग।

(40) **बहुभाषावाद (Multilingualism):-** दो या दो से अधिक भाषाओं का प्रयोग।

(41) समक्रमिक (Synchronous):- एक ही समय में होने वाला कार्य/ घटना।

(42) अतुल्य कालिक (Asynchronous):- अलग-अलग समय पर होने वाला कार्य या घटना।

(43) समुन्नत (Advanced):- सामान्य से ऊपर/ ऊंचा।

(44) शीर्ष अधोमुखी (Top-Down):- किसी कार्य को करने के लिए पहले से उपस्थित ज्ञान का उपयोग करना।

(45) कार्य पत्रक (Work-Sheet):- किसी कार्य से संबंधित संपूर्ण जानकारी रखने वाला डॉक्यूमेंट।

(46) सहजात भाषा (Congenital language):- स्वाभाविक भाषा/ मातृ भाषा।

(47) अभिकल्पना (Design):- कल्पना करना/ योजना बनाना।

(48) शब्द संपदा (Vocabulary):- शब्दों का भंडार।

(49) पठन बोध (Reading and Comprehension):- पढ़कर समझना।

(50) अनुकरण (Follow/Imitation):- फॉलो करना/ नकल करना।

(51) प्रतिध्वनित (Resonate):- मेल खाना/ समझ में आना।

(52) युक्ति (Tactic):- तरीका/ ढंग।

(53) मत (Sentiment/point of view)- राय।

(54) प्राथमिकता (Priority):- किसी कार्य को अन्य कार्य की अपेक्षा पहले करना या चयन करना।

(55) मानस मंथन (Brainstorming):- गहन विचार विमर्श।

(56) संयोजन (Combination):- मिलन।

(57) प्रारूपण (Drafting):- किसी कार्य का कच्चा रूप तैयार करना जैसे; कैसे, क्या-क्या होगा।

(58) संपादन (Editing):- अच्छे से बनाना या प्रस्तुत करना।

(59) पुनरावृत्ति (Repetition):- कार्य को दोहराना।

(60) प्रासंगिक (Relevant):- किसी कार्य के लिए आवश्यक या उससे संबंधित।

(61) मानदंड (Criteria):- पैमाना/ एक निश्चित स्तर।

(62) द्योतक (Indicator):- किसी कार्य या वस्तु से संबंध बताने वाला।

(63) पोषित करना (To nourish):- किसी व्यक्ति या वस्तु को पालन या ध्यान रखना।

(64) वाक (Speech):- बोलना/ शब्द।

(65) औपचारिक (Formal):- किसी कार्य का नियम के अंतर्गत पालन करना।

(66) अनौपचारिक (Informal/unofficial):- किसी कार्य का बिना किसी नियम या अनिर्धारित तरीके से करना।

(67) विवशता (Helplessness):- असहाय होना।

(68) सम्मुख (In front):- जो सामने हो।

(69) प्रकार्य (Function):- प्रमुख कार्य करने का तरीका।

(70) अवधारणा (Concept):- विचार।

(71) उप कौशल (Sub-skills):- मुख्य कौशल के अंतर्गत आने वाला कौशल। -अधोगामी उपागम (Downward-Approach)- किसी कार्य के समग्र अर्थ से शुरू करके छोटे-छोटे अर्थ पर आना। सामान्य सिद्धांतों या नियमों से विशिष्ट निष्कर्ष निकाले जाते हैं।

उदाहरण:-

सामान्य नियम – "सभी मनुष्य नश्वर होते हैं।"
विशेष तथ्य – "राम एक मनुष्य है।"
निष्कर्ष – "इसलिए, राम नश्वर है।"

(72) निर्वचन करना (To interpret):- अर्थ स्पष्ट करना।

(73) अनुगमन (Monitoring):- फॉलो करना।

(74) साक्ष्य (Evidence):- सबूत।

(75) प्रवाह पूर्णता (Fluency):- किसी कार्य को बिना किसी रूकावट एक फ्लो में पूरा करना।

(76) **सटीकता (Accuracy):-** बिना त्रुटि के शुद्ध कार्य।

(77) **सुसंगत (Compatible):-** बिल्कुल उचित होना/ उपयुक्त।

(78) **प्रतिपुष्टि (Feedback):-** किसी किए गए कार्य के बारे में जानकारी।

(79) **आसक्ति (Attachment):-** प्रेम/ लगाव।

(80) **संबोधन (Address):-** किसी को बुलाने या बताने के लिए प्रयोग किया जाता है।

(81) **तथ्यात्मक सूचना (Factual Information):-** facts पर आधारित सूचना।

(82) **निर्देशात्मक उपकरण (Instructional tools):-** किसी भी कार्य में। उपयोग किए जाने वाला सामान या सामग्री।

(83) **समन्वय (Coordination):-** तालमेल/ सहयोग।

(84) **दृश्यआत्मक चिंतन (Visual thinking):-** किसी कार्य को दृश्य सामग्री जैसे चित्र आदि के माध्यम से समझना।

(85) **अवलोकन कौशल (Observation skills):-** किसी कार्य या व्यवहार को समझने की योग्यता।

(86) **स्वनिम स्तर (Phoneme level):-** स्वनिम किसी भाषा की सबसे छोटी ध्वनि इकाई होती है जो अर्थ भेद उत्पन्न कर सकती है।

उदाहरण:-

हिन्दी में क और ग दो अलग-अलग स्वनिम हैं क्योंकि ये अर्थ भेद उत्पन्न करते हैं:

कल व गल → यहाँ क और ग के बदलाव से शब्द का अर्थ बदल गया।

(87) **संरचनात्मक अवधारणा (Structural Concept):-** व्यवस्थित रूप से प्रस्तुत किया गया विचार।

(88) **श्रेयस्कर (Preferable):-** कल्याण करने वाला/ श्रेष्ठ।

(89) **एकरूपता (Uniformity):-** सामान्य/ एक तरह का।

(90) **संप्रेषणात्मक (Communicative):-** किसी जानकारी का संचार करना/ व्यक्त करना या प्राप्त करना।

(91) **अवरोध (Obstacle):-** रुकावट/ बाधा।

(92) **उद्दीपन (Stimulus):-** उत्तेजित करने वाला।

(93) **वाक् ध्वनि (Speech sound):-** वाक् ध्वनि किसी भाषा की वह ध्वनि होती है जो मनुष्य द्वारा उच्चरित की जाती है और जिसका उपयोग भाषा संचार में किया जाता है। यह ध्वनि विभिन्न भाषाई इकाइयों, जैसे स्वनिम (phoneme), ध्वन्यात्मक ध्वनियाँ (phonetic sounds) और स्वर-वर्णन (articulation) से मिलकर बनती है।

उदाहरण:-

हिन्दी में वाक् ध्वनि – "राम" शब्द में तीन ध्वनियाँ होती हैं – /र/, / ा/, /म/ ।

(94) **ध्वनि ग्राम (Phoneme):-** ध्वनि-ग्राम (Phoneme) किसी भाषा की सबसे छोटी ध्वनिक इकाई होती है जो अर्थ-भेद उत्पन्न कर सकती है।

(95) **कंठस्थीकरण (Memorization):-** याद करना।

(96) **ग्राहीय कौशल (Perceptive skills):-** पढ़ने व सुनना।

(97) **प्रारूप (Format):-** किसी कार्य का रूप/ मसौदा।

(98) **भावाभास (Paradox):-** वह स्थिति होती है जिसमें कोई कथन, विचार, या स्थिति पहली नज़र में विरोधाभासी (contradictory) लगती है, लेकिन गहराई से सोचने पर उसमें कोई गूढ़ सत्य (deep truth) या तार्किक सार (logical reasoning) छिपा होता है।

(99) **उद्घोषणा (Proclamation):-** सार्वजनिक जानकारी/ सरकारी जानकारी।

(100) **वक्तव्य (Statement):-** बात/ कथन/ वचन।

(101) **अंतरण (Transfer):-** तबादला।

(102) **अभिकल्पना (Design):-** किसी कार्य को करने की कल्पना।

(103) **सरसरी तौर पर (Summarily):-** मोटा-मोटा/ ऊपर से/ बिना गहराई के।

(104) **अभिव्यांजित (Expressed):-** व्यक्त करना/ अपनी बात रखना।

(105) **निर्मिती (Creation):-** बनाना/ निर्माण करना।

(106) **अवबोधन (Realization):-** जानना/ बताना/ ज्ञान।

(107) **उदीयमान (Rising/developing):-** आगे बढ़ता हुआ/ विकासशील।

(108) **परिप्रेक्ष्य (Perspective):-** नजरिया।

(109) **संवर्धन (Enhancement):-** विकास/ उन्नति।

(110) **आश्वस्त (Confident):-** संतुष्ट।

(111) **वस्तुनिष्ठता (Objectivity):-** तथ्यों पर आधारित किसी कार्य या वस्तु का गुण, जो पक्षपात रहित हो।

(112) **अनुशंसा (Recommendation):-** सिफारिश।

(113) **समालोचना (Criticism):-** किसी कार्य या वस्तु के गुण व दोष दोनों को अच्छे से समझना या बताना।

(114) **अंत: क्रिया (Interaction):-** दो या दो से अधिक व्यक्ति या वस्तु के बीच बातचीत।

(115) **अंत: वैयक्तिक (Interpersonal):-** दो या दो से अधिक लोगों के बीच संबंध।

(116) **सचेतनता (Mindfulness/Awareness):-** जागरूकता।

(117) **ऊर्ध्वमुखी (Bottom-**Up Process)- छोटे-छोटे अर्थो से समग्र अर्थ की ओर बढ़ना जिसमें छोटे और सरल तत्वों से शुरुआत करके जटिल समझ विकसित की जाती है। इसमें पहले मौलिक तथ्यों, ध्वनियों, शब्दों या अवधारणाओं को सीखा जाता है और फिर उन्हें जोड़कर व्यापक ज्ञान का निर्माण किया जाता है।

उदाहरण:-

भाषा सीखना:- बच्चा पहले अक्षरों और ध्वनियों को पहचानता है, फिर शब्द, फिर वाक्य और अंत में व्याकरण सीखता है।

(118) **अधोमुखी (Top-Down Process):-** एक ऐसी शिक्षण प्रक्रिया है जिसमें सीखने की शुरुआत समग्र दृष्टिकोण से होती है और फिर धीरे-धीरे छोटे घटकों (details, specifics) की ओर बढ़ा जाता है।

उदाहरण:-

भाषा सीखने में:- जब बच्चे कोई भाषा सीखते हैं, तो वे पहले पूरे वाक्य (जैसे, "मैं स्कूल जा रहा हूँ") को सुनते और समझते हैं, फिर बाद में वे इसके छोटे घटकों (जैसे "मैं", "स्कूल", "जा", "रहा", "हूँ") को पहचानते हैं।

यह अधोमुखी प्रक्रिया है क्योंकि वे पहले संपूर्ण अर्थ को ग्रहण करते हैं और फिर शब्दों व व्याकरण को सीखते हैं।

(120) **पारस्परिक (Mutual):-** आपसी/ एक दूसरे से।

(121) **बोधगम्यता (Intelligibility):-** समझने की क्षमता।

(122) **समेकित (Consolidated):-** एक साथ मिलकर/ एकीकृत।

(123) **क्रियान्वित (Implemented):-** किया गया कार्य।

(124) **प्रबल (Strong)-** मजबूत।

(125) **अवबोधन (Realization):-** समझने में सक्ष/ गहरी समझ वाला।

(126) **अर्थगत संकेत (Semantic queue/signal):-** अर्थ समझने में मदद करने वाला शब्द, वाक्य या संकेत।

(127) **भाषा विषयक निवेश (Linguistic Investment):-** छात्र को भाषा सिखाने में शिक्षक द्वारा बताए गए नियम, तरीके, निर्देश आदि।